南非史话

South African History

张 瑾 ◎ 著

中国书籍出版社
China Book Press

图书在版编目（CIP）数据

南非史话 / 张瑾著. -- 北京：中国书籍出版社，2023.9

ISBN 978-7-5068-9582-8

Ⅰ.①南… Ⅱ.①张… Ⅲ.①南非共和国—历史 Ⅳ.①K478

中国国家版本馆CIP数据核字（2023）第181604号

南非史话

张瑾 著

责任编辑	王志刚
责任印制	孙马飞　马　芝
封面设计	东方美迪
出版发行	中国书籍出版社
地　　址	北京市丰台区三路居路97号（邮编：100073）
电　　话	（010）52257143（总编室）　　（010）52257140（发行部）
电子邮箱	eo@chinabp.com.cn
经　　销	全国新华书店
印　　刷	北京睿和名扬印刷有限公司
开　　本	710毫米×1000毫米　1/16
字　　数	353千字
印　　张	25.5
版　　次	2023年9月第1版　2023年10月第1次印刷
书　　号	ISBN 978-7-5068-9582-8
定　　价	58.00元

版权所有　翻印必究

推荐序一：有益的尝试

中国和非洲国家同属发展中国家，相似的历史遭遇和相同的奋斗目标使中非关系的发展不但具有历史基础，而且具有现实条件。中非合作论坛建立后，中非关系的发展进入了快车道，双方在政治、经济、文化等各个领域的交流日益密切和频繁。每年有数以万计的中国企业家、商人、学生和旅游者进入非洲，同样，也有大量的非洲商人、学生来华。迅速发展的中非关系使越来越多的国人要求了解非洲大陆和非洲国家的历史与现状。十分明显，张瑾博士撰写的《南非史话》正是满足国人的这种需求。

认真阅读《南非史话》后，有以下几点感想：

第一，南非在非洲大陆具有一定代表性，而且与中国长期保持着良好的政治经济关系。因此介绍南非历史有利于推动国人对于非洲的了解。

南非是非洲经济规模最大、经济最发达的国家之一。南非的金融、法律体系比较完善，通讯、交通、能源等基础设施良好。矿业、制造业、农业和服务业均较发达。南非的科研能力、工业基础、制造业技术等均位居非洲前茅。南非拥有非洲以至世界上最丰富的矿产资源，特别是金矿与钻石。南非不仅仅是一个非洲地域大国，亦是具有国际重要地位的国家，它是联合国、世行集团、世贸组织、国际货币组织、英联邦、南同盟、南共体、环印联盟创始国，不结盟运动、金砖五国、二十国集团成员国。十分明显，南非在非洲拥有举足轻重的地位和十分重要的影响。

中国和南非都是重要的发展中大国，两国对于许多重大的国际问题都有相同或者相近的看法。中国与南非于1998年1月1日建交后，双边关系全面、快速发展。在政治领域，2000年双方正式确立伙伴关系，2004年两国关系提升为平等互利、共同发展的战略伙伴关系；2010年将双边关系提升为全面战略伙伴关系。在经贸领域，中国是南非最大贸易伙伴，南非是中国在非洲最大贸易伙伴。2021年双边贸易额543.5亿美元；两国双向投资规模不断扩大，截至2021年底，中国对南非直接投资存量为61.47亿美元。在文化、教育、卫生领域，双方合作关系不断发展。2017年，我国在南非留学生总数2500人。2018年，南非在华学习的学生总数2981人。2002年，南非成为中国公民出境旅游目的地国，是目前接待中国游客最多的非洲国家之一。2018年，中国公民赴南旅游约10万人次；南非约有8.36万人次来华。

南非在非洲大陆所具有的重要地位和影响以及中国与南非的密切关系，在客观上要求两国人民加深彼此了解。《南非史话》恰恰能够满足这种要求。

第二，《南非史话》紧紧抓住南非多种族关系发展的主线，从而十分清晰描绘了南非历史发展进程。

南非的居民由多种族组成。科伊桑人等原住民在该地区生活了数千年之久，原住民南非黑人是大约一千年前来自于非洲其它地区移民的后裔，南非白人则主要是近代来自荷兰和英国的欧洲移民的后裔。多元的种族关系贯穿于南非历史的全过程，而且在一定程度上决定了南非历史的走向。《南非史话》以种族关系发展的主线，展开了南非历史的画卷。作者首先介绍了南非各种族，并且对于种族关系的发展以及对于南非历史的影响做了清晰的阐述和剖析。在古代，班图人迁徙，从西非南下，与当地科伊桑人等原住民既冲突又融合。古代种族交往促进了相互了解，并且推动了社会发展。进入近代，欧洲殖民主义者的侵入，与当地人数占优的黑人种族发生冲突。欧洲殖民者实施种族主义制度，使南非的非白人种族失去了自主发展的机会，并且成为西方资本主义世界的附庸。新南非成立，标志着种族主义制度的解体。现今的南非被人誉为"彩虹之国"，象征南非终止种族隔离制度后，不同种族的人们都可以共同生活在这个美丽的和平国度之中。

第三，采用史话的形式。

介绍非洲，需要应用各种生动活泼和有效的形式和手段。比如对于非洲历史的介绍，可以采用专著或者学术论文的方式，也可以应用其他形式。从目前的现状看，国内对于非洲历史的介绍，主要采用前一种形式，即作者通过研究，用十分严肃和严谨的文字把研究成果表述出来。这种形式的优点是叙述的历史事件比较可靠，文字表达正确，但是缺点是普通读者阅读起来感到枯燥。《南非史话》采用了史话的形式，即以叙述故事的形式介绍非洲历史。作者在序言中已经充分表达史话希望达到的效果："作为史话，笔者写作时更多考虑到历史事件的故事性，以及作为普及读本的趣味性。笔者希望增加更多、最新整理的口述史和故事性的材料，在事实准确的基础上，加强可读性。"从目前国内的情况看，用史话形式介绍非洲历史的出版物还不多见。因此，《南非史话》的出版无疑是一种尝试，如果能够达到作者预期的目的，那无疑对于推动国人了解非洲发挥积极的作用。

张瑾博士研究非洲历史多年，已经积累了丰富的研究成果。这次撰写《南非史话》，既是一次挑战，也是一次探索。希望她成功直面挑战，并且在探索中不断前进，取得新的成果。

舒运国　2022年10月9日
山东威海乳山银龙湾

推荐序二：《南非史话》书评

南非真是一块美丽的土地。那是一块重要的人类起源地；那是一块神韵天成、壮阔雄浑的土地；那是一块充满黄金、钻石等巨大财富诱惑的土地；那也是一块长期因种族冲突最为剧烈而血泪沃成的土地。

对于中国读者而言，位于非洲大陆最南端的南非是遥远而神秘的。虽然"好望角"是许多人从小便耳熟能详的向往之地，但人们对于南非的整体了解与认识仍显破碎。张瑾博士以"用尽笨功夫，人就巧了"的执着与认真撰就的《南非史话》一书填补了一个空白。

从史前人类到新南非的建立，《南非史话》的叙述视野宽广宏大；从早期社会和国家的形成到当代新媒体传播中的原住民形象，《南非史话》一书论如析薪，贵能破理。从一度感到对南非"一无所知"到向读者奉献出在事实准确基础上集知识性、故事性、趣味性于一体的《南非史话》，张瑾博士做了一件很有意义的事情。

《人民日报》首任常驻南非记者　温宪

2022 年 8 月

序言

从历史进程来看，南非是人类重要的起源地，曾是世界中高收入国家和非洲最好的经济体。如今，南非正面临诸多困境：国际经济普遍放缓，大宗商品市场空前低迷，国内各族群和派别的纷争不断，从外界的眼光来看，其经济和社会发展似乎处于"试探—失败"的循环中。是什么造成了这样的局面呢？这一直是南非及世界学术界热议的话题。

南非位于非洲大陆的南端，从南部海岸线向北延伸至津巴布韦边境，总面积近122.3万平方千米，比英、法、德三国面积的总和还要大。南非拥有单一时区，也是世界上气候最好的国家之一。南非至少有7个生态系统，从亚热带草原气候（全国大部分地区）到地中海气候（开普地区）都有，是动植物宝库。同时，南非内部的区域特征也很明显，有基础设施一流的富人区，也有最贫穷的棚户区，而它们之间的距离往往只有一小时车程。

没有哪一个国家像南非这样有三个首都，有11种官方语言，这种多元性、复杂性体现在"彩虹之国"这个举世公认的称呼上。1910年，多族群国家、共和国和酋长领地合并成英国王室领导下的南非联邦，统一的"南非"概念由此诞生，随后不久是各族群的"离心运动"出现；1994年，南非首次成为民主国家，包容发展的"新"南非应运而生，但国内族群的纷争却没有停止。如今，南非各族人可以合法地在一起工作、生活和社交，他们之间有许多友谊与合作，当然，也留有不少分歧。这些分歧深到人们有时很难找到彼此之间的共同点。南非多元的人口组成显示出其复杂又多元的社会形态：人口中约80%的人是黑人，9.6%是白人，近9%是有色人种，2.6%是亚裔（主要是印度裔和华裔）。南非是非洲一些饱受战乱国家人民的避难天堂，但仇外袭击和暴力犯罪也在增长。理想与现实、复杂与矛盾、美好与冲突，总是一体两面地汇集在南非。

  本书试图从"整体史"出发，对南非从史前迄今的历史作一个简要的概括性介绍。作为史话，笔者写作时更多地考虑到历史事件的故事性，及其作为普及读本的趣味性。笔者希望增加更多的、最新整理的口述史和故事性的材料，在事实准确的基础上，加深可读性；同时，尽量避免国内相关出版物中的同质性描写，提供可供检索的引申阅读链接，缩短篇幅和阅读的时间。

目 录

推荐序一：有益的尝试 / 舒运国
推荐序二：《南非史话》书评 / 温宪

序　言 / 1

第一章　早期历史探源 / 1
　　第一节　远古时期的历史探源 / 3
　　　　一、重要的人类起源地 / 3
　　　　二、早期人类生活和迁徙的起点 / 5
　　　　三、南非是"走出非洲"和多人种融合的起点 / 6
　　第二节　早期的本土居民 / 7
　　　　一、桑人 / 8
　　　　二、科伊科伊人 / 10
　　　　三、科伊桑人 / 13
　　　　四、班图人 / 14
　　第三节　早期的社会和国家 / 15
　　　　一、本土居民的交流和融合 / 15
　　　　二、早期社会形态及变迁 / 17
　　　　三、早期的国家：马蓬古布韦和图拉梅拉 / 23

第二章　外来移民促成的多元社会时期（14世纪—17世纪）/ 27
　　第一节　新航路探索时期的南非 / 29
　　第二节　早期的欧洲定居者 / 31
　　　　一、荷兰裔居民与"布尔人" / 31

二、法国裔居民与"阿非利卡人" / 34

三、英国的殖民探索 / 38

第三节 本土居民与外国居民的融合 / 42

一、有色人 / 42

二、奴隶 / 46

三、传教士 / 48

四、阿非利加语与阶层固化 / 49

第三章 近代版图大调整时期（18世纪—19世纪） / 53

第一节 姆菲卡尼时代 / 55

一、姆菲卡尼时代的总体特征 / 55

二、恩古尼族群的分化 / 59

三、被拆解融合的小族群 / 62

四、恰卡和祖鲁民族的崛起 / 65

第二节 群星闪耀的诸族群王国 / 68

一、姆齐利卡齐和恩德贝莱王国（1826—1893）/ 68

二、莫舒舒和索托王国 (1786—1870) / 73

三、索布扎和斯威士兰王国（1750—1879）/ 79

四、索尚甘和加沙王朝的兴衰（1824—1895）/ 83

第三节 布尔人大迁徙和定居 / 85

一、启程：白人间的矛盾交叠 / 88

二、征地战役：夜之山战役、血河之役 / 92

三、布尔共和国与"黑象牙" / 97

四、消失的大象之城 / 103

第四节 矿产革命和现代城市的兴起 / 105

一、钻石热潮中的金伯利镇和罗得斯 / 108

二、黄金和栖息地 / 117

三、充满诱惑的黄金之城：约翰内斯堡 / 120

四、移民潮和移民劳工制度的形成 / 126

第四章 权力与战争：现代秩序的确立（19世纪—20世纪）/ 131

第一节 群星黯淡的族群王国 / 133

一、英国的如意算盘 / 133

二、想象力之战：英祖鲁战争（1879）/ 136

三、王国的分离之路：莱索托和博茨瓦纳 / 145

四、失去独立的其他族群 / 148

第二节 英布战争 / 151

一、第一次英布战争（1880—1881）/ 151

二、第二次英布战争、南非战争（1899—1902）/ 154

三、游击战、难民营和黑人"助手" / 171

四、不同人的"彩虹之邦" / 177

第三节 反抗、联合、排异（1902—1914）/ 181

一、"原住民事务部"与祖鲁兰的最后反抗 / 181

二、科学盛会与教育兴邦 / 187

三、南非联邦的成立 / 191

四、民族政党的兴起 / 197

第四节 两次世界大战中的南非（1914—1945）/ 201

一、联邦国防军与一战 / 201

二、群体分化和罢工浪潮：20世纪20年代 / 210

三、黑白分立的前奏：20世纪30年代 / 217

四、二战及南非的政治高光时代 / 222

第五章 种族隔离时期（1948—1994）/ 231

第一节 "南非冷战"时期（1948—1960）/ 233

一、从"通行证"到"种族隔离" / 233
二、转变的时刻：南非大选和黑人的反抗 / 238
三、"家园"与"乡镇"生活 / 244
四、异化的教育与南非妇女联合会 / 250

第二节 "南非热战"初期（1960—1970）/ 257
一、沙佩维尔惨案：南非热战的开端 / 257
二、南非共和国 / 265
三、"民族之矛"与里沃尼亚审判 / 270
四、吹不到南非的"变革之风" / 274

第三节 政权的边界（1970—1982）/ 279
一、黑人意识运动 / 279
二、索韦托起义 / 285
三、"红色危险"与边境战争 / 291
四、"信息门"和"纳米比亚化" / 298

第四节 "旧南非"的改革（1983—1993）/ 305
一、《卢萨卡协定》和地方军备竞赛 / 305
二、暴力升级和紧急状态 / 309
三、《民主南非公约》/ 317
四、"新南非"成立 / 325

余 论 "旧南非"的社会生活 / 333

一、体育 / 335
二、原创社区及其音乐 / 335
三、阿索尔·富加德的戏剧创作 / 339
四、南非原住民形象的当代新媒介传播 / 350

附　录 / 359

一、南非历史大事记（按南非历史时间为序）/ 361

二、种族隔离立法 / 372

三、十个南非班图斯坦的制度和法律发展的时间框架 / 374

四、南非边境战争南非方面的行动 / 379

五、南非的政治党派 / 381

后　记 / 391

| 第一章 |

早期历史探源

第一节 远古时期的历史探源

一、重要的人类起源地

人类起源的问题包括人科和智人的起源，基本都是基于考古学、生物学和语言学等学科来进行界定的。从考古成果来看，约700万年前至500万年前，人科的共同祖先起源于非洲，对此学术界并无太大争议。非洲是世界上人类居住时间最长的地区，而南非，则是迄今发现的南方古猿源种中，最为完整的早期人类祖先骨骼化石所在地（2012年发现）以及新人种"纳莱迪人"（2015年发现）的所在地。

南非还有很多古人类活动的考古证据。1998年12月，罗·克拉克博士在克鲁格斯多普北部斯特克方丹的洞穴中发现了350万年前形成的化石，并认为这是人类最早的祖先之一——非洲南方古猿。这个化石显示，当时这个"人"掉进了一个洞里，"他"的脸朝下，头靠在左臂上，因此，头骨和骨架得以保存完整。这是自1924年以来在非洲南部发现的最重要的化石。雷蒙德·达特博士当时坚持认为，在开普敦北部的塔翁地区发现的小头骨具有一些类人特征，于是他以"非洲南方古猿"为之命名。后来，"克拉克化石"和达特的"汤恩婴儿"相继发现，也有非洲南方古猿特征：直立行走，有类似人类的小牙齿，并可以使用粗糙的工具等。

最近的研究表明，早期人类在南部非洲次大陆上以狩猎、采集的方式生存，他们使用工具和建立社会组织的时间比之前认为的要早得多。1997年8月，大卫·罗伯茨在开普敦北部的朗格班泻湖发现了已知最古老的现代人类祖先的足迹（这位人类祖先也被称为"夏娃"），据判定有11.7万年的历史，这似乎为早期人类生存提供了时间上的索引。更多的考古发掘工作揭示了南部非洲是人类摇篮的事实：东开普省的齐斯卡海岸和夸祖鲁·纳塔尔省的边境洞穴分别发现的两具智人化石，大约出现于10万年前。2015年，南非科学家们又在新星洞发现了兼具原始人类和现代人类特征的纳莱迪人化石。[①]

在南非等地发现的史前岩画，显示出了早期人类多样化的生存方式、艺术审美和其他的一些"现代"行为。利用多种年代测定技术，这些史前的年代特征展现得更加丰富。例如，大约16.4万年前，南非尖峰山遗址中发现的化石工具显示，当时的人们已经开始对硅结砾岩进行系统热处理，以提升锐度便于切割；到了大约7.2万年前，这一工艺已普遍用于制造细石器工具。南非的布隆博斯洞穴遗址，估算其年代在7.7万年和7.5万年之间，以刻有几何图案的赭色长方形石板而闻名。南非的迪克洛夫岩穴发现了刻有几何装饰图案的鸵鸟蛋壳，迄今已有6万年。鸵鸟蛋壳侧面的十字阴影线和平行线，被考古学家们认为是早期猎人在盛水容器上的美学进展。同时，蛋壳上的饮水管口显示了当时猎人们携带和存储水有了技术性突破，这也是早期人类生活方式的实证。

此外，南非布隆博斯洞穴的贝壳珠子距今7.5万年，赫尔思洞穴的珠子有5万年以上的历史；司布度洞穴则发现了六、七万年前的石质和骨质箭头和骨针。[②] 2003年，在南非度方丹的遗址中，发现了27万年前的赭石。如果联系到岩画的产生，可能可以将早期人类追求审美的例证时间提前。通过对2008年南非布隆博斯洞穴遗址的进一步研究，人们发现非洲的美学起点似乎也需要更新：这似乎是10万年前颜料的生产基地，在这里，色素丰富的液态混合物生产出来后，会被储存在鲍鱼壳中，而其间则会用上赭石、骨头、木炭、磨石和锤石等生产工具。考古证据表明，当时的颜料制作过程已经相当复杂，人们不仅需要从不同渠道获取原材料，还要使用高温技术从骨头中提取脂肪，或用某种配方生产出脂肪的化合物再存储

---

① Wilford, John Noble《纽约时报》2015年9月10日报道."New Species in Human Lineage Is Found in a South African Cave". New York Times. ISSN 0362-4331. Retrieved 10 September 2015.

② 在非洲其他区域，也有不少重要的遗址：中部非洲的卡唐达遗址还发现了距今约9万年的鱼叉。2013年，在埃塞俄比亚的加德莫塔遗址发现了早期石质尖头的投枪(一种智人特有的工具)，已有27.9万年历史。

在贝壳容器中以备日后使用。① 无论从专业度还是工艺，南非美学的起点都早于世界许多地区。

二、早期人类生活和迁徙的起点

人类通过自己的创造性活动，利用物质并赋予其重要意义，进而表达人类的认知和立场。据沉积层的地质年代测定，作为当时先进的生产工具，阿舍利石斧似乎起源于非洲，② 在大约150万年前到80万年前传播到亚洲、中东和欧洲地区。在早期人类的生活路径和迁徙流动方面，南非有多个重要的遗址。在南非的温得尔克洞穴中发现了控制火的人源素的最早证据。③ 不少科学家认为，与当时的新技术石斧一起，这也是"走出非洲"并传播到世界的例证。这一运动发生在大约180万年至800万年前的某个时期。自此，直立人从非洲扩散到欧亚大陆。

从南非多个遗址的发掘可以看出，早在12万年前，自从有了稳定的海鲜和贝壳类食物，人们不再仅仅依靠捕猎大型猎物为生，他们的迁移流动减少了，多样的生产工具出现，较为复杂的社会体系逐渐形成。

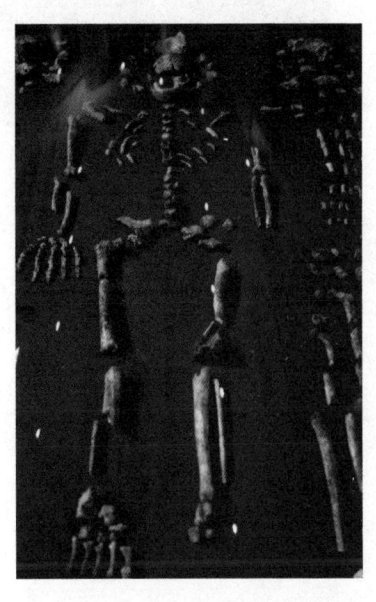

2015年9月10日在南非马加利斯堡拍摄的新发现的原始人骨骼化石

---

① 在距今7.8万年至6.7万前的肯尼亚遗址中，类似制作贝壳珠子、骨质工具和箭头，以及使用赭色颜料等现代行为也非常普遍。

② 在早期的石材工具制造研究中，勘定日历日期和时间顺序通常是借助一种或多种地质技术来完成的，例如放射测年法、钾氩定年法和地磁地层学。

③ Kaplan, Matt (2012). "Million-year-old ash hints at origins of cooking". Nature. doi:10.1038/nature.2012.10372.

2015年9月10日，南非人类学家宣布，他们在约翰内斯堡西北大约50千米处发现了又一处原始人骨骼化石，共计1550多块，其中包括头骨、颚骨、牙齿和指骨，分别属于该物种的幼年、成年及老年个体。该物种此前不为人知，随着研究的进一步深入，这一发现有可能进一步推进对人类的起源和进化的了解。

三、南非是"走出非洲"和多人种融合的起点

"走出非洲"理论[①]认为，至少在旧石器时代晚期，非洲、欧洲和亚洲的一些人类群体在形态上应该是相似的。1952年，人们在南非霍夫梅尔附近发现了一个距今3.6万年前的人类头骨标本，该标本在形态上不同于最近在非洲亚地理环境下的群体，包括当地的科伊桑人，却与其他来自欧

---

① 原始人如何演化和变成今天的人类，目前有两种比较理论假说：多地域起源理论和走出非洲理论。后者的一个观点认为最初的人类都属于尼格罗人种，这进而延伸出关于埃及是黑人属地的结论，为非洲史学的发展提供了信心和依据。

洲的旧石器时代晚期的头骨非常相似，一些科学家认为这种关系与"走出非洲"理论所显示的例证是一致的。

值得注意的是，南非一直保留着早期人种基因的连续性，这是其作为人类早期遗址最特别的地方。2014年，科学家们在对南非一具23至30岁的男性觅食者骨骼进行的DNA分析中发现，该标本属于L0d2c1c mtDNA单倍群。这一母系分支与现今的原住民桑人一个亚群"Ju"最为密切相关；2016年，在博茨瓦纳北部的图里地区发现了一具铁器时代晚期的干尸，也属于单倍群"L0"，这些都相继表明了南部非洲地区本土人口演化的连续性。

第二节　早期的本土居民

公元前3000年左右，冶金术已在非洲农业社会独立发展，居民开始使用铁，并在从非洲中西部向南扩散中，把铁器和铜器带到了整个大陆。这个过程通常被称作"班图迁徙"或"班图扩张"。公元前500年左右，铁器使用逐步扩展到南部非洲，公元200年左右推广到好望角。尽管考古学家、语言学家和历史学家对班图扩张说的一些细节仍有争议，但铁的广泛使用，确实是伴随着班图农业社会在整个撒哈拉以南非洲的扩张进行传播的。其中猎人与采集者、牧民与外来农耕群体之间的联系和互动，在今天的非洲考古学中仍然是一个重要且有趣的话题。

需要指出的是，本书在所有的叙述中基本都使用"居民"的概念，而不是"人种"概念。人种作为一个科学领域内的术语，也称种族，通常是具有形态上和生理上特质，有语言习俗等历史特征，还兼备区域性特点群体的统称。自1775年德国生理和解剖学家弗雷德里奇·布鲁门巴赫教授（1752—1840）提出"人种"概念之后的两百年里，"人种"及其"人种分类"等概念逐渐深化，强调的是不同人的自然体质特征差异。1785年康德发表《什么是人种》和达尔文提出进化论之后，种族学更是深入人心，广为世人接受。但是显而易见的是，以单一性状（如肤色）进行人种分类，不仅在很多层面不合逻辑，在科学上也是无效的，如今已经被绝大部分科学家所抛弃。①

南非居民还有很多不同群体，有被西方人后来蔑称为"丛林人""布须曼人""霍屯督人"等的非洲早期居民，也有其他一些到现在还不为人熟知的群体。他们拥有人类最早的基因图谱，属于人类早期的祖先之一。他们有自己的语言，但没有文字，许多发音靠舌尖与口腔唇齿摩擦而成，十分独特。然而，在欧洲人的界定中，他们通常被赋予野蛮和原始的内涵，受到种族主义者的歧视。

一、桑人

桑人（San）是南部非洲古代居民的直系后裔，是最早的原住民猎人和采集者。桑人的身材矮小，成人一般只有1.5米。如今，桑人只剩下几千人，主要分布在博茨瓦纳和纳米比亚的卡拉哈里沙漠干旱荒凉的地区。数千年来，桑人游牧族群不断迁移至非洲的中部和南部。与后来进入南部的非洲移民相比，桑人体型更小，肤色更浅。他们利用唇齿喉同时发音，这种语言在世界上独一无二。在过去两千年里，他们把这些语言特点传递给了他们的非洲邻居：祖鲁人、科萨人等。桑人和殖民者的相遇较晚，在荷兰语中曾被称为"Bosjesmans"，或者"Bushman"。2016年9月在南非发表的一项对全序列基因组进行的DNA研究表明，桑人狩猎者和采集者的祖先大约在20万年前开始与非洲其他人类群体分离，并在10万年前自成一脉。这样，他们的存在证据就比考古学已有的第一个人类现代行为还要早。

---

① 康拉德·菲利普·科塔克. 人类学：人类多样性的探索[M]. 北京：中国人民大学出版社，2012：88-92.

祖鲁人生活场景　　作者摄于南非先驱纪念馆（Voortrekker Monument）

桑人的家庭组成很有特色，根据当地环境承载力组成以核心家庭为单位的族群，人数在15—100人之间，成员平等相处。尽管存在性别分工，但女性和男性在这个群体中拥有平等的发言权。妇女们照管营地、孩子，并提供可食用的植物、树根、坚果和浆果。男人帮忙收集食物，但主要职责是打猎。每个族群都有一个名义上的首领，负责管理族群的资源，并举行一些仪式，比如祈雨和造雨。酋长虽然受人尊敬，但没有制度化的权威，也不会被提升到高于其他小组成员的地位。

桑人没有从事农业的传统，除了狗以外，也不养家畜。他们住在洞穴、岩穴，或者用芦苇、小树和灌木搭建的临时棚屋里——而且总是尽可能靠近水源。他们以各种各样的动物和植物为食，食物来源包括羚羊、大象、野生水果、浆果、球茎和树根。除了可以获取的蜂蜜、鸵鸟蛋和水之外，他们没有其他财产，生活区域内的泉水和水坑是他们生活中最重要的资源。

尽管桑人经常被认为是一个狩猎采集的群体，是受其他非洲人驱赶才离开他们传统栖息地的。但实际上，桑人也是很好的商品交换者。在过去的两千年里，大多数桑人从事传统采集，但也有一些人驯养山羊、绵羊和牛等，他们用觅获的食物和野味与邻近的族群交换谷物和畜肉。有时，他们也会与从事畜牧业的邻居发生冲突，因为他们拒绝承认牲畜私有制，一直坚信要像捕猎野生大羚羊一样猎取邻居的牛羊。不过,邻居间的"生意往来"通常还是比较友好的:即使科伊科伊人(或说班图语的邻居)显得更加强大,但因为桑人性情比较温和,情愿长期"从属于"其他周边居民,所以通常是相安无事。在长期的交往关系中,桑人的文化和经济也发生了一些变化,群体内部出现了不同的需求。

桑人最出名的是岩画遗址。现今发现的最早岩画图案大概创作于公元前2.7万年,场景大多是桑人用木炭等天然染料和颜料绘制的狩猎活动。这些图像装饰在岩穴和洞穴墙壁的岩石表面,包括游戏或是狩猎状态下的人群、处于悠闲状态下的动物,还有一些桑人巫师的宗教仪式,比如迷幻舞蹈等。尤其显著的是大羚羊和大象的图像,他们将此视为力量的源泉。最接近现代的画作重现了桑人与迁徙来的班图人,以及与体型不同的其他人接触的场面。虽然只用了简单的笔画,但这些形象栩栩如生,展现了历史的变迁。

二、科伊科伊人

科伊科伊人(Khoikhoi)是桑人群体中一个专门从事狩猎采集的群体,他们从北面的游牧族群获得家畜并加以驯养,这可能是早在2500年前就已经形成的传统。在大约二三千年前,早期的狩猎、采集社会与科伊科伊牧民开始接触和融合。

科伊科伊人的身材比桑人略大,这种差异被认为是他们饮食更丰富的缘故。科伊科伊人更多食用牛奶和肉类,说一种与桑人方言密切相关的语言楚-葵语团(Tshu·Khwe),其中也有喉舌音的咔嚓声,并和桑人有着共同的宗教传统。但"牲畜"是科伊科伊人重要的私有财产,这与桑人狩猎采集者的惯例格格不入。因此,当科伊科伊人离开他们的祖居地,赶着牲畜南迁到非洲南部的时候,他们与桑人发生了很多冲突。科伊科伊人之所以用"科伊科伊"这个名字,是把自己视为"真正的人"或"人中之人",

以区别那些没有牲畜的人,也就是桑人。他们甚至认为桑人是劣等人群。

科伊科伊人的社会和政治体系是酋长领导下的族群集团。这样的酋长族群大概拥有1000—2000名成员,酋长父系世袭。每个族群都由几个氏族组成,每个氏族都有自己的首领,首领又效忠于族群首领,有时由两个人共同担任首领,并在族群会议的督导下进行统治。

根据对墓地遗址考古证据的推测和对岩画的解读,科伊科伊人和桑人有强烈的宗教信仰。他们信奉至高无上的神:庇护之神和邪恶之神。作为两种超自然力量的神,它们或带来雨水、丰收和多产,或带来厄运、疾病和死亡。另外,还有名叫海茨·艾尔比布的祖先英雄,他守护着每一个人,带来好运。科伊科伊人最重要的仪式是迷幻舞蹈。在舞蹈中,舞者服用药物后,意识恍惚,可与猎物交流,可治愈疾病,或促进生育。

大多数科伊科伊人住在用芦苇垫盖在弯曲小树上建成的简陋棚屋里,阿非利加语将其称为"马杰睡舍"(matjeshuise)。[1] 这些棚屋既非常实用,又容易拆卸后装上牛车运输。当科伊科伊人停下来寻找水源和牧场时,他们就可以把这些芦苇草棚围成一圈,把牲畜圈在中间,以保夜间的安全。后来,棚屋也被迁徙的布尔人借鉴使用,成为他们游走和移居南部非洲的有效保障。

图:南非布尔人改造的棚屋(作者摄)

---

[1] Tim Murray ed., The Archaeology of Contact in Settler Societies, Cambridge University Press, 2004.

科伊科伊人的适应能力和交际能力都很强，无论是对开普的复杂环境，还是与他们的邻居桑人和班图人，他们都相处得很好。科伊科伊人不仅有在东开普地区的印度洋海滩定居，以贝类为食的；也有在雨量充沛、牧草丰富的南非东部定居，以放牧为生的；在西部地区，还有一些科伊科伊人在靠近干旱的卡拉哈里沙漠和干燥的卡鲁地区，开展着混合生计：既饲养牲畜又进行狩猎和采集。

不过，科伊科伊人虽然在需要的时候会去狩猎和采集食物，但他们主要还是蓄养畜群为生，主要是绵羊。学者们普遍认为科伊科伊人是后来才开始养牛的，随后，牛成为他们的主要财富来源。科伊科伊人的生活以牛和肥尾羊为中心。一个人的地位和财富根据拥有的羊和牛的数量来衡量，他可以把这些传给他的儿子，庞大的羊群和牛群则可使他成为社会的重要成员。一旦个人失去了牲畜，就会被迫为他人服务，或者可能会回到以狩猎采集为主的生活。在1652年欧洲人到来之前，科伊科伊人与说班图语的邻居用牛羊来交换铁、铜和达加（一种麻醉植物）。在与欧洲人接触后，科伊科伊人的贸易活动重心转向了开普地区的市场，在那里他们用牛来交换烟草、酒类、盐和其他商品。

据考古学的研究，公元初年，和桑人一样，科伊科伊人从现在的赞比亚南部和博茨瓦纳北部附近地区迁徙到南非。他们的路线大约是向南行进，沿着卡拉哈里沙漠的东部边缘，一直走到奥兰治河和瓦尔河的交汇处。其中的一群人沿着奥兰治河向西进发，逐渐与科拉人和纳马人融合；另一群人则继续向南，沿奥兰治河抵达印度洋，然后向东和向西前行，甚至远至现在的纳塔尔省；还有一群人向西前往开普半岛，其中一些人再次向北，与其他从奥兰治河沿西海岸南下的科伊科伊人会合。

17世纪中叶，科伊科伊人与第一批荷兰定居者在开普敦桌山下的海滨相遇，这些欧洲人根据发音特点称他们为"霍屯督人"（Hottentots，在1700年左右，该术语是模仿科伊语言中吸气音而创造的，早期英语化的名称被记录为"霍屯督"（Hodmandod）。19世纪和20世纪，"霍屯督人"

正式作为一个民族术语,专门表示科伊科伊人。在阿非利加语中:"hotnot"表示与他们不同的黑皮肤"种族"的人,一直用到2008年,被南非政府明确禁止。根据1996年版的南非英语词典中的释意,在学术背景下使用"霍屯督人"是带有歧视意味的,不应使用,或可使用"科伊科伊人"。

欧洲人还凭借他们的外形,提出了关于科伊科伊起源的"丰富"理论:或是源于犹太失落的族群移民,或是来自北非的"哈米特"移民,或是来自东非湖泊之间地区的牧民移民等,但这些都是源自西方对非洲人种的猜测,并无实证。后来,随着殖民进程的深入,出于为白人占领当地人的土地做合法性辩护,南非前白人统治者甚至直接否定了科伊科伊人和桑人的人类属性,认为他们不过是动物,他们所在的土地因为没有被人耕种,属于"无主土地",因此,殖民者有权获得。后来,这种歧视一直延续下来。20世纪50年代,当局开始推行种族隔离政策,白人当局将"非洲人"界定为说班图语的农牧业者,其中并不包括桑人或者科伊科伊人等本土居民。

18世纪,科伊科伊人一直在反抗白人移民疯狂侵占土地财富和抢夺劳动力,然而,让他们人口锐减的原因,更多地是因为从欧洲传入的天花与牛瘟。其一度致使科伊科伊人人口数量剧减九成,社会支离破碎,而存活的科伊科伊人不是沦为殖民者驱使的奴仆,就是远赴他乡和其他族群杂居混处。久而久之,其宗教信仰和语言文化习惯渐渐消失于时间的长河之中,民族身份难以寻觅。更靠东的桑人,命运轨迹如出一辙,甚至更显悲惨。面对布尔民团的重重种族清剿,到了18世纪末期,桑人也几近灭绝。

三、科伊桑人

桑人和科伊科伊人都没有从事过农业,但牲畜让科伊科伊人具有一定程度的自给自足和流动性,桑人没有这个特性。不过两者当然也有融合,桑人有时会融入科伊科伊人的社区,而科伊科伊人有时会失去牲畜,不得不靠狩猎采集为生,放牧的科伊科伊人和狩猎采集的桑人往往很难区分。

加上科伊科伊人和桑人在文化、种族和语言上有许多共同之处，随着殖民者不断掠夺牛群，科伊科伊人逐渐失去财富，退回到狩猎和采集状态，他们和桑人之间的身份界限更加模糊。

1928年，德国探险家、动物学家雷纳德·舒尔茨首次发明了"科伊桑"（Khoisan）一词，一是当地原住民的体貌特征比较类似，譬如体格矮小、头发卷绺、肤色呈棕黄色；二是桑人和科伊科伊人社会均处在狩猎采集阶段，经济水平较为落后。后来，两个原住民人群被统称为"科伊桑人"。

识别非洲本土民族的兴趣和热情来自白人的非洲后裔。范德泼在南非长大，一直都对非洲本土文化深感兴趣。1955年，他受英国广播公司委托，与电影摄制组一起去卡拉哈里沙漠寻找桑人，并在一年后制作推出了受欢迎的六集电视纪录片《消失的族群》；1958年，范德泼出版了关于那次探险的书，名为《卡拉哈里的失落世界》；1961年，他引用了威廉·布什收集的《布须曼民间传说的标本》（1911年）、赫布里克等人的文献资料，发表了《猎人之心》。不过，由于20世纪50—60年代欧洲人的主流观点一直是贬低非洲原住民，故他们把范德泼称为"神秘的生态学家"。直到20世纪90年代，本土原住民的权利仍未得到改善。1992年，约翰·佩罗特等人出版了《布须曼的灌木丛》，代表南非原住居民们在国际社会上发出"绝望请求"，并呼吁整个南部非洲各国政府尊重并重新确立非洲原住居民的土地权利。

四、班图人

班图人（Bantu）指那些既会耕种又会放牧的原住居民。公元300年到900年之间，甚至更早的时候，他们已经迁徙到了南非。"班图"的语义原先只是指"人"，但因为他们最初起源自中部非洲，被一些学者视为较为先进的生产力，故被西方学界统一命名为"班图人"。他们的肤色较深，有时又被西方简单称为"非洲农民"。语言学家认为班图语属于尼日尔·刚果语系，内部约有 500 种语言，在长期的历史进程中，班图语与桑语和科伊科伊语有相互融合的趋势。

与世界其他地方一样，农业种植代表了南非更先进的生产力。农民的耕作知识让他们可以生活在更安定的社区，而不依赖于狩猎和采集。班图人会烧制陶罐并饰以独特的图案，他们的政治和社会组织比桑人更复杂，经济也更多样化。铁、铜、锡和黄金等金属的开采和在非洲内陆的传播，很大程度也归功于班图人，有学者甚至认为班图迁徙带动形成了长距离的贸易网络。无论怎么说，班图人确实促进了非洲本土居民间的融合，是现当代我们看到的非洲多地居民中重要的"触媒"。

第三节　早期的社会和国家

一、本土居民的交流和融合

第一批班图人，或者说他们所代表的会铸铁的农业牧民群体，可能是公元三四世纪左右到达林波波河以南一带的。他们穿过中部非洲和南部非洲向南迁移，通常被称为"班图移民"。尽管学者们现在仍在质疑"班图"这个词的恰当性，但其移民的过程是显见、逐步而缓慢持续着的：班图小群体慢慢地扩展到新的区域，与原有的放牧和耕作区域重叠。在这个过程中，新旧冶铁技术和农牧实践产生了碰撞，移民和当地人不断融合，逐渐形成了早期的非洲社会。

有意思的是，南非白人在殖民时期时也写过南非历史，版本如下：讲班图语的人抵达德兰士瓦的时间，大约是 1652 年，与首批荷兰船只驶进桌湾的时间相同。在此之前，南非是"无人区"，因此，只要拥有更强大的势力就完全可以占有它……殖民之后漫长的岁月中，这样的言辞和信仰一直是南非白人统治者的官方说法，以此消解非洲本土居民存在的合法性，从而更有利于殖民当局进行统治。

对说班图语人群的认知大部分来自考古学和语言学。根据考古发掘的铁器和陶器遗存以及语言模式，这些从事农牧业的先祖似乎来自现代喀麦隆赤道以北的雨林地带。从两三千年前开始，一些移民就陆续穿过热带雨林和现在的安哥拉地区缓慢向南迁移，然后向东迁移，到达现在的赞比亚和刚果民主共和国。在那里，他们遇到了其他移民，于是部分人沿着热带雨林以北的路线前往东非湖区，然后转向南部。到公元500年，这些说班图语的人一路往南，定居地远至今天的南非德班（夸祖鲁·纳塔尔省）。需要指出的是，没有纯粹的原始班图民族，后来种族隔离政府频繁使用"班图"作为所有非洲"原住民"的标签，而使"班图"被认为是一个种族主义的术语。

如今，语言学家通常把南部非洲使用的班图语分为四大类：恩古尼语、索托语、文达语和聪加语。其中，恩古尼语是南非最大的语言种类。使用范围遍及内陆高原和印度洋之间的东南沿海地区，从东开普省一直到斯威士兰。占统治地位的恩古尼族群有北部恩古尼的祖鲁族和斯威士兰族，南部恩古尼的科萨族、姆蓬多族、腾布族、比哈卡族、姆丰族、姆蓬多米兹族和邦瓦纳族。这些民族多来自北方，之后陆续定居在夸祖鲁·纳塔尔省和东开普省。到达海边地带后，他们向西南方向迁移至东开普省的大鱼河附近。

索托语是南非的另一大类语言。说索托语的人群大多居住在内陆高原，西起卡拉哈里沙漠东部边缘，东至德兰士瓦北部，南起莱索托，北至现在的博茨瓦纳。这些人群又可细分为三大类：西索托，或茨瓦纳；北索托，包括佩迪和洛比都；南索托，或称索托，也就是今天莱索托及其周边地区。

文达语和聪加语是两个使用人口较少的语言类别。多年来，学者们认为，文达人是最近从林波波河对岸迁徙而来的绍纳人，他们之前的定居点在遥远的德兰士瓦北部，后因被绍纳人接受而融入他们的社会。近年来，有学者认为文达人很早就在遥远的北德兰士瓦定居，是他们接纳了绍纳移民进入其社会内部。大量的考古证据，特别是采矿活动的证据表明，北德兰士瓦这一地区自铁器时代早期以来就有人居住，不过，究竟是文达人先到还是绍纳人先到，目前仍在推测中。

聪加人与恩古尼人有一些渊源，但他们的语言和文化却有重大区别。例如，聪加人吃鱼，但这在恩古尼族是严格禁止的。聪加人生活在文达河东南的沿海地带和德拉戈阿湾（今莫桑比克的马普托）以西的腹地，他们利用这一战略位置在贸易中发挥主导作用，充当德拉戈阿湾和内陆社区的中间人。而恩古尼人的传统生活则是放牧牛羊和栽种园艺作物，社会内部通过男性血统的氏族和酋长加以维系。

二、早期社会形态及变迁

公元1000年左右，南部非洲的文化和经济发生了重要变化。考古学家和历史学家将这一时期划分为铁器时代早期和铁器时代晚期。公元1000年之后，一些显著的变化包括人口和牲畜数量的增加，村庄规模的扩大，新定居点的出现，土地占用模式的改变等。最显著的特点是新陶器风格的出现，这可能是因为女性开始主导制陶（之前是男性主导）造成的。同时，南部非洲定居点的地理位置也发生了明显变化：铁器时代早期的社区一般定居在河谷和低洼地区，那里土壤肥沃，可以为自给自足农业奠定良好的基础。铁器时代晚期的社会定居在地势较高的地区，特别是集中在纳塔尔和祖鲁兰高地以及德兰士瓦和奥兰治自由邦的高原。这些聚落比以前的聚落更加多样化，显示出生产生活方式的多样性，也显示出此时的社会形态逐渐由主要家庭组成的分散小村庄，向人口密集的大型聚落过渡。

铁器时代晚期的非洲社会建筑风格也发生了巨大的变化：建筑中越来越多地使用石头和圆形石墙，圈成围场，人们在其中居住和生活。在北部的索托和茨瓦纳地区，这种石头建筑的类型更为常见，这似乎源于当地取之不尽的石头。这一时期居民的房子呈蜂窝状，通常是由牛粪和泥浆混合的灰泥筑成，该灰泥材质坚硬且光滑。用茅草做屋顶，墙角四周摆放石块，这样可以抵御突如其来的大风或者大雨。房屋内外的地面也是如此，光滑且可以减少灰尘。至今，恩德贝莱人仍在建造这样的房子，他们用彩色黏土在墙上画出精致、美丽、色彩鲜明的几何图案，彰显出不同的审美风味。

恩德贝莱人传统生活（作者摄于南非先驱纪念馆（Voortrekker Monument））

恩德贝莱人现代生活

恩古尼人也有圆形的房屋，叫作圆形茅屋，使用材料有所区别，通常用嫩枝或芦苇做屋顶，用茅草垫做墙。他们还把牛关在用荆棘树枝围成的栏圈里，与居民形成共生关系。

铁器时代晚期的其他变化，最重要的一个应该是出现了复杂等级结构的政治制度。有学者认为，这可能是由于牲畜（特别是牛）在农牧社会中的地位日益重要而逐渐形成的。牲畜群持续扩大，引起定居模式的变化，居住地从更适合农业的低洼地区延伸到海拔更高的地区，因为那里的土壤条件、降雨、牧场适宜，疾病较少，更有利于游牧。和科伊科伊人一样，牛是财富的象征。赞比西河以南的农牧民可能是从科伊科伊人那里学会了游牧，他们用科伊科伊语表示"牛""羊""牛奶"。

对南非丰富矿产资源的开采似乎也在铁器时代晚期得到了加强。人们发现了数以百计的古代矿山，尤其是在德兰士瓦，这些矿山生产铜、锡、金、铁和其他矿物。此外，人们采用了当时非常先进的采矿技术：锻冶。锻冶是一门非常专业的手艺，其从业者享有很高的地位，因为做工具用的铁和做耳环、项链以及其他装饰品用的铜都特别珍贵，一般是给位高权重者使用的，也作为主要的贸易产品。在欧洲人到来前的五百年里，德兰士瓦高原上的贸易就有显著的增长。尤其是联系到当时大津巴布韦和德拉戈阿湾市场的兴起，可以明确的是：早在900年到1200年间，林波波河流域的班班德亚纳洛和马蓬古布韦等重要的贸易中心已经形成了较为复杂的贸易格局。

值得关注的是，至今，非洲仍然有很多铁器时代的印记和社会生活形式，从铁器时代晚期到现代，农牧社会之间存在着显著的文化和经济连续性。但非洲社会也不是一成不变的，说班图语的人并不住在与世隔绝的村庄里，或仅从事农业、游牧及采矿。直到19世纪，狩猎和游牧仍然是当地经济中不可分割的一部分，各地都会根据当地的环境和习俗，在不同程度上进行着上述活动。19世纪初，欧洲人在东开普地区的科萨人社会中发现了一些来自德拉戈阿湾的贸易物品。实际上，贸易交换一直存在，科萨人会用他们的牛换取茨瓦纳人的铁和铜，象牙、珠子、铁、盐等物品则通过远距离商路进行交易。农牧民经常与他们的科萨邻居交流，有的还形成了稳定的客户群或所谓的共生关系，双方甚至也通婚。

科萨人的传统生活

从较为稳定的层面来看，南非大多数的农牧社会都是酋长社会，按父系血统设置等级，以氏族为中心。氏族由具有同一血统祖先（通常是男性）的所有后代组成。酋邦由许多不同的氏族组成，酋长通常来自最强大的氏族。族群或酋邦，或以共同的祖先来命名（如科萨族和祖鲁族），或以大象或狮子等图腾动物来命名（如茨瓦纳族和索托族）。各酋邦的成员资格相当灵活。虽然亲属关系是成员资格的主要标准，但政治意愿也会起作用，因为任何人都要宣誓效忠于某一氏族或氏族首领。17世纪以后，一些遭遇海难的欧洲人也加入了印度洋沿岸的恩古尼族群。这种灵活性解释了在19世纪中期，索托国王莫舒舒（Moshoeshoe）是如何获得大量追随者的。那时大量的难民、分裂的族群和酋长等，多数都是为了躲避彼时姆法肯战争投奔并臣服于他的。

在逃难的人群中，各族群的大小差别很大，从几百人到五万人甚至更多。到了19世纪，当人们很难获得无人居住的土地和水源时，人口疏散的趋势出现。为了寻找肥沃的牧场和耕地，农民们不断迁移到新的地区。

从环境生态的角度看，土地、泉水、河流和池塘的形式影响了对水源的利用率，而这又往往决定了人口的密度。18世纪晚期之前，东南部的恩古尼人居住在一些分散的房舍里，这些房舍围绕村落中央酋长的居所而建。在恩古尼族群的北部，索托人更多地集中居住在频繁聚散的村庄里。到了19世纪，索托人经常把他们的定居点建在山顶上，以抵御白人和非洲邻居的攻击。茨瓦纳则仍居住在北开普和现在博茨瓦纳一带，占据着种植区边缘，村镇规模可达数千人。有意思的是，有学者发现，说班图语农牧民的居住环境基本上没有蚊子、采采蝇等致病昆虫，这些昆虫往往会限制人类在热带地区的生产力。但他们还是需要应对不规律的降雨、严重的干旱、战争和蝗灾等，这些是决定传统非洲社会延续和发展的重要生态因素。

在族群的政治生态中，酋长为代表的首领并非权力通天，他们服从于臣民的意志，通常在"顾问委员会"的帮助下进行统治。"顾问委员会"由长老（包括男性和女性）、王室男性亲属或通过功绩赢得议事席位的男性平民组成。在索托和茨瓦纳族中，每逢要推行新计划或要讨论关乎大家利益的事情，酋长就会召集所有男性臣民议事。这时，每个人都可以自由地说出自己的想法，在公开和安全的环境中批评酋长和他的顾问，并表达他是否支持酋长。在19世纪土地和水源变得稀缺之前，臣民可以离开原来的酋邦，加入另一个酋邦，来表达对原来酋长的不满。酋长的财富是根据他的牲畜数量来衡量的，但他的权力要看臣民的数量及其所获支持的力度来决定。

在大多数非洲农牧社会构成中，一个男人和一个或多个妻子组成的家庭是基本单位。一夫多妻制是被允许的，但因聘礼等成本过高并不普及。传统非洲的聘礼通常是牛，一方面这是对新娘家庭的补偿，娶每位妻子都需支付；另一方面，牛也是传统生产力最为有效的维系方式。在这样的社会里，牛是私有品，但土地不是。在家庭住地，每位妻子和她的孩子会有一间单独小屋，其他家属和远房亲戚也可以留宿。酋长拥有分配土地的权力，他可以将土地分配给各个农场，以进行放牧和耕作。

南部非洲的传统生活中，不同人群的生活方式不同。恩古尼人把谷物储存在坑洞里，索托人则把谷物储存在编织篮里。耕作者们更喜欢铁制工具，尤其是锄头，但铁制工具不是很多，所以他们经常使用木器，如挖掘棒和铲子进行耕种。农民用刀耕火种的方法开垦土地，不过，他们很早就掌握了轮作技术，在同一块土地上有顺序地进行季节和年度间的种植，通过轮换种植不同作物，来达到用地和养地兼得的效果。

高粱和小米是主要的农作物。16世纪，葡萄牙人通过德拉戈阿湾引进玉米。玉米与传统的高粱、小麦等粮食作物相比，具有很强的耐旱性、耐寒性、耐贫瘠性以及极好的环境适应性。同时，玉米的营养价值较高，很快就成为主要的粮食作物。传统居民还进行狩猎，最常见的猎物是各种各样的羚羊，但也有较大的猎物，如野水牛、大象、河马和犀牛等。狩猎提供了食物、兽皮衣服、贸易品，也可作为一项运动。肉类、南瓜、西瓜、葫芦、各种绿色蔬菜，偶尔还有番薯和豆类等食物，作为谷物的补充，另外，大多数农牧社会都用高粱或其他谷物酿造一种浓稠的啤酒，也有牛奶和蜂蜜啤酒，这些都构成了健康营养的食谱。

南非的农牧社区共享一套宗教信仰，尽管习俗、仪式和名称各不相同，但他们都信奉至高无上的神。其中，科萨人崇拜的是卡玛塔，索托人崇拜的是莫底摩。为了感恩、康复、出生、成年、结婚、死亡、降雨、丰收和军事上的胜利，经常需要宰杀牛羊来进行祭祀。参与仪式的人们必须以一种恰当的方式恭敬地召唤祖先，并在巫师的帮助下得到能解释的符号和预兆说明。由于没有书面文本，巫师一直是传统和文化的传承人，他们延续着口头传说，按照规定的方法进行神圣的信仰和仪式传播。另外，巫术、法术等也是必备的仪式，通常由被称为巫医的女性占卜师来施行，这些传统流传至今。

15世纪晚期，在欧洲人第一次到达非洲南端时，狩猎采集者和牧民仍居住在普遍干旱的开普地区。这一西部地区位于鱼河以西和奥兰治河以南，这里雨量丰沛，可持续进行农业和畜牧业生产。其中游牧民和农业牧民集中在中部地带，农牧民控制着东部地区，包括德拉肯斯堡山脉以北的内陆高原和东南沿海。农牧民和游牧民通常和平相处，互通有无。在边缘交汇地带，农牧社区和游牧社区融合则更多。不过，游牧民族和传统的狩猎采集者桑人的关系就不那么和平了。在农业社区"稳定运行"了一段时间之后，桑人仍按照一直的生活习惯，跟踪、猎杀牛羊，就像他们捕猎野兽一样。由此，游牧民和农业牧民认为桑人是祸害，应该被消灭或驱逐。之后到来的白人定居者也这样认为。于是，桑人的生活不断被边缘化，最后只能住到没有其他人愿意去的荒凉地区。1492年到1652年160年的时间里，随着欧洲探险家的定居和深入内陆，大量野生动物被枪杀，斑驴等物种濒于灭绝。桑人们同样无法抵抗枪支的威力，不断地迁居至内陆。到17世纪中叶时，大多数的桑人已经生活在北开普的边缘，几乎所有的桑人最终都迁移到了卡拉哈里沙漠。

1655年对南非而言是一个非常重要的年份。这一年，玉米种子从荷兰引入开普敦，时任荷兰东印度公司总督的范里贝克在公司的花园中种植了第一株葡萄藤，桑人们则已经远离了开普；马达加斯加的三个奴隶被带到了开普敦。新物种和新人群一起，在开普敦生根发芽。

三、早期的国家：马蓬古布韦和图拉梅拉

在铁器时代晚期，人们发现了几个定居点，其中最重要的两个是林波波北部的马蓬古布韦和图拉梅拉。这两个地方都是繁荣的大型社区，有丰富多样的人类活动遗迹，其中马蓬古布韦比图拉梅拉更古老。马蓬古布韦位于南非和津巴布韦边界的林波波河以南仅两千米处，于1933年被发现。此后不久，考古学家对其进行了研究，确定其存在年代约为公元1000—1290年。图拉梅拉位于南非东北部，靠近南非与津巴布韦和莫桑比克的林波波省边界，该地区如今也被称为克鲁格国家公园的帕夫里地区，毗邻流入林波波河的勒福河，位于泛滥平原接壤的高原边缘。考古学家的勘定认为其存在年代约为1240—1700年间。

1934—1940年间，此地又开展了几次考古调查，但发掘工作由于第二次世界大战而中断。之后，关于此地的研究和考察仍在零星地继续着，直到20世纪60年代到90年代末，此地重新开始了大规模的挖掘和研究工作。

据估计，马蓬古布韦王国的平均常住人口在1万上下，国土面积可能相当于今天的斯威士兰。目前，它被认为是南非历史上第一个以"国家"

存在的组织形式。在马蓬古布韦山顶平坦处，有一个圆形露天竞技场，用于举行盛大活动。在马蓬古布韦的遗址中，陆续发现了埋有金珠子、金手镯和覆盖着薄金箔的小木雕动物的墓地，还有一些用来把金箔固定在雕刻品上的金钉子等。由于当时在欧洲还没有这样的焊接工艺，这种美丽的黄金首饰显然是由当地黑人制造的，而不是像人们曾经认为的那样——由来自其他国家或地区的人制造的。

来自印度、波斯（今伊朗）、埃及和阿拉伯（现在的沙特阿拉伯）的彩色玻璃珠也在考古现场被发现。有学者认为，正是这样的不对等贸易，导致了非洲在世界贸易中黄金等"硬通货"的流失，而有些学者则认为珠子是一种货币，表明了非洲与世界其他地方的贸易交流状况。

马蓬古布韦的繁盛持续了大约 200 年，和南部非洲的大津巴布韦有相互交融的关系。13 世纪的某个时期，可能因为该地区的资源已经耗尽，马蓬古布韦的政治权力开始转移。其首都北移，穿过林波波河到达今天的大津巴布韦，然后又过了大约 200 年后，首都再次南迁，穿过林波波河，来到了我们现在知道的第三个地方：图拉梅拉，当然有些人继续生活在大津巴布韦附近。

直到 20 世纪 90 年代，由西德尼·米勒领导的考古学家才首次发现了图拉梅拉。相似的物件、人工制品在马蓬古布韦、大津巴布韦和图拉梅拉都有发现，表明这三个地方都有亲缘关系，这里的人群很可能就是现在生活在林波波的文达人和生活在津巴布韦的绍纳人的祖先，而他们的这种南北迁移活动持续了 600 多年。

值得注意的是，这是一个由农民、金匠和贸易商组成的成熟社会，他们通过向来自世界各地的人们出售他们制造的珠宝和其他商品，利用河流系统将他们的商品运输到东海岸而繁荣起来。在图拉梅拉发现的人工制品中，包括津巴布韦式的陶器、东海岸的贝壳、骨头制成的护身符、一件中国明代瓷器、一个在与西非发现的铜锣相似的铁锣，以及一个陶瓷坩埚，坩埚上还附着几滴熔化的黄金。这是迄今为止南非唯一的黄金冶炼证据，表明南非当地至少在 500 年前就有先进的冶炼技术。

图拉梅拉所处的勒福河泛滥，平原土地肥沃，人们在那里耕种，生产高粱和小米，烹制粥、酿造啤酒。在该地区发现的黏土纺锤轮表明，棉花也被种植，用于制作布料。在现场发现的许多陶器碎片是图拉梅拉妇女用来做饭、吃饭和喝水的废弃陶罐残片。还有形状各异的花盆，大小不一，有不少的装饰图纹。

1996 年的考古发掘中，该遗址还发现了两具骨骸。此外，该遗址中还埋葬着黄金首饰、陶器、金属锄头和矛刃。比勒陀利亚大学解剖学系的科学家们对它们进行了分析，他们发现一具骨骼是男性，另一具是女性。这个男人戴着金首饰，骨架被拆解包成方形，与 73 颗金珠和 990 颗鸵鸟蛋同葬，年代可追溯到 1450 年左右。在发现他的坟墓那天，当挖掘队返回他们的车辆时，一只豹正在等待，工人们和考古学家因此将他命名为"英格威王"，意思是"豹子"。这名女子的骨骼年代也被检测了出来，年代可追溯到 1600 年左右。她的身高超过 1.7 米，并不是国王的家人之一，但很可能也来自一个贵族家庭。她被发现时呈侧卧造型，左臂上戴有金手镯，腿上有铜线，手掌并拢，双手放在左太阳穴下方。在文达传统中，女性以这种方式迎接男人，表示问候和尊重，被称为"洛萨"，这也是为什么界定图拉梅拉人是今天文达人祖先的原因。这具女子骷髅被命名为"洛萨女王"，她与 291 颗金珠同葬，当时至少应该有 800 人参加了葬礼，可见其地位之高。

图拉梅拉的社会结构与大津巴布韦和马蓬古布维的社会结构相似，都有不同社会阶层的标志，并以围绕王室建造的石墙为界，区分出君王与平民不同的居住区域。在图拉梅拉，皇家石墙内足够容纳 1000 人，而其外周围的山上有倒塌的墙壁和房屋遗址，勘测表明那时大约有 2000 人居住在这座王城。根据口述历史，图拉梅拉人相信他们的领袖科西与土地之间存在着一种神秘的关系，领袖能以国家之力审视过去看到未来。不过，科西是一个难以捉摸的人物，在山顶宫殿中过着隐居的生活，只有特定的人才能看到。如果平民想见科西,他会去一个特殊的房间,这个房间很可能被中间的墙壁隔开,然后他们再进行交谈。

至今没有人能说明白为什么马蓬古布韦和图拉梅拉的居民离开了他们的家园。考古学家和社会人类学家提出了许多理论,这些理论围绕统治者的死亡、环境灾难或争夺土地和资源控制权的战争等进行讨论。不过这些问题至今没有答案,因为找不到书面历史,当王城被遗弃时,其他的口述历史似乎也消失了。

第二章

外来移民促成的多元社会时期（14世纪—17世纪）

早在古代，非洲内地生产的黄金就已经闻名于世，尤其是在美洲和澳洲开采金矿之前，欧洲所需要的黄金主要来源于非洲。对此，世人一直对非洲充满着想象，认为非洲充满着奇异、梦幻和超自然，乃至恐惧的力量。

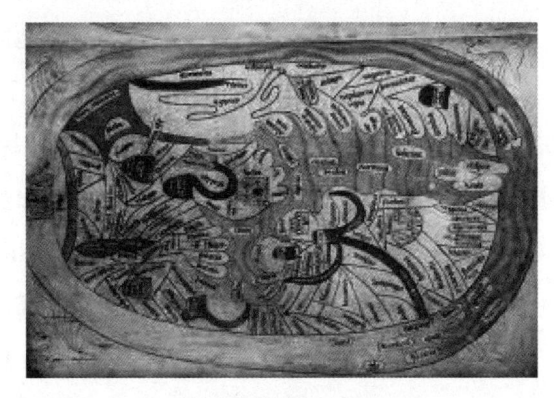

雷纳夫西葛登绘制的地图

1350年，本笃会传教士雷纳夫西葛登绘制了一幅地图，上面的非洲人只有一只眼睛、脚放在头上。

到了15世纪40年代，里斯本的造船技术提升并建造出了可以逆风行驶的小船，葡萄牙人得以到达非洲，但由于当时的信息并不流通，1459年意大利传教士弗拉毛罗仍认为非洲是巨雕的栖息地，巨鸟可以拖着大象在空中飞来飞去。

第一节　新航路探索时期的南非

从公元前11世纪开始的两千多年历史延续中，欧洲伊比利亚半岛战火连绵不断，这块土地曾先后被罗马人、日耳曼人和摩尔人征服。直到公元1143年，葡萄牙在驱逐阿拉伯人、光复领土的战争中诞生并成为欧洲大陆第一个统一的民族国家。然而，葡萄牙的国际环境一直不理想，尽管贸易繁荣但邻邦战火绵延，自己又缺乏硬通货黄金，到15世纪时，葡萄牙国内因黄金一度急缺，这甚至成为阶级矛盾尖锐化的直接因素。因此，在强大的王权和狂热的宗教信仰支持下，葡萄牙凭借当时先进的造船和火炮技术，开始向海外扩张。

在1415年占领摩洛哥北部的休达后，葡萄牙很快就派遣船队沿着非洲西海岸南下，逐步占领非洲沿海的一些地区。地处海上交通要冲的马德拉群岛于15世纪30年代沦为葡萄牙的殖民地。1433年，葡萄牙建立阿尔吉姆商站，1441年开始为黄金和奴隶商队提供转运。1455年1月8日，教皇尼古拉丁颁布法令，容许葡萄牙开发非洲的大西洋海岸，如果发现新的土地，包括海岛，就可以据为己有，1456年这一权力又转交给了基督教会。据统计，在1480年到1530年间，葡萄牙人在非洲土地上掠夺了约27.6万千克的黄金，占当时世界黄金总量的十分之一。

哥伦布曾说："黄金是一个令人惊叹的东西！谁有了它，谁就能支配他所想要的一切。有了黄金，要把灵魂送到天堂，也是可以做到的。"正是对黄金贪婪的追求，葡萄牙探险家一次又一次出发。1482年，迪奥戈·康第一次在非洲西海岸出海，邂逅刚果河。1486年，迪亚士奉葡萄牙王若昂二世之命，率探险队沿非洲西岸南航，寻找通往东方的航路。受制于海风的摆布，他乘坐的三桅帆船在惊涛骇浪中几乎沉没，最后漂到无名岬岛靠岸，最终被迫返航。当他向若昂二世汇报时，把那儿说成是"风暴角"。若昂二世却高兴地认为，到达此角意味着到达东方已有了希望，应称其为"好望角"。从此，"好望角"这个名字就这样沿用下来了。1497年12月25日，达·伽马和他的船员们把即将到达的海岸以"纳塔尔"命名，这个名字在葡萄牙语中意味着基督的诞生。

若昂二世真的应该高兴，这次好望角的发现，确实打开了葡萄牙和南非的新局面。葡萄牙找到了通往印度的替代航线，这意味着在奥斯曼帝国崛起期间，葡萄牙得以穿越地中海和阿拉伯半岛航线的封锁，商路问题迎刃而解。葡萄牙人在好望角停留以获取补给，他们在海滩上竖立起石头十字架，但并没有尝试殖民这里。

然而，这并不是说南非的地理位置不重要，相反，南非的地理位置在其历史上扮演了重要的角色：它位于非洲的最南端，也处于东西方之间的战略位置，其东、南、西三面被印度洋和大西洋环抱，是纳米比亚、博茨瓦纳、津巴布韦和斯威士兰等非洲内陆国家重要的出海口。

1520年和1580年，航海家麦哲伦和英国航海家弗朗西斯·德雷克与南非打了个照面，但他们还没有改变当时南非的经济状况。直到1601年东印度公司和1602年荷兰东印度公司的成立，并逐步主导开普航线、白人定居者大量抵达开普后，南非才开始成为世界经济的重要一环。[①]

第二节　早期的欧洲定居者

一、荷兰裔居民与"布尔人"

由于从威尼斯商人那里取得的香料太过昂贵，西班牙、葡萄牙、英国、丹麦、瑞典、荷兰纷纷兴起海上冒险，希望建立自己的香料贸易路线。葡萄牙成为大航海时代的先锋，奉葡萄牙国王曼纽一世之命，在瓦斯科·达·伽马带领下，葡萄牙船队一行出海寻找有基督信仰的东方君王，并前往印度取得香料。很快，达伽马就以武力优势，控制了印度洋海域。

17世纪是荷兰的黄金时代，商人活动频繁，殖民地广布世界各地。不过，商船往返于亚洲庞大的殖民经济帝国途中，需要一个安全的中途港和避难所，来让经常遭受发烧和坏血病折磨的船员疗养康复。荷兰人听说开普地区气候温和，淡水充足，决定将其占为己有。1652年，荷兰东印度公司打算简单地在好望角建立一个远洋补给站，以便在前往东方的途中，船只可以得到补给。但到了1657年，好望角地区的战略地位日益凸显，不仅对过往的荷兰船只很重要，对其他国家的船只也很重要。荷兰人开始改变最

[①] 荷兰东印度公司，正名为联合东印度公司，是荷兰历史上为向亚洲发展而成立的特许公司，成立于1602年3月20日，1799年解散，是世界第一家跨国公司、股份有限公司（指公开而非特权股份），世界上第一间证券交易所也在阿姆斯特丹由荷兰东印度公司创立。在其成立将近200年间，总共向海外派出1,772艘船，约有100万人次的欧洲人搭乘4789航次的船班从荷兰前往亚洲地区。平均每个海外据点有25,000名员工、12,000名船员。

初的政策,并在此后的40年里鼓励民众在好望角大量定居。阿非利加语——一种由荷兰语、霍屯督语、马来语、科萨语、祖鲁语、葡萄牙语和英语等词汇组成的语言——成为官方语言,使用这些语言的后人也被称为阿非利卡人。

1657年,第一批奴隶被运送到南非为东印度公司工作。从那时起,奴隶们都会定期从莫桑比克、马达加斯加等非洲区域和印度尼西亚、锡兰(现在的斯里兰卡)和印度部分地区,经由德拉戈亚湾和桑给巴尔之间的非洲东海岸进口。科伊科伊人不是奴隶,尽管他们中的一些人为荷兰人工作,但根据东印度公司的法律,他们身份的法律界定模棱两可,只属于被剥削阶层。

在行政总督范·里贝克执政的十年间(1652—1662),他曾下令修建一座堡垒要塞保护过往船只,并以此强化开普在荷兰和东印度群岛之间贸易中转站的地位。他一方面改善驻地附近的自然环境,种植谷物、水果、蔬菜,建立葡萄园生产红酒,并与科伊人建立"互惠"关系,获取牲畜和消耗产品;另一方面,他强行扣留了一些过往船只上的人员,让他们帮助清理建造城堡的工地,在采石场为建造城堡采石,其中许多人要戴着脚镣干活。

一些荷兰雇员为了摆脱东印度公司对他们的控制,开始向内地移民。不久之后,更多的荷兰人和受迫害的法国胡格诺教徒也来到南非定居。他们以开普为中心,向四周扩散,将商船补给站扩大为开普殖民地。由此,开普取代了毛里求斯,成为来往于两大洋船只的最重要中途补给基地。①1710年,荷兰人正式抛弃了毛里求斯岛,全力经营开普殖民地。

后来,这些早期定居的白人在兰德布什地区开办了自己的农场,并与科伊科伊人争夺牧场和牛群。双方不断发生冲突,由是,东印度公司鼓励他们购买枪支并在民兵中服役,以"接管"科伊科伊人的牲畜和土地。

---

① 1598年,荷兰人占领了西印度洋一个湿热的火山岛,以当时的尼德兰联省共和国执政官——毛里茨·奥兰治亲王的名字,将其命名为毛里求斯岛,并在这里建立了东印度公司最大的商船供应站。但由于岛上鼠害猖獗,以及偏离当时的主要航线,荷兰人决定在开普敦建立一个更大规模的中途补给站。

1652—1806年间，凭借枪支、工具和普遍先进的技术，这些白人与当地人发生了一系列冲突，双方都在突袭和不稳定的休战中苦度时日。

1666年，开普殖民地改名为开普敦，最早的四条街道：海滨街、城堡街、短市场街和市场街直到今天仍然存在。同年，荷兰人开始在桌湾入口建造一座大城堡来取代他们原来的小城堡，号称是保护殖民地免受英国或其他欧洲对手可能的攻击。这座城堡的建造花费了13年时间(1666—1679)，从未被攻击，却因其地牢关押囚犯并施以酷刑而臭名昭著。①

1688年，开普敦的奴隶已经超过600人，开普的边境线逐渐向北部和东部扩展，原先的补给点"自然"演变成了殖民地。

1691年，新任总督西蒙·范德斯托尔上任，成为殖民地的新指挥官。新任总督鼓励移民，甚至鼓励要去印度的人（尤其是工匠和其他有技能的人）留在开普敦定居，在南非现在的西蒙镇等地区建立农场。这些地方至今仍是重要的葡萄酒和其他农产品产区。为总督建造的房屋也别具一格，被称为格鲁特·康斯坦西亚，其美学风格至今也仍是具有开普特色建筑的杰出典范。

图：康斯坦西亚葡萄酒庄园

---

① 1936年，这座开普城堡成为南非国家文物，现在则作为西开普的陆军总部，收藏着著名的威廉·费尔的油画、家具和其他的装饰艺术品。

西蒙总督的儿子威廉在父亲之后，继任当地总督。他在农产品合同上建立了垄断，促进自己利益发展的同时，却毁了许多农民的生计。他在统治期间鼓励白人在桌湾以外的地方随牛羊迁徙。这些被称为"布尔人"①的白人，在枪支和"先进生产力"的保护下，不断向当地科伊人的地区扩张，这被官方视同为"正式"接管这些当地人的土地的合法途径。

威廉在开普当地挣得盆满钵满，尽管他想告知东印度公司董事们自己生活在水深水热之中，每天面对的都是黑人和狮群，但针对他的各种抗议和请愿活动络绎不绝，最终，威廉被召回荷兰，并被东印度公司开除。1708年，威廉离开南非时，大约有1700名白人定居者，包括男人、女人和孩子，以及还有一些奴隶。

布尔人迁徙和占据南非的脚步一发不可收拾。1770年后，赶着牛车向内陆进发的布尔人不断增加，活动范围已经向东扩展到加姆图斯河和大鱼河之间的富饶牧场。

二、法国裔居民与"阿非利卡人"

"百年战争"之后，法国逐渐完成了国内政治和教权的统一。16世纪初，法国成为西欧地区国土面积最大、人口最多的国家。法国一开始对西北通道（北美探险）的捕鱼充满兴趣，之后扩展到中美洲海域，后来他们通过"合法袭击"葡萄牙和西班牙的船只，逐渐取得海上优势。②

---

① 布尔原意是"农民"，是对17—19世纪移居至东开普的、讲荷兰语的后代的总称。1652—1795年间，荷兰东印度公司控制这个地区并倡导白人移民，1806年英国将此区域纳入大英帝国。此外，在一定意义上，布尔人也指那些离开了开普殖民地，在19世纪定居在奥兰治自由邦、德兰士瓦和纳塔尔等地（当时这里被合称为"布尔共和国"）的白人。

② 法国国王弗朗西斯一世在位时（1515-1547）不仅给法国海盗签发特许状，而且向他们提供资金，并和海盗分享收入。在其激励下，法国海盗和政府都获益良多，这种做法甚至被英国伊丽莎白女王效仿。

不过最让在南非的法国后裔最为津津乐道的，就是他们对南非葡萄酒的贡献。

关于葡萄栽培的文字最早见于《圣经·旧约》，从考古的遗迹来看，公元前 8000 年葡萄酒就在波斯附近开始酿造了，然后不断传播到希腊和罗马。从南非来看，荷兰外科医生，同时也是后来的总督范·里贝克在南非期间写了不少日记和随笔，这些日记和随笔甚至被认为是南非白人文学的开端和萌芽。在 1652 年的日记中，范·里贝克记述了通过种植葡萄，酿造葡萄酒等方法来防治沿印度和东方香料航线航行的船员中坏血病的情况。而最早的书面记录出现在 1659 年 2 月 2 日西蒙·范斯特的日记中，他写道："赞美上帝，今天葡萄酒第一次在开普酿造成功。1685 年，时任开普敦总督的西蒙建立了最古老的葡萄酒庄园：格鲁特·康斯坦西亚。到 1778 年，他的家族多次购买周边土地，种植了非常多类型的葡萄，并尝试用甜品酒的方式进行创新型酿造，并向荷兰和东印度群岛出口优质葡萄酒，不过这些都不成规模。直到 17 世纪中期之后，法国移民陆续抵达开普敦，为开普敦开辟了全新的葡萄酒生产局面。直至今日，还有人认为尽管法国的葡萄酒享誉世界，但南非的葡萄酒才是法国人的最爱。

图：最早的克特酒窖

法国葡萄酒的历史至少可以追溯到公元前 6 世纪的马萨里品牌，在后续的发展中，受到利润丰厚的英国市场和荷兰商人的商业利益影响和驱动，法国一直是世界葡萄酒业的领跑者。1688 年，由于法国国王罗马天主教徒路易十四废除了一项对新教徒宗教宽容的法令，约 200 名胡格诺派教徒宗教避难来到开普的荷兰殖民地，成为第一批法国移民。他们得到了东印度公司的赞助，在斯坦林布什、德拉肯斯坦、帕尔和弗朗斯胡克（被称为"法国角"）等地定居。他们与荷兰公民拥有相同的条件，有自由通行和必要的信贷农业设备，可以经营自己的农场，种植葡萄和其他农产品。

与小麦种植不同，酿酒业需要特定的技能和知识。带着虔诚的信仰和葡萄栽培与酿造技术而来的胡格诺派人，在抵达开普敦时就具备了这种能力。他们通过保护这些"秘密"来维持自己的优势，从而使这些葡萄酒产区获得了更多的竞争优势，当地的葡萄庄园也不断得以改善。他们进一步发现，橡树被栽种在葡萄树旁，一方面可以增加林种和动物的生态多样性，减少害虫的侵袭及人为对葡萄的化学处理；另一方面，橡树与人字形屋顶和石灰粉白色墙壁形成美学意境，使得在葡萄庄园里品味葡萄酒有足够的阴凉，悠闲又优雅。

康斯坦西亚葡萄酒庄园

第二章　外来移民促成的多元社会时期（14世纪—17世纪）

根据19世纪初期德国医师、植物学家和动物学家辛里奇·利希滕斯坦的记载，在18世纪晚期，已经有不少的当地富人周末去往斯坦林布什等葡萄酒庄园休闲，专业的品酒师群体也在逐渐形成。1971年4月17日，斯坦林布什酒庄大道正式命名。①

开普敦酒庄大道

与此同时，新的人群开始出现了。说法语并不受鼓励，白人们"同族"通婚势在必行。在大约三代人的时间里，开普敦基本上不再有纯正的法语传承。南非的姓氏如 Cronje（以前叫 Cronier）、De Lange（以前叫 Le Long）、De Villiers、Du Buys（以前叫 De Bui Du Plessis）、Du Toit、Joubert、Le Roux、Lombard、、Malherbe 和 Marais 都起源于法国。许多南非人血统仍可以追溯到法国的胡格诺派，包括前总统德克勒克（FW de Klerk），他的姓氏就来自于胡格诺派的 le Clercq，随着时间的推移，这个姓氏变成了 de Clercq，然后是 de Klerk。从亚洲归来的东印度公司士兵和德国移民不断加入，尽管大家都有不同的国籍，但当局以一种政治开明的态度接纳了所有人，并鼓励大家都用同一种语言沟通和交流。"阿非利加语"和"阿

---

① Joanne Gibson, SA wine history: Wine routes and diversions，https://winemag.co.za/wine/opinion/sa-wine-history-wine-routes-and-diversions/21 April 2021.

非利卡人"相继出现，并逐渐成为南非白人群体对自己身份的新的认知。①

1664年，开普敦举行了第一场混血婚姻，科伊妇女克罗托娃和丹麦外科医生派德举行了婚礼。②到1691年，南非白人人口中有四分之一以上已经不是荷兰裔。③根据英国统治初期获得的数字，男女不限年龄的永久定居者人数为26720人，其中，荷兰人占50%，德国人占27%，法国人占17%，其他人占5.5%，他们都构成了新的"阿非利卡人"。④

三、英国的殖民探索

继荷兰人和法国人之后，英国人是开普的下一批白人定居者。其实，首先想到在开普定居的是英国人而不是荷兰人，但在1620年，这个想法并没有得到国王詹姆斯一世的支持。1793年，英国与法国交战时，两国都试图占领开普，以控制通往东方的重要海上航线。1795年至1803年间，英国短期占领开普。1802年的《亚眠条约》中，英国曾承诺将开普于1803年转还给荷兰东印度公司，但很快，1803年拿破仑战争爆发，英国决定夺取开普敦以掌控周围的海路。1805年7月，一支英国舰队被派往开普敦，以阻止拿破仑派来增援开普敦驻军的法国军舰。1806年1月4日，英军主力舰队驶入桌湾，并于1月8日开始和南非荷兰驻军展开激战。英

---

① Worden, Nigel. Slavery in Dutch South Africa (2010 ed.). Cambridge University Press. pp. 94–140., 5 August 2010.Tamarkin, Mordechai (1996). Cecil Rhodes and the Cape Afrikaners: The Imperial Colossus and the Colonial Parish Pump (1996 ed.). Frank Cass & Co. Ltd. pp. 24–92.

② Geslagsregister van die familie PELSER, PELSTER, PELSZER, PELTSER, PELTZER en PELZER in Suid-Afrika sedert 1708 deur R. DE V. PIENAAR [Genealogy of the Pelser, Peltster, ... and Pelzer families in South Africa since 1708 through R. de van Pienaar], Stellenbosch, 2004. P8.

③ Colenbrander, Herman. De Afkomst Der Boeren (1902). Kessinger Publishing 2010.

④ Entry: Cape Colony. Encyclopædia Britannica Volume 4 Part 2: Brain to Casting. Encyclopædia Britannica, Inc. 1933. James Louis Garvin, editor.

军很快打败临时组建的荷兰军队,史称"布劳贝格战役"或"开普敦战役"。1806年1月10日,双方在帕彭多普(现伍德斯托克郊区)的一座小屋签署了该镇和开普半岛的正式投降条款,该小屋被称为"条约小屋"。虽然小屋早已被拆除,但签约小屋旁的那棵树一直保留到今天。1814年8月13日,英国军队占领了开普角,荷兰殖民者宣布将开普割让给英国作为永久属地。直到1910年5月31日南非联邦成立之前,开普一直是英国的殖民地。

1806年,开普的人口有2万白人殖民者,25754名奴隶和大约1700名自由黑人。以大鱼河为界,生活在西部的科萨人数量没有记录。在1779年至1878年的8次科萨战争中,科萨人和布尔人都为争夺牧场大打出手,确切的人口统计变得更不可知。在早期阶段,不同的利益方可以针对共享牧场形成联盟。1812年,新上任的英国驻开普敦总督约翰·克拉多克爵士派遣一支由约翰·格雷厄姆上校指挥的英国、荷兰和科伊科伊联军前往东部边境,把当地约2000名科萨人赶出祖尔维尔德,并抢走了他们的牲畜。

与此同时,1806年,好望角城堡的荷兰驻军在戴维·贝尔德爵士的领导下向英国投降。1814年,《英荷条约》签订,英国人向荷兰人支付了600万英镑,开普被荷兰完全割让给了英国王室。和荷兰人一样,英国最初对殖民开普没有什么兴趣。[1] 对英国而言,最初在南非的战略是为了保护通往印度的战略贸易路线,节约在殖民地的成本花销。英国一开始并没有在开普实行和其他地区一样的英帝国法案,而是让开普延续了之前的罗马法体系。[2] 不过,英国颁布法令不再使用荷兰语作为官方语言,并大力推行英语及英国文化。开普敦在英国占领下经历了重大变化,逐渐成为不断扩大的英国殖民地的首府。

19世纪20年代,英国议会投票决定加大在开普的殖民投资。一是为

---

[1] Kachru, Braj; Kachru, Yamuna; Nelson, Cecil (2009). The Handbook of World Englishes. John Wiley & Sons. pp. 160–161.

[2] John Dugard (1978). Human rights and the South African legal order. Princeton University Press. Princeton (New Jersey).

了缓解拿破仑战争后英国的人口压力，减少贫困率；二是为了增加开普东部地区白人定居者的数量，以此对抗当地众多的科萨人。新殖民地给出了不切实际的美好愿景：大批的新定居者可以获得大鱼河以西祖尔维尔德的100英亩农场。最初大约有4000名英国定居者来到这里，随后在退休的海军上尉率领下，又有大约1000名定居者到来。但这些新移民很快发现他们并不了解东开普的情况：大部分的早期农业项目都有各种风险，尤其是在他们最初定居的奥尔巴尼地区更是如此。但无论如何，18世纪英国的畜牧业知识还是起到了关键作用：新移民们采用来自西班牙的美利奴羊做实验（荷兰的农民不愿意放弃肥尾羊），羊毛逐渐成为南非重要的贸易出口品。他们中的许多人又搬到了像格雷厄姆斯敦这样的城镇，将其军事据点的"传统功能"演化成活跃的贸易中心。

1820年，英国当局任命了更多的英国官员，好望角城堡的荷兰驻军被英国士兵所取代。同时，大约5000名英国中产阶级移民离开英国（其中大多数是商人），前往南非定居。之后，又不断有英国公民移民到开普敦，尤其是年轻人，他们纷纷来到这里寻找新的生活和发财的希望。英国移民在面包师、铁匠、马鞍匠和皮匠等各种行业中立足。他们中的许多人最终定居在现在的格雷厄姆斯敦和伊丽莎白港。到1820年，开普敦有757名英国血统的人。与之前的法国定居者不同的是，英国人在开普地区还保留着自己的民族文化，即使在另一个城市纳塔尔港（今德班地区），也保留了明显的英国文化痕迹。这些定居者的文化也自然地融入南非的历史文化中：霍布森、金、普林格尔、伦尼、特罗利普、怀特和威尔莫特这些典型的英国名字，不断出现在南非的人名和地名当中。

定居者们还说服了开普政府允许科萨人进入殖民地进行贸易：1828年，白人和科萨人的贸易成为合法活动。象牙、鸵鸟羽毛、羊毛、牛皮、刀具、纽扣和珠子等，都是交易的物品。那时，一些科萨人通过交换，获得了便于狩猎的枪支，他们感到心满意足。小镇的亲善、自由的美誉由此散播开来，最早的定居者报纸《格雷厄姆斯敦日报》也在这里开始发行。约翰·巴德威尔·埃伯登于1837年建立了第一家股份制私人银行，即好望角银行。此外，19世纪30年代的短暂经济繁荣，为开普敦及整个开普殖民地的商业和金融基础设施作了铺垫。

此时，经历了工业革命的英国已经成为最强大的工业经济体。因此，从一定程度上来说，英国对南非的占领，意味着南非得以接触到当时最为先进的经济、市场、政治制度，甚至是思维方式。1799年，伦敦传教会已经在科伊科伊人等本土居民中传教，双方关系融洽，这使得在1812年当局颁布的法令，乃至后续的诸多法令中，科伊科伊人可以被视为"学徒"，而稍微有别于其他的"奴隶"。

19世纪，威廉·威尔伯福斯所引领的人道主义浪潮席卷英国，传教士群体兴起，很快南非也感受到了这些改变。英国人将他们的基督教思想传播给原住民人，南非出现了自由劳工和自由贸易的思想潮流。

1827年南非当局通过法令，终止荷兰的土地法院和海姆拉登法院的所有权力，由地方治安法官取而代之，并确定从此以后所有法律程序均应以英国标准进行。1827年至1834年之间，英国在开普进行分权，建立了一套民主、独立的司法系统，使任何一个人或团体都不可能独裁统治，任何人也不能凌驾于法律之上。

1828年，约翰·菲利普的《南非调查》发布，根据传教士们的建议，当局赋予科伊科伊人和有色人种与白人同等的权利。但很快，1830年，当局就出台了对奴隶实行严厉的处罚法令。1834年奴隶制被废除后，布尔人对当局的意见越来越大，他们不仅感觉自己失去奴隶后得到的补偿不够，而且对当局的付款方式提出了各种疑虑。1835年，布尔人开始更多地向边境地区迁徙。

1854年，英国授权开普殖民地建立代议制政府，并在此颁布了一部新宪法，规定议会权力，并将选举权（投票权）扩大到所有男性，不分种族。其中，参加议会的资格要求是财产达到25英镑或工资每年50英镑。但无论如何，在当时，南非仍然是世界上最自由的国家——甚至比英国还要自由。在一个世纪的大部分时间里,所有种族的人都参加了开普的选举,纳塔尔港也有类似的安排,且沿海的英国的移民城镇自由度要高于内地布尔人的德兰士瓦和奥兰治自由邦。尽管很少有有色人种有资格使用这一特权,但它确实存在——这打破了人们原以为的所有种族获得选举权始于1994年的普遍看法。

另外,南非的英国传统在体育运动中显而易见。早在19世纪20年代,在开普敦的格林角,各种肤色的人群摩肩接踵,场面壮观。至今,南非人仍然喜欢板球、橄榄球、足球和赛马。南非的足球最早出现在1862年的开普敦,当时英国公务员和士兵在开普敦和伊丽莎白港代表队进行比赛。在19世纪80年代到20世纪的前10年,为黑人儿童开办的教会学校也开始兴起足球之风;非洲人、印度裔和有色人种的各式联盟在开普敦、金伯利、德班和约翰内斯堡发展起来。英式足球逐渐适应了当地的风俗和传统,宗教和传统仪式也成为当地比赛的一部分。由于踢足球成本相对较低,因而很快在贫困区域也流行起来。现在,南非两家最大的足球俱乐部——奥兰多海盗队和莫洛卡燕子队,其历史分别可以追溯到1937年和1947年。另一个著名的俱乐部凯撒酋长,成立于1970年1月。其他的赛事还包括橄榄球、板球、冲浪、垂钓等。那时,住在城市里的黑人数量急剧增加,各类赛事吸引了大量的观众。

其他的西方艺术文化也陆续进入南非,第一家歌剧院在19世纪40年代落户开普敦,西方音乐和本土音乐逐渐融会贯通。

第三节 本土居民与外国居民的融合

一、有色人

17世纪和18世纪的非洲,"班图迁徙"仍在继续。对于肥沃的土地和丰富水源的追求，是居住在非洲中部和东部地区的农牧民南下的最大动力。两千年来，这些班图人不断向新的领域扩张，人口和牲畜数量都在增加，和当地族群的融合也一直持续。但到了18世纪末，这个漫长的南下迁移过程似乎必须要结束了：使用铁器的农牧民第一次遇到了前所未有的阻碍——向东推进的布尔人、有色人和白人殖民者的迁徙和征服，最终阻止了他们南下的步伐。

1652年后，欧洲殖民时代到来，科伊科伊人曾经独立游牧的时代结束。在接下来的100年内，科伊科伊社区陆续被摧毁，大多数留在开普殖民地的科伊科伊人沦为赤贫阶层，只有为白人工作才能维持生计。科伊科伊人和白人的接触开始逐渐增多，但这些接触最终使许多科伊科伊人失去了他们的独立性和身份。17世纪晚期和18世纪大部分时间对他们来说尤其艰难。布尔人与科伊科伊人的战争，外加天花、牲畜被盗或被杀、酗酒以及欧洲人的定居等，凡此种种，都给科伊科伊人带来了损失。他们与奴隶一起在白人农场打工、放牧，并与这些奴隶通婚。白人农场主常常对他们实行和奴隶一样的严酷管理。

在早期的荷兰殖民者和邻近的科伊科伊族群之间，以及后来在与北部和东部说班图语的族群之间，一些科伊科伊人充当了中间人。1631年，英国人将科伊族群首领奥特舒茂带到巴达维亚，并取了一个英国名字称为哈里。奥特舒茂帮助英国人与族群沟通，但据说他在英国面见女王的时候，所提的唯一要求就是："我要回家。" 1632年，奥特舒茂要求过路的水手将他及20名追随者送到了罗本岛，以免除本土科伊人对他们的敌视。后来，他返回了开普，并担任了英国常驻的代理人，给过往船只派发信件并担任翻译。1652年，荷兰东印度公司在桌湾建立了补给站，范·里贝克亲自上岸寻找建造堡垒的最佳地点，并让奥特舒茂充当东印度公司与科伊科伊人的牛群生意代理人。1653年，奥特舒茂谋杀了牛贩子戴维并带走了几乎所有定居者的牛群，他被当局追捕，但没有被抓获。两年后，他再次回到开普敦，但并没有受到惩罚，因为可以充当双边的翻译，他有更重要的任务：

前往内陆继续进行以物易物的工作。当年，他为东印度公司和自己分别带回了 13 头牛。

1657 年，范·里贝克尝试将公司员工派往到利斯贝克河沿岸耕种土地、饲养牲畜，并把他们称为"自由市民"，不仅免除税收，而且可以使用奴隶。但他们必须把所有的产品都出售给公司，以贴补桌湾补给站的日常所需。与此同时，他说服另一个科伊族群首领杜曼充当了当地语言和荷兰语的翻译，希望得到更多的新鲜食物补给。杜曼与范·里贝克商议了各自领地界限，因为范·里贝克希望以"温和"的方式争取到更多的科伊资源，他认可了科伊人提出的领地保护方法——这也是南非官方首次出台区别对待领土的政策，但科伊人并没有领会"领土"的概念。因为不同领地牛的争议，1659—1660 年，第一次荷兰·科伊科伊战争爆发。科伊人因为内部分歧落败，不得不给荷兰定居者退让出更多的土地。东印度公司在利斯贝克河沿岸竖立了一系列坚固的围栏，并在今天的克斯腾伯斯栽植了杏仁树篱。

格里夸人的称呼也随之出现，直至今天仍被视为一个特殊的族群。它代指的是十七、十八世纪开普殖民地中种族和血缘都比较混杂的人群，主要来自欧洲殖民男性和科伊科伊女性的混血后代。与其他本土的非洲族群相比，他们更倾向于用欧洲化的生活方式，穿着欧洲服装，许多人信奉基督教或伊斯兰教。和当时的布尔人一样，他们也在 19 世纪从开普向内陆迁徙，并在开普边界和纳米比亚等地建立了自己的族群。实际上，阿非利卡人一词在使用之初也是为了描述这个团体的。直到 1876 年，一群自称为"阿非利卡人拥趸"出现，更多布尔人团体将"阿非利卡人"视为民族认同的词汇。尤其是在两次布尔人战争、南非联邦（1910—1961）时期，他们更频繁地使用"阿非利卡人"的相关词汇以争取更多的政治合法性。

格里夸人生活场景

　　1670年左右，有四分之三有色人的父亲是白人，虽不排除爱情的因素，但他们的当地人母亲多是受到强迫而生下了他们。这些有色人并不受待见，被以"巴斯特"代称，包含了混血、私生子、杂种等贬意。在西蒙总督统治的早期，大多数混血的孩子会被流产。1685年，针对有色人的系列法令开始出现，并越来越严厉。法令禁止白人与奴隶妇女之间的婚姻，加尔文主义荷兰教会也不断谴责堕胎，但有色人的堕胎仍在继续。事实上，南非有色人种和南非白人，尤其是阿非利卡人之间几乎没有什么重大的区别。他们有着共同的语言、宗教、文化和历史，以至于有色人种被称为布鲁因阿非利卡人（棕色阿非利卡人）。

　　根据1935年范德博格的统计，白人和有色人的血统比例大概是4∶1，有时也被列选为阿非利加的低等阶层。从"有色人"这个词开始出现到1960年的三百多年里，他们都被视为白人的"工具"，警察和铁路工人首先会从他们中选拔。在很长的一段时间里，有色人和白人在心理上都存在着天然的矛盾：一方面是血统上的亲密，一方面有色人也怀有对白人官方权威的反感。后来，南非种族隔离政府不遗余力，使这种模糊的差异合法化，借此剥夺了有色人种的选举权。因此，"有色人种"一词在种族隔离制度废除后的南非，尤其是有色人种之间，成为颇具争议的词汇。

　　18世纪末19世纪初，南非内陆因"姆菲卡尼时代"战乱频仍，无论是布尔人、阿非利卡人还是本土居民对生活都充满了不确定感，需要加强

45

小团体的凝聚力来增加安全感。基于非常表面的外貌分析，有色人在不同的场域里都属于异类。1795年，比较开明的英国人来到这里，不久之后基督教传教士也来到这里，之后一些科伊科伊人的生活略有改善。许多科伊科伊人住到传教站，主要原因是这些雇工和女佣对其白人农场主不满。另一些则开始逃离白人殖民地，向北越过奥兰治河，建立独立的定居点，确保自己的生存。在那里，他们组成了独立的社会，摆脱了开普政府的控制。

毫无疑问，南部非洲不同群体之间的差异性随着历史的进程不断扩大。1855年，一家荷兰规正教会接受欧洲白人的礼拜但不接受有色人入内。他们将有色人视为异教徒，认为"异教徒的会众……应在单独的建筑物或机构中享受其基督教的特权"。

二、奴隶

庄园的兴起和劳动力匮乏是17世纪开普敦附近的一个主要社会矛盾，对奴隶的诉求跃然纸上。1658年3月28日，荷兰商船阿默斯福特号携带着从葡萄牙贩奴船中抢来的174名安哥拉奴隶存活者抵达好望角。两个月后，又有228名来自几内亚的奴隶抵达。开普半岛开始允许奴隶买卖，奴隶制由此开端，奴隶开始成为开普的劳动力来源之一。1713年，当局决定进口更多的奴隶来缓解劳动力短缺，奴隶逐渐成为开普商业和家庭生活的一部分。来自东非、莫桑比克、马达加斯加、印度和印度尼西亚群岛等地的非洲和亚洲奴隶被运送至开普半岛，来自马达加斯加的黑人数量最多。

相较于非洲奴隶，亚洲奴隶的身份和遭遇更具特殊性。16世纪，马来半岛和印度尼西亚群岛相继沦为荷兰殖民地，许多社会精英和穆斯林领袖在17世纪因反抗东印度公司殖民统治失败而惨遭流放至印度洋彼端。这些亚裔异见人士虽然人数不多，但凭借其较高的知识水平，他们颇受当地白人的赏识，被另眼相待。相较于部分同伴只能屈膝于白人社区，成为家佣奴仆，一些身怀一技之长的亚洲流民还获得了自由之身，成为本地的工匠艺人，诸如鞋匠、木匠和建筑工等。这些笃信伊斯兰教和基督教的底层民众懂得积累财富，在桌山和港口之间购置房产，并以"马来人"自居，区别于其他群体。他们和其他穆斯林移民一起，逐渐搬到了开普的波卡普地区，并建立了自己独特的族群混合的社区。日复一日，人们称他们为"开普马来人"。尽管这个名字并不完全准确：虽然一些获得自由的奴隶来自马来西亚，但大多数人其实也来自印度和印度尼西亚。历史中，他们与当地的纳马人妇女通婚，生育了许多有色人混血后嗣，[①]并在一定程度上代表了开普地区有色人的精英阶层。如今，波卡普地区范围从布腾格什街到信号山，可以俯瞰开普敦市中心，但基本上仍是棚屋。

经过近两百年的奴隶贸易后，截至1834年开普殖民地宣布解放奴隶时，当地的奴隶总人数已经达到36274人。这些奴隶大多从事殖民地的开发建造工程，以及供附近新兴的白人农场和葡萄酒庄奴役。大约三分之一的奴隶在城镇中充当欧洲移民的家仆，或者是工匠和小商贩。东印度公司用奴隶屋关押奴隶，商人和市民、公民们也拥有自己的家奴和农奴。另外还有田间奴隶，主要在酒庄工作。直到现在，开普敦不少酒庄还能看到招呼奴隶用的铃铛。

1793年，英国代替荷兰开始统治的前两年，开普的奴隶比自由市民公民还要多。根据开普的一份官方统计表明，当时的开普殖民地共有14747名奴隶，包括9046名男性、3590名女性和2111名儿童。自由民，比如白人农场主和他们的家人，人数为13830人。开普地区的家庭中，奴隶主和奴隶之间的关系通常很亲密，基于家长式的：奴隶被纳入家庭结构，这样他们可以任由差遣又不太可能造反。

1807年，也就是英国第二次占领开普一年后，尽管整个大英帝国都废除了奴隶贸易，但奴隶所有制在开普仍继续存在，只是很难获得新的奴隶。19世纪20年代，对奴隶的惩罚有所减少，关于解放奴隶的讨论开始出现。

---

① [法] 路易·约斯. 南非史 [M]. 北京：商务印书馆，1973：59.

最终，1834年，开普的奴隶制结束，历时176年。

1994年，施工队在格林角的科伯恩街的一个住宅区挖地基时发现了之前一些奴隶的遗骸，并根据其不同的牙釉质情况追溯到更广的奴隶贩卖网络，这样的网络围绕印度洋，情形复杂、多向，且仍待研究。

三、传教士

在同一历史时期，第一个大规模的新教传教运动来自摩拉维亚教。他们率先派遣未经任命的"外行"人员（而不是训练有素的专业牧师）抵达世界各地，运送奴隶，这也是率先到达开普的传教士群体。根据考证，1737年，乔治·施密特被派往科伊科伊人的族群传教。由于他成功地给5个科伊科伊人施洗，殖民当局害怕其影响过大，强迫他在1744年离开当地。在施密特离开50年后，摩拉维亚教获得了官方的认可，来自不同族群的人们开始加入，原先的定居点也得以蓬勃发展。

1801年，来自伦敦传教士协会的两名传教士詹姆斯·里德和约翰内斯·范德坎普在贝塞斯多普建立了传教站，位置靠近今天的伊丽莎白港。他们在科伊科伊人和科萨人中间传播福音，像其他传教士一样，他们为黑人和有色人种的孩子建立学校，教他们英语。尽管接受传教士们的帮助，但一开始皈依基督教的人仍然很少。直到1811年，范德坎普去世前，有超过100名科伊桑人接受了洗礼。

传教士关于白人和黑人平等的观点，经常让自己和白人殖民者的关系紧张，但英国传教士认为他们有责任根据英国的规范来教化黑人，让他们"更加依赖殖民地"。1821年，伦敦传教士协会传教士罗伯特·莫法特在北开普的库鲁曼教当地的茨瓦纳人耕种、灌溉和其他改良的耕作方法，一度克服了非洲最经常出现的干旱。莫法特学会了茨瓦纳语，并将《圣经》译成茨瓦纳语；随后他前往姆兹利卡齐统治下的恩德贝莱社区，把教义远播。

除了摩拉维亚人和来自伦敦传教会的传教士，还有来自柏林和瑞士传教士在文达族传教，美国传教士在祖鲁族传教，卫斯理传教士在茨瓦纳族传教，法国传教士在索多族传教等。不同族群对传教士的接纳度不同，酋长的姿态也不同。在传教士弗朗西斯·欧文与祖鲁王的接触中，他拒绝了祖鲁王提出的强制要求，但同意教他读书。不过，不少非洲族群是欢迎传教士的到来和存在的，因为他们可以借这些传教士了解西方的技术和知识。

传教士之后，外来的贸易也如期而至，这让非洲族群产生了进一步的改变。其中，索托国王莫舒舒是既欢迎传教士，又期待紧随其后的商人群体的国王。他的王国后来也因此发生了一系列变化，这还得留待后续章节再讲。

四、阿非利加语与阶层固化

南部非洲不同群体也有融合的过程，阿非利加语就是其中的一个表征。1652年，东印度公司占领非洲最南端的开普半岛，将其当作荷兰舰队继续往东航行的中途补给站。1657年，荷兰首批移民登陆南非，开始占领原本属于科伊科伊人的土地，也开启了南非近代的历史。随着荷兰移民的到来，荷兰语开始在南非被这群欧洲移民所使用。不久之后，不少来自亚洲的契约工人和奴隶，也被荷属东印度公司"输入"到南非来担任帮工。这些亚洲人主要讲的语言是一种混杂着马来语词汇的葡萄牙语。这些不同的语言——欧洲移民所使用的荷兰语（主要是属于荷兰西部省份的口音）和亚洲人所使用的混合语（葡萄牙语和马来语），由于语言接触的结果，开始了相互影响的过程。

到了18世纪，语言混合的过程更趋复杂，又慢慢加上了更多的其他元素，包括被雇佣来担任保姆和帮工的科伊科伊人所使用的科伊语、新移入南非之法国新教徒所使用的法语等。由于新环境的刺激、新事物的出现，面对过去在家乡从来没有看过的东西，这些荷兰移民必须借用很多水手的俚语以及从其他语言学来的新词汇,才能适应非洲的新生活。

大概从 1740 年开始,在南非所使用的日常语言,就已经不再是纯粹的荷兰语了。目前,在新语言之形成原因的讨论里面,最令人信服的一个理论,就是阿非利加语是从和其他语言的互动过程中发展出来的。随着新语言的形成,这些祖先来自荷兰的白人,也逐渐产生了新的认同。他们不再称自己为"荷兰人",而是称自己为"阿非利卡人",所使用的语言被称之为"南非/阿非利加语"。阿非利加语与标准荷兰语的不同之处在于其发音系统以及没有大小写和性别区分。此外,除了科伊桑语的一些发音和外来词,阿非利加语进一步融合了法语、葡萄牙语、马来语的一些词汇。

约 1815 年起,阿非利加语开始取代马来语作为穆斯林学校中的教学语言,与书面阿拉伯字母结合使用。大约在 19 世纪中叶,阿非利加语逐渐被用于报纸文字和宗教文字。1875 年,一群来自开普敦的讲阿非利加语的人成立了"真正的阿非利加语协会",并出版了大量语法、词典、宗教材料和历史书籍。20 世纪,阿非利加语文学发展起来。1914 年,阿非利加语开始在学校使用并称为教学语言,1919 年,荷兰归正教会采用阿非利加语传教。1933 年,第一本完整的阿非利加语圣经出版。

在布尔战争前后的一段时期内,阿非利加语都被认为是没受过教育的人的话语,是"厨房语言"或"混蛋行话",主要适用于布尔人和他们的仆人。但种族隔离促使阿非利加语获得了空前发展:教育、社交活动、媒体(电视和广播)等多方面,都有政府的支持。1925 年,南非议会宣布阿非利加语取代荷兰语,成为南非的官方语言。1996 年宪法再次确定阿非利加语为南非的官方语言。阿非利加语在媒体(广播、报纸和电视)中仍然比任何其他官方语言(英语除外)更为流行,每年约有 300 多本阿非利加语书籍出版。

但阿非利加语一直没有得到南非各界的一致认可。1976 年,索韦托政府决定将其作为非白人学校一半课程的教学语言(另一半学校继续使用英语),这遭到了索韦托中学生的反抗。政府在学生起义一个月后取消了这项政策，凸显了黑人社区对阿非利加语的反对和对继续用英语教学的偏好：96%的黑人学校选择英语（而不是阿非利加语或母语）作为教学语言。阿非利加语被某些人视为"白人压迫者的语言"，是2015年学生抗议的其中一个议题。从长期的发展来看，阿非利加语处于逐渐边缘化的地位。1994年，南非有2500所只讲阿非利加语学校，而2006年则为300所，其中大部分学校都已转为双语教育。

目前，阿非利加语的使用人数约620万，包括100万同时使用阿非利加语和英语的双语人口。这个数目大概是占南非全部人口的15%，次于祖鲁语（占全部人口的22.9%）和科萨语（占全部人口的17.9%），是南非的第三大语言。除此以外，在南非还有400万人是以阿非利加语作第二语言的。至于南非以外的地方，纳米比亚有13万的阿非利加语使用人口，博茨瓦纳有2万，马拉维和赞比亚也都有一些阿非利加语的使用人口。

从南非17世纪之前民族的内外部关系来看，尽管起初荷兰开普殖民地的种族间关系很灵活，而且种族之间的交往也确实普遍，但随时间推移，白人当局的种族态度变得强硬，尤其是在18世纪。虽然还没有一个严格的种族分类体系，但强烈的等级感和基于肤色的相对特权已然存在。在很大程度上，种族主义的加剧是欧洲和非洲之间在资源扩展边界上发生冲突的结果，而在殖民地内部，不同族群的社会地位与其肤色越来越密切相关。"混血儿"的奴隶通常是熟练的劳动力，可能也担负某些责任，最差的、非熟练的职位则由黑人或从印度尼西亚来的奴隶担任。体力劳动是由最低端的奴隶，通常都是本土的黑人奴隶承担的。18世纪后期，这种社会分工体系越来越固定。奴隶制是开普殖民地的经济和社会基础，而奴隶制本身已越来越多地由种族来定义：这预示了南非国家和社会的未来形态。

| 第三章 |

近代版图大调整时期（18世纪—19世纪）

夸祖鲁·纳塔尔省属亚热带气候，沿海平原地势低平，大部分的地形都是强烈切割的阶梯状高原，亚热带湿润气候，年降水量750—1500毫米。由于自然条件优越，雨量充沛，且没有采采蝇的危害，这里一直是理想的农牧经济带。16—17世纪，东海岸葡萄牙海难幸存者引进高产的美洲玉米后，祖鲁兰的谷物产量增加了一倍，当地人口迅速增加。

然而，在18世纪末到19世纪上半叶的大部分时间，南部非洲普遍干旱，就连一向水量丰沛的蓬戈拉河①区域也不例外。自19世纪20年代前后延续的近100年时光里，南部非洲充满着战争、移民、巩固和变革，处于持续动荡之中。一些强大的黑人王国纷纷出现，主要有祖鲁、索托和恩德贝莱等；一些族群变得支离破碎，作为独立的实体消失；一些较弱的小族群与较强的族群走向联合。随着"姆菲卡尼运动"的兴起，南部非洲诞生了一批著名的历史领袖，但他们最终却需要面对已经无法撼动的悲剧结局。

第一节　姆菲卡尼时代

一、姆菲卡尼时代的总体特征

姆菲卡尼时代，是南部非洲族群国家间因争夺土地和水资源，从18世纪末开始酝酿到19世纪产生的持续迁徙与战争历史时期的统称。②

18世纪后期，因为小冰期的到来，南部非洲的环境发生了显著变化，水源变得更加稀缺。1800年，一场大规模的干旱导致了大面积饥荒。象牙

---

① 是南非马普托河的一条支流。蓬戈拉河源于夸祖鲁-纳塔尔省北方的乌得勒支附近，之后向东流经蓬戈拉，并跨越莱邦博山。随后向北流至莫桑比克，汇流入马普托河。

② 至今，该命名方式仍处争辩中，作者仅用其强调持续迁徙和南非族群变动的历程特征。

贸易和其他贸易商品正从传统酋长的手中转向阿拉伯人和葡萄牙人等新的商人群体,非洲原有的经济关系变得复杂且混乱,并最终演化成了争夺牛、粮食和水的多重冲突。也有人认为,这是玉米进入非洲并取代了其他谷物造成的。玉米带来了人口增长,但玉米种植需要更多的水。南部非洲很多地方的地表水本就稀缺,一直被各族群王国视为珍贵的权力所属。选择合适的地点更多地栽种玉米,不断成为族群间冲突的导火索,最终导致战争。

姆菲卡尼时代之前是漫长的班图迁徙和定居时期,历史节奏缓慢、平和,姆菲卡尼时代充满了非洲各个族裔的纷争、决斗和兼并。姆菲卡尼时代之后,白人移民趁当地居民减少之势迅速扩展"疆域",不仅霸占了非洲最好的土地,而且还开始有计划地对本地居民蓄养的牧群进行劫掠,对本地人用"学徒制度"进行奴役。在这个时期,祖鲁王国逐渐崛起并有一统南部非洲之势;西起纳塔尔祖鲁兰一带,东到坦桑尼亚南部许多族群的政治和社会版图被重新改写。

不同族群对这个进程的称呼不同,在奥兰治河以北,这个时期被命名为"迪法肯",恩古尼语被称为"姆菲卡尼"(意为"粉碎");索托·茨瓦纳语中则将其命名为"迪法尼卡"(意为"锤击")。本书中,对整个时代都以"姆菲卡尼时代"命名并加以描述,以展现较长的历史进程。

姆菲卡尼时代是一段动荡的岁月,出现了许多争论。约翰·库培提出,人类迁徙在短时间内如此突飞猛进是由图克拉河与德拉戈阿湾之间的政治变化造成的,路易·约斯认为是祖鲁战争过程中的民族以及边界的再分布,朱利安·科宾认为姆菲卡尼是"殖民神话的产物……没有分析价值",是种族不平等的肇始,韦伯斯特·艾伦认为姆菲卡尼是一种被推翻的范式,这反映了学界在处理19世纪南非历史上,其方法本质上是以功能为中心的,但它开辟了广阔的研究领域。

在姆菲卡尼时代,持续的战争和移民导致了成千上万本土居民的死亡,南部非洲大片地区人口减少,政治经济和社会发展都落入最低谷。传教士们报告说,他们遇到的人因多年的战争而士气低落,精神萎靡不振,疲惫不堪；出于对野生动物的恐惧，他们不得不住在树上，靠吃死人肉来生存。传教士罗伯特·莫法特是茨瓦纳地区的首位传教士，他也是利文斯顿的教父和丈人。他于1842年发表了旅行日记《南非传教徒的工作和场面》，描述了没有人烟的南部非洲内陆、被毁坏的城镇曾经有"多得像蝗虫一样"的人口、一个特别大的废墟属于蓝牛族的大酋长——他曾经和成千上万的人生活在一起，而他们拥有的牛群就多得数也数不清，但那时许多非洲本土居民已经因为战火，远离了他们的故土，土地荒芜……这些历史场景波澜壮阔，有无数的想象空间，以致在后来土地界定中，白人殖民者也据此认为自己理所当然地成为这些"无主之地"的主人。需要指出的是，人们对19世纪以前的非洲历史认知大多还是建立在口述历史和传说上，语言学和考古学在识别这些历程方面起到了佐证作用，但随着不同证据的出现，历史进程也有重新变化的可能性。

1843年，法国猎人和博物学家阿杜菲·德莱格格决定在南部非洲进行探险，收集标本在欧洲出售。他在夸祖鲁·纳塔尔省到处旅行，狩猎和采集，有时和瑞典博物学家、探险家约翰·奥古斯特·瓦尔伯格结伴旅行。1847年，德莱格格在法国出版《远航的非洲之旅》，记载了他在祖鲁地区的经历，书中的素描图和祖鲁词汇表，以及1840年年初他目睹的祖鲁国王丁冈最后进攻的描述，至今仍是极其珍贵的史料。也正是在类似的白人旅行家和当地居民口述传说共同作用下，恰卡、特洛夸的曼它切、恩德贝莱的姆兹利卡齐、洛隆的莫舒舒、塔翁的莫勒赛因、佩迪的塞瓦提和莫特施瓦这些国王的形象逐渐丰满起来。

洛隆人生活场景

事实上，姆菲卡尼时代是南部非洲族群群体重新布局的时代。恩德贝莱领导人姆齐利卡齐曾在祖鲁国王恰卡军队服役，但因为和恰卡争执，他便带领一群支持者离开，建立了自己的族群。[①] 其中一部分人定居于现在的津巴布韦，而其他人则越过赞比西河进入现代马拉维地区。罗伯特·莫法特曾描述了姆齐利卡齐人穿过林波波河到达现在的津巴布韦后的三十年间，身体特征发生的显著变化。索托人领袖莫舒舒鼓励难民进入他的王国，并在现在的莱索托地区巩固了他的国家；如今，生活在南非最北部甚至其边界之外的社会，仍保留着索托传统。与此同时，从18世纪末到19世纪中期结束，南非本土其他的族群和布尔人的两次大规模迁徙，都在南非历史上发挥了非常重要的作用。姆菲卡尼运动的影响从开普殖民地一直延伸到东非和中非的广大地区，至今依然存在。不过，因为书面记录主要由当时的白人传教士、旅行者和政府官员记述，口述历史的记载往往因为一些族群消亡而消失，或者融合到新的族群后显得微不足道。这一切还要从本土民族恩古尼人的分化开始说起。

---

① 关于姆齐利卡齐的这次出走，南部非洲历史上有很多种说法，一是姆齐利卡齐在附近族群掠夺牛群没有上缴，违反了祖鲁族规，连夜出逃；二是和恰卡友好协商，带着恰卡赠与的牛群和亲友离开等。

二、恩古尼族群的分化

恩古尼人是占南非黑人人口近三分之二的一个族群类别。考古学证据表明，他们的祖先是从北部迁徙到非洲大湖地区的一支班图人，在公元前5000年就已迁徙到现代南非境内，并开始蓄养山羊、绵羊、牛，种植小米和园艺作物，开创了南非区域经济社会新的生活生产方式。他们最初都使用共同的语言，有"摩擦"音素，各自的语言只有细微的语言变化。但姆非卡尼时代后，也就是19世纪末到20世纪初之后，他们内部的语言分化加剧，变得相互独立。

据说恩格尼族群的第一个酋长名叫诺德韦。根据口传史料的记载，公元800—920年左右，诺德韦脱离了自己的族群，也就是当时被称为"Batho"或"Ntu"的人群。这时的班图人已经分成了索托人和恩古尼两个主要的分支，其中恩古尼人主要是在非洲南部迁徙。诺德韦作为最早被尊崇的大酋长，是很多族群可以追溯的祖先，如科萨人、祖鲁人、恩德贝莱人、恩瓦内、斯威士人、恩德万德韦（加沙）人、通加人、恩达乌人等。所有说恩古尼语的族群和国家都将他们的身份和文化遗产归功于这位伟大的酋长。

19世纪之前，恩古尼主要的定居模式是分散而居的家庭，而不是群居家庭的村庄。恩古尼典型的家庭结构和居所模式都是父系血统中心制，也包括亲戚和契约劳动者。恩古尼族社会实行异族通婚，族人的社会分工既有生计角色又有社会角色，存在明显不同：妇女从事采集和耕种，男子放牧牛群。牛是大多数恩古尼族群经济体的中心，也是给新娘的彩礼。

19世纪初，恩古尼已经被划分为多个政治实体或族群，每个族群都有自己的酋长，有共同的祖先，通过父系氏族构成族群，具有政治和仪式的权力，酋长世袭。这些实体包括恩德拉贝、噶乐卡、滕布、庞杜、庞度斯、布哈察、赫卢比、米特瓦和祖鲁。恩古尼族群的领袖通常由一些小的酋长组成，这些酋长或因为血统，或因为成就，或者是由其他多重因素而被"选定"的人，酋长治理的传统可以延续几代之久。另一些人也可以选择将自已依附于某个酋长身上，获得相应保护。酋长可以向他的这些追随者寻求支持，向他们征税或者让他们进贡，也可以自主奖励他偏爱的人，结成政治同盟，或者向敌人发动战争。酋长的追随者有选择的自由，如果愿意，他们有权离开原有的酋长国并加入另一个酋长国。较大的酋长国有时会对较小的酋长国行使有限的控制权，但这种控制权一般不会持续超过两代人以上。

19世纪初的南部非洲有三个强大的酋长领地：其一是兹韦德领导下的恩德瓦内邦联；第二个是索布扎统治的斯威士国家；而第三个是丁斯瓦约统治的姆瑟斯瓦邦联。三个酋邦由大酋长统治，向其他许多较小的酋长国索取贡品。附属酋长国承认大酋长的中央统治者权威，在与酋邦仪式、进贡和发动战争等重大问题上尊崇大酋长指令，但在其他的日常事务中享有相当大的自主权。兹韦德的称雄改变了这一切。

兹韦德（1758–1825）是恩德万维族群的酋长，约在1805年到1820年左右执政。他的父亲是卡夏巴的酋长郎加，母亲是来自桑戈玛族群的诺特巴兹。兹韦德骁勇善战，麾下有将军索尚甘、姆其利卡其、纳巴和杰雷族群的庄登巴。1790年，兹韦德就任酋长后，一直致力于壮大恩德万维酋邦。受母亲的家学熏陶，兹韦德利用了一些魔术师和药师在邻近社区中建立和传播他的威信，又利用外交婚姻巩固他与该地区其他酋长国的关系。比如他把妹妹嫁给了姆塞斯瓦统治者丁吉斯瓦约，把女儿嫁给了斯威士国王索布扎和库马洛统治者马绍巴纳等。但姻亲并没有滞缓兹韦德的扩张，他抢占了索布扎在庞戈拉山谷中肥沃的耕地，迫使索布扎及其追随者向北迁徙，后建立斯威士国家。到1818年，兹韦德领导的纳德万维王国在莫佛洛兹河沿岸已经战无不胜、所向披靡了。同年，兹韦德战胜了丁斯瓦约酋长领导的维特瓦族群，成为一个无可匹敌的酋邦。

之后，兹维德派信使去见恰卡，要求恰卡向他宣誓效忠："既然我已经把你的头取下来了，你为什么不把整个身体带到我面前，否则我会把尸体扔进图克拉河。"恰卡早就料到这一点，充满勇气的恰卡回答道："这具身体有两个脑袋,就像大河神蛇恩卡扬巴。你太愚蠢了,没看到另一个头。"①

恰卡很快把自己的父族族群与维特瓦族群合并,创建自己的祖鲁军队。1819年,兹韦德再次远征祖鲁人,恰卡改变策略,用游击战在领地内将其击溃。第二年,补给不足的恩德万维人只能返回家园,当他们渡过姆拉图泽河时,被恰卡一举击败,恩德万维族群王国因此解体。兹韦德及其儿子领导的部分族群向北迁徙,在索尚甘的领导下,在今天的莫桑比克中部建立了加沙帝国;另一部分族群群体在庄根达的领导下,在今天的马拉维等地以恩古尼族群为名迁徙,其他的恩德万维族群人,则散居或者并入了其他强大的族群内。至今,恩德瓦内族还在感念着他们的酋长兹韦德。当酋长呼告族名"恩德瓦内"时,族众的回应便是"兹韦德"!

在姆菲卡尼时代,恩古尼人分化基本完成,形成四个主要族群:东部的祖鲁族,代表酋长是恰卡;北部的恩德贝莱族群,代表酋长是姆兹利卡齐;东北部的斯威士族,代表酋长是索布扎和斯威提,南部的是科萨族。他们逐渐演化成今天南非、津巴布韦、博茨瓦纳、斯威士兰和莫桑比克等地南部非洲的主要民族。

由于贸易的竞争和冲突,不少当地的族群,比如塔翁族、特洛夸族、赫鲁比族和恩格瓦内族纷纷向瓦尔河以南的高地迁移,一些大的城镇出现了。姆齐利卡齐领导的恩德贝莱人离开祖鲁兰后,在瓦尔河上游附近建立了自己的领地,然后再次迁徙。在殖民地的东部边境,小部分科萨族人离开该地区,沿奥兰治河中游定居,与已经在那里居住的原有族群发生冲突。佩迪人在奥里凡特河附近定居和迁徙。德拉米尼率领族人从卢伦科·马尔克斯以南的地区迁入现在的斯威士兰,并在那里形成了后来斯威士兰国家的核心。在姆普马兰加和莫桑比克之间的加沙王国,在统治者索尚甘恩强

---

① Phinda Mzwakhe Madi, Leadership Lessons from Emperor Shaka Zulu the Great, Randburg, Republic of South Africa : Knowledge Resources, 2000.p.51.

有力的领导下正在崛起。放眼望去，南部非洲到处都是对土地和资源的竞争。

从外部视角来看，1810年之后，由于帝国主义势力的加剧和融合，南部非洲的黑人们被迫陷入商品化的泥沼：开普殖民地、德拉戈亚湾都有专门为巴西甘蔗种植园提供奴隶的通道。19世纪20年代后期，德拉戈亚湾地区的奴隶出口已达到了每年几千人次。尽管1830年废除了和巴西的奴隶贸易，但因为东南部非洲已经形成了较为稳定的贸易网络，奴隶转运只经历了短短几年的小低谷，便在19世纪40年代晚期达到了最高峰。

三、被拆解融合的小族群

19世纪早期，不少小族群积极寻求着自我发展之路，包括庄登坡为代表的恩古尼族系的族群和女王曼塔蒂西和特洛夸族群（1815—1853）等，尽管他们规模不同，采取的发展方式各有不同，但都在姆菲卡尼时代面临被拆解、融合的命运。

1819—1822年，恩古尼族群的杰雷酋长参与了与德拉戈阿湾和伊尼扬巴内的奴隶贸易的武力冲突。杰雷酋长之子庄登坡（1785—1848）组成一支小分队，专门以劫掠为生。1822年，庄登坡已经开始用自己的名义掠夺奴隶，并与敌对的纳克马巴等族群发生冲突，他们逐步向北迁移到林波波河以北河流，进入现在的津巴布韦和莫桑比克区域时，与当地的罗兹维人、通加人、切瓦人、通布卡人和卡兰加人交战或交融。恩古尼的这个支系不断壮大，大概在19世纪30年代中期某个"日食"之日[①]抵达尼亚萨湖以西。大概过了十年左右，他们在乌菲帕高原建立了定居点。此时，他们距离一开始在如今南非境内的出发地，已经超过了1600英里。经历20年迁徙之后，

---

① 根据杰雷的口述传说，这次穿越是在日食期间发生的，许多历史学家认为可以追溯到1835年11月或12月。

庄登坡把自己的恩古尼族群发展成为东非最强大的王国之一。

庄登坡死后，他的恩古尼族群国家分裂成几个部分，主要的三个族群，一个在如今的马拉维定居；一个在如今的坦桑尼亚松哥定居；一个向北迁移到坦桑尼亚的姆蓬韦。在那里他们与著名的米兰博人①征战和交融。其余分支的恩古尼人迁徙仍在继续，先后到达了今天坦桑尼亚、马拉维和赞比亚等地区。学界之前认为庄登坡这一派的恩古尼族群迁徙是受到姆菲卡尼时代征战的影响，近年来，随着对象牙和奴隶贸易的研究，这种说法得到了更多反思。随着欧洲市场对象牙和奴隶需求的不断增长，本土族群之间的社会和政治表现出现了更多差异，来自南非恩古尼的族群高度军事化的征战，以及东非沿海斯瓦希里商人的介入，让原先较小的族群集团在1855年左右面临瓦解。庄登坡一行并非只是不断迁移，他们有时还会转变身份成为耕种者和牧牛人，在一个地方定居一段时间，然后继续迁徙。他们当然会受到时代影响，和不同族群展开征战，但促使他们停留和迁徙的具体事件，现在还没有详尽的史料。

在今天南非自由邦哈里斯米特附近地区，居住着特洛夸族人，他们也被称为"野猫族"，早期的血统可追溯到加特拉和塔巴内的创始人莫加特拉。他们熟练使用铁艺，并用巨石做墙，和外界进行铁器、兽皮的交换，并经常被归到茨瓦纳的分支。他们的许多语言和文化特征，包括图腾主义、表亲的优先婚姻，用圆锥形茅草结屋顶、木柱支撑的屋子，更大的聚集族群生活，是与南部非洲的其他族群区别的主要特征。

1815年，特洛夸族王子塞科涅拉丧父时还太年轻，无法当酋长，于是由他的母亲曼塔蒂西（约1781—1836）代为执政。据说曼塔蒂西的肤色

---

① 首长米兰博拥有从坦桑尼亚西部五大湖地区到海岸的贸易商队，主要从事象牙和奴隶交易，通过与欧洲人的贸易，他获得了枪支和金钱，并组织了主要由十几岁的孤儿组成的军队，并与布尔人联手，创建了19世纪东非地区面积最大的军事商业帝国。他以反对亨利·莫顿·斯坦利的阿拉伯盟友而著称，曾被斯坦利誉为"非洲的波拿巴"。

较浅，是邻近的巴西亚氏族酋长的女儿，她的族人叫她"小个子"。作为外国人，野猫族的皇室成员试图杀死她，并阻止她的儿子塞科涅拉成为新的氏族酋长。在入侵者到来之前的所有岁月里，祖鲁兰不断发生争吵、冲突甚至内战，但她坚定地要辅助儿子登上野猫族的权力宝座。她不顾所有人反对，以摄政王的身份统治族群，成为19世纪早期最著名、最令人畏惧的女性军事和政治领导人。在姆菲卡尼时代，她的军事征服统治延伸至现代博茨瓦纳中部。随着时间的推移，曼塔蒂西不仅获得了巨大的声望，而且还受到了那些密谋要杀死她的人的崇拜。早期的传教士将其描述为精明、机警、举止端庄，传教士们称她的族人为曼塔替斯，认为他们普遍很胆小。

起初，女王当政时期，遭受了来自格里夸人、其他流离失所的恩格尼群体以及奴隶贩子的袭击，不时地需要逃离。这些时候，老人、幼儿和病人都有可能被队伍落下。不过，尽管当时动荡不安，曼塔提西还是设法为她的族人在卡莱登山谷找到了栖身之所，并在那里度过了三年的干旱期。大约在1817年，她向低地发起远征，可能是对赫鲁比人的进攻，取得了重大胜利，缴获了大量的牛群。在她的带领下，军队强有力地抵御了包括英国入侵者在内的敌人，并在南部非洲奴隶贸易中保护了她的领土。她的族人也慢慢认可了她的领导，并开始自称曼塔提斯人。

据说在曼塔蒂西统治期间，大概有4万军民，这在当时已经算得上是相当大的势力了。她性格坚强，在外交方面长袖善舞，她善用联姻来维系和平，周围的酋长们都选择与她合作而不是与她为敌。她为儿子塞科尼埃拉安排了与权势滔天的索托族首领摩梭的女儿们进行联姻，还加强了战士们与邻近社区的妇女联姻，这样维持了很长一段时间的和平。

然而，在贝专纳兰的战役中，女王之国开始遭受了一系列失败。彼得贝克尔描述了这一时期的发展，他说：

那是1823年1月，一年中庄稼成熟、食物最丰富的时间。

但野猫族人被迫省吃俭用，因为周边族群的掠夺，整个族群甚至丢下了他们种植的土地，消失了。事实上，饥肠辘辘的散兵游勇和一批批土匪早就盯上了女王之国。当时，除了根、球茎和浆果，在草原上几乎找不到其他食物，也肯定不足以养活像曼塔蒂西那样庞大的族群。根据口述史料，就在这次袭击之后，曼塔蒂西带领她的族人逃离到一个名为巴西亚的村庄，但因为希望继续保持族群的独立性，她最终选择迁居在马拉本山。

但女王继承人塞科涅拉并不是像他母亲那样能干，1852 年，他掠夺最强领袖莫舒舒族群的牲畜，挑起冲突，结果却被班加瓦西族首领马卡巴出兵击溃。特洛夸族失去了独立，被莫舒舒的索托王国吞并。

四、恰卡和祖鲁民族的崛起

恩古尼族群中，对当今南非影响最大的是祖鲁族。祖鲁是当今南非人口最多的民族。至今，还有学者认为姆菲卡尼时代中的族群征战，是因为各个族群都需要"去祖鲁化"。

祖鲁族最多时有 1200 万人。"祖鲁"这个词被翻译为"天空之人"，或者是"天空、雷电"，相传是大约 1709 年，由祖鲁·卡纳通布赫拉于现在所指的夸祖鲁·纳托尔省创立的。他们一直坚信祖先精神，即阿马德洛兹或阿巴凡西。他们认为自己和逝去的人们精神相连，在其创始神"尤为利卡及"的引领下，他们崇尚乌班图的实践，并骁勇善战。

祖鲁族最让人感到震撼的是其强大的民族认同感。即使在被英国征服之后，在殖民时期、解放战争等漫长的历史进程中，祖鲁族一次次崛起，一次次宣告其政治和军事的优势，乃至有研究者认为，祖鲁族已形成了一种"新的政治组织模式"。这种政治组织模式似乎是一种强有力的战斗力和指挥力，但更让其与众不同的，是这时祖鲁社会已经在从牧民社会向有组织的国家形式转变。祖鲁王要求他们的臣民不断增加进贡或收税，从而获得大量财富，能够对自己的支持者行使更多的权力，通过庞大的军队，进一步去征战其他酋长国。

南部非洲首屈一指的历史人物恰卡（1787—1828年）在这个时段登上了历史舞台。在恰卡出生之前，一位名叫希萨伊的先知预言："一个孩子将会出生，将带来一种新的秩序和一个新的国家。"1787年7月，恰卡出生在朗格尼，她的母亲是当地隆哥族群王室的公主，但传说是未婚先孕，疑似得了一种叫"恰卡"的大肚子病，恰卡以此被命名。1816—1828年，恰卡担任祖鲁族首领，并带领族群走向强大。

恰卡是祖鲁族首领松赞干楠和邻近朗格尼族群南迪公主的儿子，由于他的父母属于同一个氏族，他们的婚姻违反了祖鲁族的习俗，他和母亲都受到了母族的蔑视，说恰卡命带灾星。1802年，郎格尼族群驱除了恰卡母子，他们被迫来到丁斯瓦约统治下的姆瑟瓦王国避难。恰卡23岁那年，莫斯瓦的大酋长丁吉瓦约让恰卡等年轻人服兵役，恰卡很快在军营、战事和酋长国中展现出卓越的军事才干。1816年，恰卡的亲生父亲去世，恰卡获丁斯瓦约的支持，接管了父族，并把姆瑟瓦和兹韦德统治下的恩德万韦王国合并一体。此时祖鲁族不到1500人，是恩古尼族群中最小的族群之一，集中生活在白乌姆福洛兹河附近。

1819年，恰卡被确立为祖鲁族的最高统治者，施行铁腕统治。凭借卓越的才智和勇气，恰卡采用了一种新的制度："阿马布托"进行军事管理。阿马布托是借鉴葡萄牙人之前在从事象牙贸易中使用的方法：由年龄组团进行防御或突袭的制度。恰卡完善了这一体系，根据年龄来重组族群军事力量，并组建了南部非洲最强大的军队。作为指挥官，恰卡禁止战士穿凉鞋，训练他们在荆棘上赤脚行走；停止使用投掷的长矛，改用短矛进行贴身肉搏。他进一步优化设计出"水牛阵"，模仿水牛的头和角形成攻势。由于战斗力超群，祖鲁迅速征服了其他小族群，并将他们也编入到祖鲁的部队中。恰卡也赢得了"诺顿赫里"的称号，意为坐下时会引起大地隆隆发声的人。1823年，祖鲁控制了纳塔尔，通过军事、社会、文化和政治改革，祖鲁族渐渐凝结为组织良好、集中统一的祖鲁邦，被誉为"不会被打败的民族"。在祖鲁口述传说中，恰卡被描述为像狮子和大山一样的人，并兼具勇气和才能。恰卡的祖父叫祖鲁，恰卡因此成为第一个称呼他的族众为"祖鲁族"的人。

英国非常恐惧恰卡的力量，经常煽动其他族群或相关势力暗杀恰卡。但让恰卡真正失势的，却是他自己的情绪失控。1827年末，恰卡母亲南迪去世，恰卡下令进行为期一年的哀悼，哀悼期间不得种庄稼，丈夫和妻子避免同房，如果发现妇女怀孕将与丈夫被一起处死，并将所有牛奶、羊奶都倒在地上。次年，饥荒降临。他又把军队分成南北两部，在没有深思熟虑的情况下开展战役，导致士气暴跌，但为时已晚。1828年9月22日，他被刺身亡，时年41岁。恰卡统治仅十二年，25万祖鲁人得以团结，恰卡也成为祖鲁帝国的奠基人和传奇。

19世纪初，恩德万维的兹韦德，恩格瓦内的索布扎和姆瑟瓦的丁吉瓦约都在不同区域发起政变，后者更是控制了图格拉河以北的大部分地区。恰卡死后，兹韦德和索布扎在庞格拉河沿岸争夺土地，索布扎被击败之后，他带领他的族人到达了今天被称为斯威士兰的地区。兹韦德击败索布扎之后，又与丁基瓦约在争夺土地和水等其他资源上发生冲突。原属祖鲁大族群的卡瓦比人恩奎特在与丁冈的较量中失败，逃往波多兰，虽然击败了法库人，但又被纳卡佩伊杀死。由此，恰卡建立的不同族群之间的认同感迅速崩溃，大量族人流离失所，不少小族群开始寻求与白人结盟来应对其他大族群的攻击。

在1839年对阿非利卡人和1879年对英国的战役中，祖鲁人连连战败。图鲁河以北的祖鲁兰最终被并入了英国殖民地纳塔尔。1887年，由班巴萨酋长领导的人头税抗议活动被再一次残酷镇压。自此，祖鲁族渴望一统南部非洲的理想彻底落空。恰卡之后，丁冈、潘德、塞奇瓦约继位。塞奇瓦约统治时期，爆发了英祖战争，祖鲁战败。1887年，英国吞并了祖鲁兰，祖鲁兰正式成为英国殖民地。

第二节　群星闪耀的诸族群王国

19世纪是南部非洲民族大变动的时期。马克思曾认为，正是在这个历史阶段，西方闯进非洲并武力征服了非洲。不过，近年来，根据口述史和环境史的推论，这一时期的物产不丰富是导致族群连续失势的原因，也有人认为在这个姆菲卡尼时代，很多族群和社群甚至是因为防备祖鲁人威胁而兴起的。

一、姆齐利卡齐和恩德贝莱王国（1826—1893）

东南部低洼地区的王国为争夺有限资源，不同族群国家相互兼并，大而集中的军事化王权成为不可逆转的趋势。这种兼并大约在1816年至1819年达到最高峰。在此期间，索布扎人和恩古尼人一直被向北驱逐。在随后的米斯特瓦和恩万德维之间的冲突中，米斯特瓦的领导人丁吉斯韦约去世后，前者最初似乎具有优势。但是，恰卡引领的祖鲁国崛起后，其他几个恩古尼集团只有向北逃离，散布在非洲的南部、中部和东部。

恩德贝莱领导人姆齐利卡齐（1795—1868）可能是姆菲卡尼时代在内陆地区最具破坏性的力量。许多人认为他是继祖鲁国王恰卡之后最伟大的南部非洲军事领袖。比如大卫·利文斯通在其自传中，就将姆齐利卡齐称为他在非洲大陆遇到的，继恰卡之后第二位令人印象深刻的领导人。

姆齐利卡齐的父亲马绍邦是库玛洛酋长，随着姆齐利卡齐长大成人，他注意到，位于黑佛罗兹河附近的库玛洛正受到两个强大的族群——姆瑟瓦（庇护恰卡及其母亲的族群）和兹韦德的夹击。在父亲被谋杀后，姆齐利卡齐继任库玛洛酋长，但他宣誓效忠恰卡，并在丁吉斯瓦约死后接管了姆瑟瓦族。

尽管在姆齐利卡齐所到之处，都遭到了格里夸人武装和科拉纳人、祖鲁人以及由博格纳人、科拉纳人、罗隆人、茨瓦纳人和菲卢波利斯传教站的格里夸人组成的联合军队的攻击。但姆齐利卡齐丝毫不畏惧，他的军队在夜里或黎明时分发动进攻，用火枪和长矛造成混乱，破坏力巨大。成千上万的人因为不服从他的命令而被处死，但他似乎赢得了被征服者的效忠，也有忠心耿耿的战士跟随他。到1829年时，姆齐利卡齐王国估计已有6万人口。①

姆齐利卡齐并不满足于只是成为恰卡强有力的部下，他的梦想从来都是君王。1822年6月，恰卡派姆齐利卡齐军团攻击索托族首领索姆尼西，大获全胜后，姆齐利卡齐放弃了战利品，脱离恰卡，率200到300人的小队人马和妻儿进入内地，并向西和向北迁徙。

姆齐利卡齐首先前往莫桑比克，但在1826年，由于遭到其他族群的持续攻击，他向西迁移到德兰士瓦。在德兰士瓦，姆齐利卡齐不仅战胜了塞恩基尼的尊德拉酋长国，还将酋长马格东葛绑架，在姆普马兰加将其杀死。在他们迁徙的早期，高地的索托语族称恩古尼语者为"马塔贝莱"，这是他们对所有来自海岸的人的称呼，而恩古尼语族称自己为恩德贝莱。不过，后来姆齐利卡齐抵达高地后，一直使用马塔贝莱（Matabele）这个名字。

在接下来的十年里，姆齐利卡齐统治了德兰士瓦，并清除了所有反对派。1831年，在与格里夸人的战斗中获胜后，姆齐利卡齐占领了盖阿普山脉附近的格里夸人土地。后来，他们一路袭击并征服了较小的酋长领地，在现在的豪登省、自由邦和西北地区，以及马加里斯贝格山脉等省都设有军事前哨。最终，姆齐利卡齐一部分族人越过林波波河定居于现在的津巴布韦，一部分人则越过赞比西河进入现在的马拉维地区，还有一部分人在

---

① Saunders.ed.,An Illustrated Dictionary of South African History, p.178.

19世纪40年代和50年代再次向北迁徙至坦桑尼亚，到达坦葛尼喀湖和维多利亚湖的岸边。

1836年，布尔人迁徙至德兰士瓦地界。此时，恩德贝莱人正在安德里斯·亨德里克·波特吉特带领下，向北行进。他们忽然被布尔突击队袭击，于是姆齐利卡齐随即进行了报复，布尔人撤退到维克普的一个酒窖中。10月，在一场持续半小时的短暂而激烈的战斗中，35名布尔人成功击退了6000名恩德贝莱战士的进攻。但很快，1837年1月和11月，布尔人、格里夸人和洛隆人的联合部队分别在莫瑟加（Mosega，现南非的西北地区）以及更北边的一个地方，凭借枪支和火器优势打败了姆齐利卡齐。这是布尔人与黑人在内地的第一次重大冲突，在此之后，强大的姆齐利卡齐受到重创。这也是他在今天南非地域内的最后亮相。

11月12日，在布尔人的压力下，恩德贝莱人被迫退出马里科谷地，分两股向北撤退。第一股由首相率领的主力包括王族的妇女和小孩，经德兰士瓦北部、渡林波波河，进入津巴布韦的马托波山附近的布拉瓦约一带；姆齐利卡齐率领另一股人马取道西路，经博茨瓦纳恩加米湖到达赞比西河南岸，而后折返南下，于1839年到布拉瓦约与贡德瓦纳会师（布尔人对此事的叙述请参见后文白人的迁徙部分）。

到1838年年初，姆齐利卡齐和他的族人被迫一起向北离开德兰士瓦并越过林波波河。但由于受到进一步的攻击，他们转而向西进入今天的博茨瓦纳，然后再向北进入现在的赞比亚。据说是因为当地的采采蝇很流行，对牛产生致命的影响，姆齐利卡齐一行再次向东南方向进入后来被称为马塔贝莱兰的地区（位于今津巴布韦的西南部），并于1840年在那里定居。

姆齐利卡齐到达马塔贝莱兰后，完善了其族群政治系统，将他的追随者组织成一个类似于恰卡骑士团的军国主义体系，并将其命名为"马塔贝莱"王国。他在马托波山建立了他的新首都，将其命名为布拉瓦约。在姆齐利卡齐的领导下，马塔贝莱变得非常强大，不仅在1847—1851年击退了布尔人的多次袭击，还说服南非共和国政府于1852年与其签署了和平条约。

就文化和军事组织而言，姆齐利卡齐对整个时代都产生了重大影响。作为南非的一代雄主，姆齐利卡齐采用恩威并重、分化瓦解的方式对付当地原有族群，对东邻尚加人他和睦相处，对绍纳人则无情吞并，将其适龄青年悉数纳入同龄兵团。姆齐利卡齐非常骁勇，一直沿用祖鲁战术和焦土战略，所到之处政局动荡，满目疮痍。在其领导下，他的族群不仅与经常活跃于该地区的奴隶掠夺势力作战，也与林波波河和大湖区之间已经定居的族群发生冲突，还与布尔人争锋相对。

在过去的史书中，姆齐利卡齐受到了很多人的恶意诋毁。从欧洲中心主义的角度来看，他被视为暴君和破坏人类生活的人，是抵制布尔人迁入内地的人。然而，在传教士罗伯特·莫法特的眼中，姆齐利卡齐是一位明君。莫法特形容国王迷人、端庄、英俊，笑容灿烂；并补充说，如果不是他本人"出席"了某些处决，很难相信这个人的可怕名声。莫法特描述，在姆齐利卡齐的统治下，族众纪律严明，士气高涨，他们恪守礼节礼仪，精神快乐，这与祖鲁人在丁冈（恰卡的继任者）统治下的恐吓和恐惧气氛不同。姆齐利卡齐说，他希望增加他的族人数量，而不是减少他们。姆齐利卡齐也非常钦佩莫法特，以他自己父亲的名字来尊崇他，并称莫法特为"库鲁曼之王"。从此以后，姆齐利卡齐下令，所有的商人和猎人都必须沿着莫法特在库鲁曼走过的道路，才可以进入他的国家。

这段跨越种族的相知始于1829年，那是传教士莫法特第一次访问姆齐利卡齐，这段友谊一直持续到约30年后莫法特被召回英国。现当代我们对姆齐利卡齐的了解，大部分来自莫法特对他们会面的回忆记录。

1835年5月，当姆齐利卡齐听说莫法特要再次拜访他时，他喜出望外，也接待了同行的安德鲁·史密斯科学考察团。莫法特一行从库鲁曼出发，绕着马加利斯堡的北端转了一圈，在一棵巨大的树上搭了个草屋。这棵古老的榕树，现在也成为了著名景点，被称为"莫法特树"或"有人居住的树"。

莫法特为了在王国的各个地方找到姆齐利卡齐，进行过多次艰苦的旅行。1854年、1857年和1859年，姆齐利卡齐总是热切地等待着莫法特的到来——他的手下通常在几天前就被派去探听莫法特到来的信息，一旦他们得知莫法特在路上的消息，就会立即赶回来报告。姆齐利卡齐总是迫不及待地想看看莫法特给他带来的礼物，尤其是被莫法特妻子玛丽送来的带盖子的罐子和手帕等物品所吸引。

尽管他们之间的关系很好，但姆齐利卡齐从未考虑过成为基督徒。他经常评论莫法特只有一个妻子，这让他很失望。许多个夜晚，两个人并排躺在星空下，同盖一块用兽皮做成的毯子，互相讲故事。姆齐利卡齐最喜欢听的，莫过于大洋彼岸维多利亚女王的故事。

在莫法特的日记中，他仔细刻画了他们的最后一次见面。他用了很优美的文字进行描述：那时候他们都已经是老人了，莫法特已经接到回英国的命令。当他来到姆齐利卡齐的村庄时，姆齐利卡齐并没有像平时那样起身迎接他。"他蜷缩在小屋的一个角落里，他的毛皮衣挡在脸上。当他最终起身时，毛皮衣掉了下来。莫法特惊奇地看到，这位昔日的战神正在哭泣。"[①] 他们之间超越了种族的友情，至今仍令人唏嘘。

姆齐利卡齐对欧洲旅行者普遍友好，除了罗伯特·莫法特之外，姆齐利卡齐还结交了一些进入他的国家的白人猎人、商人、科学家，比如猎人探险家亨利·哈特利，传教士约翰麦肯齐，传教士大卫休谟（David Hume），探险家和贸易商安德鲁·史密斯，医学博士、民族学家和动物学家威廉·康沃利斯·哈里斯，以及著名的传教士探险家大卫·利文斯通。不过姆齐利卡齐从不信任布尔人，也不信任其他传教士，特别是法国人，尽管他们也试图与姆齐利卡齐合作。但他仍然认为这些人会对自己的王国构成危险。所有欧洲旅行者到访前首先要经过库鲁曼，这时罗伯特·莫法特就会首先和他们会面，进行"审查"，然后再带到姆齐利卡齐的面前。

1861年，姆齐利卡齐最宠爱的妻子洛齐巴去世后，王国又遭受了大旱、

[①] Wallis,ed.,The Matabele Journals of Robert Moffat, Vol1,pp.368.

天花和麻疹的侵袭；传教士和猎人的牛患有肺病。直到1863年，大猎手亨利·哈特利成功治疗了生病的国王后，成了姆齐利卡齐的好朋友。姆齐利卡齐同意向国王提供火器和弹药的白人猎人可以在东部打猎。1865年，哈特利在马绍纳兰打猎时意外发现了黄金。不久之后，哈特利和地质学家卡尔一行在大津巴布韦北部发现了姆菲河和塔替河沿岸古老村庄周围的黄金分布范围。1867年12月，他们对外宣告了马塔贝莱的黄金数量，开启了本地第一次淘金热，来自欧洲和澳大利亚的探矿者和矿工开始沿着传教士之路向北长途迁徙来到马塔贝莱。

1868年9月9日，姆齐利卡齐在马塔贝莱的因加马（津巴布韦布拉瓦约附近）去世，1870年，其子洛本古拉被任命为国王，但竞争团体之间的冲突导致内战，削弱了恩德贝莱帝国。随着英帝国扩张，1893年恩德贝莱王国灭亡。

姆齐利卡齐的一生几乎是在不断的战争和迁徙中度过的。他的族人跟随他从现在的南非奔袭800千米，最终落脚在津巴布韦，并在那里安详地度过了晚年。一开始由姆齐利卡齐率领的库马洛族群，不断有其他族群加入，如索托族、茨瓦纳族和南非其他流离失所的恩古尼人。津巴布韦土地上原有族群，如卡兰加族和罗兹维族也与库马洛人进行交战和互动，最终一个新的民族——恩德贝莱族或马塔贝勒族形成了。

二、莫舒舒和索托王国(1786—1870)

在姆菲卡尼时代，有不少的族群和社群甚至是为了抵御祖鲁人而兴起的，其中最著名的是由莫舒舒领导的索托族群。

莫舒舒是卡里东河地区（今天的独立王国莱索托）索托人的第一任最高酋长，他联合了各种小索托群体，将他们纳入他的族群，统合南方的索托人或称巴索托人建成了一个重要的大国。作为19世纪南部非洲最成功的领导人之一，莫舒舒将侵略性的军事反击和巧妙的外交手段结合起来，对抗布尔人、英国人和来自非洲东南沿海低地的掠夺者和其他殖民者的入侵，以及当地的非洲对手等。与邻国首领的婚姻联盟，使英国人和布尔人互相排斥，索托在较长时间内保持了国家的独立性，莫舒舒和姆齐利卡齐是少数几个能与恰卡齐名的时代领袖。

1820年，莫舒舒接替他的父亲莫肯尼成为默克特里族群的首领。他的第一个定居点是在如今福里斯堡以南约19千米的布塔布泰，但后来他在塔巴博休建立了自己的据点："夜之山"。"夜之山"据说是不可战胜的，因为人们认为山在夜间会变大，变成精灵守卫王城。莫舒舒鼓励族人传播这种信念，让敌人很少在天黑后到来。实际上，"夜之山"确实有其地理的优越性："夜之山"只有七条通往平坦山顶的通道，这里地势较高，可以轻易看到敌人来犯；同时它也是一个水源充足，土地肥沃的地方。因为有天然泉水，可养活多达3000人和他们所饲养的家畜。而且因为山顶平坦，可以种植玉米和高粱，在危急情况下能够持续抵挡住敌人围攻。大约1828年，马替瓦内族曾试图进攻"夜之山"，但以失败告终。之后，从卡乐恩度向西延伸到即将建立的塔巴传教站，莫舒舒成为了无可争议的统治者。

尽管早年以突袭者闻名，但居住在"夜之山"后，莫舒舒再没有直接参与过对其他族群的突袭，也没有离开过自己的大本营。他断断续续地受到了所有掠夺者的攻击，但他用武力和外交手段相结合的方式抵挡住了攻击。他甚至派人送牛去犒劳即将离去的敌人，告诉对手他知道他们离家很远，饿的时候互相有个照应。据说姆齐利卡齐曾试图攻击他，但最终双方也没有征战。在干旱的时候，莫舒舒也会把牛作为礼物送给敌人。在恰卡还活着的时候，他还送去了鹤羽作为礼物，这些礼物都用在祖鲁人的军装上。

由于卓越的领导才能和在国防方面的成功经验，索托国吸引了不少族群前来寻求保护。莫舒舒国王欢迎并联合姆菲卡尼时代的难民进入索托国，将分散的索托·茨瓦纳人和其他受祖鲁和恩德贝莱袭击驱散的族群召集在一起。同时，他还与对手的女儿们进行联姻。据估计他有大约100个妻子，分别来自不同的族群。莫舒舒整合不同族群，并将它们统合进索托族中，索托王国权限得以扩展和加强。同时，他也向布尔人、恩古尼人提供土地、食物和保护，在奎奎地区形成了一个天堂般的避难所。莫舒舒甚至允许英国、布尔人和恩古尼的逃犯定居在他指定的定居点，给他们土地和食物以维持生存。莫舒舒也欢迎以前的敌人加入他的阵营，并把牛借给想加入王国的贫困的新移民，新移民只要把牛生下的牛犊给他就行。这种"马菲索制度"使苦于生计的人们得以重建自己的牛群，同时也大大增加了莫舒舒的影响力和知名度。不过，一旦这些人没有得到授权就想争夺土地的情况出现，双方就会发生战争。莫舒舒国王谦逊与和平的美名远播疆土内外。他的附属族群包括福肯、肯纳、特罗瓦、洛隆以及一些科伊桑人的恩古尼人族群，覆盖了南非高原的南部（现自由邦和豪登省的部分地区）。他不仅抵御了恩古尼领袖马替瓦内的袭击，也抵御了曼塔蒂斯女王领导的野猫族人的攻击。1848年，索托国约有80万人，受战争影响到1865年只有15万人，但据说他联合了23个族群，组成了最终的巴索托民族。

莫舒舒效仿祖鲁阿马布托方式进行军事组织和领导，相继推翻了福肯王国等族群王国，然后依靠自己的军事力量和财富建立了统一王国。他通过袭击当地的滕姆和科萨族群获取牲畜，并在马匹和火器的加持下，巩固他的新国家。在莱索托寒冷的高地，他用自己的骑兵击败了格里夸和科拉纳的掠夺者，并将他的控制范围扩大到了卡利登山谷，成为索托王国。

索托王国一直保持着与外界贸易的传统，国人被称为"毯子人"。他们凭借精良的手工艺，在开普殖民地用毛毯与布尔人交换马匹，并控制了卡利登河沿岸最肥沃的地区。他们种粮时也储粮，待利润丰厚时再出售给开普敦市场，获益颇丰。1867年，金伯利发现钻石后，莱索托是金伯利的小麦、玉米和高粱的主要供应商之一，每年能为金伯利提供10万袋优质谷物，被誉为"南部非洲的粮仓"。王国用赚来的钱买枪、铁和一些外贸商品，经济自立自强，内可养民，外可御敌，盛极一时。

随着荷兰人从开普殖民地到达内陆，枪支的威力也受到了莫舒舒的关注。莫舒舒决定，他需要枪支和一个白人顾问。从其他族群那里，他听说并决定使用传教士带来的好处。1833年，他接受了巴黎福音传教士协会传教士的拜访，还让其中一位名叫尤金·卡萨利斯的人做自己的外交顾问，并通过传教士们来与英国政客保持良好的外交关系，这为后来英国人通过划定边界线进行战争仲裁，起到了良好的推进作用。莫舒舒也对商人们带来的白人商品很感兴趣。他买了欧洲人的衣服，穿在身上接待白人来访者。他买了家常用具和马车，特别渴望获得火器和马匹。他还种植了欧洲蔬菜、小麦和果树，并养成了吃糖的习惯。

19世纪30年代后期，来自开普殖民地的范德瓦内一行布尔人出现在索托的西部边界。他们于1838年5月至6月在马特拉肯地区定居，并随后声称拥有土地权。后来，越来越多的布尔人迁入该地区，他们试图在两条河流之间的土地上进行殖民，甚至在卡利登以北，声称这些土地已被索托人"遗弃"，所以他们可以享有对卡利登山谷肥沃耕地的控制权。一开始莫舒舒听到这个消息的时候，展现着大度说："……他们所在的土地属于我，但我不反对他们的羊群在那里吃草，直到他们能够继续前进；条件是他们与我的族众保持和平并承认我的权威。"后来，尤金·卡萨利斯进一步观察到，当到达索托国境的布尔人人数还很少的时候，他们谦虚地要求获得临时权利，但当他们感到"足够强大，可以摘下面具"时，他们又回到了最初的意图，露出本来面目。这让接下来的30年里充满了冲突。

莫舒舒感受到了这种威胁。到了18世纪40年代左右，他又恢复了传统的突袭和战争的习俗。传教士们反对时，他感到不安，并试图让他的人远离传教士，他与英国政府的关系也开始恶化。1845年，索托族群的科络络族分支继续向北迁移。他们经过奥卡万戈沼泽，穿过赞比西河进入现在属于赞比亚的巴洛塞兰。1846年1月，开普殖民地派遣沃顿少校去自由邦划定边界。随后，1848年英国吞并了莫舒舒王城以东的奥兰治河周边土地。莫舒舒发现自己面对的不止布尔人一个敌人，还有英国的入侵。

那时哈里·史密斯刚成为开普殖民地总督，他急于将英国的影响力扩大到开普以外，并说服布尔人接受这种影响。他的做法是允许他们或多或少地购买农场，并承认他们的独立。这也是白人在内陆地区正式侵占土地的开始。随后，许多布尔人在今天的夸祖鲁·纳塔尔、格里夸兰和自由邦的内陆地区获得了农场，并排斥黑人获得相应的土地。莫舒舒自然是受此影响的酋长之一，当他被要求确定和布尔人的边界时，他的回答总是很简单："我族人所在地方的土地就是我的。"

毫无疑问，肥沃的卡利登河谷无论对英国人和索托人来说都是重要的农业地区，英国一直宣称对此的权利，并于1850年诉诸武力，发动对索托国的战争。索托军队强有力地进行了回击，第一次是1851年在维沃特，莫舒舒牢牢守住了"夜之山"据点，迫使英军撤退，但英国人撤退过程中掠夺了大批牛群。另一次是1852年年底在塔巴博休山附近的伯利亚战役，莫舒舒召集了约6000骑兵进行反击，并再次成功地打败了英国人。在他之前，无论是姆齐利卡齐、丁冈还是任何一个科萨人的领袖，都没有人在广袤的战场上如此大规模地召集部署武装骑兵，并取得胜利。

与此同时，莫舒舒继续与其他族群作战，抗击他们侵占索托土地，并在1853年击败并兼并了特洛夸国。

布尔人对索托的军事力量非常恐惧，开普殖民地也意识到贸易使索托王国得以强大发展。为了减少击败索托人所需的时间和费用，英国人在1854年签订《沙河公约》，将领土移交给布尔人，并直接授予奥兰治河的布尔人具有独立主权，随后，此地被更名为"奥兰治自由邦"。索托和布尔人因为边界模糊开始对抗，索托人认为自己是合法的所有者，继续过着原有在土地上放牧的生活；但自由邦的布尔人偷袭索托国并摧毁了谷物作物，索托王国经济大幅倒退。莫舒舒对白人非常失望，在接下来的十年里，索托国一直对布尔人作战，布尔人明显不敌索托王国，被连续挫败。1858年，在阿里瓦尔北方条约中，索托人重新控制了卡利登河两岸的土地。这次战争是第一次索托战争，又名"塞内卡尔战争"，以索托人的胜利告终，这是非洲当地人抗击白人侵略的重要成就。

从1860年开始，莫舒舒开始派遣年轻人到遥远的开普敦和纳塔尔等地打工。1867年，他的族人在听说发现了钻石后又去了金伯利。他们在南非的工作得到了相应的酬劳，指望着可以买下曾经在突袭中失去的牛。但事实上，索托国对白人的战争胜利后，索托国并没有迎来和平，相反，双方的敌对情绪越来越浓。新任的奥兰治第四任总督约翰内斯·布兰德认为应该利用军事优势对抗索托王国。在奥兰治自由邦的布尔人也意识到，必须进行团结才可以抗争莫舒舒。他们在1864年结成同盟，开始对索托国进行长期的陆地战争。1865年，奥兰治自由邦发动了第二次巴索托战争，即"塞基蒂战争"。自由邦军队随后开始攫取牲畜并摧毁庄稼，并两次袭击索托国的各个据点。1866年4月11日，由于索托的粮食供应枯竭，莫舒舒被迫接受和平条约，放弃了早期占领的大部分土地。然而，布尔人侵占卡利登河以西的肥沃农业地区的脚步并没有减缓，双方于1867年再次爆发第三次战争。这一次，奥兰治自由邦军队取得了巨大的军事成功，征服了除"夜之山"以外索托王国所有土地。莫舒舒国王被迫求助英国人，呼吁英国予以保护。1868年3月，英国拒绝了开普殖民地占领莫舒舒领土的要求，成为索托王国的保护国。

1869年，英国人与布尔人在北阿里瓦尔镇签订了一项条约，确定了巴索托国的边界。新的边界将莫舒舒的索托王国面积缩小到以前的一半。索托王国自此走向衰落，其边界经常被修改，直到今天仍是一个有争议的话题。

莫舒舒死于1870年，他领导索托人40多年，死后被埋葬在"夜之山"。他的山中家园从未被征服，至今仍然是一个神圣的地方。1966年，经过近一个世纪的英国统治，巴索托族再次独立，成为莱索托。伦纳德·汤普森1975年曾写过一本关于他的传记，题目是《在两个世界中生存》，该书恰如其分地描绘了莫舒舒的故事，讲述了族群理想是如何失落在现代殖民的征伐之中的。

三、索布扎和斯威士兰王国（1750—1879）

斯威士兰王国曾是南部非洲区域的主导力量，直到1879年被英国人击败并摧毁为止。斯威士兰有四个明确的地理区域，在大致平行的地带中从北向南纵向延伸。从西到东，它们是高地草原、中部草原、低地草原和卢本博悬崖。在地质上，最古老的地层在西部，最年轻的地层在东部。埃斯瓦蒂尼是南部非洲最富水资源的区域之一，来自南非的主要多年生河流经此流向印度洋。其中，主要河流包括洛马提、科马提、翁布卢兹和乌苏图。乌苏图是该国最大的流域，有三个主要支流，即乌苏舒瓦纳、恩格温皮西和姆洪德沃。在南部，因瓦玛河发源于西部的埃斯瓦蒂尼，横穿了卢本博越过国境。

根据口头传说，大概在1550年之前，德拉米尼就率领族人从卢伦科·马尔克斯以南的地区迁入现在的斯威士兰洛伦索—马贵斯附近的顿布河地区周围。直到今天，德拉米尼家族仍被叫做"巴卡顿布人"（意为：顿布的那些人）。1700年左右，恩格瓦尼三世带领族群横渡蓬格拉河，移居至麦卡温妮山之后、在廷巴河附近定居。然而，这是之前恩德瓦内的领地，于是斯威士族人与之前已经在庞格拉河两岸定居的民族交融，酋长的女儿娅卡与恩德万维人结婚，成为两个族群之间的友好桥梁。1750左右，这个地区慢慢形成了斯威士兰国家的核心，这群人也把自己叫做恩格瓦内，把这块领土称为卡恩格瓦内。依据斯威士人的传统，国家依赖国王和太后一起统治人民，前者负责日常行政，后者则负责宗教和礼仪。

据好望角档案馆的档案记载，1723年一批荷兰官员离开好望角去探勘德拉戈阿湾附近的卢邦博山脉，试图通过姆布卢齐峡谷进入现在的斯威士兰。然而，探险队碰到了敌对的原住民人，几乎被消灭。他们不得不放弃探勘，返回德拉戈阿湾。①这些"原住民人"，就是当时已经定居在此的斯威士和恩德万维人。1750—1770年，斯威士兰地区繁荣一时。

与祖鲁或者南部的索托族相比，斯威士兰几乎没有旅行者、定居者和传教士的记载，没有持续的口述历史的搜集。在贝纳特和迈克乔治麦格雷戈的口述档案中，也没有对他们太多的记载。目前主要存在的资料来自开普档案馆图书和档案中的间接记载。对于其他的国王名讳，和非洲其他地方一样，识别起来都比较混乱，很难用年代的次序进行排列。由于一个人可能有两个或更多的名字，而这些名字又可能被认为是指不同的人，识别起来就难上加难了。目前，比较清晰的国家发展线条是从最早的德拉米尼一世和恩格瓦尼三世时期，这时期主要是为了实现民族统一；索布扎一世统治时期和姆斯瓦提二世统治时期，这时期是欧洲移民、传教士的进入引发了新的关系；而到姆比利尼时期，则是斯威士兰人开始面对殖民统治的冲击。

恩格瓦尼三世是斯威士兰最重要的酋长之一，关于他的记录是很清楚的。他大约死于1780年，墓地在一座叫做姆比拉内尼的小山上的一个神圣洞穴里。从那时候起，这座小山就成了埋葬该国家的国王及王室其他成员的重要墓地，至今仍是斯威士兰重要的皇家圣地。恩格瓦尼三世死后由他的儿子恩德温古尼继位，他巩固了父亲的领土并兼并了更多的邻近族群，直到1815年被雷击而死。之后，斯威士兰历史上著名的酋长索布扎上任。

索布扎对原先已经在斯威士兰领土上的族群或氏族采取怀柔策略，把他们全都称为"埃马汉赞比利"（意即先来的人）。这些族群缺乏组织，内部纷争不断，四分五裂。索布扎向他们承诺凡是归顺了的族群都允许保留其世袭酋长和有限度的独立，因此这些族群鲜少抵抗就归顺了。他们共同组成了现代斯威士兰的民族格局。

---

① （斯）J-S- 马特赛布拉.斯威士兰史[M] 山东大学外文系翻译组，译.济南：山东人民出版社，1978.

与此同时，索布扎也继续着前人的征战，尤其是对索托人的征讨，战线一直抵达科马提河。这期间，他派人到兹维德·恩德万德韦那迎娶了著名的斯威士兰王后桑迪尔（也被斯威士兰通称为拉齐德泽王后）。正是因为这层姻亲关系，第二年桑迪尔哥哥马丹加拉从祖鲁军队中逃出时，索布扎予以援手，给这支恩德万德韦血脉一块土地，名曰"埃布兰德兹尼"。至今这里仍保留着恩古尼的传统。

约 1820 年，索布扎在姆丁巴山脚下对面的诺克万建立了新统帅部。他对往来的葡萄牙人及其枪支很感兴趣，主动派使者到洛伦索与那里的欧洲人谈判，表示如果欧洲人愿意带着枪来帮他征服其他族群，他愿意给欧洲人每人十头牲畜作为回报。双方各取所需后，葡萄牙人还赠送了索布扎一些玉米种子。那时玉米被认为是促进非洲人口增长的一个法宝。

这时，恩格瓦内蒂戈沃·赫洛菲酋长在位，形成了两个国王：朗加和兹韦德共存的局面。两个族群也展开了此消彼长的征战。据说在恰卡死前索布扎曾拜访过他，因为听说索布扎长得非常英俊，恰卡希望亲眼看看他，于是邀请他访问祖鲁兰。索布扎接受了邀请，两人相谈甚欢。但没过多久，索布卡和祖鲁继位者丁冈又起征战。

1838 年索布扎去世之前，他梦见头发像牛尾巴的白皮肤人将要来到他的国家，他们将带来两件东西，乌姆库卢和因迪林加。这些词翻译出来后，意义分别是"一卷纸或一本书"和"一块圆形金属或钱币"。索布扎劝告他的族人接受圣经但力求避开钱币，不要伤害白人，因为假如他们让白人流了一滴血，他们的国家就会被毁灭，他们这个民族就将覆亡。[①]

历史学家加森在他的《斯威士兰问题和通向海洋的道路》一书中对这点提出了一个有趣的看法。他认为有少数几个强大的班图族群与欧洲人的关系不错，他们从未兵戎相见，斯威士人就是其中之一。这个传统便是由

---

① （斯）J-S-马特赛布拉.斯威士兰史[M]山东大学外文系翻译组，译.济南：山东人民出版社，1978.

此奠定的。斯威士人因为从未与欧洲人打过仗,也就从未被欧洲人征服过。[①]

索布扎之后,斯威提继位。因为与恩德万韦人的持续冲突,他们与祖鲁人、德兰士瓦索托人之间又展开了混战,抢夺土地并持续向北部迁徙。遵从父亲遗嘱,斯威提接受了基督教,但不主动搅扰祖鲁人,由此变得强大又富裕,被称为"北方的恰卡"。1854年,祖鲁军队与斯威士军队在卢布亚河附近进行惨烈决战,最终斯威士人获胜,从此祖鲁再没有进犯过斯威士的土地。最终在姆洛舍尼丘陵脚下的希塞卢韦尼建立了首都,并将其族群冠名为斯威士兰,通过打劫周边的佩迪族群,不断扩展领土。

1860年,两个柏林传教士申请在斯威士人中开展传教工作,后在小酋长马莱奥酋长国的某个地方住了下来,建立了德兰士瓦的第一个传教站,取名为格拉奇胡普。由于族群纷争不断,1864年,这个传教站被放弃了,传教士们于是向南迁移,定居在现今米德尔堡镇附近的博特沙贝洛。同时期,英国圣公会的一位传教士R.罗伯逊牧师离开了祖鲁兰到恩格瓦武马地区去探险,到达斯威士兰,并劝导整个国家信奉基督教。

1868年,斯威提逝世,斯威士人的征伐、扩张和统合周边民族告一段落。布尔人借机向英国人抗议,要求拿到斯威士人的土地。1872年,斯威提年轻的继承人去世,斯威士人把气出在了恩德万德瓦这个当时的摄政王身上,消灭了他的大部分族群。这也是恩德万德瓦的继承人姆博齐斯北上阿姆斯特丹的原因。1879年英祖战争后,时任斯威士国王的姆比利尼被英国士兵击毙,斯威士不得不出让土地以换取和平。但与此同时,斯威士人还答应了派兵加入欧洲军团,以打击当地的佩迪人,以此作为保障自己后期"独立"的条件。

同时期,在科马提河以南,恩格温亚山和西洛特夫瓦恩山发现了金矿。很快,一个被称为"福布斯矿脉"的矿山出现了,斯威士兰是矿藏丰富之

[①] (斯)J-S-马特赛布拉. 斯威士兰史[M] 山东大学外文系翻译组,译. 济南:山东人民出版社,1978.

地的消息也很快传开，英国人和布尔人纷涌而至，白人定居者与日俱增。

1881年8月3日，英国政府和德兰士瓦政府签订《比勒陀利亚协定》，第一条就划定了德兰士瓦和斯威士领土之间的边界。这是第一次用书面形式承认斯威士兰独立，1884年《伦敦协定》重申了这一点，表明英国和布尔人的利益争夺更加白热化。但无论如何，斯威士兰是第一个在国际上得到承认的原住民国家，1903年，在第二次布尔战争之后，英国成为其保护国，直至1968年9月6日国家独立。

四、索尚甘和加沙王朝的兴衰（1824—1895）

索尚甘（1780—1858），出生在今天南非的纳塔尔省，他的父亲是恩德万韦族群的首领。索尚甘原本是兹韦德麾下的将军，1819年兹韦德被恰卡击败后，他与一群追随者离队出走，一直到如今莫桑比克的莱邦博山脉附近，娶了聪加酋长女儿为妻，远交近攻，逐渐建立加沙帝国，疆域遍及今日南非林波波流域到莫桑比克姆普马兰加的广大区域。

1822年，索尚甘带领族人沿着卢邦博山东部山麓穿过蒙戈梅祖鲁区域到达恩滕贝河上游附近时，邂逅了正在当地考察的欧文上尉。据科比在后来的日记中记载："这次相遇和采访对我们来说具有特殊的历史意义——这不仅是这些特殊的人第一次见到白人，而且，是很多白人，据我们所知，这也是英国人和恩古尼种族之间的第一次详细谈话记录"。[①]

1825年左右，休整了许久的索尚甘带领族人渡过滕贝河，向西北方向迁徙至现在马普托以北的恩科马蒂河流域。在此，他征服并收纳了附近的隆加族群，留居至1828年，后和庄根达族群联盟，一起击退了恰卡的军队。这次战役彰显了索尚甘族群的独立，但也是索尚甘与庄根达族群分离的开

[①] Olden Times in Zululand and Natal, containing Earlier Political History of the Eastern-Nguni Clans. By the Rev. A. T. Bryant. London: Longmans, Green & Co., 1929. P.449.

始,其后,庄根达前往更北部的区域,而索尚甘则停留在林波波河下游的山谷,并以此为根据地,采用在恰卡军队习得的分头突击战略,屡次打击恰卡。同年,恰卡被他同父异母的兄弟丁冈谋杀,而索尚甘的军队占领了德拉戈阿湾、伊尼扬巴内和塞纳的葡萄牙定居点,向欧洲人索取贡品。

1834年,索尚甘在林波波下游肥沃的低地上建立了自己的王国,并陆续合并了聪加等多个族群,创建了加沙帝国。但好景不长,1838年,由于天花流行,加沙国折损了许多战士,索尚甘和他的追随者不得不又回到了他们以前的家园,林波波河谷的比莱尼,把赞比西河以北的区域留给了儿子姆齐拉。索尚甘在穆萨帕待了大约三年,其间不仅控制了内陆的所有聪加酋长的领地,还征服了伊尼扬巴内附近的许多汤加人。

索尚甘迎娶了姆斯瓦蒂二世的两个女儿,他是当时另一支重要势力。联姻使当时紧张局势有所稳定。1840年左右,加沙国开始收取附属酋长国的赠品,以此确保这些小酋长国的身份。索尚甘每年都派遣他的代表团到赞比西河流域收税,以此来稳定和加强他的权力。

1850年左右的加沙王国与恩德贝莱王国有明显不同。一些欧洲游客认识姆齐利卡齐的儿子,但他们没有记录任何政治活动;不过他们对于加沙继承人的政治构建却记载得非常明确:索尚甘会把确定的酋长领地分派给儿子或近亲,其中会有一位被指定为首相,臣民和首领的使节遇到问题需要国王解决时,都会先去找这些人,由这些智囊团员共同讨论并作出决策。索尚甘以祖鲁军团"同龄军团"编制的多重经验为蓝本,严格训练自己国家的职业士兵,强征附近族群,并让其他族群的人们接受以他自己的名字命名的新语言和文化,称为加沙文化。只要不反抗,加沙的统治一点也不严厉;但任何的叛乱都被严厉镇压。这样,索尚甘一方面用军事战术击败了大多数对手,一方面又用文化同化巩固了他对位于赞比西河和林波波河之间土地的控制。最终,从赞比西河到林波波河,从萨比河到大海,索尚甘的统治都没有受到挑战。索尚甘统治了加沙帝国37年。

1856年左右索尚甘去世,索尚甘的帝国陷入了儿子姆齐拉和马威维的继承权纠纷中。在葡萄牙人的帮助下，姆齐拉最终于 1861 年掌权并统治到 1884 年。此时，长期干旱和奴隶贸易逐渐居于主导，葡萄牙人在赞比西河谷的控制权不断扩大，加沙王国通过掠夺奴隶以出售给葡萄牙人和各类种植园为生。但葡萄牙人中最强势力曼努埃尔·安东尼·奥德索萨，在主要河流的汇合处建立要塞，通过组建私人军队在内陆抢夺奴隶，逐步排除了加沙帝国的绝对权力。到 19 世纪中叶，葡萄牙殖民者已经控制了赞比西河谷南部的大部分地区及其南部的大片土地。加沙周边的形势也非常严峻：在赞比西河以北，伊斯兰奴隶贩子以安戈切为基地发展势力，北方的瑶族酋长南迁到夏尔河沿岸的高地，在那里建立了他们的军事势力。

索尚甘的孙子冈根亚纳从父亲姆齐拉手中接管了加沙帝国，并将首都向南迁至曼贾卡齐，这使他与葡萄牙人的关系更加密切。然而，在 1884 年至 1885 年的柏林会议上，非洲被以殖民势力范围的方式划分殆尽，其中加沙帝国的领土被指定为葡萄牙领土。冈根亚纳强烈反抗葡萄牙人的侵占，但最终在 1895 年被击败。加沙的最后一位酋长被流放到亚速尔群岛，直到 1906 年去世。

第三节　布尔人大迁徙和定居

白人的大迁徙是由原先定居在开普殖民地讲荷兰语的白人（布尔人）组成的迁徙活动的总称。在 1835 年至 1846 年间，约 1.2—1.4 万布尔人为了摆脱英国统治，向非洲南部内部地区不断深入迁徙，寻找牧场，建立自己新家园的土地。在得到一些实际权力后，他们没收当地人的土地，并开始强迫当地人劳动。这些南非的白人先驱者们宣扬他们将在"自由独立的国家"中成为"自由独立的人民"，他们将自己的迁徙称为"大迁徙"，视其为 19 世纪南非白人历史和民族起源的重要事件。

这些白人不断地向北部迁徙，最后脱离英国的管辖范围。他们与当地族群和迁徙的本土居民在土地与牛群等问题上发生争执，最终阻断了东扩的科萨人在纳塔尔和高原地带的活动，势力范围扩展到林波波河一带，并最终形成了现代南非的德兰士瓦和奥兰治自由邦。

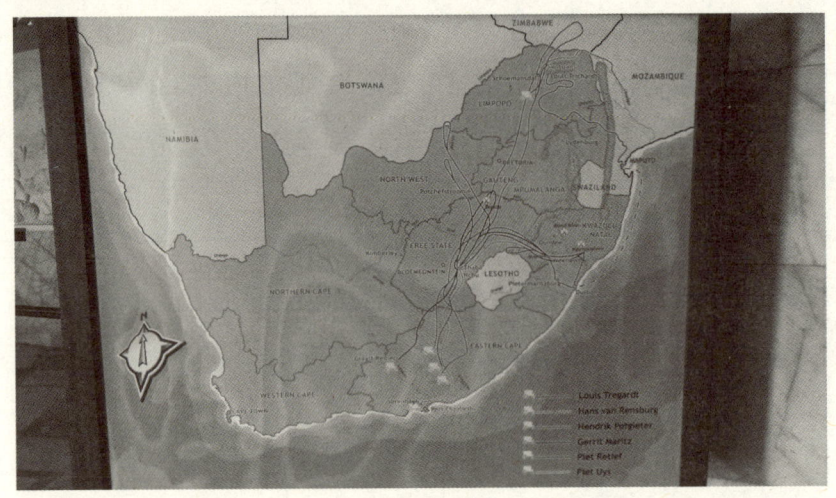

布尔人迁徙路线

布尔人在定居非洲后逐渐成为非洲裔农民。参与迁徙运动的布尔人最初主要来自殖民地的东部地区，居住在开普敦及其周围的荷兰定居者没有加入这一运动，东开普的英国农民也没有参加，尽管他们中的一些人对当局也有着同样的不满。其中又有两个群体：一些人被称为移民先驱或迁徙者（Voortrekkers），另一些人被称为移民（trekker）。他们的目的不同，移民们只是随着季节性进行迁徙，移民先驱则是将他们所有家什都装进牛车或马车，并带着他们的家畜一起迁徙，他们的目的是建立新的定居点，并建立自己的阿非利加民族主义政府。由于迁徙者们的人数众多并且影响力巨大，在本书的叙述中，所称"布尔人"一般就是指代的这个群体。

布尔人的勇气和决心始终是南非白人精神中宣扬的重点。特雷查特的日记记载了他们一行人自 1836 年 7 月开始迁徙的大量信息：各类布尔群体关系、家庭内部关系、种族偏见、食物和药品等。尽管一年后妻子病亡，他们还是在三周内就抵达了现在莫桑比克马普托的葡萄牙堡垒。女性的独立和坚强也得到一再刻画,安娜·斯滕坎普在她的回忆录中记载了她们一行的经历:那个冬天,她的丈夫刚刚去世,她已经怀孕,还是不得不自己赶着篷车出了殖民地。孩子在后来的奥兰治自由邦风蚀平原的篷车上出生了。①后来,布尔人后代像珍妮斯克莱尔等都受到了祖辈精神的熏陶,在白人民族独立中做出了杰出贡献。②布尔人们在日记中多次提到常喝煮咖啡让自己身体健壮,但从科学的角度来看,并非是保持着对咖啡的喜爱让他们免受肠胃不适之苦,更可能是他们把水烧开了,才保障了水质和饮用卫生。围绕白人迁徙及其苦难也产生了一系列文学作品,奠定了布尔人的民族认同感。③

后来,19世纪欧洲定居者还传播了所谓"空地"或"空地理论",以支持其在南非的土地主张。空地理论从1834年和1835年探险家的报告出发,认为图克拉以南的纳塔尔和瓦尔河两侧的中央高地很肥沃,基本上无人居住。因此,该理论认为,欧洲人和班图族群同时进入南非,在那之前,南非的大部分地区都是"空地"。在这样的情况下,班图族群从今天的津巴布韦附近向南非行进,欧洲白人则由开普定居点向北迁徙。双方在大鱼河相遇,在这里,双方平等地用武力解决土地所有权。④1838年,《格雷厄姆镇杂志》宣称英国人对土地拥有更多的权利,不能任由那些"通过背信弃义和暴力的科萨人""篡夺凯伊河和鱼河之间的整片领土",空地理

---

① Gail Nattrass, A Short History of South Africa, Jonathan Ball Publishers, 2019. p.72.
② Black Sash News,December 1987 Volume 30 Number 2,https://www.sahistory.org.za/archive/tribute-pioneers-voortrekkers-transvaal.
③ 著名作家包括 Miemie E. Rothmann(1920),Pierer van der Nerwe Erasmus(1935),Francis Brett Young(1937),Sturat Cloete(1937),Anna Villiers(1938) 等。
④ Holden, William Clifford ,The Past and Future of the Kaffir Races, London, Published for the Author. 1866. https://library.si.edu/digital-library/book/pastfutureofkaff00hold.

论已经成为英国人立志要在南非建立殖民地的信念依据。[1] 后来，布尔人到达瓦尔高原时，也使用类似论点证明他们对土地的诉求是合理的，认为祖鲁等族群是"闯入"非洲领土的人，并宣称布尔人是保护非洲居民免受恰卡军队伤害的英雄。[2] 今天，由于没有历史或考古学证据支持该理论，该理论被描述为一个神话，即"空地神话"。不过，南非的一些政党，特别是欧洲血统的右翼民族主义者，一直坚持认为"空地理论"历久弥新，以支持他们对南非土地所有权的主张，这也是后来南非种族隔离政府建设隔离"家园"的理论来源。

一、启程：白人间的矛盾交叠

1652年，荷兰东印度公司在好望角建立了一个供给站，为其在从欧洲到亚洲的漫长海上旅程中的船队提供新鲜的食物和避难港。短短几十年里，开普敦成为大量欧洲"自由公民"的家园，他们是完成合同后仍选择留在海外荷兰领土的前公司雇员。[3] 出于定居点的粮食需求，公司向员工和这些自由民提供农田补助，让他们为公司种植粮食，并给他们合同工资。一开始，获取这种资格的自由民们通常需要是已婚的荷兰公民，被公司视为"品德良好"，并且必须承诺在非洲大陆至少待20年。后来，由于粮食需求不断扩大，一些德国士兵和水手也具有了这样的"资格"。1688年，受荷兰政府赞助，一百多名法国胡格诺派难民在开普敦定居了。很快，开普殖民地的欧洲人口中超过四分之一不是荷兰人，于是，殖民地推行了通

---

[1] Graham's Town Journal, 1838.https://www.sahistory.org.za/article/empty-land-myth.

[2] Hunt, John. Campbell, Heather-Ann (ed.). Dutch South Africa: Early Settlers at the Cape, 1652-1708. Philadelphia: University of Pennsylvania Press. pp. 13 – 35. 2005.

[3] Parthesius, Robert. Dutch Ships in Tropical Waters: The Development of the Dutch East India Company (VOC) Shipping Network in Asia 1595-1660. Amsterdam: Amsterdam University Press.2010.

婚和广泛推崇荷兰语的策略，推进白人群体的同化。1750年后，白人群体大多开始使用阿非利加语进行沟通。但白人群体中因为区域和经济实力的不同，被划分为在边境定居的贫穷农民布尔人，和更富裕的、主要在城市的开普荷兰人。

在1792年法兰德斯运动和1795年的巴达维亚革命之后，亲法的荷兰政权巴达维亚共和国成立，这为法国军队打开好望角提供了良机。到1795年，对荷兰东印度公司的不满引起了斯威伦丹、格拉夫等地居民的起义。1795年6月17日斯韦伦丹共和国和格拉夫·里内特等布尔人共和国出现。不过，这场"边境叛乱"很短暂，不到5个月，开普就被英国占领了。

为了保护自己繁荣的海上航线，1803年英国以武力占领了好望角这个刚刚起步的殖民地。1806年到1814年，英国将开普敦作为军事附属地进行管理，以稳固其与印度的海上交通要道。1815年《巴黎条约》后，英国获得了在开普的永久行政控制权。此时，开普殖民地面积约26万平方千米，有2.67万欧洲人后裔，其中有四分之一是德国血统，六分之一是法国胡格诺派的后裔，其余大多为荷兰血统，另有3万非洲和亚洲奴隶，1.7万科伊桑人。[①] 对于在开普的白人群体来说，尤其是那些从事粮食和葡萄酒生产的人，都依赖奴隶劳动。当时斯坦林布什附近94%的白人农民都有奴隶，他们持有奴隶的规模与其产量密切相关。因此，他们对英国政府通过征税来管理殖民地的方式非常陌生，对英国政府反对他们使用奴隶觉得匪夷所思。1815年，英国抓捕了一名虐待奴隶的布尔人，布尔人群体随即发起叛乱，布尔人与英国当局的关系迅速恶化。1820年，英国尝试建立一些定居点来缓解布尔人与当地科萨人之间对土地的竞争。1828年，开普殖民地总督宣布，在安全和财产所有权方面，除奴隶外的所有原住民居民都享有与

---

① James Louis Garvin, editor, Entry: Cape Colony. Encyclopædia Britannica Volume 4 Part 2: Brain to Casting. Encyclopædia Britannica, Inc. 1933.Arquilla, John. Insurgents, Raiders, and Bandits: How Masters of Irregular Warfare Have Shaped Our World. Lanham: Rowman & Littlefield Publishing Group. 2011.pp. 130 - 142.

殖民者同等的"公民"权利。与此同时,英国当局强制推行使用英语,并很快将其视为开普司法和政治体系中的通用语言。

1834年,英国决定在其所有殖民地废除奴隶制。之前在开普登记的3.5万名奴隶被释放,但大多数情况下可以在他们原主人的"帮助"下,成为"学徒",这种状况维持到1838年。[1] 这些政策连环拳让开普原有定居者们措手不及,群众运动不断,他们和英国当局的关系进一步疏远。[2] 布尔人认为神圣的秩序是不可能平等的,英国用"基督徒"和"异教徒"之间的平等是不道德和不虔诚的,肤色较深的"异教徒"天生且永远地不如白人"基督徒",因此,上等的基督徒应该支配和使用下等异教徒进行劳动。布尔人开始考虑出售他们的农场并深入南非未知的内陆地区,以脱离英国统治,重新建立旧的生产生活方式,自由地生活。迁徙者是半游牧的布尔人,他们决定独自越过殖民地的边界,其人数约占当时开普荷兰语使用者的五分之一。

尽管官方没有明确阻止迁徙运动,但各方态度不同,英国担忧迁徙的布尔人肯定会与内陆的班图人发生冲突,这样英国就需要采取成本高昂的军事干预;但开普当局认为追捕那些逃逸的布尔人要付出的人力和物力成本并不值当。终于,1832年,英国代表史密斯博士和布尔人代表威廉伯格进行了愉快地讨论,他们认为纳塔尔是一片农业条件优越的理想家园,且鲜有人迹,值得开拓。1834年,他们派出"迁徙委员会"到纳塔尔实地调查。

1834年8月,布尔人的先驱队在220千米之外的格雷厄姆斯敦汇合,彼得·拉弗拉斯被选为探险队队长,擅长写作的班结斯被选为秘书和抄写员。他后来起草了《狄迪福和丁冈条约》,出版了著名的《班结斯日记》

---

[1] Simons, Mary; James, Wilmot Godfrey. The Angry Divide: Social and Economic History of the Western Cape. Claremont: David Philip, Publisher (Pty) Ltd. 1989.pp. 31–35.

[2] Lloyd, Trevor Owen. The British Empire, 1558–1995. Oxford: Oxford University Press. 1997、pp. 201–206.

（血河战役的记载）、《纳塔尔土地报告》（发布威特沃特斯兰德金矿消息，并引发淘金热）。9月8日，20名男子、一名女子、一队有色人仆从和14辆马车组成的布尔先驱者，穿过东开普，受到科萨人的欢迎并于1835年2月顺利到达纳塔尔。在纳塔尔，布尔人们结识了已经在当地拥有生活经验的象牙商人詹姆斯·科利斯，英国皇家海军克林克号的前指挥官艾伦·弗朗西斯·加德纳牧师和迪克金，并计划在未来一起出行。

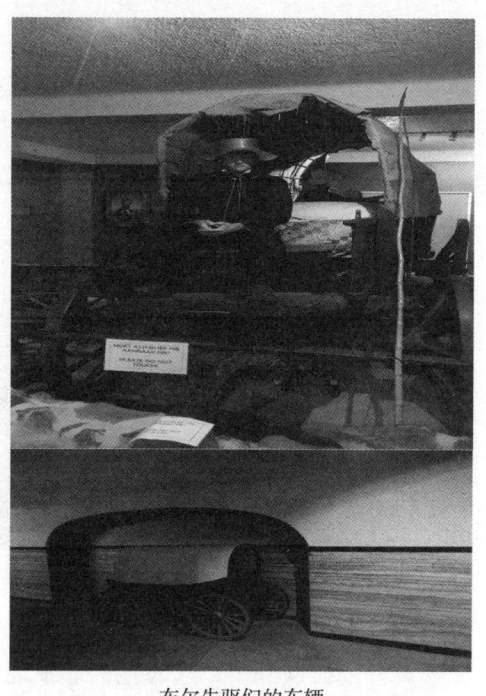

布尔先驱们的车辆

布尔人先驱者们认为自己有智慧且有坚强的加尔文主义信仰。他们戴着毛毡帽，上穿传统多普尔大衣（上面可能还加一个短外套），下身穿皮制系带靴子，驾驶着侧面像动物颚骨的长途旅行车向内陆进发。他们借鉴非洲本土居民的篷车模式，把衣物、家具、农具、果树和武器都通通打包，用牛拖着前行。他们创新地卸下货车的后轮并将树枝牢固地绑在轮子上做成制动，这使他们即使在旅途中经历长下坡，仍然可以保持车身稳定。

从东开普省出发的布尔人分成几个小组，每个小组由不同家庭组成，有自己的领导者。每个布尔人都要在军事防御和攻击中分工协作，他们背负着步枪，腰带上绑着牛皮制成的弹夹，子弹经常被改装、锯穿，以使其分裂并向不同的方向飞行。每个布尔人还佩戴长约20厘米短刀，当接近战场时，牛车会被排成一个圆圈，轮子固定住，这样就形成了向前直射的堡垒。如需扎营安顿，他们会模仿游牧的非洲本地人，以牛车为基础，搭建正方形的帐篷。这些布尔人中，狩猎和袭击并无大区别，杀戮和抢夺地盘，是较之固定土地劳作更快捷的生活方式。当布尔人到达德兰士瓦时，他们面临着严重的劳动力短缺，他们并没有在土地上劳作，而是用一些武器和弹药来利用佩迪人充当他们的劳动力。

布尔人迁徙生活场景

离开的时候到了，这时他们才发现没有一个来自开普敦的荷兰归正教会牧师准备陪同这次探险，因为教会主教团反对移民，说这将导致"没有信仰的存在以及文明的衰落"。因此，这些布尔人吸纳了美国丹尼尔·林德利，卫斯理传教士詹姆斯·阿贝尔和非受命牧师伊拉斯·史密特加入探险队。

二、征地战役：夜之山战役、血河之役

布尔人在行进途中，开始建造粘土小屋，而不是茅草小屋，并开始种植自己的粮食作物，不再与索托人交易，这表明了他们决心永久定居并在土地上解决自己的生计问题。

19世纪30年代姆菲卡尼时代的后期，布尔人与迁徙的非洲本土居民相遇了。

1835年12月左右，由亨瑞克率领的一个布尔人群体在黑山传教站停留了几个月，然后向北行进。1836年10月，他们在韦格科普（在今奥兰

治自由邦）邂逅了恩德贝莱族移民首领姆齐利卡齐的 6000 名士兵。

10 月 16 日，35 名布尔人在萨雷西利斯的领导下与姆齐利卡齐士兵对战。结果是 430 个恩德贝莱士兵阵亡，而布尔人只有 2 人战死，14 人受伤。[1]

1837 年底，彼得·雷提夫（Piet Retief）带领 135 名随从在马里科河谷围攻了姆齐利卡齐的军队，大获全胜。姆齐利卡齐越过林波波河离开南非领土，逃到了今天的津巴布韦。他死在那里后，洛本古拉继任。恩德贝莱王国最终在 19 世纪 90 年代被英国南非公司的军队击败。

双方对于这次遭遇各执一词。布尔人认为是恩德贝莱军队一开始就主动袭击了迁徙中的他们，夺走了他们的全部物资，所以他们才凭借枪支反击并取得胜利。但很明显，姆齐利卡齐和莫舒舒国的叙述主体却不这样认为，他们声称正是布尔人不断主张土地权利，两国才动手袭击了他们。根据布尔人的记录，他们第一次在"夜之山"的交战得到了洛隆酋长莫若卡的营救，他们抵达莫若卡夏进行休整，双方缔结友好条约，布尔人还得到了牛作为礼物。但很明显，这些布尔人并没有重视这次事件。正如 1931 年著名记者、作家索罗门写的那样：如果南非人像欧美的白人一样浪漫，那么莫若卡夏会被视为布尔后裔的圣地，但其实那里却没有任何东西来纪念这一善举。

1837 年，布尔人的另一支队伍在雷提夫的带领下，进入了恰卡继承人丁冈的领地。丁冈知道布尔人刚打败了恩德贝莱人，想从布尔人手中购买枪炮，因此在谈判的时候比较谨慎。谈判持续了好几个星期，起初似乎还算顺利，但 1838 年 2 月，当雷提夫准备告别时，丁冈忽然下达了"杀死巫师"的命令。雷提夫和他的部下被拖出来，在附近的一个叫"处决之山"的地方被杀害了。

布尔人和祖鲁人的口述历史对这一事件记载再次各不相同，甚至"巫

---

[1] [南非] 彼得·雷珀. 南部非洲地名辞典 [M], 赵晓阳, 译. 北京：社会科学文献出版社, 2016.

师"的界定都不同。不过，其中有一个比较肯定的细节是布尔人在到丁冈王宫时，在入口处产生了一些分歧。双方对此各执一词，布尔人坚信他们不过是在寻找入场口，并在此缴纳了步枪。但根据祖鲁人的说法，这个行为是巫师要开始做法的前兆，他们顿时对布尔人产生了不信任。传教士弗朗西斯·欧文后来在日记中描述了这一场景，他说他从远处目睹了谋杀案。雷提夫和他的67名部下都被杀害了。雷提夫残缺的尸体被布尔搜索小队发现，他随身还携带着丁冈签署的土地契约。许多历史学家质疑这个事件的真实性，因为所谓的土地契约，在1900年南非英布战争期间都未曾见到，如今更是无迹可寻。

　　阿非利加民族主义历史学家认为这起谋杀是丁冈无耻的背叛行为，因为之前丁冈约见布尔人的理由是他会授予他们大片的土地，条件是让布尔人归还被特洛夸族群所偷盗的牛，但祖鲁人却连夜袭击了几个布尔人的营地，不分老幼地杀死了约500个布尔人，缴获了数千万的牛马。为雷提夫一行复仇，很快成为白人的目标。但祖鲁的口述历史认为，几年前在开普与白人相处过一段时间的雅各布就曾预言，白人开始会两三人一组进入原住民国家，但他们不是之前的传教士或者旅行者，他们会带来后续大量的队伍，然后驻扎在非洲人的土地上。这一次，白人在进入祖鲁王国领地索要土地未果，但他们充分展示了手中的武器。在谈判还没有完成之前，雷提夫一行的其他人就已经顺着德拉肯斯堡山脉潜入了祖鲁国的领地，这是对丁冈和这片土地所有者的不尊重。在祖鲁人的信仰里，"任何晚上被看到在别人的家园闲逛，而不说明意图的人都是下蛊者（巫师）。"①

　　从后续的历史材料分析来看，布尔人为了超越英国的管辖范围，就必须先将姆齐利卡齐的恩德贝莱人逐出现在南非的西北省；为了在纳塔尔区域长治久安，就必须击败谋杀了同父异母兄弟的祖鲁王丁冈——因为他们似乎没有什么办法与祖鲁国建立"友好"的关系。加上"杀死巫师"的愤怒，

---

① 参见 https://www.sahistory.org.za/article/origins-battle-blood-river-1838

毫无疑问，围绕着土地的权属，布尔人和祖鲁人之间的战争正式开始了。

1838年4月9日几个布尔人组成"飞跃突击队"，试图突破丁冈首都塔勒尼山谷的防御工事，但未能成功，几名布尔人因此丧生。布尔人放弃了在首都击败丁冈的想法，只在周边用牛车筑起开放纵队，使丁冈军队无法在短期内攻破。

1838年11月，白人迁徙队伍迎来了一个重大的转折：安德里斯·普雷托里乌斯带着464名布尔人，3名英国士兵，60名黑人士兵和人数不详的仆人组成了混合突击队抵达纳塔尔。一场复仇之战拉开帷幕。

12月6日，也就是血河战役前10天，安德里斯一行在祖鲁传统祭祀地丹斯克拉尔见识了祖鲁王庆典。12月9日，布尔士兵一起礼拜，立誓将在上帝的保佑下击败丁冈，如果达成这一宏愿，那么布尔人将建造一座教堂以纪念上帝。实际上，在布尔迁徙的进程中，建造教堂就是建立布尔人定居国家的象征。但战役并不是许愿就足够的，布尔人和祖鲁人都在密切监视着彼此的行踪。安德里斯一边安抚突击队员，让他们每天在河边洗漱并慢慢靠近战场，一边积极练习防守战术，逐渐削弱之前对祖鲁人有利的塔勒尼山谷的防御工事。

1838年12月16日，南非史上最惨烈的一场战斗：血河之役打响了。布尔人扎好营地，等待祖鲁人到来。在向东约300米处，恩科姆河形成了深潭，他们将牛车停放在深深的沟渠旁形成了另一边的天然屏障。

据说，祖鲁人喜欢在黎明时进攻，因为那时候是人的精神状态最差的时候。这天亦然。约1万名祖鲁族战士参加了这场战斗，但布尔军团凭借火炮优势把大批祖鲁骑兵逼入恩科姆河溺水而死。据说丁冈因不忍看到战士如此无谓的牺牲，主动撤回了队伍。战斗从黎明打响，中午就结束了。据统计，战后3000多名祖鲁人伤亡，但布尔人方面只有3名军士受伤，无人死亡。恩科姆河被祖鲁死者的鲜血染红了，从此这条河被称为"血河"。

血河之役

祖鲁民族在"血河之役"后陷入内战，丁冈国王的同父异母兄弟姆潘德与布尔人建立的纳塔尔共和国结盟，1840年推翻丁冈任祖鲁国王，但很快，于1843年纳塔尔共和国被英国吞并，成为纳塔尔殖民地。

在以后的几十年里，一些阿非利加语的民族主义历史学家认为血河之役胜利意义重大，并认为这是上帝的旨意。皮特马利茨堡战后便建起了一座小教堂。12月16日这一天被命名为"丁冈日"，1910年开始作为国家纪念日。1982年，12月16日更名为"誓言之日"，1994年后被称为"和解日"，一直为南非的公共假日。

本·利本贝格质疑，当大多数非洲人甚至不知道这场战斗正在发生时，少数人与上帝的誓言是否可以对所有非洲人发挥约束作用。他辩称，血河战役的胜利只是卓越的军事战略和火器战胜了南非长矛的必然结果。他认为，神力干预的概念是为了支持非洲裔的民族主义而创造的神话。历史学家伦纳德·汤普森等学者也持有同样的观点，他们认为血河之役自此变成了一个新的神话，目的是为基于种族优越性和天意的种族压迫辩护。因此，胜利被重新解释为上帝确认白人对非洲黑人统治的标志，证明布尔人获得土地并最终在南非掌权的计划是合理的。在种族隔离后的南非，这个节日经常被批评为种族主义节日，因为它的历史故事就是在庆祝布尔人对黑人原住民人的扩张取得成功。历史学家安东·埃勒斯追溯了"血河之役"对20世纪40—50年代阿非利卡人团结的政治经济意义，这在随后的60—70年代获得了更广泛的意义，因为当时孤立的"白人"南非反对非洲正在进行的非殖民化，直到80年代的经济和政治危机迫使南非白人重新思考种族隔离制度。

值得注意的是，12月16日一直是南非历史的敏感日。1938年，南非民主党领袖马兰宣称血河战役确立了"南非作为一个文明的基督教国家"和"白人种族的负责任的基石"，是白人必须占上风的里程碑。1952年，执政的国民党通过了《公共假期法》（1952年第5号法案），宣布这一天为公共宗教假期，在这天，有组织的体育比赛、戏剧表演、矿产争议等都被禁止。1961年12月16日，非洲人国民大会开始发起系列破坏活动，表明武装反抗白人政权的决定。1983年，南非政府否决了纳米比亚临时政府试图停止遵守这一节日的决定，民主特恩哈勒联盟为此放弃了在纳米比亚国民议会中50个席位的41个。直到新南非1994年第36号法令，宣布废除1952年法令，这个公共假期的名字改为"和解日"。[1]

三、布尔共和国与"黑象牙"

20世纪30年代和40年代，成千上万的布尔人穿越奥兰治河。牛车、牺牲、殉难的故事、血河战役等，鼓舞和团结了阿非利卡人，为今后几年中更极端的阿非利卡民族主义铺平了道路。

在1835年之后的十年中，一批布尔人来到了维特河。尽管大多数迁徙者已经进行了主要的探险活动，来到了纳塔尔或遥远的北部，但其中一些仍留在卡里登河与奥兰治河交界处的肥沃土地上，并逐渐开始向东北移

---

① "Apartheid Mythology and Symbolism. Desegregated and reinvented in the service of nation building in the new South Africa：The covenant and the battle of Blood River/Ncome," Anton Ehlers. Revué Alizés No. 24, ca. 2003.[2]

动。路易特格和简仁伯格从亨瑞克波特克的团队中分离出来，建立了他们的分支。亨瑞克一行则选择留居维特河流域，并建立了一个名为韦博格的小镇。然而，根据《好望角惩罚法》（1836年），英国的管辖范围直至南纬25度，约在今德兰士瓦北部的沃姆巴斯附近。这明显不能满足布尔人对"自由"的诉求，1837年1月22日，皮特·雷提夫给英国殖民地行政部门致信。他在结论中说："我们在完全保证英国政府对我们没有更多要求的情况下退出了殖民地，并请允许我们在没有英国干扰的情况下进行未来的自我管理"。[①]

很快，由于击败了恩德贝莱人并将其逐出了林波波河，1837年，布尔首领雷提夫宣布瓦尔河南北都是布尔人的土地。1838年4月，亨瑞克返回瓦尔河，在北部建立小镇。布尔人结成了松散的联盟，自称为"纳塔尔港和邻近国家共和国"，并在1840年9月向乔治纳帕尔寻求独立，希望获取英国承认。乔治爵士对此未置可否，潜意识里他对布尔农民持有好感；但12月当他看到布尔将军安德里斯·普雷托里乌斯对科萨人发动进攻时，他还是表示了忧虑，随即派军事部长塞缪尔·查特斯少校占领纳塔尔港（今德班）。南非当局自然没有承认布尔人的这个政权，但没有限制布尔人使用纳塔尔港，还提议与其保持贸易往来，前提是布尔人接受南非的军队以防御其它欧洲势力。

布尔人强烈反对英国人的掌控欲望，并想控制原属于英国的纳塔尔港。1841年，12月2日，纳塔尔的大众汽车公司决定将所有不为白人工作的非洲人赶到穆塔瓦娜河（纳塔尔河与特兰斯凯河之间的边界之后）的南部，乔治爵士宣布恢复对纳塔尔港的军事占领，以保护科萨人不受布尔人侵犯。次年2月21日，雅各布斯·博肖夫撰文表示了布尔代议制政府抗议英国

---

① https://cn.wikitechguide.com/744455-boer-republics-NKQONR.

军队干预的决心。①3月，布尔当局就与荷兰缔结合约，希望荷兰政府帮助他们抵抗英国政权。1842年5月23日的月夜，史密斯袭击了孔格拉的布尔营地，但警觉的布尔人进行了反击，并围攻了英国营地。双方矛盾更加激化。

1842年4月1日，史密斯上尉带着263人的部队在没有任何预警的情况下到达德班，在伯里亚山脚扎营，与聚集在康格拉的300多布尔人的突击队形成对峙。5月23日晚上，史密斯对布尔人营地发动袭击，这次袭击不成功，伤亡五十人，还失去了枪支。5月26日，布尔人占领了港口和定居点，并于5月31日攻击了英国营地。被誉为"纳塔尔救世主"的迪克金，第一时间受命去格雷厄姆斯敦传递英国军队处于危险境地的消息。5月24日晚上，迪克金从布尔前哨出发，穿过茂密的灌木丛，突出重围骑马飞奔，9天后就到达了970千米之外的目的地。克洛特上校随即派出一支比较强大的部队前往纳塔尔港，布尔武装遭到镇压。

1842年10月，扬·莫克和他的追随者在奥兰治河两岸的阿勒曼架起了一座灯塔，宣布成立奥兰治流域共和国，控制卡利登河和瓦尔河之间的整个地区。他们告诉当地勒佛伊酋长，土地现在已经是布尔人的财产了，他和他的族人受布尔法律的约束，并进一步决定，布尔人将在当季收获农作物。布尔人甚至将传教站花园中的一棵桃树连根拔起，以宣誓所有权。在东北，他们开始驱逐莫舒舒离开唯一的水源地，让莫舒舒不得不转向英国，寻求成为被保护国。

1843年左右，布尔当局开始意识到结束当下无政府状态的唯一机会是接受英国主权。8月8日，布尔当局同意斯坦利勋爵提出的条款，将德拉肯斯堡设为纳塔尔的北部边界。其余不承认英国统治的布尔人再次翻山越岭进入今奥兰治自由邦和德兰士瓦省，寻求自由和独立。1844年，布尔共

---

① Cana, Frank Richardson (1911). "Natal". In Chisholm, Hugh (ed.). Encyclopædia Britannica. 19 (11th ed.). Cambridge University Press. pp. 252‐265.

和国成为开普殖民地的一部分。1845 年,马丁·韦斯特任纳塔尔区域总督。

不过,英国与布尔之间的龃龉并没有就此罢休。1848 年,开普总督史密斯爵士发表声明,宣布英国对瓦尔河南北所有土地拥有主权。布尔将军安德里斯随即在这年下半年对英开战,并获得了胜利。1852 年 1 月 17 日,英国与布尔人签署《沙河公约》,将南非共和国瓦尔河以北的区域确认为布尔人的独立领地。南非共和国成立。1852 年 6 月,在布隆方丹进行公投,以确定布尔人寻求独立还是隶属英国统治,多数票同意继续英国的统治。1854 年,《布隆方丹公约》签署,奥兰治自由邦政权成立。

后来,南非内陆地区发现了矿产,英国政府对允许布尔人建立两个共和国的决定感到后悔。1877 年,英国殖民大臣卡纳冯勋爵提议将两个共和国和殖民地联合起来,但遭到布尔人的抵制。第一次英布战争(1880—1881)就是围绕这个问题展开的,布尔人通过此战赢得了独立。1899 年,第二次英布战争爆发,布尔人被击败,各共和国被并归英国。但这时阿非利卡人共和国的理想已生根发芽,并将在此后的岁月中不断发展。

需要指出的是,当英国和布尔人在商谈土地所有权时,非洲本土的族群们仍在各自为盟,以免受对方袭击为最高宗旨。

1836 年年初,安德里斯·波吉特买了几头牛并许诺唐格族群麦克瓦纳酋长免受恩德贝莱人侵害,就获得了对方"赠与的"受义河和瓦尔河之间的区域约 6 万平方千米土地。姆齐利卡齐 1837 年 11 月败走北方后,布尔人立刻接管了德兰士瓦西部的大片土地,并顺便掌控了维特河到林波波河流域几乎所有的土地。1845 年波吉特与佩迪酋长塞万缔结了《和平条约》,获得一片不确定边界的土地。1846 年 7 月,斯威士的首领姆斯瓦蒂(Mswati)为打败祖鲁,将象河、鳄鱼河和埃兰兹河所环绕的所有土地都授予布尔人。这激怒了佩迪人,他们认为自己族群才是拥有这些土地的人。其实,在 19 世纪中叶以前,对土地感兴趣的各方都没有统一的法律制度或所有权概念。非洲社会中不存在私有土地所有权,在很大程度上,酋长割让给布尔人的土地是集体所有的,酋长们在完全无法理解的情况下就"签署"了"文件"。

这些误解显然对布尔人是有利的，他们不需要解释，只要在一开始的时候给一点牛羊或武器作为"礼物"，就可以获得土地，一本万利。

不同的布尔人领袖会率领他们各自的亲戚和邻居，组成不同的政党，各自家属数量几乎相等。尽管他们都越过了奥兰治河，但他们对最终的目的地却分歧很大。有些人想要定居在纳塔尔的海边，另一些人则希望留在高地草原。不过，在这两个地区布尔人们都能够熟练使用马匹，并用枪支进行"防御性掠夺"，也就是"进可攻退可守"地来攻击周边强大的非洲军事王国。尽管后来他们发现，维持对非洲人的控制权较建立自己稳定的政权似乎更加棘手，不过那是后话了。

之前布尔人的"突击队员"带着他们的非洲"助手"，不断攻击当地村落劫掠物资，比起发动快速突袭，他们更愿意围攻住在洞穴或山顶上的非洲人，让他们饿死或屈服于干渴。后来他们开始"顺道"掠夺当地的孩童，这些掠夺来的孩子被称为"孤儿"，然后注册为"学徒"进行买卖。这些黑人儿童从弱小或毫无戒心的族群中被偷走，然后被出卖给布尔主人的农舍中，以从事畜牧业、狩猎和水果种植，也提供家政服务，直到成年（女性为21岁，男性为25岁），许多孩子与主人相处的时间更长。如果是女孩，她们还必须和布尔男主人一起"生活"，为他的妻子抚育孩子，她们的孩子们也注定要为主人服务。因为不需要工资，还能极大地促进生产发展，为布尔主人带来娱乐价值，这些孩子成了布尔经济的重要推手，被誉为"黑象牙"。

1834年，开普殖民地正式废除了奴隶制。布尔人的法律也禁止了奴隶制，但仍允许买卖儿童从事劳动。这是一个有意无意的漏洞，为虐待埋下祸根。在德兰士瓦尔东部地区，成千上万的幼儿被俘获成为"学徒"。马加利斯堡、穆伊河镇、波切斯思特鲁姆和比勒陀利亚是最活跃的奴隶交易中心，接收从接壤的非洲族群抓获的儿童。

德国科学家和探险家卡尔·毛赫描述了他在南潘斯堡地区看到的景象：夜幕中，人们用篮子、地毯和箱子把儿童藏在马车上。传教士海因里希·格鲁兹纳和亚历山大·梅伦斯基也在 1866 年记录到,每年在索特庞堡的土地管理处,有多达一千名儿童被录入合同书,被卖掉或换成毛毯、枪支和猎狗等物品。①

进入不同的布尔人家后,他们会备有一个简单的名字。如果是男孩,他们叫一月或四月,如果是女孩,那么就叫索菲亚或奥德拉。这些孩子接受全荷兰语的语言环境和家务文化教导,因为转手过多次,只有极少数孩子在成年后还知道自己从哪里来。在更后来的日子里,这些孩子因为被奴役丧失了非洲传统,也被一些本土的非洲人歧视。因此,即使成年,他们也很少能重新融入非洲传统社区生活。尤其是女孩们,她们不会被除了布尔主人外的其他男人青睐,除了结婚,也没有办法获得自由,只能在所谓独立的社区中寻找被接纳的可能性,然后被所谓的"文明"塑造成虔诚的教徒。与此相应,布尔人社区里(尤其是在荷兰归正教会社区)父权制和以宗教和种族为基础的家长式作风,不断滋长和强化,他们是强制的宗教保守主义,要求宗教虔诚,但更多强调黑人对白人的依赖、附属、服务和进贡。

这些孩子一直为主人服务,类似于奴隶,相较于之前 1775 年和 1812 年在开普颁布的学徒规定其地位更低,生存环境变得更加残酷,更加无法抽身离开,更加与非洲的本土传承隔绝。奴役儿童在德兰士瓦州北部的索特潘斯堡地区更为普遍。有人提出,当这些北部布尔人再也无法在德拉戈亚湾获得白象牙用于贸易时,"黑象牙"开始取而代之,成为一种有利可图的贸易项目。因为孩子们更适应新的生活方式,布尔当局希望这种渗入能够被吸纳进布尔文化的形态,创造一个"缓冲阶级"来抵抗不断增强的非洲抵抗。

---

① Khama to DuPlessis, 11 March 1877, Dorsland Trek Documents, A. 779, vol. 2: 23, 26, South African National Archives, Pretoria.

四、消失的大象之城

土地征用和剥夺也普遍发生在德兰士瓦东部和林波波河北部的大片区域。在亨德里克·波特吉特和后来的斯蒂芬努斯·舒曼带领下，布尔人到达了迁徙的最北端舍曼斯达尔。这里位于林波波北部最北端的盐锅山山脚靠近津巴布韦的边界，距离东开普约1600千米，超出了英国的"北回归线"以南的管辖范围。到达这里的布尔人多为单独出行的一批人，布尔人叫他们"叛逆者"。这些叛逆的布尔人对当地产生了巨大的影响，科纳德就是其中之一。1821年，科纳德因在开普的非法活动而迁徙至舍曼斯达尔地区的马拉地区。科纳德可能是该地区最早的白人。他身高近7英尺，有一个马来人妻子、几个当地黑人妻子和许多孩子，他的三个儿子又娶了文达的妻子，混血后代在林波波马拉地区的一个叫巴斯多普的小镇上仍然拥有土地。随着布尔人的不断到来，混血社区不断壮大，并成为一个相当国际化的社区。在布尔人建立了比勒陀利亚（现在的茨瓦纳）或皮特斯堡（现在的波洛克瓦内）等更著名的城镇之前，舍曼斯达尔是一个繁荣的城镇。

在舍曼斯达尔的故事中，大象和枪支是两大主题。布尔人北上时，大象在奥赫里斯塔德地区已经被射杀殆尽了，但在舍曼斯达尔可能还有大象的身影。因为当时象牙是欧洲人（尤其是葡萄牙人）和从德拉戈亚湾（马普托）来的商人们追捧的商品。所以，也是在舍曼斯达尔，布尔人与文达人相遇了。

文达人大约从13世纪开始就居住在舍曼斯达尔了。他们身处盐锅山高原地带，很少向南冒险。他们开采铜和铁，并与北部的绍纳人进行贸易往来。作为早期迁徙至此的班图人，文达人认为桑人的艺术都是自己祖先的作品。这些"神启"是需要供奉的，他们认为如果不带礼物来，这些画就会消失，这样神灵就会发怒。如今，在一个被称为"象之岩"的地方，高高的大象图画底下还能发现挂有各种装饰的树枝，还有铜线手镯、布、纽扣等献礼。

布尔人和文达人之间的关系最初是相当友好的。虽然越过殖民时期的边界进入非洲内陆的布尔人被开普的英国殖民当局禁止向黑人出售枪支，但在北方地区枪支规定没有效力。布尔人给文达人枪支，双方很快就成为了狩猎和贸易伙伴，尤其是象牙贸易方面。舍曼斯达尔地区曾是猎人的天堂，因为动物们被此地西边山谷里的盐分所吸引，络绎不绝地前来，成为猎人的目标。这种情况一直延续到布尔人的到来。

布尔人逐渐控制了舍曼斯达尔，使其成为象牙、野味、兽皮、牛角、木头和食盐的重要贸易中心。交易的数量永远无法准确估计，有报道称，大量的火药和铅也被运来了。根据舍曼斯达尔博物馆前馆长德克·德维特在一个多世纪后估计，仅在 1856 年，就有 1 万头大象被射杀，贸易象牙约有 1200 吨重。

来自莫桑比克的葡萄牙人若奥·阿尔巴西尼经常牵着毛驴，带着搬运工运送货物来到舍曼斯达尔换取象牙。1853 年后他定居在此，一直到 1888 年去世为止。阿尔巴西尼有一大批聪加尚加的追随者，这些人是他从莫桑比克带来的。他教他们使用前膛枪，并教他们处理象牙和动物皮毛以供出口。他的聪加猎人可以代替布尔人在东部有采采蝇的地区活动，这样，布尔人就保障了自己和马匹的安全。阿尔巴西尼的成功之道之一是用驴子来运输，因为他发现驴子对昏睡病的抵抗力更强。1869 年，阿尔巴西尼还成了当地的警长，他的非洲追随者则成为了白人当局的义警和收税员。

1864 年，文达族首领兰码布拉纳去世，没有指定继任者，他的儿子玛可度成为统治者。然而，由于布尔人支持玛可度的弟弟达万哈，文达人和布尔人之间的关系随后变得相当紧张。但可以显见的是，让布尔人与文达人关系彻底改变的原因来自经济上的不对等。布尔人宣称，文达人需要向白人当局缴税，标准是每户人家每年缴纳 5 头野兽，5 根象牙，35 条铜条或 20 张豹皮，还有不定数量的山羊和绵羊。征税对文达人来说是闻所未闻，从多地的农场堡垒表明，布尔人收税的阻力很大。

1867 年，德兰士瓦省总司令保罗·克鲁格访问了舍曼斯达尔，命令布尔人放弃该镇,说他不能到这么远的北方保护布尔人。布尔人遵令拆毁了他们的房屋,把他们能拿的东西带到更南边的定居点。但一些文达人在他们走后就来到这里,烧毁了剩下的东西,这说明当时双边的矛盾已经不可调和了。虽然通常的解释是文达人把布尔人赶走了,但第德维特认为,布尔人在此留居了19年,离开的主要原因应该是大象没了,或者利润不够丰厚了。尽管布尔人离开后,文达人和通加人开始再次转向象牙贸易,但已经没有足够的利润空间。

到了1887年,布尔人已经建立了对整个地区更牢固的控制,当地人也完全居于被领导的地位。后来该地区被称为德兰士瓦,包括了今津巴布韦边境的部分土地。

舍曼斯达尔镇从未被重建过,最终回归灌木丛生状态。它荒废了120年,直到考古发掘发现了这个遗址,并决定尝试将其作为一个活的博物馆来重建。人们试图重新审视当时布尔人们的经历,利用环境中的材料复原房屋,但这个项目一直没有完成。2008年,一场失控的冬季草原大火摧毁了这个博物馆。

第四节　矿产革命和现代城市的兴起

"黄金国"一直是探险家们到访非洲的引领因素之一,在南部非洲也流传着各种财富的民间传说,但因为加纳帝国的盛世威名,开普角被发现后,也并没有太多的专题探险。

1867年,在现在北开普省的霍普敦和金伯利地区发现了钻石。19年之后的1886年,南非又发现了贯穿约翰内斯堡的威特沃特斯兰德的黄金矿脉:现在仍在使用的省名"豪登",在索托语的意思就是"黄金之乡"。加上19世纪初林波波地区发现的金属有铜、锡、铁等,南非在19世纪末的时候已经确知拥有人类已知的几乎所有重要金属和矿物。

这些矿物的发现使南非从一个农业为主的国家变成了一个日益工业化和城市化的国家。南非这段快速变化的历史时期，被称为南非的"矿产革命"。虽然黑人开采金、铜、铁和锡金属已经有几个世纪了，但当时新发现矿物的规模是前所未有的，尤其是钻石和黄金，这吸引了来自南非以外世界各地的人们。于是，第二次迁徙开始了。这一次的范围比第一次大得多，目标固定：向金伯利和约翰内斯堡进发，但南非白人和黑人矿工的数量都大幅增加。更多的技术工人，如矿工、工程师、地质学家、工匠等大量流入南非。这将对黑人和非洲裔的生活产生重大影响，他们大多数从农业社会阶层转变为无产者，南非的社会形态也会带来改变。

至今，豪登省仍随处可见当年矿产开发的遗迹

大约从1970年到2007年的三十多年里，南非成为世界上主要的黄金生产国。在那个时期的大部分时间里，世界上最富有的金矿是西德里方丹金矿，距离豪登西部的卡尔莱通镇（约翰内斯堡以西约67千米）约10千米。到1970年该矿全面投产时，南非的黄金产量已占世界黄金产量的79%。2007年，南非220吨的产量被中国超越，中国的产量为276吨；次年美国、澳大利亚和中国的产量均高于南非。近几年来，世界其他国家的黄金产量有所上升。迄今为止，世界上的黄金开采总量仍然少得令人吃惊，估计为17.41万吨，这个数量相当于一个边长约21米长的立方体，可以由任何现代大型运输船运载。目前，南非仍然在世界黄金和钻石生产国行列，位居

前五。

与之相邻的博茨瓦纳现在是世界上主要的钻石生产国。在南非境内，金伯利、库里南（比勒陀利亚以东）和林波波流域的维尼提亚矿区的钻石以及西开普省北部海底的矿床都闻名于世。在库里南发现了一些世界上最大的钻石，其中最著名的是1905年发现的库里南钻石，以矿主托马斯·库里南的名字命名。在未经切割的状态下，它的长度约为98毫米、宽57毫米、高67毫米，重3106克拉（621克）。

自古以来，黄金就有其价值。几个世纪以来，它一直是国际上值得信赖的财富储备。银行将黄金存放在金库中，并发行代表这种价值的银行票据。马蓬古布韦和图拉梅拉的黄金珠宝被重新发现时，就像几百年前被埋藏的时候一样闪闪发光。黄金的最大需求仍然来自珠宝行业，如今主要来自印度和亚洲其他国家，而以前最大的市场是欧洲和北美。但最近一段时间，南非的黄金开采业陷入了一些金融顾问所说的"黄昏时光"，其中一个原因是启动一个新矿的成本和时间太多，有时需要15年才能达到满产。该行业不再像以前那样吸引海外投资；黄金已经失去了一些"光泽"，不再被视为对通货膨胀的"对冲工具"。20世纪，大多数国家放弃了金本位制作为其货币体系的基础，尽管许多国家仍然持有大量的黄金储备；但现在的趋势似乎更多有赖于利用各产业的贡献。

1886年，当主要的威特沃特斯兰德黄金矿脉被发现时，大家都很兴奋；这可能是19世纪最后20年里，欧洲和北美以外最大的一次资本主义发展。这一发现具有全球影响，并在世界各地的证券交易所(尤其是伦敦)引发了许多疯狂的(往往是不理智的)投机行为。

这个含金的矿脉范围达300千米，是世界上最丰富、最深的金矿。德里方丹金矿创造的产量记录从未被超越，西部深层金矿和最近盎格鲁阿散蒂公司的陶托纳金矿所创下的挖掘深度也从未被超越，这两个矿都在卡尔顿维尔附近。2008年，陶托纳矿的深度达到3.9千米。工人们可能需要一个小时的时间，才能在升降笼中以每小时58千米的速度到达开采岩层，而且由于地下温度可能高达 55 摄氏度，因此需要先进的空调设备。

南非还盛产半宝石和贱金属。位于林波波的布什维尔德矿区因其所含的各种贱金属被认为是世界地质奇观之一。它的面积约为 66000 平方千米（相当于爱尔兰的面积），拥有世界上最大的铂族金属储量，以及大量的铁、锡（世界其他地区罕见）、铜和其他贱金属。此外，在北开普省阿格尼兹附近的阿格尼兹地区也有丰富的银和基本金属矿床，特别是铅、锌和铜。值得注意的是，地质学家表示，在尚未彻底勘探的地区仍有巨大的潜力，可能发现更多的矿床。

南非前总理史末资在谈到南非的矿产资源时，曾简明扼要地说过："在这块南部大陆上空，上帝把他的口袋掏空了，不仅把黄金和其他矿产资源撒向我们，而且还撒下了美丽以及吸引人类精神的东西。"

世界上最大的两家多元化矿业公司起源于南非：德比尔斯公司（见后文）和必和必拓公司，后者由南非公司比利顿、澳大利亚必和必拓公司以及英美资源集团合并而成，拥有英美铂业、英美煤业、英派拉铂业和昆巴铁矿等多家主要子公司。2016 年，英美资源集团对旗下各部门进行了重大重组，处置了部分资产，并缩减了投资，专注于铂金、钻石和铜的投资。2015 年 5 月有报道称，政府成立了一个小组，调查和评估南非页岩气开发的可能性，这表明压裂法开采也将成为南非未来的一部分。

正是这场矿产革命带动了南非的基础设施建设，推动了南非的铁路、港口以及资本密集型农业的发展，满足了不断增长的市场和人口增长需求。

一、钻石热潮中的金伯利镇和罗得斯

关于钻石的故事要从 1867 年说起。奥兰治河边的雅各布斯家来了一个布尔农场主苏尔克·范·涅科克，他看见孩子们正在玩着弹珠，其中的一颗闪闪发光。他把这个弹珠带走，辗转送到了科莱斯堡地方法官洛伦佐·博耶斯手中。开普的矿物学家阿特斯顿博士鉴定发现这是一颗值 500

磅的钻石。于是，地方行政长官菲利普·沃德豪斯就按这一价格买下了这块"石头"。后来这颗21.25克拉的石头被切割成10.73克拉的亮钻，并命名为"尤里卡钻石"，意思是"我发现了它"！这颗钻石很可能是从126千米外金伯利地区的一个含钻火山裂隙喷出，被其中一条河流冲刷下来的。

下一个重大发现发生在两年后，1869年，当时一名原住民巫医将他在奥兰治河附近找到的一块大而亮的石头带到范涅科克那儿，这块石头是这位巫师行巫时用的。范涅科克这时已经明白这种"石头"的价值，他立即将所有的财产——500只绵羊、10头牛和1匹马——交给巫医，换下了他的"魔法石"。这是一桩不错的交易，范涅科克以1.1万镑的价格将这块石头——这是一块83克拉的品质极佳的钻石卖给了霍普敦的一名商人，而这名商人又转手以2万镑的价格将钻石卖给了达德利勋爵。这块钻石就是著名的"南非之星"。

一时间，奥兰治河河岸、瓦尔河、哈特河（Hart River）一带开始聚集搜寻的人群。据说，茨瓦纳人多年前就知道这些钻石的存在，下雨后，他们会手拉手，走在人行道上，眼睛低垂着寻找着这些闪亮的石头贡献给他们的巫师，以反射太阳光，用于祈雨或其他的祭祀活动中。得到消息的人群涌向茨瓦纳村庄，用糖果和一些其他"必需"的生活品，很快地换取了这些"玩意"。

1869年下半年，在瓦尔河靠近赫布隆传教站的河床上发现了钻石，同年，金伯利发现富含钻石的火山裂隙，随后的挖掘队找到了一个"大洞"。挖掘队的到来引发了著名的"新热潮"，正如历史学家布赖恩·罗伯茨所说，这实际上更像是一场踩踏事件：一个月之内，800个挖掘点开始共同作业，两千到三千人疯狂地工作。挖掘队很快买下了这个大洞所在的德比尔斯兄弟在1860年以650英镑买下的农场，价值6000英镑。短短几年内，农场里就开采出了价值9500万英镑的钻石。时代人物塞西尔·约翰·罗得斯正是在这里建立了自己的采矿公司，后来，这个公司成为南非第一批采矿公司中的一员。德比尔斯兄弟俩不再是钻石矿的所有者,但此地仍保留了德比尔斯的名字,并成为后来南非钻石的代名词。

这个大洞被铁镐和铁锹挖掘到 240 米深,是当时世界上最大的人工矿洞。后来的多年里,它又被碎石和积水逐渐填塞,迄今还有约 175 米深。尽管可能还有大量的钻石,但由于开采的深度已经超过技术水平,1914 年,围绕这个大洞的矿厂停止了生产。当时的矿洞使用约 2 米高的小矿车在铁轨上往来运输地下矿石,矿工互相监视,以防私自夹带钻石出矿。到 1914 年采矿作业结束时,有 5 万名矿工登记在册,开采了大约 2250 万吨矿石,累计产出 1450 万克拉的钻石。1960 年,金伯利早期的遗迹,包括旧建筑和纪念品等,开始被建设成为正式的博物馆和旅游景点。2002 年至 2005 年间,戴比尔斯集团投资 5000 万兰特将大洞开发为世界一流的旅游设施,并赢得了很多旅游类别的奖项。[①]

当金伯利地区发现含金刚石的火山裂隙时,对谁拥有这块土地一直存在争议,因为那个地段的许多地界难以分清楚。德·比尔兄弟的农场位于河流之间,这些河流构成了奥兰治自由邦的自然边界。因此,奥兰治自由邦的布尔人认为他们有权拥有这块土地,但德兰士瓦共和国的布尔人、茨瓦纳酋长马胡拉的塔平和格里夸酋长尼克拉斯也声称拥有这块土地。

为了平息争议,同时更为了将钻石矿紧握手中,英国对较强势的土地权所有人采取了分而化之的态度。科伊科伊人和茨瓦纳等本土族群因惧怕布尔人的枪炮,之前就要求英国帮他们建立传教站,对他们进行"保护",他们自不在考虑之列。对奥兰治自由邦,因为总督马丁努斯韦塞尔斯之前就派了骑警和北岸的地方官员去钻石区,英国当局向其特遣队提供了 90 万英镑的补偿,要求他们撤回。

格里夸人自 19 世纪起从开普向内陆迁徙,并在开普边界和纳米比亚等地建立了自己的族群,过着半游牧生活,但在传教士的帮助下,他们建

---

① https://www.debeersgroup.com/creating-stories/2019/big-hole-clean-up

立了两个定居点，分别是沃特布尔家族领导下的格里夸镇和亚当科克二世领导下的奥兰治河南部的菲利普斯镇。在钻石区的争端中，因为沃特布尔主动示好，英国人支持了其对矿区的主张。但很快，在 1871 年 2 月参观钻石矿场时，新任英国高级专员开普总督亨利巴克利爵士很快意识到，危在旦夕的不仅仅是土地所有权的边境争端，也是整个南部非洲的政治领导问题。他决定无论价值如何，都需要确保英国利益至高无上。1871 年 10 月，纳塔尔的英国行政长官罗伯特·基特中尉被召来仲裁，被沃特布尔人拒绝。于是，英国决定立即"兼并"该地区。与此同时，巴克利总督表面上把西部土地以殖民地直辖的名义分给格里夸人，但很快在 1880 年就将其并入开普殖民地。

最终，英国有效地接管了该地区；后来，这里被称为金伯利，以英国殖民地大臣金伯利勋爵的名字命名，因为这个名字足够"体面、易懂"。[①]金伯利很快成为南非第二大城镇，仅次于开普敦，此时，约翰内斯堡还没有被开发。到 1871 年，约有一万三千名白人和一万五千名黑人来到金伯利。1880 年左右，这里的人口迅速增加至 5 万人。为了满足对住房的需求，这个小镇很快就建成了。1881 年 2 月 2 日，非洲第一家证券交易所在金伯利成立。1882 年 9 月 2 日，金伯利自美国费城之后，成为世界第二个拥有电灯照明的城市。1892 年 9 月 8 日，南非最早的国际展览在此举办。1896 年，南非第一所矿业学校在这里开办，成为金山大学和比勒陀利亚大学的前身。1913 年，南非第一所航空学校在这里开办，为拟建设的南非航空兵团训练飞行员，他们驾驶了当时最先进的康普顿帕特森双翼飞机。另外，金伯利也是南非第一批专业医护人员的培训基地。

不过，金伯利镇并不是一直光彩熠熠。很多房屋就在探矿者的帐篷覆盖下建造。白天，挖掘者们、经销商们和各种人群在杂乱无章的房屋间混杂、交易；夜晚，迷你的营地酒吧和食堂到处都是。这里有身着天鹅绒夹

---

① Roberts, Brian. Kimberley: Turbulent City. D. Philip. 1976.pp.115-116.

克的贵族，也有底层的矿工，有各种肤色的妓女，还有年轻的"背包客"，他们的背包里有一套秤，一个放大镜和"一个有说服力的舌头"，[1] 钻石盗窃屡禁不绝，金伯利周围无数的食堂和酒吧都接受这样的非法交易。赌博和投机一样，从半私人的豪华装修房子到肮脏的棚屋到处都是。为了来去匆匆的财富，人们无法释怀，自杀成了常见现象。1877年，英国小说家安东尼·特罗洛普到访金伯利，当看到漫天灰尘和苍蝇的采矿小镇时，他几乎要疯了。他说："我不敢想象还有更丑陋的地方。"[2]

为了更好地便利往来，1872年，在开普政府铁路公司的运营下，金伯利开始修筑铁路，与开普殖民地海岸线沿线的城市连接起来。1885年，铁路建成后，金伯利得到了更多廉价的粮食和产品，而煤炭供应也得到了大幅提升。最终，金伯利、伊丽莎白港、约翰内斯堡、德班和布隆方丹通过铁路形成了一个铁路网，贸易流通、人员流动更加频繁。从19世纪80年代中期开始，与铁路线并行的车行道，以金伯利和马费金的路线为核心，成为英国殖民渗透的主轴。沿着这条路线，罗德西亚的先遣队在1890年设立了定居点。金伯利逐渐成为了19世纪后期南非最初的工业化中心，推动南非从农业经济转变为更加依赖其矿产财富的工业经济的第一步。

钻石热也带动了周边原住民黑人前来打工，他们得到酋长的鼓励，因为他们一般停留3至6个月后，就会用工资买回食物、牛和枪。白人雇主们对此很是头痛，这些黑人工人来去自由，却会告知后来的同乡要求更高的工资或选择更好的雇主。因此，他们一旦抓到黑人涉嫌非法交易原钻，就会采取极端措施，而对白人，最多只是驱逐。1872年7月，一个白人矿主因为怀疑他的两个黑人工人盗窃，在冬夜把他们鞭打，并在露天把他们活活吊死。然而，地方法院视若无睹，理由是白人矿主受到了极大挑衅。

---

[1] Martin Meredith , Diamonds, Gold and War,
[2] Roberts, Brian. Kimberley: Turbulent City. D. Philip. 1976.pp.159-160.Simon & Schuster UK ltd.A CBS Company.2007.p.33.

为了更好地满足资方需求，1872年8月，英国当局开始采用"主人"和"仆人"来发布相关的劳工法令。"通行证"制度也变成南部非洲通行的制度，延续更久的时间。而为了争取更多的权益，矿工们已经有了反抗的活动。1873年，格里夸地区开始选举挖掘委员会，想要争取更多的控制权。这让当时的总督理查德所希更加坚定地认为，一定要限制原住民的收益，挖掘者的民主仅限于白人。白人们也坚持认为"原住民种族只有通过教育才能与我们平等，这是这里唯一受到青睐的政策"。①

沙佩维尔纪念馆中20世纪80年代的通行证样式

1873年，金伯利迎来了一个危机时刻。1869年金伯利的钻石矿出口了24800克的钻石，三年以后出口量翻了约8倍，但价格还是一样。同时，由于欧洲的经济衰退，伦敦的毛钻交易价格下降了三分之一。很多钻石掮客再也没有中间价可赚，纷纷变卖商品。与此同时，格里夸西区出现了严重的干旱，粮食成本攀升，夏季风暴常袭，矿井经常崩塌，采矿也变得更加困难。

---

① Roberts, Brian. Kimberley: Turbulent City. D. Philip. 1976.pp.159-160.Simon & Schuster UK ltd.A CBS Company.2007.p.40-50.

更糟的是,地下渗水的情况越发严重,已经无法继续开采。1874年1月,一场暴雨让很多地方都没有办法采矿,6个月以后40%的金伯利矿区淹没在水下。

但正是这场危机,让塞西尔·约翰·罗得斯作为开发金伯利的关键人物,开始大放异彩。

罗得斯是英国牧师F·W·罗得斯的第五个儿子,生于1853年7月5日。他的祖先自17世纪以来一直是农民,因为身体孱弱,17岁时被送到纳塔尔休养身体。1871年,18岁的罗得斯来到金伯利矿区,很快发现矿区需要抽水的告示。他没有设备,但勇敢地接下抽水合同,拿到第一笔合同款。随后,打听到西维多利亚的一个农民有一台比较适合的机器,罗得斯就请一个跑运输的司机花了8天把他带到那位农民家不停地劝说,罗得斯最终用1000英镑买下了发动机,然后返回金伯利,完成了抽水合同,获得第一桶金,由此声名大振。后来罗得斯曾夸耀说,他通过这一次明白了一个道理:任何事情都有自己的代价。①

1881年新一轮的钻石热再次来临,挖掘者单兵作业的时代结束了,建立合作股份公司热潮与19世纪70年代最初的一样热烈,投机者们再次涌入金伯利的钻石市场,在那儿建立了一个新的证券交易所,以便迎合巨大的贸易增长。

当时,12家私营公司或合伙公司控制了金伯利3/4的股份,但在接下来的17年里,罗得斯不断成功地收购了所有较小的钻石开采业务。1879年,罗得斯和合伙人查尔斯·鲁德开始与德比尔斯公司合作,旨在获得所有的矿山控制权。1888年4月1日,他们成立了一家股份公司,将其命名为德比尔斯联合矿业公司。

1889年,罗得斯与总部位于伦敦的钻石总供应商辛迪加谈判,达成

---

① Roberts, Brian. Kimberley: Turbulent City. D. Philip. 1976.pp.159-160.Simon & Schuster UK ltd.A CBS Company.2007.p.36.

战略协议，同意以约定的价格购买固定数量的钻石，从而调节产量和维持价格。该协议很快被证明是非常成功的，在1891年至1892年钻石贸易不景气期间，为了维持价格，德比尔斯公司只是简单地削减了供应，而没有造成重大的经济损失。1898年，在德兰士瓦比勒陀利亚附近的农场发现了钻石。1905年，有史以来发现的最大钻石原钻："库里南钻石"被发现，1907年，德兰士瓦政府将其购下，献给了英国国王爱德华七世。但库里南所有者拒绝加入德比尔斯公司，直到第一次世界大战爆发。

第二次布尔战争期间（1899—1902），金伯利城被围困，但罗得斯亲自坐镇，不仅将全部资源投向防务，而且向英国政府施加政治压力，将军事资源用于解围，而不是用于更具战略性的战争目标。[①]1902年罗得斯去世时，德比尔斯公司控制了世界钻石产量的90%。

随着世界各地新钻石产地的发现和围绕血钻的负面宣传越来越多，2015年12月2日，德比尔斯公司宣布将其金伯利矿场出售，从而结束了其在金伯利127年的开采历史。

塞西尔·罗得斯、巴尼特·伊萨克斯以及更广为人知的巴尼·巴诺、莱昂内尔·菲利普斯、戴尔·雷斯等人为南非的现代资本主义发展奠定了基础，但这是以摧毁旧的生活方式为代价的。

罗得斯曾和朋友们一起沿着传教士之路到达贝专纳兰（今博茨瓦纳）、马弗京、穆尔企森等地，见识过南非广袤大地，这让他深深爱上了南非，并多次表达了对布尔朋友热情和纯朴的怀念。[②]但他还是决心要做一些超越财富积累的求学，于是在1873年罗得斯前往牛津奥里尔学院学习。1876年和1881年他虽然往返于金伯利和牛津之间，最终取得学位。尽管从他1877年的《忏悔录》来看，一开始的时候，他认为："我的律师生

[①] A Handbook of the Boer War With General Map of South Africa and 18 Sketch Maps and Plans. London and Aldershot: Gale and Polden Ltd. 1910.

[②] 刘伟才译，第101页。

涯看起来至今还是在吃吃喝喝中度过的。"但在牛津的求学经历，让他"认为（英国人）是世界上最好的种族，我们居住的地区越多，对人类就越有利……"①牛津大学的教育让罗得斯成为坚定的帝国主义者，为他在南非获得英国利益的最大化起到了潜移默化的作用。他坚定了为英国再造一顶众王之冠的决心，对自己白人的血统充满自豪。

罗得斯主张，通过管理方式将居住在开普殖民地"处于野蛮和公有制"的原住民非洲人成为"臣民"种族。1881年，罗得斯以议员身份进入开普政坛，1890至1896年间担任开普殖民地总理。1891年，罗得斯将特许经营权的财产资格门槛从25英镑提高到75英镑，这实际上剥夺了大多数黑人和有色人种的权利。1889年，索尔兹伯里勋爵领导下的英国政府授予罗得斯英国南非公司的特许状，以将英国的利益扩展到非洲中南部。他曾试图将英国人的控制权从开普扩展到开罗，并为此建立了两个罗得西亚（今天的赞比亚和津巴布韦）。多年来，这两个地方都有他的名字。

罗得斯于1902年去世，年仅49岁。他曾表示："要做的事情太多，时间太少了。"罗得斯在非洲的活动以及他所代表的帝国愿景在他有生之年都引起了争议，整个世纪以来，舆论和学术史学界的争论也一直在持续。20世纪50年代开始，罗得斯雕像是否代表白人至上、种族主义和殖民主义也产生持续争执。由于在遗嘱中设立了"罗得斯奖学金"，1902年，罗得斯将10万英镑（约合今天的1250万英镑）留给了牛津大学奥里尔学院，使来自英国殖民地区的男生能够在此学习，目标是促进以公共精神和良好品格为标志的领导力，并通过促进大国之间的友谊来"使战争成为不可能"。

2015年4月，开普敦大学发起的一场名为"罗得斯必须倒下"的运动，

---

① Rhodes, 'Confession of Faith', 1877, cited in John E. Flint, Cecil Rhodes (Little Brown, 1974), pp. 248−52.

要求通过移走罗得斯雕像实现南非种族隔离后的体制平等。① 2020年6月，在"黑人的命也是命"抗议活动②的大背景下，罗得斯在牛津大学奥里尔学院的雕像被要求拆除，但2021年5月21日，牛津大学还是发布了信息，确认不会移除罗得斯的雕像，理由是移除成本高、要面向未来，对有争议的历史人物的政策是"保留和解释"。

二、黄金和栖息地

钻石和黄金的发现在南非早期的历史发展中发挥了不可或缺的作用，黄金比钻石更彻底地让南非从农业社会中蜕变。金矿开采成为南非经济中最重要的生产活动，"无尽的黄金宝藏"让南非成为世界最大的黄金生产国，在金本位制下，黄金增加了南非与世界其他地区之间的贸易，不断充足的资本让南非迅速成为举世瞩目的宝藏之地。

黄金自古就因其延展性、稀缺性和自然美，成为人类已知的最古老的金属，战争、爱情大多与其结伴同行。从目前考古的证据来看，南非最早的金器可以追溯到公元1000至1300年，出土于现南非林波波省的马蓬古布韦。这里与大津巴布韦和图拉梅拉一起，形成了南部非洲复杂的贸易文化网。一部分的非洲黄金通过这种连接和往来抵达了阿拉伯、印度和腓尼基。但栖息地金矿的历史还可以追溯到远古时代。当时不知名的矿工在有石英矿脉的山上开采黄金，这些印迹还留存在今天南非的北部和东部以及

---

① 罗德斯奖学金是世界上历史最悠久的、最负盛名的国际奖学金项目之一。最初仅限于来自当今的英联邦男性申请人、德国和美国。该奖学金现在向来自世界各地的所有符合申请条件的人开放。该奖学金创立以来，就备受争议，比如，文中提到的建立之初就仅限于男学生去申请，将女性排除在外，这一现象直到1977年才改变，女性申请者终于获得全额奖学金，这也能从侧面处体现出女性地位的提高以及追求平等的艰辛过程。

② 2020年5月25日，非裔美国人乔治佛洛依德在美国被警察虐待死亡，引发全球反种族主义的示威游行。

津巴布韦。

1840~1870年间，南非北部发现了麦克麦克金矿。在大批的挖掘者中，淘金者亚历克·帕特森 推着他的独轮车离开了人群。据说他从开普敦出发的时候，拉着独轮车的驴踢了他，他生气地丢弃了他的驴，自己推着独轮车穿越了1600千米，赢得了"独轮车波特森"的称号。亚历克在5千米外栖息地的小溪里发现了冲积金。很快，尾随而来的另一个挖掘者威廉特拉福特在同一条溪流中也发现了黄金，并且在麦克麦克黄金专员处登记了所有权。

淘金热一触即发。

1873年9月，栖息地被宣布为金矿。栖息地小镇人口突然猛增到1500名，人们疯狂地寻找着冲积金。这些冲积金主要是从河床和河岸上冲洗回收得到的金粉，虽然偶尔在溪流中的巨石下方也有金块，但比较少。栖息地最大的金块名曰"布雷达"，重214盎司，超过6千克，传说篝火旁还找到过一块25磅，达11千克的金块。

1874年1月，黄金专员麦克唐纳德少校把他的办公室从麦克麦克搬到了栖息地。大约有1500名挖掘者在栖息地及周边地区淘金并进行了4000多项的申报，1876年，更永久性的木材房屋取代大部分的临时帐篷，各种商人开始在栖息地贸易，为挖掘者提供必要的设备和物资。但很快，1880年左右，冲积金开始减少，不少挖掘者应声前往巴伯顿新发现的金矿床。

斯特鲁本兄弟也再次来到这里。斯特鲁本家族于1840年左右从德国移民到南非，先后经营了运输业务和农场。1871年，兄弟俩曾加入金伯利的钻石和掘金行列，但和这次一样，都没有挣到钱，兄弟俩处于破产的边缘。邻居邀请弗雷德再次探寻巴伯顿农场的岩石。当骑马走到威特沃特斯兰德时，弗雷德确信该地区确实富含金矿。

威特沃特斯兰德，或者被布尔人称为"白水岭"的地方，是一片坚硬、耐侵蚀的石英岩变质岩、带状铁岩和一些海相熔岩沉积物组成的高原，海拔6000英尺。几条向北流动的河流在岩石上形成瀑布，但在干燥的冬季，这里也经常被大火席卷。威特沃特斯兰德高原形成了南部非洲大陆的分水岭，通过鳄鱼河和林波波河将径流向东北排入印度洋，而南北向的瓦尔到奥兰治河最终流入大西洋。威特沃特斯兰德和兰德随后成为周边城市名，并成为今天豪登省的初始名称。

不过，人们对弗雷德的判断相当怀疑。1852 年威尔士人约翰戴维斯曾在克鲁格斯多普附近发现过黄金，但被当时的总督安德里斯逐出国境；1853 年，彼得马莱在尤科斯凯河中也发现过冲积金，但被命令禁言，直至此地的金源枯竭。在钻石热退却之后，曾经有专家认为这里的黄金不值一提，比勒托利亚街上发现的黄金都比这片区域要多得多。1885 年，当哈利斯在克鲁格执行委员会宣称此地应该比德兰士瓦以前发现的任何地方都要富含黄金时，并没有太多竞争对手。不久之后，兄弟俩很快就购买了邻近的农场，并建立了自己的公司。

当时，以保罗·克鲁格总统为首的布尔共和国政府焦急地注视着这些事态发展。一方面，巴伯顿的黄金税已经无力为继，克鲁格需要其他黄金税收来源；另一方面，1877 年，英国人曾试图吞并这里；他也担心淘金热会带来数以千计的外国投机者，引发英国人对他政权的威胁。正当克鲁格犹豫不决时，斯特鲁本兄弟上书认为政府应该"促进采矿利益……人民议会修改黄金法充分定义所有权，不对黄金征收过多关税，以避免削弱采矿业……"。1887 年，哈利被任命为矿业商会的第一任主席，

很多挖掘者来到威特沃特斯兰德，更多的资金和更大的设备进入矿业公司，开始更深入地挖掘金矿石，1895 年几家小型矿业公司合并成立了德兰士瓦金矿公司。1971 年兰德矿山和托马斯布桑合并成立了非矿业的新公司，1972 年，最后一个矿山关闭，休憩地一度成为鬼城。1974 年他们把栖息地小镇出售给了德兰士瓦尔政府（现为普马兰加省政府），作为国家历史资产加以保护，1986 年整个镇被宣布为国家纪念馆，作为对 19 世纪末 20 世纪初，南非早期淘金热时代的鲜活记忆。1999 年，金矿重新开放并获得了新地址的开采权。

威特沃特斯兰德黄金的丰富程度是世界上其他任何地方都无法比拟的。超过4万吨的黄金从岩石中开采出来，占迄今所有被开采黄金总量的约22%。①矿石被源源不断地送往工厂，1897年为矿产运输的电车轨道和碎石厂建立，碎石数量不断增加。矿山工程师很快意识到：他们最需要的不是人力，而是电力。

于是，小型水电厂纷纷开建。直到1911年，布莱德发电站（Beledere Hydro·electric Power plant）建成发电。水电站拥有2000千瓦的发电量，是当时南半球最大的水力发电厂，这也让栖息地成为金伯利之后，南非第二个通电的城镇。

三、充满诱惑的黄金之城：约翰内斯堡

1884年6月，扬·格里特·班杰斯在沃格斯福发现金矿。1886年2日，乔治哈里森在朗拉戈特（Langlaagte）农场发现黄金矿脉，并很快签订了勘探协议。1887年到1895年，威特瓦斯兰德的黄金产量，从1500千克猛增到62700千克，占当时世界黄金产量的21%。围绕着黄金矿脉，一个由卫生委员会控制的小村庄逐渐形成。

约翰内斯堡的名字有很多种来历。一说是以南非共和国的两位从事勘测的官员约翰和锐斯科名字命名，他们加上了"burg"，将其命名为约翰内斯堡，这是古老的阿非利加语中"要塞城市"的意思。二说是克鲁格总督亲自命名，目的是与之前纳塔报告中的地名保持一致，等等。

和所有的金矿区一样，约翰内斯堡的人口迅速增长。1886年，约翰内斯堡及其周围大概有3000人居住在这里。这个地区以前并没有吸引到很多人定居，因为这里的土地并不是很适合耕种。在1896年进行官方人口

---

① Norman, N.; Whitfield, G. Geological Journeys. Cape Town: Struik Publishers. (2006) pp. 38-49, 60-61.

普查时，10年内，该地区有10万人居住。在一个世纪的时间里，约翰内斯堡经历了四次重建，先是一个帐篷营地，然后是铁皮棚小镇，再是四层楼高的爱德华时代的砖房，最后是现代摩天大楼的城市。

发布发现黄金消息后的十年内，10万人涌向这里寻找财富。人们来自四面八方：英国、德国、法国、澳大利亚、美国、俄罗斯、立陶宛、波兰、匈牙利和荷兰，还有来自南非其他地区的人。最大的移民群体是英国人。1895年至1898年期间，共有86000名英国公民抵达南非，使南非成为这一时期英国第二大移民国（仅次于美国）。这些人与离约翰内斯堡只有50千米的保守的比勒陀利亚人不同。这些人中，有逃离无聊小镇的殖民者，有从纳塔尔甘蔗厂来的印度人，有来自美洲和澳大利亚的金银矿主、来自欧洲的煤矿和锡矿矿主，从东欧和俄罗斯远道而来的犹太人，也有华人矿工。一时间，约翰内斯堡云集了矿山经理人、商人、律师、工程师、技工、矿工等想要一展身手的投机商和冒险家。当然，也免不了皮条客和冒险家、骗子和花花公子。

约翰内斯堡的故事纷繁复杂，但从一开始，这座城市就对种族作出了区分。印度人最早是在17世纪由东印度公司作为奴隶被带到南非的。1849年以后，一小部分人作为契约工人被带到纳塔尔糖厂工作，因为他们相信印度人比黑人更适合种植园工作。在1860年至1911年的50多年间，有超过15万名印度人被带到南非，一开始作为契约劳工在纳塔尔的甘蔗种植园工作。矿产发现后，引进印度人作为契约工的进程加快了，印度人的劳动力刺激了蔗糖的生产，以至于蔗糖成为纳塔尔经济的主要产品。印度人的合同期为五年，合同期满后，他们可以返回印度，但尽管条件艰苦，至少有50%的人选择了留下来。许多人也成为非正式的商人，抓住了矿产发现和人口增长带来的机会。

1904年，英布战争（1899—1902）后，60万中国人抵达南非。金矿在战争期间已经关闭，这期间，许多黑人工人都回到了农村的家中。他们不愿意再回来，以防战事发生。德兰士瓦政府与中国政府谈判，从中国北方招募工人。这些工人帮助当地政府复苏了采矿业。尽管由于白人矿工工会的压力,大部分工人在1908年被遣送回国,但还是有一部分人留了下来。[①]

印度人和中国人必须与白人分开居住,他们和黑人一样面临着同样的歧视。印度著名的律师莫汉达斯·甘地也不能幸免。1893年,24岁的甘地来到南非,为比勒陀利亚的印度商人担任法律代表。甘地在皮特马利茨堡的一列火车上被赶下车,因为他拒绝离开专供白人乘坐的头等车厢;他还被禁止进入几家旅馆,当被德班法院的法官下令摘掉头巾,他拒绝了。这些事件是甘地人生的一个转折点,使他意识到社会的不公正,他将在有生之年以非暴力的方式抵制社会的不公正。他的非暴力抵抗策略被称为"satyagraha",激发了世界各地的民众斗争。他努力改善居住在南非的印度人权利,也致力于领导印度脱离英国的独立运动。有趣的是,尽管他谴责南非的歧视政策,但他还是鼓励更多的印度人来到这里。

甘地在南非的经历也塑造了他的宗教观点。虽然他是印度教教徒,但在南非的21年中,他的客户包括富有的穆斯林商人和贫穷的印度教契约劳工,他认为他们都是印度人,不分种姓。他后来说,在南非的经历帮助他了解了印度社会的复杂性。

约翰内斯堡还有一批早期因采矿业而获得成功的犹太人,比如匈牙利人阿洛伊斯·内尔马皮乌斯,他因结交了保罗·克鲁格总统,获得了在约翰内斯堡及其周边地区经营用马匹拉有轨车的特许经营权而成功,萨米·马克斯获得了在比勒陀利亚附近建立工厂的特许经营权,用布尔人农民多余的粮食生产白酒而致富。据范昂瑟伦估计,1898年时,约翰内斯堡约有7000名来自立陶宛、俄国和波兰的犹太人,其中许多人凭借自身实力成了

[①] 华工在开发东南亚、美国的加利福尼亚、澳大利亚的成功经验早已被南非资本家所熟知。英国当局也把输入华工看作繁荣德兰士瓦政府的希望。1904年1月3日,南非议会通过了引进华工的法案,最终得到了英国议会的批准。1904年5月13日,《中英会订南非招工条约》在伦敦签字。从此,数十万名华工到南非。到1910年3月,华工返回了祖国。

有钱人。

虽然大多数黑人是作为矿场的移民工人前来的,但也有一些人是来做家务或提供家政服务的。在东兰德约翰内斯堡,一些以前跟随男人到矿区工作的农村黑人妇女做起了利润丰厚但非法的啤酒酿造生意,以补充收入。由于不允许妇女与男子同住在矿区的单人院落里,因此,她们屈居于各种院落,哪怕是后院或城郊像贫民窟一样的地方。

1902年,米尔纳勋爵执政德兰瓦尔省期间,决定引进白人女孩从事家务劳动,以腾出黑人男性"看门人"在矿区工作。爱尔兰女孩成为首选,因为她们被认为"一般来说比苏格兰或英格兰女孩更强壮,更不容易生病"。有一次,一船来自爱尔兰的年轻白人女性来到这里,为钱主的妻子们做女佣。一些爱尔兰妇女被同阶层的人吸引,开始与受雇在大宅子马厩工作的黑人男子发生关系……这在当时的南非是意想不到的。

约翰内斯堡将其区位和阶级加以定性,这充分体现在城市规划中。富人居住的郊区被划在东边,而较贫穷的白人居住区被划在西边。这是对伦敦市布局的刻意颠倒:在伦敦,富人住在著名的西区,而穷人则来自东区。其中,杰普斯敦和福特斯堡靠近主要的黄金矿脉,为工厂定居的白人工人阶级家庭所在地,后来,酒吧和"卡菲尔餐厅"如雨后春笋般涌现;杰普斯敦以北是多恩方丹,当时被称为"优雅"的郊区,专业人士和商业人士都住在那里,许多犹太人也住在那里。矿主最初也住在这里,后来逐渐向今天的公园区迁移,朝南建立欧式豪宅,远离尘土飞扬。布拉姆方丹一开始是白人工薪族和单身白人男子居住的地方,后来,政府购买了东南部分颁发制砖执照,一些没有土地的布尔人就在这里工作并搭起棚屋,此地后来被命名为"砖厂"。很快,由于农场边便利的溪流条件,马来人、库里人和混血儿等,也开始定居于此,形成了主要的棚户区。

一些阿非利卡农民也在约翰内斯堡看到了机会,来这里做起了运输生意,用牛车或马车在矿区周围运送人员和设备,并在阳光下烤制砖块。他们不具备矿山所需要的技术技能,但他们可以在城市环境中使用农村的技能，他们住在弗雷德托普和福特斯堡的郊区。

在一个以男性为主的采矿环境中，妓女群体出现了。1892年至1894年期间，约翰内斯堡的妓女主要来自开普殖民地，但在1895年卢伦索·马克斯岛到约翰内斯堡的铁路开通后，来自其他国家的妇女纷纷来到了约翰内斯堡，尤以来自法国、德国、比利时、美国和俄国的居多。其中一些讲法语的妇女在法国的葡萄园里工作，葡萄歉收后被迫外出寻找新的工作机会。她们乘船沿非洲东海岸而来，然后乘火车前往约翰内斯堡。从事卖淫活动的法语妇女人数众多，以至于报纸记者开始将约翰内斯堡早期市中心的一个街区称为"法国区"。范·昂瑟伦描述道："在法国区，可以看到她们在油漆鲜艳的房子的门窗和阳台上，摆弄各色袒露的身姿，邀请过路男子前来寻欢作乐。"

在1898年11月13日的一封信中，作家奥利弗·施莱纳形容约翰内斯堡是"一座在十年内如雨后春笋般冒出来的地狱般的城市……一座光鲜的黄金之城，有邪恶，有宫殿，有妓院，有赌厅"。

约翰内斯堡始终与矿业经济的发展密切相关。最初，挖掘者可以使用相对较少的设备自己完成工作，来到这里的多是个人机会主义者。随着矿坑越来越深，他们需要更多的劳动力和机器。于是非洲黑人、苦力、劳工等大量涌入。尽管先进的矿山机器必须从欧洲进口，并且必须找到燃料来为机器提供动力。但随着煤炭在近郊的发现和蒸汽电车的助力，这个城市所具备的功能越来越多，规模越来越大。

1892年，开普铁路通达此处，马普托和德班的线路也陆续开通。1890年，麦克阿瑟·福雷斯特的氰化工艺成功地克服了进一步提炼难熔矿石的问题。个体挖掘者逐渐无法胜任挖掘任务，小型矿业集团的合并变得司空见惯，深井作业和拥有必要技术技能的资本密集型公司开始主导采金业。[①]

[①] TrewhellaCameron, ed., An Illustrated History of South Africa, Jonathan Ball Publishers, Johannesburg, 1986, p.184.

1893年，约翰内斯堡的第一家证券交易所成立。从那时起直到今天，约翰内斯堡一直是南非证券交易所的所在地和该国的金融中心。1887年，当地居民向当局提议设立镇议会；1890年约翰内斯堡宣布设立六个区，每个区有权选举两名委员会成员。1897年，议会成立，设12个选区，每个选区可以选举两名议员。1928年，约翰内斯堡市成为南非最大的城市。

在第二次布尔战争期间，许多著名的矿山被关闭，然后政府很快就"合法"接管了多个矿山。贝格比军备工厂被征用铸造金币。今天这种布尔金币是一种极其稀有和珍贵的硬币，为世界各国收藏家所珍视，其中有一半是在当时用栖息地的金币铸造的。布尔战争后，采矿业继续为南非经济贡献黄金和利润，直到一战后，黄金的产量才稳步下降。

作者眼中的约翰内斯堡

铁路及周边的城镇开始兴建，使得约翰内斯堡的农产品和人员流动更加频繁。采矿设备不断精进，技术工人和矿工同样必不可少。征服非洲王国，获得更多土地与廉价劳动力，成了殖民政府增加效益的不二法门。

掘金者的纪念碑

四、移民潮和移民劳工制度的形成

早在1820年,英国政府就采用了金本位制,这意味着英国的货币以黄金储备为支撑。包括南非在内的其他贸易国家也逐渐效仿,到19世纪末,金本位制几乎实现了普及,但并非完全普及。这意味着黄金的价格在国际上是固定的,现在仍然是这样——不像钻石的价格会根据供求关系而波动。黄金的固定价格对采矿业产生了重要的影响:如果矿石品位低,或者矿场出现问题,黄金的价格无法弥补。而此时,威特沃特斯兰已经是世界上最大的黄金生产地,其矿山的产量占世界新开采黄金的四分之一。因此,矿主们普遍开始削减成本、控制产量,这导致了对劳动力,特别是弱势黑工的剥削。

在金伯利和约翰内斯堡的矿场,纯度不高的金矿石都存在回收问题。在金伯利,在X射线分选机出现之前,回收工作并不稳定。而且因为只使用了原始的绳索和牵引设备,在大洞采矿很危险。金矿矿区的开采范围很广,但产量并不理想:实际金矿的矿层很薄,要开采大量的矿石才能产出少量的金子:有时开采2吨左右的矿石仅能提炼出21克黄金。一般而言,含金矿石的埋藏深，矿井通风很重要，这个技术难题也需要考虑。在威特沃特斯兰地区，矿石被埋藏在黄铁矿岩中，质地就更加坚硬，不容易开采。设备和技术工人必须进口，技术工人的工资必须足够高，才可以吸引技术人才，因此矿山的必要成本是无法避免的。即使那些早期技术含量低的金矿也需要大量的体力劳动者，矿主们就在劳动力方面削减成本。在1897年的金矿中，一个被归类为"非技术工人"的黑人工人每月可获得2—3英镑的工资，而"技术工人"的工资是18—22英镑。

矿场属于资本密集型，随着技术难度的加深，小股东很快出局，拥有大量资本的公司纷纷接盘。随后，这些公司的股票在世界各国证券交易所上市，吸引了法国、德国、英国和美国的投资资本。如 Wernher·Beit 公司，由德国人 Julius Wernher 和 Alfred Beit 创办，但其股东大多是法国人。1893 年，约翰内斯堡南部的 Robinsor 深矿公司有 2055 名股东，其中 913 名是法国人。尽管海外投资无疑加速了矿业的财务成功，但公司董事们一直承受着盈利和取悦股东的压力。

来自农村地区的单身黑人男子作为移民工人来到矿区，他们都住在厂房里，矿区只需要付出很低成本工资，不必考虑供养其整个家庭。很快，厂房还成了控制劳动力的有效手段：不同的族群群体通常有单独的厂房，这意味着可以保持种族差异，工人们不太可能联合起来反对管理层。如果出现问题，厂房也可以很容易被矿区控制住。这种制度始于金伯利，很快就传到了威特沃特斯兰德，并在后来逐渐为种族隔离制度做出了"示范"。

厂房里的条件各不相同，但一般都很糟糕。由于工人们住得很近，流感、肺炎、结核和其他呼吸道疾病和传染病很快就会蔓延开来。最可怕的"矿工病"是矽肺病，即肺结核，主要是因为矿工的肺部被地下采矿的粉尘不断污染和堵塞。肺结核当时被称为"白色死亡症"，因为当时的病人似乎主要是白人。历史学家 Elaine Katz 认为黑人矿工们当然也会得这种病，但因为他们只会签短期的合同，合同终止就会回到农村的家中，在那里呼吸到干净的空气，所以症状可以减轻。但事实上，有多少黑人男子死于矽肺病是不可知的，因为采矿业早期没有对黑人矿工的必要记录，没有他们准确的来源地和名字，也没有调查过为什么有些人没有返回来签订第二份合同。没有来的那些矿工很可能病得太重，或者是病死了而无法返回矿山。

许多矿主都受到开普政界人士的关注，或者本身就身处政界，因此他们通常就是特定的利益群体，并对政策制定产生重要影响。塞西尔·罗得斯在1891年成为开普殖民地的总理，莱昂内尔·菲利普斯在1892年成为国会议员和矿山商会会长，他们的影响力都很大。相关的法律不断出台，规定要对居住在农村地区的黑人征税，以迫使他们到矿场挣钱交税，从而保证劳动力的稳定和正常供应。在种族隔离政策中，黑人外出必须凭借通行证，这也让他们得以流动到需要他们劳动力的地方去。

一位向委员会作证的人说："大多数农民工是出于经济上的需要而去矿山做工的。我那时从学校跑出来的时候还没有学会识字，但是在去矿山之前结婚了。我父亲的大哥借给了我娶第一个新娘的彩礼：七头牛，我还得还给他九头牛。日子很艰难，所以我12次去矿山做工，还好，在我还没老的时候就回来了。回家后我又娶了第二个老婆，又买了牛和衣服。"

矿场工作提供了一个为特定目的赚取现金的机会。年轻人有时会去矿场打工，因为他们在约翰内斯堡和金伯利挣的钱，让他们回家后有了地位。1861—1882年，今天的姆普马兰加地区仍然是佩迪酋长塞克胡内的领地。自19世纪70年代初，酋长就派了一大批自己人去金伯利，赚钱给族群买枪。为了安全起见，这些人成批派出，每次约200人。一般来说，他们只要签订4个月或8个月的合同，完工后就足以买到一支枪，这些人回家的时候就会从商人那里买枪支。兰加利勒酋长卢比也是这样做的。因此，在1873年当地地方官要求卢比酋长交出枪支时，兰加利勒地区随即就爆发了叛乱。

在金伯利和约翰内斯堡矿山工作的通常都是体格健壮的年轻人，与其他工业化社会不同的是，在其他工业化社会中，劳动力迁移是由农村生活向城市生活的临时过渡，但南非的移民劳工制度却要求这些劳动力居住在近郊，以保障城市运行的功能。很快，南非大部分农村地区的人口都减少了。

南非的这种劳工制度至今仍在继续，厂房或旅馆里集聚大量的青壮年男子。

与之形成鲜明对比的是，在矿业革命的早期，来自英国的工匠们带来了工会的思想，白人工人很快就建立了工会，以保护他们的特权地位不被削弱。这些工会秉持激进的工会主义，让早期矿主们叫苦不迭：因为白人坚持保留工作岗位的政策，并自认为自己更有技术，他们的薪资必须很高。但在采矿业的早期，黑人和有色人种工人没有资格成立工会，更别提谈判改善工作和条件了。所以黑人逐渐与廉价工人划上了等号。由于白人工会的压力和罢工的威胁，1893年就已经有了工作岗位预留制或工作种族歧视：从国家层面就有对于不同工种的限制，而白人们的工作似乎永远都可以保留，即便因矿主的利益本应取消，但在很长时间内仍是继续实行的。比如采矿中为白人保留的两大类工作为：拖运和爆破。矿主坚持认为进行工作限制的原因是出于安全的目的，尤其是后者需要使用炸药，没有办法信任黑人可以从事关系到安全的工作。

| 第四章 |

权力与战争：现代秩序的确立（19世纪—20世纪）

矿产革命带来的巨额财富和社会变动，让19世纪的最后三十年成为了南非前所未有的变革时期。当时的领导人很少有人能够理解迅速工业化后社会的多样化需求，也很少有人能够为此提供令人满意的解决方案。继1867年加拿大成立邦联的先例后，英国开始产生了在南非建立邦联或联盟的想法。开普和纳塔尔的殖民地、德兰士瓦尔的布尔共和国和奥兰治自由邦，以及非洲各族群领地，也在寻找着自己的位置。从历史的结果来看，早期英国想建立南非联邦的计划以失败告终，与此同时且不可避免的是，非洲酋长国在与白人的竞争中，最终衰落了。

随着英帝国主义的野心不断膨胀，南非的各种地方问题不断升级。德兰士瓦黄金开采大大提高了布尔共和国的经济和军事能力，和英国殖民者进行的英布战争，或称南非战争（1899—1902）一触即发。1910年，南非联邦成立，并作为大英帝国的自治领存在。1914—1918年和1939—1945年，南非两次参与到世界大战中，这对于塑造内部政治和成为地区强国具有重要意义。

第一节　群星黯淡的族群王国

一、英国的如意算盘

在发现钻石和黄金之前，南非并没有被欧洲人视为重要的地方。但从19世纪70年代中期开始，在钻石被发现后，英国对南非的态度开始改变了。直到19世纪80年代中期才被发现主要的威特沃特斯兰德黄金矿脉，但早在十年前，在布尔人管理的德兰士瓦东部地区就有零星的黄金被发现了，这已然加剧了淘金热。

随着南非矿产资源逐渐被发掘，英国开始设想在此建立一个更牢固的联盟——一个更容易管理的联盟，一个对大英帝国具有重要战略和经济意义的联盟。无疑，他们需要说服已经取得既得利益的布尔人也成为联盟的一部分。这就必须让居住在开普殖民地和布尔共和国的布尔人相信邦联的好处，这样他们才不会另有所图。

一段时间以来，黑人一直在购买火器，这被认为是对内陆的布尔共和国和拟议中的邦联的安全构成威胁。为了消除这一威胁，独立的非洲王国要么应该被解除武装，要么应该被吞并。作为对布尔人合作的回报，英国承诺其会削弱非洲独立王国的力量，特别是位于德兰士瓦尔边界的佩迪人和祖鲁人的力量。这也是对英国投资者作出的安全保障，这样，他们才可以放心认购南非公司的股份。

然而，由于南非的两个重要矿产地在不同的地区：钻石矿在英国殖民地开普，黄金矿却在当时由保罗·克鲁格总督领导的布尔共和国德兰士瓦，妥协让利来化解英国和布尔人之间既已存在的罅隙，并不容易。

保罗·克鲁格政府以布尔人利益为中心，实行保守管理。作为总督，克鲁格一直操心国家的发展速度，以英国人为主的矿主发现金矿后不断提出各种要求，让他感到日益担忧。他决心让他的布尔人支持者们不吃亏，于是很快采取了一些策略。比如他拒绝推行电动有轨电车，以便他的布尔人可用马车和牛车来提供运输服务，无论电动有轨电车是不是可以方便约翰内斯堡的运输。他还向受宠的人提供优惠，并征收保护性关税，阻止矿主进口可以在当地生产的商品：其中一个是炸药，作为采矿爆破的必需品，本来可以更便宜地进口。克鲁格的各种措施让矿主们感到沮丧，矿山中矿工持续出逃，矿主们认为这是因为克鲁格没能提供基础设施来合理管理移民劳工造成的。何况克鲁格政府基本上是农业型政府，与发展中的金矿工业需求脱节，阻碍了金矿开采的成功。矿主们的不满，特别是对克鲁格的治理不满，一定程度上引发了1899年南非第二次英布战争爆发，这是后话了。

1853年，西奥菲勒斯·谢普斯通内尔（1817—1893）成为纳塔尔原住民事务秘书，并被祖鲁人尊为"白人之父"。谢普斯通表面友好，却从实际意义上改变了纳塔尔的根本格局。谢普斯通认为：黑人"不能像以前那样生活"，他主张建立一个由白人官员管理的保留地体制，自此，整个非洲的社会格局彻底改变了，许多历史学家将保留地体制视为南非种族隔离的先声。

谢普斯通出生于英格兰，3岁时随牧师父亲移居开普殖民地。年轻的谢普斯通在当地传教站接受教育，精通原住民语言。在1835年的科萨战争中，他担任总督本杰明·德班爵士的总部翻译，并在战争结束时留在边境担任当地族群代理人的文员。1838年，他出任英属开普殖民地占领纳塔尔港的代表。1845年，谢普斯通被任命为当地族群的代理人，1861年，他访问了祖鲁王国，并获得了国王的公开承认。纳塔尔政府利用谢普斯通对祖鲁人施加影响。1873年，谢普斯通以英国殖民官员的身份前往祖鲁兰参加塞茨瓦约的加冕典礼，他戴着天青色的王冠、披着猩红金黄色的斗篷，带着各种加冕用具，希望给新国王留下深刻的印象，让他接受英国的间接统治。

当时的祖鲁国王塞茨瓦约很高兴被重视，不过，他还是让英国代表团等了好几天后，才举行了另一个可以让他们发言的仪式。在这个仪式上，谢普斯通发表了一篇冗长的演讲，警告塞茨瓦约及其祖鲁王国要谨慎行事，避免出现让英国人干预的不必要的流血事件。但塞茨瓦约及其族群并不吃这一套，在一段时期的休养生息后，彼时，祖鲁族已经可以随时征召1.5—2万名士兵出征，以显示独立的族群地位。这让谢普斯通大为光火，在给英政府的汇报中，他将祖鲁说成是南非的和平与繁荣的威胁，主张英国政府采取行动来打破祖鲁人的权力。

这符合英国当时正在进行的联邦计划。很快，1874年，亨利·巴特尔·弗雷尔就被派往南非担任高级专员，试图建立一个类似7年前在加拿大实现的联邦制。谢普斯通对此表示支持，希望和弗雷尔合作，挪开两个布尔共和国以及边境上的祖鲁王国和佩迪王国等建立联邦的绊脚石。

不过，为了更好地合纵连横，谢普斯通劝说德兰士瓦共和国的布尔人并入英国,与纳塔尔和开普殖民地联合。作为回报,谢普斯通承诺将对构成威胁的黑人王国——尤其是祖鲁人和佩迪人进行镇压。他的努力取得了成果,1877年4月12日,德兰士瓦并入英殖民地。谢普斯通看着冉冉升起的英国国旗,理所当然地担任了新属地的行政官。1879年5月,谢普斯通被传唤回英国,进一步讨论南非殖民政策。1880年又回到纳塔尔,贯彻他的殖民主张。1883年,他受命接替塞茨瓦约成为祖鲁兰执政者,并在1887年5月19日将祖鲁兰纳入英国属地。作为联邦计划的推行者与草创者,谢普斯通与布尔人谈判,以各种手段游说祖鲁等族群,使其归于大英帝国的统治之下。正如谢普斯通所建议的,少数的祖鲁管理者成为纳塔尔官方机制的一部分。向更多平民收取的"茅屋税"①,陆续开始成为英国殖民地的又一笔财政来源。

二、想象力之战:英祖鲁战争(1879)

为了完成与布尔人的交易,谢普斯通的下一步行动就是镇压祖鲁人。

在恰卡之后,祖鲁人的领袖是恰卡同父异母的弟弟丁冈(1828—1840)、丁冈的同父异母弟弟姆潘德(1840—1872)、姆潘德的儿子塞茨瓦约(1873—1884)和迪努祖鲁(1884—1913)。姆潘德不是军国主义者,尽管他确实对斯威士兰人发动了战争,但在他在位的32年间,政局相对和平。

1878年,谢普斯通与塞茨瓦约发生了争吵。殖民地事务大臣迈克尔·希克斯·比奇爵士希望与祖鲁人和平解决争端,但弗雷尔心意已决,他利用

---

① 是英国按非洲每个"小屋"(或其他形式的家庭)基础征收的税收,以货币、劳动、粮食或股票的不同形式支付,并通过筹集资金以四种相互关联的方式使殖民当局受益;以支持当地货币的经济价值、扩大新引入的以现金为基础的经济,并将当地社区融入新的经济体系。为了缴纳这个税收,非洲人需要到城市或殖民政府资助的建设项目工作,以赚钱缴税。

与伦敦沟通的时间差，在希克斯·比奇答复之前就自作主张，向塞茨瓦约发出了最后通牒，要求其终止军事制度，其他军事改革意见须与英国代表协商后才能采纳，实际上就是要求塞茨瓦约解散军队；通牒中的其他条款则更反映出英国对祖鲁习俗和法律的粗鲁干涉，比如，条款要求塞茨瓦约告知，未来祖鲁人应该可以自由结婚，而不是一定等到他们在青年军团中服役，血洗战矛建立军功之后再结婚；另外，塞茨瓦约还被勒令将两名进入纳塔尔的祖鲁人交给英国以谋杀罪论处，并缴纳500头牛的罚款。这两人之前奉命寻找他们西哈约酋长逃跑到纳塔尔的妻子，找到后就带回祖鲁兰处决了。此外，这个最后通牒中还告知，英国将派代理人驻扎在祖鲁兰，以确保这些规定得到执行。

塞茨瓦约拒绝接受这些条款，于是他很快就被英国殖民者当成了侵略者。于是，英国寻求对祖鲁开战的借口有了。

伊桑德瓦纳战役

1879年1月，弗雷尔命令纳塔尔的英军志愿军部队和纳塔尔的非洲特遣队成员共约1700人向塞茨瓦约的首都乌伦迪进发，入侵祖鲁兰。

夸祖鲁·纳塔尔的1月，天气炎热潮湿，河水经常泛滥成灾。1878年1月11日，英国士兵和他们的盟友们越过纳塔尔的边境进入祖鲁兰，他们经常要冒着瓢泼大雨行进，士兵们穿着厚重的红色军装和靴子，携带着笨重的、每次射击后都要重新装弹的马蒂尼·亨利步枪，用牛拉着沉重的车子缓慢前进。9天之后的1月20日，他们只行军了约16千米，便在图格拉河以东，祖鲁人称为"牛肚子山"的伊桑德瓦纳扎营了。

祖鲁人熟悉地形，行动迅速，5天内走了约80千米。最初几天，祖鲁族妇女和青少年随军出征，他们大声叫着、喊着，头上还顶着一锅粥，作为祖鲁族士兵的食物补给。祖鲁人在脖子上戴着护身符，抽着大麻，给自己壮胆。他们的装备有刺矛、投矛、棍棒、牛皮制成的盾牌以及枪支等。这些劣质的枪支有数百支，但足以让英军负伤。

伊桑德瓦纳只是一个临时营地，英军指挥官切姆斯福德并没有采取必要的预防措施来保护它的安全，还事先吹嘘认为像祖鲁人这样不谙世事的人群很容易被打败，尽管他们的人数占优势，但很快，他就认识到了自己的错误。

接下来发生的事情有很多来自祖鲁人的口头传说。其中之一是，在英军扎营的第一个晚上，士兵们可以看到东边远处营地的火光，认为那就是祖鲁人所在的地方。事实上，那是个圈套。几个祖鲁人点燃了火堆作为诱饵，但大约两万人的军队就埋伏在对面的山上。这可能是切姆斯福德第二天向东走的原因，他相信祖鲁军队，或者说其部分军队就在东边。但事实上，没有人知道祖鲁军队在哪里，或者他们究竟有多少战士。

第二天清晨，当英国人醒来时，他们在伊桑德瓦纳的山脊上看到成千上万的祖鲁人。祖鲁人坐在他们的盾牌上，悄然无声，等待着什么。随即，"乌苏图"呼喊声响起，他们开始发动攻击。当他们接近英国人的营地时，他们就像一群蜜蜂一样发出了独特的战争嘶吼声。

之前，切尔姆福德错误地认为祖鲁人会像科伊桑人那样，以小规模的游击队为单位作战。因此，他把英军分成了五个部分。他向东边出动，支援一支侦察队，把营地交给普尔莱恩上校负责。但祖鲁人的主力军却在切姆斯福德不在的时候就向营地发起了进攻。在酋长们带领下，祖鲁军队施展了他们著名的包围战术：像水牛的牛角一样，把主力部分（"头"和"胸"）派往前冲，然后由侧翼约五千米外的"牛角"增援部队，把敌人包围起来。

切尔姆福德的部队并不知道留在伊桑德瓦纳的部队会遭到灭顶之灾，直到有消息传来，营地被攻占了，切尔姆福德的部队才意识到问题的严重性。切尔姆福德才如梦初醒地沉吟："但我留下了1000人守卫营地。"

英军战败的原因之一是缺乏足够的弹药和补给，尤其是英军已经分兵把守。例如，防守东侧的邓福德中校纵队弹药用完了，不得不骑马退回到伊桑德瓦纳，但这样又使营地的右侧没了防范。

正午时分，在激烈的战斗中，出现了日食，天色暗了下来，为这场战斗增添了神秘的氛围。有证据表明，双方都非常害怕。据一位祖鲁族战士说:"我们眼前一片黑暗,我们把碰到的东西都刺伤了。这的确是一场野蛮的屠杀,连上帝都闭上了眼睛!"日食作为反常气象的出现或许就是祖鲁人没有对英军赶尽杀绝的原因,他们认为战争让上帝发怒了,日食是对他们的警示,要尽快结束这场不正义的战争。

1879年1月22日,祖鲁人在伊桑德瓦纳击败英军,这被称为维多利亚时代最血腥的战斗之一。双方伤亡惨重。英方补给不足,疏忽大意;祖鲁人勇猛善战,以逸待劳,以胜利告终。

52名英军军官、约800名英军士兵和500名盟友在伊桑德尔瓦纳被击毙。这些盟友中约有471人是非洲特遣队的成员,他们为英国人作战,因这场战争而死。估计有1000至2000名祖鲁人士兵死于此战,有的在战场就阵亡了,有的则因伤势过重死去。幸存的祖鲁人缴获了1000支步枪和大部分预备队的补给弹药,他们赤脚奔跑,尽管他们已经从乌伦迪附近的家乡到战场上行军100多千米,但他们还是坚持了下来。只有大约50名英军士兵成功逃脱。他们骑马沿着陡峭的山地逃亡,强渡河水暴涨的布法罗河,他们的逃亡之路后来被称为"逃亡者漫游之路"。逃亡者中的许多人都是被一路奔袭的祖鲁人杀死的,他们追踪逃兵一直到河边。

尽管取得了胜利,但塞茨瓦约却看到了很多不同以往的现象,他回忆了接踵而来的人们:"首先是商人,然后是传教士,然后是红衣士兵……纷纷前来。"这里的"红衣士兵"指的就是身着独特红色制服的英国士兵。他感觉到了祖鲁作为一个独立国家终结的开始。

在伊桑德瓦纳的战争故事中,双方都证明了对方的英勇。在写回家的信中,英国士兵描述了祖鲁人是如何像蜜蜂一样向他们扑来,像狮子一样战斗,不畏死亡,一个人倒下时,另一个人就取代了他的位置。在当时,祖鲁战士要经历战斗洗礼,"血洗战矛"后才能结婚,而在公立男校里出来的年轻英国士兵也还没结婚也充满了证明自己的男性荷尔蒙,侵略性的战争被认为是双方士兵宣泄压抑感的出口。

祖鲁人在伊桑德瓦纳的胜利成为英国的头条新闻,祖鲁民族的名号更是随着英祖鲁战争的结束传到了世界其他地方，祖鲁族的形象一下子大大高出了南部非洲的其他任何族群。无论是祖鲁人保卫他们的土地，还是切姆斯福德军团在遥远非洲的殖民战争，都激发了人们丰富的想象力。

罗克渡口战役

　　罗克渡口是瑞典传教士建立的传教站，位于布法罗河上的漂流或浅滩附近，当时该地成了英国殖民地纳塔尔和祖鲁王国之间的边界，也是英国士兵的补给站和临时医院。尽管塞茨瓦约没有授意，但他同父异母的兄弟达比拉曼齐·卡帕德王子很明显杀红了眼。在伊桑德瓦纳战役的同一天晚些时候，直接越过边界进入敌方领土，向罗克渡口发起了进攻。

　　收到祖鲁人前来进攻消息的英军首先考虑了撤退的计划，但要他们带着伤病员在旷野中穿行，很容易就会被数量上占优势的祖鲁人赶上并击败，因此他们很快达成一致：留下来战斗。

　　这些发起进攻的祖鲁战士来自预备役部队，约有3000—4000人，并没有战斗经验，这是为了阻截伊桑德瓦纳战役撤退的逃兵而设立的配合部队。大多数的祖鲁战士都擅长使用武装短矛和牛皮制成的盾牌，尽管他们也有一些劣质枪，但他们普遍认为枪支不过是"懦夫的武器"，只能悄无声息地杀死勇敢的人，不是首选。大约有400名英军士兵进行了长达10个小时的防守，其中有30名英军士兵受伤或生病。但绝地求生的心情主导了一切，士兵们用米袋和饼干罐子加固了驻地，外门用家具顶住，并在墙体上挖开小口进行射击。

　　当天的战斗非常激烈，英军"堡垒"牛圈不断遭到袭击，整夜无休。但次日清晨，祖鲁人都消失了，只留下了死者和重伤者。祖鲁人和英国人都痛恨彼此对此各执一词，据有人说英国人把留下的祖鲁人肢解了，但更确切的记载是，战斗结束后的第二天，临时搭建的绞刑架被用来"吊死背信弃义的祖鲁人"。①

共有 11 名英军参战人员因为这场战役被授予荣耀勋章——维多利亚十字勋章。这比英军历史上其他任何一天的授勋人数都要多。如此多的英勇奖章被解释为对早先在伊桑德尔瓦纳战役中失败的矫正：切姆斯福德勋爵和亨利巴特尔·弗雷尔在未经女王陛下政府批准的情况下煽动了这场战争，而罗克渡口战役却胜利了！公众的注意力从之前伊桑德尔瓦纳战役的失败，转移到了对于"英雄"的歌颂上。西方卫道士维克多·戴维斯·汉森在《屠杀与文化》中直接对此做出了回应，说："现代评论家认为，如此慷慨的表扬旨在缓和伊桑德尔瓦纳的灾难，也是让持怀疑态度的维多利亚时代公众放心，英国士兵的战斗能力仍然是毋庸置疑的。"

在这次战斗中，祖鲁人伤亡惨重，据称有至少 500 人丧生。但对大英帝国来说，这场战役更多是艺术化和戏剧化的创作。伊丽莎白巴特勒（英女王收藏了她的画）和阿尔方斯·德诺伊维尔等艺术家纷纷创作了著名油画《罗克渡口的防御》（1880），其中的浪漫主义和英雄主义，当时在大英帝国公民中广受欢迎。爱迪生公司制作了一部名为《罗克渡口》(1914)的两卷无声电影，著名制片人贝克等导演了电影《祖鲁》（1964），位列有史以来最佳英国电影第 93 位。

乌伦迪战役

前面的两场主要战役后，英国人和祖鲁人又互有一些小的冲突，但都没有形成规模。1879 年 4 月，祖鲁人在坎布拉和金金德洛夫的战斗中失利，加之大量英国增援部队抵达纳塔尔，切姆斯福德准备第二次入侵祖鲁兰，以恢复他之前失掉的声誉。

切姆斯福德这次的队伍共 2.5 万人，其中，主力纵队派出了两个骑兵

---

① Lock, Ron; Quantrill, Peter (2005). Zulu Victory: The Epic of Isandlwana and the Cover-up. Greenhill Books. London, 2005.p.232.

团、五个炮兵连和12个步兵营，共计1000名正规骑兵、9000名正规步兵和7000名士兵，拥有24门火炮，还出动了有史以来英国人陆军第一个加特林电动机枪部队。[①] 后期补给则由600辆货车、8000头牛和1000头骡子组成，场面甚是壮观。

1873年9月1日，塞茨瓦约按照惯例将祖鲁国的首都定在"乌伦迪"（意为"高耸之地"）。在伊桑德瓦纳和罗克渡口战役之后，塞茨瓦约仍然单方面示好，希望结束敌对行动，所以在英军已经大规模挺进时，仍没有攻击脆弱的补给线。他甚至派出使者，给英军送去牛、枪、象牙等礼物，但切姆斯福德拒绝了使节，没有接受象牙，并告诉祖鲁人英军的前进只会推迟一天。7月3日，英军对乌伦迪发动了进攻。

切姆斯福德吸取了之前战役的惨痛教训，在黎明时开始行动，将他的步兵圈成一个巨大的空心正方形，骑兵放在两侧和后方，这样可以最大程度上将祖鲁人围困在圈内并集中使用重型武器。祖鲁人发起冲锋，试图接近作战，但没有人能够进入英军30码范围，也无法与英国的火力相抗。

经过大炮、加特林机枪和数千名英国步枪手集中火力攻击半小时后，祖鲁的军事力量被摧毁。英军伤亡十人，祖鲁500多人丧命于火炮圈，另有1000多人受伤，其他被俘虏被杀的不计其数。英军击败祖鲁主力军，随即攻占并烧毁了乌伦迪的王室，大火烧了几天几夜。

切姆斯福德凭借此战一雪前耻，并获得"巴斯骑士大十字勋章"，但代价是因为不守军规，以后不能出征。在战后的交割中，祖鲁王国被划分为13个酋长国，祖鲁势力范围被割裂。此后，英国开始对祖鲁兰实行间接统治。

自7月3日起，塞茨瓦约一直在一个村庄避难，在听到乌伦迪战败的消息后又出逃。为了追捕塞茨瓦约，英国军队分散在祖鲁兰周围烧毁了无数村庄，希望祖鲁臣民投降，同时击败剩余的敌对祖鲁分支。8月28日，

---

① CJ Chivers, The Gun, Simon & Schuster;2011,P.62.

塞茨瓦约在恩戈姆林间牧场被俘，随即被流放到伦敦，在那里待了三年，成为最后一位被英国承认的祖鲁人国王。

19世纪80年代中期，德国对祖鲁兰海岸的兴趣促使英国采取行动保护该地区。在纳塔尔主教约翰·威廉·科伦索的支持下，塞茨瓦约到英国为自己的案子辩护。主教还揭露了弗雷尔的欺骗行为，认为这导致了战争的发生。塞茨瓦约出现在公众场合，引起了人们的同情，甚至收到了英国少女的求婚。1883年，他恢复了祖鲁国王地位，但他的权力被削减，他的王国规模缩减到原来的三分之一左右，祖鲁军队不得不解散。在写给殖民地大臣金伯利伯爵的信中，塞茨瓦约感恩戴德，同时认为："我被攻击时，我和其他任何人一样，都会战斗。没有一个国王会受到这样的待遇。"也是这一年，两个对立的祖鲁派别在乌隆迪爆发了战争。这场内斗彻底导致了祖鲁人的衰落，因为成千上万的祖鲁人因此丧生，被杀的人包括一些祖鲁精英。塞茨瓦约和他的追随者遭到毒打，第二年，塞茨瓦约神秘死亡。他的一个儿子迪努祖鲁继承了他的职位，但只是担任了被英国划分的十三块祖鲁领地一个小酋长。

1886年10月，新布尔共和国与英国达成协议，英国同意了布尔人的领土野心，暂时放弃了对祖鲁国王迪努祖鲁的保护。1886年12月，英国允许反对祖鲁王的领袖齐布赫布和700名男子返回他们在祖鲁兰的旧地区，在那里，这些祖鲁反对派驱逐了保皇派乌苏图势力。[1]

1887年1月，英国委员会划定了新布尔共和国的边界。同年5月，布尔共和国一部分和祖鲁兰中部成为英国祖鲁兰殖民地。英国由此将间接统治体系从纳塔尔扩展到祖鲁兰，殖民官员们计划逐渐削弱传统领导人的权力。但迪努祖鲁拒绝出现在英国驻地专员面前，因为当地的酋长们纷纷抱怨因为加入英联邦，祖鲁酋长们失去了权威。尤其是英国让人要求祖鲁各

---

[1] 乌苏图是祖鲁兰保皇党派，更确切地说，他们是塞茨瓦约追随者。1856年，第二次祖鲁内战期间，这群人聚集在塞茨瓦约身边，并以祖鲁族的战争呐喊"usuthu"来命名自己的派别。

邦都缴纳殖民税，更是让祖鲁内部产生了分歧：姆亚玛纳这样的小酋长接受了，这代表着对当局的服从；但大酋长迪努祖鲁仍然拒绝。

为了争夺继承权，迪努祖鲁首先向英国人提出上诉，但没有得到回应。随后，他向弗莱海德和乌得勒支地区的布尔农民提供了土地奖励，让他们前来与他并肩作战，恢复祖鲁王国。但这无异于饮鸩止渴，权力的天平已经向有利于祖鲁兰殖民地当局的方向倾斜。1887年5月19日，英国人决定吞并祖鲁兰剩余的土地，并于1888年向祖鲁人征收茅屋税，为英国政府增加财政收入。

1887年8月，英国的正规军受命进入祖鲁兰，但迪努祖鲁仍然拒绝配合，并拒绝接受殖民官员给他从小酋长那里搜刮来的牲畜。1888年年初，殖民官员划分了祖鲁不同派系的边界，迪努祖鲁及其从属都发誓要摧毁对方。在即将到来的6月1日，即支付"茅屋税"的最后期限，气氛空前紧张，危机一触即发。6月2日，一支由66名祖鲁兰警察、160名英国正规军和400名来自姆亚马纳的祖鲁族人组成的殖民巡逻队接近了塞萨山，他们想去逮捕迪努祖鲁，但被迪努祖鲁打败。几天后，迪努祖鲁的一位叔叔辛加纳带着1000人离开了英属祖鲁区域，去支援怀特姆福洛齐河周围的乌苏图队伍。

在当地殖民官员的要求下，祖鲁兰的英军增援很快到达，有300名骑兵、120名骑兵、440名步兵、160名祖鲁兰警察和200名索托骑兵，另加两门野战炮和两挺加特林机枪。[①]6月23日上午，迪努祖鲁和恩达布科带领4000名祖鲁军袭击了伊武纳的警察署，然后再加上外部700名祖鲁战士30名持枪骑兵，还有几个友好的布尔朋友，直捣反对派齐布赫布和英殖民战线中心，最终以30:300的伤亡大获全胜并缴获了750头牛。第二天，一支由500名英国殖民军加祖鲁兰警察和索托骑兵组成的纵队抵达伊武纳，并疏散了居民。齐布赫布所属的200名男子和1500名妇女儿童加入他们的部队。

---

① A Military History of South Africa.p.108.

第四章　权力与战争：现代秩序的确立（19世纪—20世纪）

随着局势的不断复杂，尤其是白人商人和地方法官遭到袭击，沿姆福洛齐河下游一带爆发了全面叛乱。7月2日，1800余名的殖民部队包围了贺可鲁平原和伦巴山的1000多名乌苏图人，辛加纳战败逃到英属共和国境内。这场战役打击了乌苏图派别，迪努祖鲁的支持者四分五裂。

在7月下旬至8月期间，莫弗洛兹河下游和海岸沿线的祖鲁社区频繁受到殖民和布尔人军队的侵扰，还受到那些已经投诚的祖鲁人攻击。到9月底，帝国军队从祖鲁兰撤出，殖民警察接管了对迪努祖鲁的追捕。在南非共和国短暂停留后，迪努祖鲁和其他逃亡的乌苏图领导人于11月在纳塔尔的彼得马里茨堡投降，但很快被押回祖鲁兰，在那里他们被判处叛国罪投入监狱。1890年至1898年，迪努祖鲁、恩达布科和辛加纳于被流放到圣赫勒拿岛。[①]1894年，迪努被允许返回祖鲁兰，但其身份是没有酋长权力的首领。

在被吞并十年后，祖鲁兰于1897年被并入纳塔尔地区，并向白人开放。到了世纪之交，祖鲁人和当时其他黑人酋长国一样，失去了大部分土地，不得不寻找工作来赚取工资。1906年，居住在今天的格雷镇附近的祖鲁人族群宗迪的首领巴玛塔因拒绝接受纳塔尔殖民政府新推行的人头税，引发了一场短暂的反抗。在该地区其他酋长的支持下，巴玛塔以恩坎德拉山林为基地，对殖民军发动了一系列攻击，这些攻击被称为巴玛塔叛乱，但叛乱最终以班巴塔及其支持者的失败而告终。

祖鲁人的独立就这样结束了。

三、王国的分离之路：莱索托和博茨瓦纳

强大的莫舒舒的王国也不能在英国的霸权梦中独善其身。多年来，莫

---

① 4.John Laband, Rope of Sand: The Rise and Fall of the Zulu Kingdom in the Nine- teenth Century (Johannesburg: Jonathan Ball, 1995), pp. 379 - 436.

舒舒与奥兰治自由邦的布尔人边境冲突不断,基于之前与传教士的良好关系,他请求英国保护。1868年,英国借机吞并了南部的巴索托兰王国,并在之后的三年一直将其置为"保护国"。1871年,巴索托兰被归到开普殖民地名下。不过,直到19世纪70年代末开普当局没有加强控制前,传统的巴索托领袖仍然拥有一定的权力。那时,还有人建议将巴索托兰的部分土地拿出来供白人定居,并建议索托人根据《和平保护法》向开普当局交出枪支。但大多数索托人并不愿意,因为这些枪支大都是在金伯利的钻石矿里辛苦打工挣来的,他们也不会因为上缴枪支而得到补偿。

在随后的混乱以及与敌对首领之间的内斗中,莫舒舒的继任者莱西准备遵守有关枪支的法律,但遭到了他的儿子、弟弟和其他首领的反对。开普总督约翰·斯普瑞格到巴索托兰谈判无果,开普殖民军便前往巴索托兰镇压叛乱。随后,索托人叛军和开普军之间便爆发了著名的"枪支之战"(1880—1881)。

索托人对本国的山区地形非常熟悉,采取了灵活的游击战;邻国的姆邦多米斯人也加入到冲突中来支持索托人,开普军伤亡惨重。10月,英军骑兵纵队(或称"开普自由民骑兵团")在马费滕附近的卡拉巴内山遭到伏击,英军39人丧生,索托取得胜利。开普当局对索托人望而却步,于是主动提出签署和平条约。1881年,双方的和平条约中将大部分争议土地让给了索托人,但索托人需要进行枪支登记,而不是上交。然而,一些索托人仍不满意,因此区域的动乱仍在继续。很显然,开普政府无法控制巴索托兰,于是,他们请求英国王室接管。

1884年,英国王室决定接手巴索托兰,将其置于英国君主(当时的维多利亚女王)的直接管辖之下,立法权和行政权均由高级专员负责。巴索托兰是英国高级专员公署的第一块领地。

英国人而不是开普当局对巴索托兰进行管辖,在一定程度上暗示了巴索托兰将独立于南非未来的政治发展之外,它享有一定的内部自治权。1966年,它成为独立的莱索托王国。

茨瓦纳人（或西索托人）与博茨瓦纳建国

茨瓦纳酋长国也遭遇了类似的命运。茨瓦纳人曾经人口众多但不团结，19世纪20年代到30年代，他们散居在南部非洲各地。19世纪60年代末到70年代初的几年里，一些南部的茨瓦纳人，特别是蒂哈平人，以向金伯利地区的人们提供食物和燃料为生，日子过得不错。有一段时间，霍佩镇和金伯利之间的地区盛产羚羊，茂盛的树木可为矿区提供燃料。然而树木被砍伐的速度超过了羚羊的繁殖速度，又因为射杀，羚羊也几乎消失了。到了19世纪90年代初，蒂哈平人的财富迅速减少。

茨瓦纳人还成为了英国人和布尔人争夺土地冲突中的棋子。英国人和布尔人都利用了茨瓦纳群体之间的分歧，分别与他们结盟。在争端中，布尔人暂时赢得了一回合，并在茨瓦纳人的土地上建立了两个新的小共和国：斯坦兰（Stellaland，现 Vryburg）和宫申（Goshen，现 Mahikeng）。但这些共和国的存在时间很短，1885年，英国人将该地区的大部分土地兼并纳入英属贝专纳，少部分土地被保留给非洲人。1895年，茨瓦纳北部的土地被英国吞并，成为"贝专纳保护国"。现在这块土地的一部分归属南非的西北省，其余部分则是1966年成立的博茨瓦纳独立共和国的一部分。

1910年南非成立联盟后，当局曾有人试图将贝专纳并入南非的版图，但英国一直抵制。后来，贝专纳地区发生了一场独立运动，由恩瓦托酋长的合法继承人塞雷茨·卡马（1921—1980）领导独立运动，使贝专纳彻底离开了南非的历史版图。

1945年，卡马到英国牛津大学攻读法学，并在1948年获得伦敦中殿法学协会律师资格。在英国，卡马与一位英国女子露丝·威廉姆斯相恋，并在1950年与其结为伉俪。黑白婚姻的消息传回非洲，立即引发双方家族的反对。对南部非洲的社会而言，因为当时阿非利卡民族主义政策已经实施，异族通婚被明令禁止。在南非当局的压力下，英国决定禁止卡马和他的妻子返回贝专纳。1956年回国之前，卡马被迫声明放弃巴曼瓦托酋长的袭位，以普通公民身份回到族群。1957年10月，卡马当选为贝专纳殖民政府的非洲咨询委员会委员，重返政坛。

20世纪60年代，非洲民族解放运动如火如荼，英国也考虑放弃大部分殖民地。1964年6月，英国接受了贝专纳民主自治的建议，1965年，贝专纳的政府所在地从南非的马希肯迁至南非边境附近的哈博罗内。1966年9月30日新宪法制定，国家独立。在第一次大选中，塞雷兹·卡马当选为首任总统，随后两次连任，享有"国父"称号。

四、失去独立的其他族群

一开始的时候，一些非洲王国受到矿产发现的积极影响，特别是对离矿区不远、能够提供食物和其他服务的这些王国来说，这是农业的黄金时代。那时莫舒舒的王国仍在繁荣期，首府巴索托兰一度被认为是内地的"粮仓"。也有记录表明，一些较贫穷的布尔人为较富裕的索托农民提供马匹租赁服务。历史学家科林·邦迪的数据表明，1875年东开普殖民地的科萨王国的芬格兰与外部的贸易额达15万英镑，而在伊丽莎白港的一家公司每年与非洲的贸易成交量达20万英镑。不过，当黑人农民失去了他们大部分土地的使用权时，这一切都结束了。

科萨人是最先受到影响的人群。1865年，开普殖民地合并了后来被称为斯克的地区。1875年，又吞并了芬格兰，1885年吞并卡拉勒兰和赛布兰，1894年吞并了莫普兰，这些地区后来被统称为特兰克。开普殖民军与不同群体的科萨人进行了九次边境战争。最后一次在1877年至1878年，当时殖民军与自由民和志愿军团一起在斯克、特兰克与科萨人交战，最终结束了科萨人的独立。

混血人群格里夸人也失去了独立。作为科伊科伊人和欧洲及其他种群的混血人种，格里夸人在很长的一段时间充当着牧民或养牛人，居住在开普殖民地北部，后来被迫在边境以外的地方过着半游牧生活。他们进行的各种长途迁徙，堪比更著名的布尔大迁徙，但并不为人熟知。在传教士的帮助下，他们在奥兰治河以北建立了两个小王国，分别是 1804 年由尼古拉斯·沃特波尔领导建立的格里夸兰和 1826 年由亚当·考克领导建立的菲利波利斯。菲利波利斯以伦敦传教士协会成员约翰·菲利普的名字命名，是现在奥兰治自由邦最古老的格里夸人定居点。

在 19 世纪 30 年代，格里夸人从开普敦殖民地获得马匹和枪支，他们是奥兰治河中游一带的主导力量。1867 年，格里夸兰镇附近发现钻石之后，生活在那里的格里夸人的好日子便到头了。1871 年，这块土地被西格里夸兰政权兼并，1880 年又并入开普殖民地。失去农场的格里夸人变得一贫如洗。

亚当·考克的格里夸人也遭遇了类似的命运。亚当·考克的继任者考克二世和三世陆续成为英国和自由邦布尔人之间秘密协议的受害者，被迫放弃土地。1871 年，西格里夸兰政权被吞并后，约 2000 名格里夸人在考克三世的带领下，开始了为期两年的迁徙，翻越德拉肯斯堡山，寻找新的定居地。1872 年，他们建立了科克斯塔德镇。1875 年，考克三世在一次交通事故中丧生。1878 年，格里夸社会实际上已经瓦解。1879 年，东格里夸洛德也正式并入开普殖民地。

佩迪家族（北索托人）曾经比较强势，因此英国人用了类似于对付祖鲁人的战术来打败佩迪人，使佩迪人看起来反倒像是侵略者。在 19 世纪 60 年代，佩迪人还是一个比较强大的王国，但到了 19 世纪 70 年代，佩迪人面临着严峻的挑战：他们不仅要面对布尔人和斯威士人合伙对佩迪人发动袭击——这些人偷走佩迪人的孩子，卖到布尔人农场里当"雇佣童工"，而且，他们也不得不面对英国联邦计划中的各种陷阱。

1877 年，当德兰士瓦共和国被英国人吞并时，有人建议佩迪族首领考格希尔臣服于英国当局。英国人还对他处以了 2000 头牛的罚款，据说这是因为 1876 年布尔人和斯威士兰军队联合进攻他时，他让对手吃尽苦头。而此时，佩迪国王受到干旱的严重打击，无法满足这些要求。此类事件都被用作挑起战争的借口。

佩迪人共经历了三次战争：1876年的布尔·斯瓦兹·佩迪战争；1877年的第一次盎格鲁·佩迪战争；1878年的第二次盎格鲁·佩迪战争。佩迪人在最后一场战役中被击败，损失惨重，至少有1000人丧生。考格希尔被俘后被囚禁在比勒陀利亚。

1878年，在被称为"北方边境叛乱"中，殖民部队在奥兰治河沿岸地区对科拉纳人进行打击。两年后，他们又对索托人进行了致命打击。

一度强大的非洲族群祖鲁人和佩迪人在政治上处于弱势的时候，生态因素也有一定的作用，导致了他们的衰落。他们受到干旱的严重打击，特别是在1876年、1877年、1885年和1894—1897年期间的旱情。牛巴贝西虫病、肺病等牛群疾病的爆发让他们雪上加霜。1894年和1895年，蝗灾摧毁了祖鲁兰地区的粮食作物，1896年和1897年爆发的高传染性牛瘟夺走了整个南部非洲地区90%—95%的牛的性命，黑人和白人农民都受到影响。

在这些灾难之后，更多的非洲人——包括坚持得最久的祖鲁人——加入了矿区的移民劳工系统。

文达族酋长马卡多于1895年去世时，他的儿子穆飞虎曾试图再次团结文达团体，但一名德国传教士影响了其他文达领导人，让他们反对这一想法。1898年10月，布尔人朱伯特率领一支由4000名德兰士瓦布尔人军队，在大炮和许多斯威士、特聪加和文达盟友的支持下，进入了位于庄盘格的文达人领地，并在斯万古山的文达要塞附近建造了一系列堡垒。10月21日，一群文达人向建造堡垒的布尔人开火。但他们的火药质量太差，齐射几乎没有效果，进攻者很快就被布尔人精良的火炮击退。11月16日，朱伯特兵分三路对文达要塞发动了攻击，只遇到了一些象征性的抵抗，文达人在浓雾的掩护下撤退。布尔人随后烧毁了文达首都。包括新酋长穆飞虎在内的大约1万名文达人避开了布尔人，向北逃到英国统治的南罗得西亚。次年，路易斯·特里查特镇在庄盘格建立。

这标志着德兰士瓦地区最后一个独立的非洲族群被征服。

第二节 英布战争

一、第一次英布战争（1880—1881）

保罗·克鲁格（1825—1904）的绰号是"保罗大叔"，是开普殖民地北郊荷兰裔农民的后代，是布尔人的典型代表和权益发言人。他是虔诚的荷兰加尔文主义教徒，虽然几乎没有受过正规教育，但却能够清楚地在公开场合表达自己的观点。在他10岁时，克鲁格跟随家人在南非北部移民期间目睹了布尔人与周边族群的各种战争，这让他对有序的政府充满了向往。克鲁格起初在一个矿区突击队里当兵；1852年1月，年仅27岁的他就作为文员见证了《沙河公约》的签署，该公约承认瓦尔河以北为阿非利卡人（布尔人）的独立区。1855—1856年，他作为委员会成员参与了德兰士瓦新共和国宪法的起草工作，1863年被任命为德兰士瓦最高总司令官。在随后1861年至1864年的内战动乱中，他开始发挥出自己卓越的领导力，1874年，他当选为执行委员会委员，不久又成为德兰士瓦共和国的副总统。

到了19世纪70年代，全球经济大萧条，英国开始失去了全球制造和贸易大国的主导地位，而美国和德国则迎头赶上。一个以黄金为基础的全球货币体系已经建立，英国的货币以黄金为后盾，但巴林兄弟银行正受到破产的威胁。英国需要确保在世界货币市场的中心地位，它需要殖民地，尤其是南非，因为那里有丰富的资源和日益蓬勃发展的出口业务。

在发现黄金之后，南部非洲的经济中心从开普殖民地转移到了独立的布尔人共和国德兰士瓦。许多矿主认为，总统保罗·克鲁格是赚钱的障碍：虽然克鲁格享受着来自矿山的税收，这有利于他的共和国，但他也反对改变，因为这会使得他领导下的布尔人的工作机会减少。他不希望国内布尔人的数量被蜂拥而进的移民超越，所以他一直固守国内给予"外国人"公民权和特许权（选举权）的限制，强制了一些要求，这意味着外来移民需要多年之后才能获得资格。不过，并不是所有的矿主都反对他。例如，德国人乔治·阿尔布认为克鲁格政府做得很公平，因为克鲁格允许外国资本在南非投资，几乎没有什么限制，而且只对申报的利润征收百分之十的税。还有人认为，矿主及其合伙人不是试图与克鲁格作斗争，以降低成本，使采矿业更有利可图，可以利用股票市场作为积累财富的主要工具。作为矿主，他们掌握着矿场深部矿层及其开发前景的内部信息，而且由于矿场不需要提供严格的报告，他们可以利用这些信息进行投机活动。

1877 年英国宣布吞并德兰士瓦后，克鲁格成为布尔人在重新获得独立的斗争中公认的捍卫者。怀着这个目的，他于 1877 年和 1878 年访问了英国，当他未能说服本杰明·迪斯雷利政府取消吞并时，他组织布尔人们进行了一场消极抵抗德兰士瓦英国政府的运动。

1879 年 4 月 12 日，以德兰士瓦政府破产为由，英国宣称得到了德兰士瓦市民们的支持，但正如当时的选举资料所显示的，实际上只有以英国人为主的比勒陀利亚商业社区全心全意地支持这项措施。到 1879 年年底，鉴于祖鲁人和佩迪人的威胁已经消除，大多数布尔人都觉得英国军队和行政人员在德兰士瓦的保护已经没有必要，针对英国那些不合理或不必要的占领，布尔的示威活动日益频繁，社会动乱不止。

1880 年 3 月，伦敦新自由党政府上台，他们公开表示反对兼并，主张将英国驻军减少为两个步兵营，这一举动在很大程度上平息了德兰士瓦的动乱。然而，鉴于爱尔兰的民族主义团体一直反抗英国政府，英国威廉·尤尔特·格莱斯顿首相用一种较为强硬的口吻，通知了看上去同样粗鄙和不入流的布尔人领袖保罗·克鲁格："女王不可能放弃她对德兰士瓦的主权。"

不久，1880 年 12 月 13 日，布尔人决定坚决抵抗英国统治，成立了总统马蒂纳斯·韦塞尔·比勒陀利乌斯、军队总司令皮特·朱伯特以及副总统克鲁格三人为首的三头政治体制。4000 名布尔市民在比勒陀利亚附近集会抗议，要求恢复之前的共和国建制。[①]16 日，布尔人对英宣战，第一次

---

① Barthorp, Michael. The Anglo-Boer Wars. Blandford Press, 1990, pp. 15—16.

布尔战争爆发。

位于比勒陀利亚的小型英国军队和政府办公室被武装的布尔人包围，德兰士瓦各地的英国驻军也是如此。就连闻讯而来的英国援军，也被布尔人武装围攻。

由于布尔人的骚乱，菲利普·罗伯特·安斯特拉瑟中校接到命令驰援，他的爱尔兰第94步兵团刚在乌伦迪战役中与祖鲁人以及佩迪领导人塞库基尼作战，纵队的后方还尾随有大量的家属和运送行李的马车。

马朱巴山路边，布尔人的信使举着休战旗，拿着一封信通知中校撤退，否则会在几分钟内开枪。但安斯特·拉瑟拒绝撤退，命令将弹药分发给随行在牛车上的、毫无准备的士兵。据报道，德·比尔给了安斯特拉瑟6分钟的准备时间，但一些布尔人很早就开始开火了。15分钟内，英军156名士兵伤亡，其余的被俘。布尔人仅2人死亡，5人受伤。①

布隆克·霍斯特斯普雷特战役（位于今天的夸祖鲁·纳塔尔北部）虽然规模较小，但击败了布尔人一支经验丰富的军队，英国的军事威望严重受挫。随后，英国在莱恩内克（1881年1月28日）和英戈戈（1881年2月8日）连遭败战。

1881年2月27日，乔治·科利上校带领纳塔勒德的殖民军占领了马朱巴山，企图进军德兰士瓦地区。布尔人的志愿军趁英军熟睡之际，对该山进行了反击。战斗很快就结束了，布尔人大胜。英军阵亡约200人，包括科利上校，而布尔人只有2人受伤。英国威廉·格莱斯顿首相领导的自由党政府决定暂时放弃联邦制计划，②并在德兰士瓦恢复布尔人的独立。3月6日，英国和布尔人在德兰士瓦达成休战协议，第一次布尔战争结束。

通过英布战争的洗礼，阿非利卡人发现，面对黑人和英国人，他们需

---

① Barthorp, Michael. The Anglo-Boer Wars. 「Blandford Press, 1990, p.18.
② 联邦制计划指的是英国在南非建立南非联邦，南非联邦又是其帝国联邦中重要的一环。它的实施计划包括三个地区，即加拿大、澳大利亚和南非。只有南非的情况比较棘手，在这里英国需要面临如何处理与布尔人所建立国家之间的关系。

要更紧密地抱成团,这种心态滋长了阿非利卡人的民族主义意识,渴求独立。因此,尽管德兰士瓦接受了皇家宗主权(随后被撤销),但1881年的《比勒陀利亚公约》被重新修订,布尔人共和国实现了有效的独立。

在南非的英国人终于承认低估了布尔人,他们认识到这些布尔人不仅对乡村野地的情况很熟悉,而且枪法也不错。尽管如此,他们还是偏执地认为马朱巴战役不该输得如此惨,并寻求报仇。一些历史学家将第一次英布战争视为18年后更持久、更残酷的第二次英布战争的序幕。在第二次英布战争期间,"记住马朱巴!"成为英国人的战斗口号。

二、第二次英布战争、南非战争(1899—1902)

19世纪80年代,也被称为征服非洲的年代,或者"新帝国主义"(1881—1914)时代。在这个时段内,7个代表性的欧洲国家(比利时、英国、法国、德国、意大利、葡萄牙和西班牙)将欧洲正式控制的非洲领土面积的10%扩展到90%,并直接进入了殖民帝国主义的时代。

1879年,当埃及想要否认苏伊士运河的外债时,英国和法国联合控制了该国,迫使埃及统治者退位。1882年,埃及被英国接管。德国首相奥托·冯·俾斯麦不喜欢殖民地,但屈服于民众和精英的压力,他主持召开了1884—1885年的柏林会议。正是在这次会议上,列强们制定了有效控制非洲领土的规则,并降低了殖民大国之间发生冲突的风险。

开普殖民地的政治新秀罗得斯与英国驻南非殖民大臣米尔纳勋爵一起,看到了整个时代对大英帝国的召唤。他们认为要建立一个从"开普到开罗"的帝国,通过铁路将苏伊士运河与非洲大陆矿产丰富的南部地区连接起来。这样,布尔人的共和国就没有什么存在的必要了。

英国的这个"2C计划"和布尔人的非洲计划发生了冲突。"布尔非洲"是布尔人的一个理想,其中不仅包括德兰士瓦和奥兰治共和国,也包括250年间英国在非洲夺去的一切地区:好望角、纳塔尔、贝专纳、罗得西亚和其他地区，都可以在比勒陀利亚的统治下。

不过，克鲁格似乎没有意识到时代与英帝国梦想对布尔政权的冲击有多大。1883年，克鲁格又一次访问英国，经过漫长的谈判，双方缔结了新的公约。1884年2月27日，英国发布通告，重新调整其西部边界，且不再提及宗主权。然而，在克鲁格回到南非的时候，他发现梦醒得很突然：开普殖民当局以西部边境地区的控制为由，已经将他的共和国事实上归属英国。很明显，这是罗得斯想法的延伸和贯彻，他一直认为要将林波波河以北领土收归大英帝国，这样才有助于实现英帝国畅通无阻的庞大帝国计划。

在19世纪90年代，德兰士瓦政府凭借其丰富的矿业财富，开始了一系列运动，以征服其北部边境上剩余的独立非洲群体。由于英国人在19世纪70年代后期消除了佩迪族群的威胁，德兰士瓦的布尔人现在可以迁徙到其他地方。19世纪80年代，北索托族分支加南瓦族群，虽然历经布尔人对劳动力、牲畜、土地和税收的掠夺性增加，但因为他们之前在雇佣劳动中获取到了足够的枪支，所以仍能够抵抗布尔人。这让德兰士瓦政府大为恼火，决心荡平本土族群。在皮特伯·朱布特的领导下，1894年，德兰士瓦建立了历史上最大的突击队。这支部队由来自德兰士瓦共和国各地的团体组成，共有约4000名欧洲战士和2000名非洲战士，配备有新型大

炮和马克西姆机枪。①

根据历史学家马库拉的说法，布尔人和加南瓦人的战争经历了四个日益严峻的阶段。第一阶段从 1894 年 5 月到 6 月中旬，布尔军队在布卢贝格山切断了加南瓦首都与外围非洲社区的联系。第二阶段从 6 月 12 日至 29 日，德兰士瓦军队从四面八方袭击了山上要塞，但未能赶走加南瓦人，因为他们躲在深洞中。在第三阶段，即 7 月 1 日至 19 日，布尔人试图通过炸毁洞穴来掩埋加南瓦人。由于该地区的地形和洞穴帮助加南瓦人逃避轻武器射击，所以也没能成功。此外，矿主反对浪费宝贵的炸药，布尔人向灌木和洞穴喷洒石蜡，用大炮轰燃，"熏出"了加南瓦人。但加南瓦人仍然拒绝投降，布尔人于是围山并不让守军取水。7 月底，加南瓦人的庄稼被毁、牲畜被没收，许多人都处在饥饿脱水中，最终投降。②

1883 年，德兰士瓦政府出台《突击队法》规定，该州的所有白人居民都有义务服兵役。同样的法律使德兰士瓦能够从在其境内经营的外国公司征用物资。然而，正是这样的一支德兰士瓦"外来者"③军队反对没有投票权的兵役，这样，德兰士瓦和英国之间的分歧更为加深了。

1885 年，克鲁格被迫接受英国的要求，从西部边境有争议地段撤出，并同意英国对贝专纳兰的保护。英国也为未来向北扩展开普殖民地开辟了道路。

1890 年，克鲁格政府规定外来移民至少要在当地居住 14 年才能获得公民权，这引发了在约翰内斯堡英国人的集体反对。开普殖民地总理塞西

---

① Stapleton, Timothy Joseph, A military history of South Africa : from the Dutch-Khoi wars to the end of apartheid, Praeger Security International. 2010. P.86.

② Tlou John Makura, "Another Road to the Raid: The Neglected Role of the Boer-Bagananwa War as a Factor in the Coming of the Jameson Raid, 1894 - 95," Journal of Southern African Studies, 21, 2 (June 1995), p. 262.

③ 布尔语的"外来者"，用以指 19 世纪 80 年代和 90 年代德兰士瓦地区的非布尔人的白人移民。1886 年之后，黄金的前景吸引了大量新移民来到约翰内斯堡，国籍各异，在那里他们成为了大多数公民，并由富有矿主的贵族领导。大多数欧洲人是布尔人，也有一些英国人参加了。

尔·罗得斯凭借其在德兰士瓦拥有大量的金矿股权和政治影响，主张和外来者即乌特兰人，联合反对克鲁格。

1895年，战争的前奏"詹姆逊突袭事件"爆发。这是英国人推翻布尔人在德兰士瓦政府的一次尝试，但并没有得到所有矿主或乌特兰人的支持。他们的想法是要发动一场乌特兰人叛乱，以抗议据称对他们的不公正待遇：这样英国就有借口进行干预，一支小规模的武装殖民部队就会进入德兰士瓦。据称英国殖民大臣约瑟夫·张伯伦全程参与策划，不过在制订突袭行动计划时，这一点是保密的。

矿主和政治家塞西尔·约翰·罗得斯赞助了这次突袭行动，计划在他的金矿公司办公室里进行指挥。罗得斯的总工程师，美国人约翰·海斯·哈蒙德也参与其中，并在很大程度上发挥了他的影响力。医学博士、政治家、"也是罗得斯知己"的利安德·斯泰尔·詹姆逊充当了突袭活动的领袖。

詹姆逊和一些武装力量本来是想从英属贝专纳（现在的博茨瓦纳）入侵德兰士瓦，然后与更多的武装力量在威特沃特斯兰德会合。然而通讯中断了——因为一个疏忽，英国方面的电报线路没有按计划被切断，布尔人截获了正在发生的事情。恰巧，原本打算发动起义的乌特兰人之间也发生了争论，因为并非所有的人都想参加对英战争。因此，计划中的起义并没有按时进行。詹姆逊的部队戏剧化地进入进退维谷的境地，并被迫于1896年1月2日在约翰内斯堡以西约20千米处的多恩科普投降。突袭行动惨败，为乌特兰人"正名"的领导人在约翰内斯堡接受审判，其中一些人被判处死刑，但后来减刑为巨额罚款。罗得斯因此被迫辞去开普首相一职，他再也没有完全恢复以前的权力。由于卷入了针对另一个国家的阴谋，英国的声誉受到了损害。

1897年，阿尔弗雷德·米尔纳以英国驻南非高级专员的身份抵达南非。他是个十足的帝国主义者，傲慢自大，对布尔人不屑一顾，他只想开战。克鲁格总统为首的布尔地主集团凭借"两大法宝"：兰德金矿所有权和德拉戈阿铁路运营权与英国争斗，但他不希望再发生战争，他提出了一些改革措施来帮助矿业,并准备在获得特许权的时间上给予宽大处理。但事实上,用矿主莱昂内尔·菲利普斯的话说,"我们中很少有人关心(特许权)"。尽管如此,矿主们还是把特许权闹得沸沸扬扬,并拒绝了克鲁格的提议,主张要完全取消特许权资格限制。克鲁格对此评论说:"他们要的不是特许权,而是我的国家。"

布尔共和国、非洲族裔、乌特兰人和英国人,各有各的如意算盘。在布尔共和国,不同的团体以各自的方式看待即将到来的与英国的战争:比勒陀利亚媒体宣传要采取必要措施,确保布尔共和国家的生存;居住在德兰士瓦和奥兰治自由邦农村的布尔人,坚持捍卫他们的影响力;普通的布尔农民希望保护他们的个人家园免受外部威胁,他们表示支持布尔共和国,因为政府一直许诺说会将其年度预算的三分之一用于救济贫困群体。因此,布尔人普遍将这场战争想象为保护传统社区免受外人侵害的正义之举,相信矿产资源是神圣的奖励,并梦想在整个南非建立一个更大的布尔人共和国;那时,还有一些非洲仆人和工人则仍然忠于他们。

而在英国方面,帝国政府和矿业利益的目标是相同的:他们寻求在德兰士瓦建立一个友好的政权,该政权将与英国领土组建联邦。英国人想将冲突限制在南非,但"软弱的布尔人"仍积极渴望寻求德国和俄罗斯的外交援助。许多非洲本土族裔和"外国人"则将酝酿中的冲突视为推翻共和国的机会,不过,他们首先要找到更好的地方落脚。1899年5月至10月期间,大约10万名黑人和另外10万名外国白人逃离德兰士瓦,前往开普敦和纳塔尔。

1899年10月,用外交途径解决外国人和布尔人权益纷争的可能性越来越小。

在1895年詹姆逊突袭之后,布尔共和国利用采矿业的税收收入购买了价值超过100万英镑的现代武器。德兰士瓦将三分之一的预算用于国防。新的毛瑟连发步枪从德国进口,其中德兰士瓦3.7万支,奥兰治自由邦1.3

第四章 权力与战争：现代秩序的确立（19世纪—20世纪）

万支。① 与此同时，布尔人还拥有100多门机动火炮，其中包括比英国型号更先进的新克虏伯火炮。不过，尽管一些布尔军官接受了现代火炮使用方面的训练，但共和国缺乏大量制造弹药的能力，在战争爆发前只有10.8万发炮弹的库存。这给布尔共和国带来了隐患：在冲突期间，由于英国封锁了地区港口并迫使欧洲军火公司不要向共和国出售弹药，他们无法获得更多炮弹。尽管在军事上有所改进，共和军仍然依赖于组建突击队。通过这种方式，个别布尔人将被征召参加无偿义务兵役，并被要求携带自己的马匹和枪支。突击队的领导人被选举出来，作战计划在战争委员会中进行讨论和投票。尽管受到民族自由、加尔文主义基督教和男子气概等强大理想推动，但布尔人还是经常开小差，加上其他问题，部队显得就有点不像样子了，这为后续的兵败如山倒埋下伏笔：布尔军队缺乏正规的后勤体系，通常依靠士兵的妻子和黑人仆人照料马匹、运送口粮、烹饪和治疗伤员。冲突开始时约有1万名黑人后勤人员也被要求从事军事行动，担任诸如侦察和哨兵任务。不过总体上来看，布尔共和国还是动员了可供动用的人。1899年10月，布尔共和国有5.5万至6万名可用人员，在战斗开展时就部署了大约3.5万—4.2万人。布尔人还争取到了约2000名外国志愿者的支持，其中包括德国人、荷兰人、法国人、意大利人、爱尔兰人、美国人、希腊人、俄罗斯人和一个犹太救护队。②

1899年9月，英国陆军部根据米尔纳的建议，向开普和纳塔尔派遣了一万名军人。布尔各共和国曾在1897年达成协议，如果独立受到威胁，他们将互相支持。所以当英军到达时，德兰士瓦的克鲁格总统和奥兰治自由邦的马蒂努斯·施泰因总统协商后发出了最后通牒。1899年10月9日，

---

① Stapleton, Timothy Joseph, A military history of South Africa : from the Dutch-Khoi wars to the end of apartheid, Praeger Security International, 2010. P.88.

② Nasson, pp. 46–80; For the commando system see Fransjohan Pretorius, "Life on Commando," in Warwick, South African War, pp. 103–122 and Fransjohan Pretorius, Life on Commando During the Anglo-Boer War 1899–1902 (Cape Town: Human and Rousseau, 1999).

德兰士瓦政府对英国政府抗议，要求英国退兵，但未被接受。布尔各共和国宣战，第二次布尔战争爆发了。

英国在开普和纳塔尔的驻军很薄弱，只有两个骑兵团、六个步兵营和三个轻型野战炮兵连，所以一开始他们希望通过谈判解决战争。然而，一旦冲突不可避免，英国就迅速动员起来，从1899年10月到1900年1月末，约有11.2万名正规士兵前往南非。不过，尽管在数量上有优势，英国军队还是有很多问题，虽然他们刚结束对非洲本土族裔的殖民战争，但还未能从德兰士瓦叛乱期间的失败中吸取教训。英国确实拥有比布尔各共和国更多的大炮，但从前沿阵地开火以产生震撼和敬畏的标准做法并不适合现代战争，尤其不适合南非丛林战争。在南非的森林和热带草原的映衬下，英国士兵的红色外套显得格外醒目，容易暴露。从这场战争之后，欧洲各国意识到了在战场上伪装的重要性，纷纷将从拿破仑时期开始的鲜艳军服改为适应战场地理环境的绿色或黄色，以达到隐蔽的目的。他们新的连发步枪与布尔人的武器不相上下。但他们的步兵并没有那么强健，且几乎没有夜间作战和行军的经验。布尔人在邻近的英国殖民地上建立了有效的情报网络，而英国人对布尔人的力量和位置几乎一无所知，也缺乏准确的地图。更重要的是，英国指挥官在领导或为南非所需的大量部队提供给养方面完全没有经验。

两个布尔共和国决定先发制人。在英国向该地区派遣远征军之前，他们就对英国领土发动了攻击。布尔人的计划是，如果迅速赢得两线战争并获得国际同情，那么他们就可以在优势的地位进行谈判。两个布尔共和国的战略计划部分是由几乎没有军事经验的德兰士瓦总检察长扬·史末资构思的。尽管布尔人指挥官之间存在不少分歧，但他们最初的计划是占领整个纳塔尔，使英军难以登陆海岸，同时占领开普殖民地的大部分地区，以切断英国南北主要铁路线。突击队向西进入格里夸兰西部和贝专纳兰，向南进入开普敦，向东进入纳塔尔。战争于1899年10月12日开始，先是在克拉艾潘铁路发生小规模冲突，然后800名布尔人伏击了前往北面30

英里马费金的英国装甲弹药列车。

布尔人首先集中在纳塔尔布军，因为英国的防御者离边境更近，而奥兰治自由邦政府并不热衷于从其领土上发动对开普敦的大规模入侵。很快，纳塔尔被1.4万名德兰士瓦布尔人和6000名奥兰治自由邦布尔人组成的联合部队入侵。1899年10月20日，布尔人占领了纳塔尔高地并轰炸了小镇。一开始，布尔人的火炮超出了英国炮兵的射程，但英国人重新进行定位，利用步枪驱散了大约1000名布尔人。布尔人伤亡140人，而英国人伤亡546人，占其纳塔尔军队的十分之一。第二天，在18门野战炮的轰炸支持下，英国步兵和骑兵进行反击，1000名布尔守军逃跑，许多人被追击的英国枪手射杀。[1]

战争互有胜败。布尔人们开始部署的第二个目标是占领开普敦，至少是占领开普敦的一部分。在十几门火炮的支持下，德兰士瓦将军皮特·克罗涅率领约9000名布尔人，前往南罗得西亚金伯利和布拉瓦约之间最大的铁路车站马费金。由于英国人忽视了马费金的防御，居民们向贝专纳保护团的指挥官巴登鲍威尔上校求援。巴登鲍威尔手下有750名训练有素的士兵和450名当地志愿者以及很少的大炮。他骚扰了前进的布尔人，并在城镇周围建造了一圈战壕和小堡垒。围攻始于1899年10月14日，持续七个月。克罗涅几乎没有对英国人采取任何进攻行动，几周内，许多无所事事的布尔人回家了，只留下2000名士兵。在马费金的围攻战中，双方都武装了他们的非洲盟友。布尔人与兰浦拉洛隆人恢复了原有的旧联盟，武装了其中的300名士兵来守卫战壕；曾经拒绝向被困非洲难民提供食物的巴登鲍威尔武装了500名柿蒂洛隆人来保卫马费金小镇。

10月15日，由自由邦将军克里斯蒂安·韦塞尔斯指挥的4800名布尔人开始对金伯利进行为期四个月的围攻。那里是罗得斯的戴比尔斯钻石公

---

[1] Stapleton, Timothy Joseph, A military history of South Africa: from the Dutch-Khoi wars to the end of apartheid, Praeger Security International, 2010. P.91.

司的总部，罗得斯将矿上的工人、工程技术和资源都转移到了一个受到专门保护的小镇上。在那里，隧道被挖成炮击掩体，矿坑变成了坚固的观察哨，战壕前设置了带刺铁丝网障碍物，3000名志愿工人准备了400门英国常规大炮。罗得斯不断地插手军事问题，并最终建立了自己的阳光反射信号器：日光仪，将信息发送给上级。与其他围城战一样，白人幸存下来是因为他们抢夺了黑人的口粮。在金伯利遇难的1500人几乎都是非洲人。正像纳桑指出的，虽然这些围攻似乎与布尔人的机动作战理念不合，但在早期的战争中，布尔人一直凭借建立据点来抗击外敌。但让布尔人没想到的是，作为殖民地的核心城镇，马费金和金伯利拥有最好的全副武装殖民军队，而布尔人缺乏必要的炮弹供应来战胜他们。[1]

1899年11月1日，奥兰治自由邦的突击队员在奥兰治河上发动了一次闪电袭击，出乎意料的是，因为布尔人一直靠抢夺非洲的劳动力和财产发展，与原住民积怨已深，所以当英国殖民者很快组织起4000名本土族裔的"非洲特遣队"时，布尔人遇到了真正的抵抗。这使得他们未能在奥兰治河上占领一座桥梁，布尔人期待已久的崛起并没有发生，而且很明显，他们再也无法进入到英国殖民领地了。布尔人的快速推进很快就陷入了一系列旷日持久且无效的围攻中。

1899年10月31日，英国驻南非指挥官雷弗斯·布勒将军与英国远征军的第一批特遣队一起抵达开普敦。尽管最初的计划是从开普敦开始沿铁路向布隆方丹、约翰内斯堡和比勒陀利亚推进，但布勒改变了这个计划，因为他想对抗纳塔尔最大的布尔人特遣队。这在后来被证明是英明之举：尽管英国因为糟糕的地图和缺乏侦察经验总是被布尔人俘获，但当英国军队以压倒性的人数抗击时，布尔人伤亡惨重，只能沿着马费金铁路向北撤

---

[1] Nasson, pp. 46–80; For the commando system see Fransjohan Pretorius, "Life on Commando," in Warwick, South African War, pp. 103–122 and Fransjohan Pretorius, Life on Commando During the Anglo-Boer War 1899–1902 (Cape Town: Human and Rousseau, 1999).p.105.

退。11月24日，布尔人总兵力减少了2000人，士气已经十分低落。11月25日，布尔人在格拉斯潘附近山坡上的阵地再次遭到英国人的轰炸和压制，但布尔指挥官德拉雷放弃防御，转而将3000名布尔人埋伏在莫德河前一个隐蔽的反向斜坡上。当英军11月28日到达此地时，遭遇伏击，1万名英军中有500人伤亡。但布尔战争委员会没有利用这次胜利乘胜追击，而是投票赞成夜间有序撤退。

与此同时，布尔将军克罗涅派遣了增援部队，但德拉雷仍然选择不占领那里的制高点，而是将8500名布尔人部署在低地的新月形地带，战壕前有低矮的带刺铁丝网，英国人只能沿着铁路直行。12月10日，英国将军梅休恩下令炸山，并派遣了4000人的高地旅前往马格斯方丹山准备黎明袭击。黎明时分，高地旅在离山600码的地方就被布尔人发现，布尔军躲在低地，向他们开火。更糟的是，英国另一支军队也在此时进入了该地，他们发射的炮弹炸中了高地旅。最终，布尔人伤亡250人，而英国人的伤亡是布尔人的四倍，达1000人。英国人撤退了，在接下来的三个月里，布尔人控制了马格斯方丹。

在米德兰，驰援英国的法国骑兵在科尔斯贝格附近与布尔人发生了三个月的小规模冲突。在纳塔尔战线上，1899年12月中旬，德兰士瓦指挥官路易斯·博塔试图通过在科伦索以北的一系列山丘上建造战壕系统来阻止英国人进犯，但西部失利的消息促使英国军官布勒直接冲击了布尔阵地，想发动英军向山上攻击——英军曾在1898年对苏丹军的战斗中使用此战术获得优势——但这时，由于布尔占据着地形崎岖的便利，攻击未能产生太大影响。12月15日，冒着英军的炮火，布尔军用轻便武器从三侧开火，在30分钟内造成了英军400人伤亡。在这场战役中，英国总共1130人伤亡，而布尔人只有40人伤亡。在马格斯方丹斯托姆贝格和科伦索，英军持续遭遇失败，这被英国称为"黑色周"，布勒被就地解除了英国驻南非总司令的职务。然而，布尔人未能利用这种情况，只是坚守而不出击。

1900年1月6日，总司令皮特·朱伯特率领布尔人部队试图在英国人再次尝试打破围困之前占领莱迪史密斯小镇①，以此结束战斗，由此引发了在小镇以南的普拉特兰之战（或马车山之战）。

普拉特兰山是莱迪史密斯小镇以南一条两英里半长的山脊。自1899年11月英国对布尔人的围攻开始以来，它一直被英国人占领，许多人认为它是莱迪史密斯防御工事的关键，英国指挥官伊恩·汉密尔顿上校在山脊东端的凯撒营地建造了七英尺高的城墙，大约1000名士兵在两端的山丘上设防。但布尔人决定用两倍的兵力拿下普拉特兰山。1月6日凌晨，在夜色的掩护下，布尔人对山脉两端发起战斗。汉密尔顿被噪音吵醒了，他用新安装的电话呼叫增援，怀特派出的野战炮部队很快抵达，并在白天的战斗中发挥了至关重要的作用。

黎明时分，布尔人的进攻未能到达山脊的顶峰，但布尔人在山的整个南侧保持了一条战线，并威胁要包抄英国的阵地。邻近山丘上的布尔炮兵现在也加入战斗，英国的阵地看起来很脆弱，直到英国派出的野战炮抵达后才帮助守住了阵地。战斗从清晨一直持续到中午。短暂休息后，布尔人的进攻又开始了。这时，英国增援部队已经抵达山上，布尔人最终没能攻下山头。但英国人因此一役的损失惨重，共有417人伤亡；布尔人也没有出奇制胜，步枪旅有99名布尔人死亡，这对他们的士气造成了很负面的影响。②

---

① 位于龙山山脚下，距德班西北230千米和约翰内斯堡东南365千米，克利普河的岸边，中央商务区和大部分住宅区都位于河流的洪泛区内。1847年，在从祖鲁国王姆潘德（1840—1872年在位）手中买下土地后，一些布尔人在该地区定居，并以安德里斯·斯派斯为统帅称其为克利普河共和国。同年，该共和国被英国吞并，并于1850年6月20日被宣布改名为"温莎"。1850年10月11日，在胡安娜·玛丽亚·德·洛斯·多洛雷斯·德莱昂·史密斯之后，该镇更名为莱迪·史密斯小镇，1847年至1852年为英国驻南非高级专员驻地。

② Hugh Rethman.Friends and Enemies: The Natal Campaign in the South African War 1899-1902, Tattered Flag. 2015.p.185.

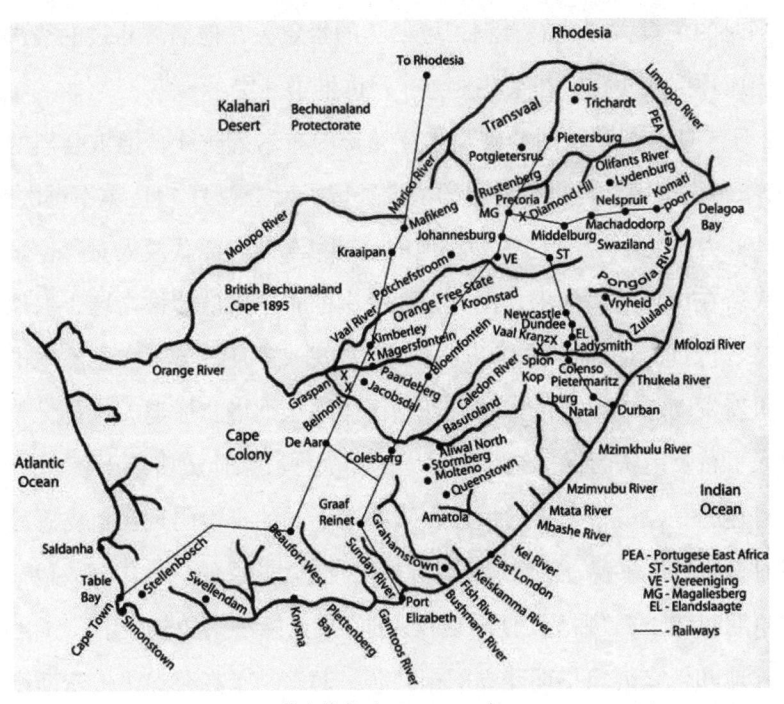

第四章　权力与战争：现代秩序的确立（19世纪—20世纪）

英布战争（1899—1902）

1月10日，英国陆军元帅弗雷德里克·斯莱·罗伯茨勋爵与他的参谋长霍雷肖·赫伯特·基奇纳勋爵一起抵达开普敦，接管了驻南非英军指挥权。就在"黑色周"之后，英国又派出了4.7万名英国士兵抵达开普敦，到1899年年底，另有2万常规军和2万志愿者前去南非。1月20日和21日，英国对双峰的两次进攻被击退，1月23日，英军及增援部队再次遭遇包括双子峰和斯皮恩科在内的周围布尔阵地的致命攻击，英军内乱，但布尔人的士气也很低落。1月25日，路易斯·博塔亲自带领一小群布尔人登上了斯皮恩科普山的顶峰，号召布尔人团结一致。但双方都遭受了人员伤亡的损失，仅在斯皮恩科普山就有1100名英国士兵伤亡，布尔人伤亡300多名。[1]一名目睹了战斗，后来在第一次世界大战中指挥英国营的将军，他后来回

---

[1] Bill Nasson, The South African War 1899 – 1902, London: Hodder Arnold, 1999, pp.81-145.

忆了当时的场景："我们看到了更糟糕的景象。在他们战斗过的浅沟里，士兵们成片倒地而亡，在某些地方，尸体堆了三层。"①

2月5日，布勒试图冲破瓦尔克兰茨的布尔人防线，但被猛烈的火力击退,布尔人借用燃烧野草冒出的浓烟进行了反击。2月7日,英军再次撤退,伤亡400人。2月17日，布勒将他的全部2.5万人部队投入对科伦索以东布尔人所在山丘的轰炸中。图克拉河沿岸的布尔人防线被击垮，但他们还是坚持了抵抗，造成英军1400人伤亡。2月27日，英军在猛烈炮击的支持下重新发动进攻，迫使布尔人开始缓慢地从纳塔尔撤退。次日，英军终于攻入了布尔军队为保护纳塔尔设立的作战中心莱迪史密斯小镇。

有趣的是，三位未来的世界领袖都以不同的身份出现在斯皮恩科普："战时首相"温斯顿·丘吉尔，当时是伦敦《晨报》的一名年轻战地记者，在战争期间被俘。逃脱后，他出现在莱迪·史密斯小镇的救援中。②印度"圣雄"甘地和他在战争早期建立的担架队一起参与了在莱迪·史密斯小镇及其周围发生的许多战役的救援。③在科伦索战役后，他和他的志愿者将受伤的士兵运送到铁道口，并在现在的夸祖鲁·纳塔尔省的斯皮恩科普前线服役。还有就是将在1910年成为南非联盟第一任首相的布尔人将军路易·博塔。

几乎是同时，在金伯利、布隆方丹、奥兰治河上的几个过境点、基奇纳山丘等地，英军的攻势较快。2月27日，罗伯茨在帕德贝格布尔人阵地50码处发起了猛烈的步兵攻击。一群布尔人开始举起白旗，在很短的时间内他们都投降了，包括克罗涅。4000名布尔人被俘，占共和军兵力的10%，另有400人阵亡或受伤。英国人有1300人伤亡。瑞兹得知帕德贝格

---

① Deneys Reitz, Commando: A Boer Journal of the Boer War (London: Faber and Faber, 1931), p. 79.

② Creswicke, Louis. "From the Commencement of the War to the Battle of Colenso, 15th Dec. 1899". South Africa and the Transvaal War, Vol. 2 (of 6). Project Gutenberg.p.38.

③ Radhakrishnan, S. (2000). Mahatma Gandhi: Essays and Reflections. Jaico Publishing House. p. 510.

失守时,他写道:"整个宇宙似乎都在我们耳边倾覆……那天早上看起来好像布尔人的事业在我们眼前分崩离析。"

帕德贝格失守的消息导致更多的布尔人向布隆方丹撤退。共和党国内阵线士气低落,许多布尔战士离开了。随着克罗涅成为阶下囚,布尔人的领导权传给了更年轻、更有活力的一代指挥官。路易斯·博塔成为德兰士瓦的指挥官,克里斯汀·德·维特成为奥兰治自由邦的指挥官,史末资也获得了更多在行动中证明自己的机会,他们用"游击战"的方式开始抗击英国。但很快,3月13日,布隆方丹落入英国手中,布尔人的首都沦陷。英国得到精神激励,进一步向北进军比勒陀利亚。尽管布隆方丹英军因卫生问题导致了伤寒爆发,到4月底又有1000名士兵死亡,但占领布隆方丹地区后,英军的意图已经非常明显:罗伯茨要求前布尔人突击队员交出武器并宣誓投降,否则财产将被没收。

因为各方都在争取矿山的利益已经昭然若揭,布尔人的精英们很快意识到英国人无法被赶走,但布尔人的反击行动可能会让他们在南非的军事维持变得非常昂贵,于是,德韦特为首的布尔精英们开始发起了持续的游击、伏击,以骚扰分散在布隆方丹周围的英国军队。3月底4月初,布尔人以小搏大,致800余英军伤亡。自由邦已经向英国宣誓效忠的布尔人,又回到了突击队员的指挥下。

但好景不长,1900年5月3日,罗伯茨让英军向北面300英里的比勒陀利亚进军。尽管布尔人炸毁了维特和沙河上的桥梁,但英军主力强渡成功,并占领了布尔人战争委员会的所在地、自由邦总统斯泰恩的临时住所克朗斯塔德,斯泰恩再次逃离。英国军队在库斯丹休整了一个星期,让一支非洲劳工在军事指挥下提供补给并修理桥梁。但到这一年的5月份,伤寒给英国士兵中造成的伤亡比"黑色周"的战斗减员还要多。

在西边,赫伯特·普卢默中校率领的700名罗得西亚骑兵试图解除对马费金的围困,但由于没有大炮而未能如愿,直到罗伯茨从金伯利派遣的2000人突击纵队到来。5月17日,马费金在布尔人象征性地反击后落入英国手中。巴登鲍威尔的贝专纳军队和普卢默的罗得西亚人从西边入侵，很快征服了德兰士瓦。以法军骑兵为先导，罗伯茨手下不断壮大的主力从南方挺进。到5月底，英国人渡过瓦尔河，占领了维金煤田。由于不再需要从南方运煤，运输系统变得轻松了。布尔人领导层内部的激进分子以及爱尔兰志愿者发出了新的呼吁，要求摧毁金矿。但保守的博塔不允许这样做，他想要更多的矿业议价权，同时他意识到手下的6000将士已不足以对抗罗伯茨的庞大部队，于是他决定放弃约翰内斯堡并进一步向北撤退，更多的想要继续战斗的布尔人也随之向北进发。英国人和布尔人同意和平移交约翰内斯堡，因为他们意识到，如果可以共同支配非洲工人，这是双赢的。5月31日，英军在一片平静中占领了约翰内斯堡。

自此，由英国和乌特兰人精英组成的新兰德政府成立，驱逐不受欢迎的外国人并保留对非洲工人剥削的通行证制度。[1]

罗伯茨彻底改变了英国对战争的态度：从一开始专注于精心策划和协调的包围行动来诱捕布尔人，转变为认真改善军队的数量、机动性和后勤保障。下级军官的灵活指挥权提升了，英军还专门招募非洲间谍负责在布尔人中散布虚假信息。到这场战争结束时，英国人得以接管铁路系统并建立了统一的交通网络，但他们从世界各地运来的50万匹马有三分之二都死亡了。

到了战争后期，一些较贫穷的非洲裔人已经对共和国的事业失去了信心，他们在英军中充当侦察兵，对抗前战友。布尔国濒临内战的边缘。布尔人群的两极分化甚至到了用命名来区分派别的程度：与英国人合作的非洲裔人被其他非洲裔人称为"举手投降者"[2]，另一些决心要将战争进行到底的，则被称为"坚守者"。即使在战争结束后很久，"举手投降者"仍被其他非洲人所鄙视，这种厌恶导致了布尔人之间兄弟阋墙和家庭破裂。

---

[1] 郑家馨. 南非史 [M]. 北京：北京大学出版社 2010：77.
[2] W. K. Hanock and Jean Van Der Poel (eds.), Selections from the Smuts Papers, 1 (Cambridge University Press, 1966), p. 547−548.

第四章 权力与战争：现代秩序的确立（19世纪—20世纪）

其中最为著名的是布尔将军皮特和兄弟克里斯汀的故事。兄弟俩在是不是放下武器方面态度截然相反，皮特认为他的部下在克朗斯塔德缴械投降是为了阻止他的人民再受苦，但他的兄弟却从此将其视为叛徒，甚至不再和他单独待在一间屋子里。兄弟二人至死都未和解。①

尽管英国人都在期待着一场能够彻底打败布尔人的决定性战斗，但罗伯茨率领的英国军队于1900年6月5日进入比勒陀利亚时，仍然没有发生战斗。②布尔战争委员会决定继续斗争，但放弃比勒陀利亚，因为它无法防御。根据史末资的说法："他们害怕的不是罗伯茨勋爵的军队，而是布尔人彻底失去军衔和职位，这些伟大的军官们感觉如此地措手不及。"③在这样的情况下，克鲁格乘坐火车前往葡萄牙东非，许多突击队员前往马加利斯堡山脉，英国宣布布尔共和国瓦解，改为奥兰治河殖民地和德兰士瓦殖民地。到6月底，有8000名德兰士瓦布尔人投降，加上3月至7月之间6000名奥兰治自由邦布尔人的投降，这些投降人数已经占可用军事人力的四分之一。

毫无疑问，此时，更多的布尔人终于面对了他们梦想的幻灭。他们曾对在卡菲尔战争中因英勇和军事技能而享有盛誉的高级官员寄予厚望，但他们终于发现这些军队是最松散、最不军事化、最无效率的组织，所有的军官都只想着明哲保身。

罗伯茨派遣法国骑兵前往马加利斯堡以切断逃跑的布尔人，但没能阻挡北部的布尔人。6月7日，德韦特带领380人突袭了克朗斯塔德以北的英国铁路驻军，切断了南部的交通，炸毁桥梁，摧毁了数英里的铁路线，

---

① Albert Grundlingh, Fighting Their Own War: South African Blacks and the First World War (Paperback) · Slabbert: Man on a Mission (Paperback),

② Nasson, The South African War 1899–1902, London: Hodder Arnold, 1999, pp.160-178.

③ W. K. Hanock and Jean Van Der Poel (eds.), Selections from the Smuts Papers, Cambridge University Press, 1966, p. 541.

夺取了补给品，并造成约 700 名英国人伤亡。英军于 6 月 11 日至 12 日发起反击，在所谓的"钻石山战役"或"顿克胡克战役"中，1.2 万名英国士兵击败了比勒陀利亚以东的博塔领导的 5000 名山地布尔人，代表"布尔战争防御阶段的结束"。但紧随其后的，是布尔人的游击战和英国人的焦土战略，此起彼伏。

从 1900 年 12 月开始，因英国焦土运动而流离失所、陷入贫困的布尔非战斗人员被赶进难民营。对于英国军队来说，布尔人农场作为情报和供应基地必须拆除，并将他们的家人扣为人质，对敌对的布尔人施加压力，迫使其投降。在开普敦北部和西北部，英国将混血男子（有色人种）组织成"纳马夸兰童子军"和"布须曼边疆军"与布尔人作战。在所谓的自下而上的革命中，非洲农民开始占领前共和国的布尔农场。

英国派来的增援部队让战争持续进行，苦难不断加深。布尔游击队的活动空间和生存基础被完全毁灭，英国也陷入战争泥潭。这场战斗其实已到了难以为继的地步。最终，大多数布尔人领导人继续前进的意愿削弱了。到 1902 年年初，双方都希望结束这场极具破坏性的冲突。但像往常一样，布尔领导人意见不一，史末资和博塔赞成谈判，斯泰恩、德拉雷和赫佐格希望继续战斗。直到 1902 年 4 月，布尔人重新开始与英国人的谈判，英国人拒绝了共和国保持独立的要求，同时拒绝接纳更多的布尔难民进入营地，这意味着突击队员将要承担难民的一切支出。1902 年 5 月 15 日至 31 日，每个布尔突击队都选出一名代表参加在比勒陀利亚梅尔罗斯宫的谈判。在会议的最后一天，布尔人代表以 54:6 的投票结果同意放弃独立，而英国的让步包括遣返所有囚犯、大赦、保护财产权、非惩罚性税收、高达 300 万英镑的重建援助款项、最终自治的承诺、保证黑人不会从开普敦向北扩展、保护使用荷兰语的权益等，双方签署了《维雷尼金和平协议》。[1]

---

[1] Stapleton, Timothy Joseph, A military history of South Africa : from the Dutch-Khoi wars to the end of apartheid, Praeger Security International, 2010.p.106.

第二次英布战争终于告终。

三、游击战、难民营和黑人"助手"

19世纪90年代到20世纪初期,战争在南非的建立过程中发挥了至关重要的作用。矿业经济的发展为德兰士瓦和纳塔尔等殖民国提供了更强的军事能力,以完成对非洲的征服。尽管矿产财富使布尔共和国成为英国扩张的目标,但这给了他们信心并使他们能够获得现代武器。布尔人的战术,如火力和移动战,以及隐蔽的反向斜坡防御阵地,最终将成为标准的现代军事实践,而"游击战"一词将成为小型、高度机动的部队执行打了就跑的行动的简写。不过,共和军的军事组织、后勤和领导仍然是一个小而孤立的系统。南非战争期间英国的问题主要源于保守的军队,该军队在一系列针对武装薄弱的原住民人的小型殖民战争期间发展起来,并且缺乏管理庞大部队的经验,无法打败游击战的布尔人。英布双方的主要区别在于,英国人拥有克服挑战的资源、时间和空间,而布尔人没有。英国打击布尔人的反叛乱要素——切断游击队与平民的支持、封锁和搜索特定地区以及使用当地盟友——将成为20世纪后期的反叛乱运动的常用策略。

英布战争暴露了英军的许多弱点:组织混乱、指挥不力、行动缓慢等。更重要的是,布尔人使英国人认识到了游击战争的重要性。战后,英国立即着手进行军事改革,先后组建了战争公署、海军战争委员会和帝国国防委员会,并对英军的组织机构、指挥系统、军兵种设置乃至后勤系统进行改革。此外,随着新式武器的使用,前线的军队作战方式、防御手段也随之进行调整。布尔人的游击战术给了英、法、德、荷等国巨大震撼,他们也纷纷在战后研究因应之策。英布战争让英军在后续的两次世界大战中,在铁路运兵和大兵团推进等作战方式上不断革新,让德国人更加坚信"总体战"理论,而对瑞士等不足以维持常备军的小国,则从布尔人"全民皆兵"的思想中发展出了适合本国的国防体系。

从整个布尔战争的过程来看，这场由布尔人发起的进攻旗开得胜，但英国士兵并没有像许多人之前所想的那样在圣诞节前回家度假。布尔人在科伦索和马格斯芬丁（金伯利附近）等地击败英军，并对马菲金、金伯利和莱迪史密斯等战略要地进行围攻。英军蒙受羞辱，并很快对布尔人最初的胜利做出了回应：向南非派遣了新任的总司令和更多的军队。兵强马壮的英军遇到了充满民族主义热情的布尔人，双方激战不断升级，最后变成了旷日持久又无情的战役。到1900年3月，英军有18万名士兵在南非战场作战，几乎是两个布尔共和国的全部人口之和。

但人数并非战役取得胜利的唯一因素，即使到1900年6月，约翰内斯堡和比勒陀利亚这两个首都均已归属英国，这本应标志着战争的结束，但另一个漫长的战争阶段却开始了：布尔人开始通过小规模的游击战，神出鬼没地出入乡间，破坏英国人的补给线、桥梁和铁道线，以阻碍英军的进展。拥有坚定民族热情的史末资是游击理念的贡献者，他不再担任德兰士瓦尔检察官的职务，而是积极"投笔从戎"。1900年12月，史末资被任命为将军，成为德·拉·雷率领的突击队的一员，并得益于马加利斯堡的"没想到山"铁矿石所引发的雷电，击败了一支规模更大的英军。

为了布尔共和国没有完全破灭的梦想，1901年8月，史末资和他的340名德兰士瓦突击队离开了瓦尔河上的科皮斯克拉尔，前往开普殖民地。经过约480千米的长途迁徙，他们到达了奥兰治河。9月到11月，他们在东开普省打了十几场战，然后经过开普殖民地中部地区、西南部地区，最终到达开普省西北部地区。一些开普殖民地的阿非利卡人加入了他们的突击队，但无论如何团结、动员，开普殖民地始终没有组织起广泛的阿非利卡人起义。与此同时，听到风声的英国人很快就宣布了开普殖民地戒严，并在1901年10月俘获了戈登率领的一支约150名布尔"叛军"。很快，戈登接受了开普军事法庭的审判，他被判定犯有谋杀、纵火和破坏火车罪，在格拉夫·雷内特附近的草原上被枪决。处决时，戈登已然病倒，他不得不坐在椅子上面对刽子手。戈登的死使他成为布尔民族烈士，也引发了英国军事法庭在战争期间对战俘判处死刑的辩论。

布尔人的游击战进行得很成功,布尔人有马匹,而且枪法很准。在南非长期的迁徙中,他们对这里的风土人情都更加熟悉,机动性很强。而游击战作为非常规战争,是英国人从来没有遇到过的新事物。在随后的两次世界大战中,史末资成为英国人青睐的军事顾问,并让英国军队也适应了游击战术。在南非战场,英国人很快就意识到他们也需要马匹,美国"盟友"很快就转运来了大约有 20 万匹马和骡子,并友情赠送了咸牛肉罐头、靴子、火药和枪炮等物资用于英国的战争行动。阿根廷出口了马匹饲料,这些草料中夹杂着波斯菊种子,因为时值南非冬季,这些种子尚未发芽。到了第二年,它们便扎根南非。时至今日,每逢秋天,在约翰内斯堡国道上到处可见肆意生长的波斯菊,它们也是南非环境史中充满浪漫色彩的一笔。

布尔人一直保留着他们的农牧基本生计方式,布尔游击队员们只要有机会就会回到农场。英军因此以为他们找到了应对游击战的方法,这就是后来被英国自由党批评为"野蛮手段"的焦土战。罗伯茨和基奇纳[①]将农村划分为若干区域,建造了大约 8000 座碉堡,采用了他们在亚洲使用过的战术:烧毁农场、毁坏牲畜,使敌人无法回家。英国人认为这样做会使战争结束,但后果却是超出预期的残忍:流离失所的布尔族妇女和儿童,少量的老年男子和一些放下武器的自由民及其家人,被无奈地集中起来带到匆匆忙忙建立的营地之中。因为人口集中,这里被命名为"集中营"。南非各地约有 50 至 60 个白人集中营,约 67 个黑人集中营,大多数位于从布隆方丹到比勒陀利亚和内尔斯普鲁特的铁路沿线。这些营地的卫生和其他需求都没有得到应有的重视,麻疹、疟疾、水痘和白喉等疾病在拥挤的环境中迅速蔓延,死亡率,特别是幼儿的死亡率令人震惊。据估计,约有 2.8 万名布尔族妇女和儿童死于这些集中营,黑人死亡人数不详,但大

---

① 基奇纳是著名的战争狂人,曾在苏丹击败马赫迪起义军,为人冷血无情,但很有才干。认为游击战的特征在于兵民不分,既然如此,索性一起摧毁。

致也差不多,这些数字超过了在战场上阵亡士兵的人数。

尽管难民营的情况因地点和管理难民营官员不同而有差异,但在大多数情况下,集中营的情况并不理想:瘦弱的孩童,无法疗愈的病人,以及失去信心的妇女等等。英国社会工作者和反战和平主义者艾米莉·霍布豪斯在英国建立了一个救济基金,当她听说英国的焦土政策使布尔族妇女和儿童无家可归时,她带着食品和衣物,特别是婴儿的食品和衣物前往南非,并在随后向在伦敦的英国反对派领袖亨利·坎贝尔·班纳曼爵士报告了她的所见所闻。班纳曼爵士对她的描述感到震惊。有一次艾米丽说,她希望有更多的时间来帮助黑人,因为他们的苦难更深重。1913年,布隆方丹树立了妇女纪念碑,那时艾米丽已经因病不能出席揭幕仪式,但她仍然撰写了演讲稿,并特别注明缅怀在战争中受苦受难的各族妇女。1926年她在英国去世后,她的骨灰被带回南非,安葬在这个纪念碑的脚下。战后多年,艾米丽一直是阿非利卡人心目中的女英雄。[①]

近年来,人们试图寻找黑人集中营的地点,但没有统计资料,也很少有书面记录提到这些集中营。2001年,奥兰治河霍普镇附近的一个农民在他农场的偏僻一角偶然发现了一个破罐子和一些玻璃碎片,随后进行的考古发掘发现这是个集中营的遗迹,估计当时约有1500人,但并不能判断他们究竟是谁。

英布战争一开始被认为只会发生在英国人和布尔人之间,但最终黑人、有色人种和印度人等,几乎所有人都受到了影响,每个群体都在战争中发挥了作用。

支持布尔人的本土团体被布尔人命名为"阿格特利亚",意思是"跟在士兵后面骑行的人",这些人跟随着突击队到前线、看管马匹、搬运装备、侦察调度以及搬运伤员;他们中的一些还带着武器骑着马,与布尔人并肩

[①] 驻开普岛的作家、女权主义者奥利弗·施莱纳是另一位揭露集中营制度残酷性的女性。她的作品包括《非洲农场的故事》(1883)、《女人和劳动》(1911)、《南非思想》(1923)等。

作战。每一个出得起钱的布尔人都会雇用一名阿格特利亚人,因此,在英布战争期间这个群体共约有 1.2 万人。桑人是其中的追踪专家,他们能够追踪史密斯·多伦将军麾下的英军。在德兰士瓦东部的克里斯西湖地区,他们是协助布尔人的主要原住民居民。茨瓦纳人是布尔将军皮特·克罗涅在围攻马费金和莱迪斯密斯城时招募的,那时他们负责担任夜间的守卫前哨。

在英军方面,估计约有 10 万名黑人和有色人种被军队雇用。在开普,有色人种延续着他们担任殖民地城镇警卫和侦察兵的职责,保护社区免受布尔人突击队的袭击。一个名叫亚伯拉罕·埃索的有色人,虽然被剥夺了携带武器的权利,但他私下招募了一批人从事侦察活动,向英国人报告布尔人的叛乱。作为回报,一支英国小队承诺秘密保护他家人所居住的加尔文尼亚。亚伯拉罕的活动让他成为了一个标记性人物,1901 年 2 月,他被布尔人部队捕获并处决。其他的受雇于英军的当地人,大多数担任运输工人、营区工人、侦察员、通信骑兵、间谍和警卫,也有少量的一些武装战斗人员。圣雄甘地正是在这个时期,得到当地印度人的资助组建了他的纳塔尔印度救护队。

在整个战争期间,当地酋长认为,打败布尔人将为他们带来更多的权利。因此,当英军向巴苏托兰、贝专纳、斯威士兰和特兰斯凯的酋长们承诺保护他们的地区不受布尔人的渗透时,他们都站在了英国人的一边。1900 年 1 月至 5 月间,当祖鲁兰的部分地区被布尔人的军队占领时,当地酋长及时向英国人通报了情况,酋长第努祖鲁甚至还动员了一个团的兵力保护英方边境。

在皮拉内斯堡(现在的西北省)的战役中,英国人发给卡特拉斯酋长步枪,希望他可以组建一支队伍,驱赶布尔人。因为希望通过援助英国人拿回一些被布尔人夺走的土地,卡特拉斯人特别卖力,甚至到 1901 年 7 月时,他们已经控制了皮兰斯贝格地区直到埃兰斯河下游的皮拉内斯堡地区,英国军队完全不必再费心这些地区。当英布战争结束时,卡特拉斯人相信，他们将因援助英国人而得到回报，他们将能够保住自己原先在皮兰斯堡的土地，那是他们祖先的土地，现在却成了布尔人的农场，但他们失望了。和承诺的完全相反，英国人开始了与布尔人的和解计划，并对布尔人承诺保持他们的白人地位及应有利益。卡特拉斯人被命令归还步枪，尽管许多枪支被偷偷运走了。[1]

在马费金地区，洛隆族的史蒂族群也曾对英国抱有幻想，在过去几十年里，他们大片的土地都被布尔人占领了。因此，在马费金被围困时，大约500名武装的洛隆人成了守卫部队的一部分，而他们的领袖之一玛塔贡则从城外突袭布尔人，立下奇功。他还将捕获的布尔人的牛群带入马费金缓解了粮食短缺。洛隆妇女们也出其不意地扮演了非官方的角色：她们一直是城市粮物的运送者，被布尔人准许去远处寻找南瓜、野玉米、甜瓜等食物，并带回水果及木柴。围城接近尾声时，许多黑人都在挨饿，洛隆妇女不仅把物资带回，还准确地向殖民当局报告了布尔人的阵地和行动，以及他们的枪炮集中的地方，促使英军守住了马费金。然而，和他们的本土邻居一样，洛隆族最后也失望了。1902年年初，他们的枪支被夺走。恰逢一支布尔人突击队袭击他们的牛群，他们束手无策。尽管巴登·鲍威尔勋爵因创立童子军运动而名声大噪，但他在这个事件中的表现并不出色。在1903年的南非战争皇家委员会会议上，巴登·鲍威尔歪曲了关于洛隆人防守马费金的记录：当被问及洛隆人是否被参与军事行动时，他说："没有，我们试图让他们保卫他们的城镇，但在第一次进攻时，他们就跑了。"[2]

矿区的黑人移民工人也受到了战争的影响。当敌对行动开始，矿区要关闭时，这些工人被告知要回家，但他们没有任何交通工具：火车停运，除了走漫长的回家路，别无选择。金伯利城被布尔人围困时也是如此，塞

---

[1] Bernard Mbenga, Land, chiefs, mining : South Africa's North West Province since 1840, Wits University Press, 2014.

[2] Bernard Mbenga, Land, chiefs, mining : South Africa's North West Province since 1840, Wits University Press, 2014.

西尔·罗得斯从驻地送走了大约3万名黑人士兵,据说是让他们回家,但更主要的是节约有限的粮食。在瓢泼大雨之下,工人们失去了住所,在经过布尔人的防线时,又往往面临着巨大的危险,许多人在试图回家的路上被布尔人枪杀了。因此,很难说他们参与到英布战争中,究竟是自愿还是被迫。

四、不同人的"彩虹之邦"

第二次布尔战争是英国在1815—1914年这百年期间发动的代价最大的战争,也是南非历史上破坏性最大的现代武装冲突。同时,它是世界历史第一场全面使用枪支而不是冷兵器的战争,是现代战争的雏型,也是象征大英帝国由盛而衰的开始。两次英布战争虽然最终使得英国将南部非洲的殖民地连成一片,但是其结束也标志着英国的海外扩张史告一段落。英国政治家经此一役,发觉近代化战争,无论经济和军事代价都过高。随后,英国进行了全球范围内的战略收缩,将部分海外势力范围转托给加拿大、澳大利亚、新西兰等白人自治领,帝国的战略重点重新转回欧洲。

戏谑的是,布尔战争爆发前三个月,在荷兰海牙召开的世界领导人会议决定,必须消除战斗人员和平民在战争中遭受的不必要痛苦,但会后不久便爆发了第二次英布战争:包括妇女和儿童在内的所有种族的平民伤亡数以万计,农场被洗劫和烧毁,难民不断增加,"文明"战争的规则并没有得到遵守。

按照当时的惯常模式,布尔战争原本应该是英国人和布尔人之间的"绅士战争",[1]但其实,南非族群基本都被牵涉其中,因此,该战争有被西方历史学家重新命名为"南非战争"的趋势。许多书籍都描述了战役期间

---

[1] 英布战争也被称为最后一场绅士间的战争,在这场战争之前交战双方会遵循礼仪,乐队随行,打仗时双方会拼个你死我活,战后却也会在边界坐着聊聊天。这是英布战争比较温情的一面,但也从一个侧面看到了交战双方士兵对战争的无奈。

将军的成败，士兵的勇敢、牺牲，但很少有人重视当时的民生，没有人试图听取民众的建议，反思他们的意见和能力。近年来，对布尔战争的深入研究开始转向关注平民史：那时的日记和信件、被创造出来以适应政治目的的神话等。

在马费金被围攻的7个月中（1900年10月中旬至1901年5月17日），大部分时间里，萨拉·威尔逊夫人和她的丈夫戈登·威尔逊上尉一起被围困。萨拉夫人是英国马尔堡公爵的女儿，也是著名的斯宾塞·丘吉尔家族的成员。她和其他与她一样的妇女都曾随丈夫去南非，她们以为那将是一个冒险的游乐场，因为她相信战争很快就会结束。尽管被迫滞留南非，但在马费金被围困期间萨拉夫人确实证明了自己的价值：她成了伦敦《每日邮报》的战地记者，设法将报道从被围困的城市中传出，让英国当局在第一时间就能了解南非的战况。年轻的索尔也在他的日记中描述了马费金被围攻时的场景。那时，城中黑人的人数比白人多四分之一，但是他们基本无法满足温饱。围城期间，索尔是法院的翻译，1900年3月，他写道："（自己）被一群饥饿的人包围着，会激起你的怜悯之心。这时，我看到其中一人痛苦至极，砰的一声，倒地死去。这是多么悲惨的情景啊！"一个年轻的英国护士伊娜·考恩也描绘了她眼中的马费金："那是在攻城战接近尾声时，一些黑人饿得不行了，他们不得不把死马和死狗的尸体挖出来吃。"

战争客观上带来了极大的创伤，但战争造成的男性"缺席"使得女性不得不承担一些先前不属于她们的任务。妇女在布尔战争中的角色也被不断重新认识。当比勒陀利亚沦陷，落入英国人手里时，一个叫约翰娜（汉西）·范·温韦尔韦罗的女人骑着自行车四处观察英国人的行动。她把情报用柠檬汁写在信封内侧，然后把信封带出城外给布尔人的突击队。在纸上加了热气后，这些资料就能看清。英国军官们并没有怀疑有什么不妥，她甚至有时还被邀请参加他们的聚会。

在这个过程中，妇女意识到自身先前被压抑的智慧、勇气与能力，进而思考自身在社会生活中的位置。布尔妇女们终于发现，男人不在的情况下，她们必须掌管农场，而她们完全有能力这样做。有些妇女对英国人怀有强烈的怨恨，以至于想参加战争。较之布尔男人们，民族情绪更容易在情绪化的妇女之中蔓延。据说有一位奥托·克兰茨夫人曾向她的丈夫提供军事战略方面的建议，而一位年轻的海伦娜·瓦格纳女士曾伪装成男人在战壕里作战。人们还普遍认为，如果男人回家或试图待在集中营，妇女们会拒绝与他们亲热，并敦促他们返回突击队继续保家卫国。

在马费金和其他被围困的城镇，英国妇女也脱颖而出。尽管四十年前的克里米亚战争中有弗洛伦斯·南丁格尔的例子，但是在战争开始之前，英国的医疗队中很少有女性的身影。起初，陆军医疗部认为女兵护理男兵不合适，但到战争结束时，陆军部已经批准成立了一个常设的陆军护理处。以前从未走出家门工作的妇女突然发现，她们突然发现自己扮演了许多角色，中产阶级和上层阶级的妇女走出家门工作逐渐被接受。她们成为护士和救济员，有些人还为部队做缝纫工。刚到马费金的爱尔兰天主教青年修女们也不得不承担起新的角色，因为她们发现自己不得不充当伤员的护士，尽管她们中的大多数人对恐怖景象完全没有心理准备。

令人遗憾的是，人们对黑人妇女在战争期间的作用知之甚少。英国的焦土政策在烧毁农村时并没有区分白人和黑人农场，妇女或者儿童。

正如上文已经介绍过的，战争前，来自世界各地的人们纷纷前来南非，有为了钻石和黄金的机会主义者、有为了用体力劳动赚取快钱的劳工、有为了用现代枪支武装传统家园的族群族人，有为了一统帝国的殖民者。有人认为，英布战争是为了确保英国帝国主义和经济霸主地位进行的战争，也有人认为是为了矿业资本家利益的战争，其中也包括英国人之间的利益冲突。这两方面的原因在某种程度上都是真实的，而且它们之间存在着联系，例如，一些矿主，如塞西尔·约翰·罗得斯、莱昂内尔·菲利普斯和佩西·菲茨·帕特里克作为开普殖民地的政治家，他们可以影响正在通过的法律，将劳工直接引导到矿场工作。但矿产发现后，一种新的英帝国主义形式在南非出现了。正如历史学家比尔·纳森所指出的，如果南非只是生产土豆和豌豆，没有发现黄金，那么德兰士瓦河地区很可能就不会遭受英帝国主义咄咄逼人的侵略行为。①

在各个志愿军团和布尔突击队中，大概至少有 2600 名外国人。澳大利亚、新西兰和加拿大是帝国军队强有力的援军，而荷兰、德国、法国、意大利、爱尔兰、俄国等国则支持布尔人。在德国，骑在马背上的布尔人衣衫褴褛、衣冠不整的形象很吸引人，而在俄罗斯，骑在马背上的布尔人被视为哥萨克人的化身。②爱尔兰共和军后来以布尔人的飞行纵队为蓝本，模仿其游击战术。

美国人也参与进来。美国商界支持英国人，因为估计有 1.5 亿美元投资于南非金矿。美国商人们从科罗拉多州和内华达州等地带来工程师，利用他们的硬岩采矿知识，担任南非的矿业顾问。当然，美国人还为英军送来了急需的马匹。但近年来根据档案研究发现，有趣的是，虽然美国政府公开支持英国人，但在价值观方面和私下里却有许多美国人同情布尔人，因为布尔人的言谈举止实在像极了"西进运动"中的自己。

英布战争后，因为各种原因逝去的人们也留在了南非的土地。坟墓和纪念碑仍然随处可见，从金伯利郊外马格斯方丹斯堪的纳维亚人纪念碑上，也可见一斑。

布尔战争还是第一次大众媒体的战争。来自世界各地的外国记者，包括后来的英国首相温斯顿·丘吉尔，都来到南非报道这场战争。当时，温斯顿·丘吉尔正在伦敦《晨报》工作。1899 年 11 月 15 日，温斯顿·丘吉尔乘坐的装甲列车在经过纳塔尔布劳瓦克兰茨河上的一座桥时，遭到布尔人的袭击。火车司机听到枪声时，加快了速度，不料撞上了布尔人铺设的

---

① Bill Nasson, The War for South Africa: The Anglo-Boer War 1899-1902.
② 哥萨克人是一群生活在东欧大草原（乌克兰、俄罗斯南部）的游牧社群，是俄罗斯和乌克兰民族内部具有独特历史和文化的一个地方性集团。在历史上以骁勇善战和精湛的骑术著称，并且是支撑俄罗斯帝国于 17 世纪向东方和南方扩张的主要力量。

用于拦路的巨石。丘吉尔不顾身处枪林弹雨中，帮助清理铁轨。司机倒车，把伤员带到了安全地带，但丘吉尔和其他 70 人仍被俘虏，带到比勒陀利亚关押。后来，丘吉尔翻墙逃跑，一直穿越了卢伦索和马普托才到达安全地带。他在报告中描述了越狱和穿越布尔人领土的危险经历，这使他和这场战役同样闻名于世。

这场战争也是最早被电影摄影机拍摄的事件之一，虽然这些电影大多是战后在美国拍摄的。后来，为了增加影片的真实性，一些布尔人被派到美国，参与电影拍摄，但使用的大炮其实是美国内战时期的武器！

在 1994 年后的民主南非，有人试图使战争形象更具包容性。1996 年，非盟妇女联盟邀请一些著名的非洲裔政界人士的妻子们参加了一次纪念活动，以巩固南非妇女的团结，因为非洲裔妇女和黑人妇女有着共同的受帝国主义和殖民残暴的历史。同样，南非宪法法院的一名非裔公民大会法官提到战争是争取自由斗争故事的一部分，并讽刺地赞扬了布尔战士的英勇斗争。然而，没有什么证据表明英布战争是跨越种族鸿沟的共同历史，恰恰相反，尽管世界各地的人们因为各种原因来到南非，但他们之间的差异是如此之大，像是组成"彩虹"的完全不同的颜色。

第三节　反抗、联合、排异（1902—1914）

一、"原住民事务部"与祖鲁兰的最后反抗

1887 年，祖鲁兰被纳塔尔殖民地吞并，祖鲁人的大部分可耕地逐渐被殖民当局剥夺。贫困普遍存在，一系列的自然灾害使情况变得更糟：1890 年左右开始的干旱，1903 年南部非洲东海岸热病蔓延，牛群成批死亡，蝗虫成群袭来；1905 年又下了一场严重的冰雹，南部非洲大部分地方的生计都面临巨大考验。

为了填饱肚子,矿工间的竞争空前剧烈。在战争期间,大多数南非黑人认同英国的事业,因为帝国政客向他们保证,在布尔人失败后,所有种族都将享有"平等的法律,平等的自由"。

在祖鲁兰,10万欧洲人和类似数量的印度人统治着大约100万的非洲本土居民。邻近的祖鲁王国在1879年被英国彻底打败,又在1880年后被内战撕裂。但是鉴于祖鲁民族比较强势,欧洲官员通过非洲酋长进行间接统治。为了更好地统治,1894年,英国南非公司①成立了"原住民事务部",以负责生活在南罗得西亚等殖民地族群托管土地上非洲黑人的"福利",实际上,这就是变相地攫取当地土地及开采权益的升级。原住民事务部的负责人是英国南非公司的历任行政长官,下设原住民事务部长、常任秘书、本地专员和助理原住民专员。英国南非公司第一届董事会包括吉福德勋爵和乔治考斯顿领衔的伦敦集团,原本是竞争关系的罗得斯、阿尔弗雷德贝特及其戴比尔斯公司和南非金矿公司,以及提供财务支持的内森德罗斯柴尔德男爵等,为了共同的经济利益,他们都联合起来。

1903年,德兰士瓦的威赫德区并入纳塔尔行政区,祖鲁兰需要面对的白人居民更多了。尽管矿业革命带动了此地区定居者的商业和农业发展,但频繁的战火和气候危机还是带来了经济衰退。尤其在糖被人们喜欢并最终依赖于它的19到20世纪,②南部非洲也不例外。白人农民占领了越来越多的土地,建立了农场和甘蔗种植园。英布战争结束后,农业劳动力短缺。黑人劳动力不是为白人农民工作,而是越来越多地被吸引到威特沃特斯兰德的金矿,在那里他们可以获得更好的工资和待遇。1904年之后,黑人的城市化率逐年升高,但增长率还是远不及白人和有色人等。

这时,有人向南非原住民事务部报告说,有不法分子使黑人相信从布

---

① 1889年12月20日在罗得斯的推动下,中央探矿公司和总部位于伦敦的探矿公司合并,以期共同攫取马绍纳兰的矿产财富,促进英帝国在中南部非洲的大部分地区殖民化,以成功完成"非洲争夺战",并使德兰士瓦回归英国控制。

② (英)詹姆斯·沃尔韦恩. 糖的故事[M]. 北京:中信出版集团,2006.

尔人手中夺取的农场会重新分配给黑人。原住民事务部马上起草了针对性的报告。1904年，原住民事务部发布通知，因为黑人不想再返回老家，如他们想要独立生活的土地，原住民专员会负责重新安置黑人社区。尽管英布战争后"黑白对立"似乎成为了一股潮流，多个农场发生了骚乱，不过很快，白人就又用枪炮解决了问题，成为了"维权者"。原住民事务部的官员一度试图改善欧洲人和黑人之间的关系，但收效甚微。白人希望建立排他性的政治秩序，但他们在经济上却又不得不依赖于黑人劳动力。1905年，南非原住民事务委员会负责在众多的分歧观点中找到共同点，他们在美国教会关于原住民政策的记录中得到启发，发现仅德兰士瓦就有100万非洲人的处境需要关注。同年，原住民事务部的报告援引1904年的报告指出，现在是通过立法为黑人定义、划定和保留这些土地的时候了。原住民事务部提出了一个系统性的办法：黑人和白人土地通过所有权的区分来分离，通过创建黑人固定住所来系统性地完成区域之间的隔离，从白人农场中清除黑人"棚户区"并将黑人转变为雇佣工人，黑人与白人在政治领域分门别类，等等。这些建议为1910年至1936年间新政府通过的一系列法律奠定了基础。

与土地政策相辅相成的，还有"人头税"。1905年，为了增加劳动力的供应并迫使更多的黑人成为农业工人，查尔斯·斯迈思领导下的纳塔尔政府对所有18岁以上的非洲男性征收1英镑的人头税。这是在现有的"茅屋税"之外的新税种，目的是为政府创造收入，并促使更多非洲年轻人成为雇佣劳动。需要注意的是，白人人均收入比非洲人高30倍以上，但他们无需缴纳。换句通俗的话来说，就是殖民者让贫困的本土居民交钱给富裕的外来白人，然后把自己变成受雇者。收取1英镑，不仅让非洲原住民的贫困生活雪上加霜，更是确立了英镑在殖民地上的货币地位，迫使没有英镑的原住民外出打工，成为廉价的劳动力，失去独立的经济地位。但这还不是最不幸的，纳塔尔出台了一套名为艾斯巴罗的公共项目强迫劳动体系，在这套体制下，当局执行某些项目（修路、建设学校等）时，会派白人地方官去找地方首领，由后者提供特定数量的人来义务工作。这样，非洲本土居民再次被自己的酋长出让，进入货币经济的体系中，通过贱卖劳动为生。

原住民事务部基本上每年都发表报告，涉及黑人税收、教育、死者遗产管理、婚姻、族群事务、矿工健康问题、黑人因采矿事故而获得的赔偿以及应支付的赔偿等问题。尽管原住民事务部随即也意识到矿山中黑人劳动力的短缺问题，用各种欺骗手段招收黑人劳工的问题，以及他们不公平的工资问题，但经济发展的关键是要恢复矿山经济在国民经济中的核心地位，因此，《劳工输入法》很快得以通过，大批从德国、西非和中国来的劳工来到矿山。1909年，德兰士瓦政府和莫桑比克（葡萄牙殖民地）就黑人劳工的就业和地位签订了条约，葡萄牙放松了对当地黑人劳工的输出。随着南非联邦的成立，1910年5月31日，原住民事务的控制和管理权从德兰士瓦当局移交给了南非联邦的执行政府。

回想荷兰殖民者一开始到达南非的时候，他们为了向科伊桑人征收更多的牲畜，向他们倾销"烈酒"，慢慢让科伊桑人染上酒瘾，并依赖荷兰商品。如今，自给自足的经济循环被彻底瓦解，非洲本土居民必须为现金工作了。甘地在他的著作《南非的萨蒂亚格拉哈》中描述了非洲本土居民无产阶级化的过程：

> 为了增加黑人打工挣钱的欲望或教他们懂得劳动的价值，英国人对非洲人征收茅屋税。如果不征收这些税费，这些居于农场的非洲种族不会进入数百英尺深的矿山来开采黄金或钻石，如果他们的劳动力无法用于矿山，黄金和钻石就会留在地心。也就是说，如果不征收这样的税，欧洲人会很难得到任何仆人。①

---

① M.K. Gandhi, Satyagraha in South Africa, Navajivan Publishing House; Reprint May 1972 edition (October 1, 2008) p.37.

1906年1月1日，纳塔尔领地的各酋长及其臣民被要求向各自的地方法官办公室报告人头税纳税情况。然而，虽然一些酋长命令他们的臣民缴纳人头税，但许多人被动抵抗或干脆拒绝了。此时，许多非洲人还是将他们的不幸归咎于他们的祖先背弃了他们，他们一厢情愿地以为这是因为他们的疏忽，让祖先严厉惩罚他们。为了安抚祖先和削弱殖民国家权力，他们决定积极参与叛乱，他们要按照自己的信仰体系行事，而这些信仰体系表明祖先强烈支持他们的抵抗并允许他们获胜。

1906年2月上旬，一支小型殖民警察巡逻队被派去调查一个非洲集会，在那里，人们讨论的主题之一就是抗议殖民首都彼得马里茨堡以南所征收的人头税。很快，双方爆发了一场小规模冲突，两名白人警察被杀。"独立"的非洲基督教会成员宣称，黑人的这些行动都是对当局的抵抗，因此，殖民当局很快颁发戒严令，禁止黑人走上街头。邓肯·麦肯齐上校领导的殖民军队穿过纳塔尔南部，鞭打当地人、烧毁家园并夺取牲畜。之前被控参与了杀害警察的17名男子要么被行刑队开枪打死，要么被绞死。

在首都北部，祖鲁分支宗地酋长班巴塔的人大多居住在白人农场上，他们面临着农作物歉收、租金上涨和现在额外增加的"人头税"综合压力。当殖民当局在3月初废黜班巴塔的首领角色时，班巴塔召集了数百人隐匿在丛林中，并绑架了被英国人任命的、接替他的叔叔。4月4日，他的追随者向一名被派去调查的白人地方法官开枪。第二天，他们在姆潘扎伏击了一个警察纵队，又杀死了三名欧洲人。随后，他们穿过图克拉河向东进入祖鲁王国，在恩坎德拉森林避难。那些住在恩坎德拉北部和西部隐蔽山谷的酋长，同样对殖民者的要求感到愤怒，他们看到班巴塔的实力，纷纷加入。南部开阔草原的那些酋邦碍于炮火威力，没有参与班巴塔的行动。但无论如何，讨伐志愿兵成立了：包括500名来自德兰士瓦的骑兵、由卡斯图比尔公司赞助的马克西姆机枪和船员以及甘地引领的印度担架搬运工。5月3日，大约5000名英属武装人员组成的"纳塔尔野战队"和150辆货车离开邓迪，前往恩坎德拉森林搜捕班巴塔。整个5月，民兵摧毁了祖鲁社区，并与非洲本土族群发生了一系列小规模冲突。6月9日至10日晚上，英国殖民军的民兵在莫梅河发现了班巴塔的营地，马上将他们的大炮转移到高地，在黎明时就对班巴塔的营地发动了袭击。班巴塔被击毙，他的头颅随后被带到殖民地周围以恐吓非洲人。经此一役，班巴塔的1.2万名追随者中2300人被杀，4700人被俘。这场战役以失败告终，史称"班巴塔起义"。

马普穆洛地区是现南非夸祖鲁纳塔尔省伊莱姆贝区自治市的一个城镇，以被恰卡赶走后到这里定居的祖鲁族人马普穆洛的名字命名，据说这个名字的意思是"安息的天堂"。6月19日，500名祖鲁战士袭击了城镇中的欧洲商店和民兵，并在接下来的三周里，袭击向东蔓延到海岸附近的殖民者农场，并向南蔓延到靠近德班港的产糖区。祖鲁战士再次凭借隐藏在茂密森林山谷中的优势，来降低殖民武装反击的有效性。但到6月底，马普穆洛的殖民军人数就迅速从几百人增加到2500人，其中许多人是从上一场绞杀班巴塔行动中返回的。7月初，由于未能包围祖鲁战士，殖民军在姆沃蒂山谷横冲直撞，抢劫、焚烧、夺取牲畜，并不分青红皂白地射击一切逃跑的非洲人，包括一些"忠诚者"。此时，殖民军得知一支庞大的祖鲁部队在伊津辛巴山谷扎营，麦肯齐将军重复了他最喜欢的夜间行军战术，并于7月8日夜里将大炮和马克西姆机枪置于高地。1906年7月9日，大炮与步兵突击并进，攻击祖鲁军队。祖鲁人大败，包括恩科萨酋长马士维尔等主要领导人共447人被杀，而殖民军竟无一人伤亡。

殖民地的焦土战争在整个月余下的时间里继续进行，他们使用"敦敦"子弹[①]重创非洲各部，最终取得了全胜。

纳塔尔殖民者群体在英布战争之后极为自信，以致他们对当地叛乱进

[①] 敦敦子弹是一种膨胀子弹，后来被海牙公约禁止，因为在战争中的使用"太不人道"。

行了无区别的焦土战略和征服战略。①殖民当局为非洲人伤亡惨重辩解，声称原始人不了解现代武器的破坏力，又辩称普通弹药无法阻止野蛮的非洲战士。但这还没有结束，数百名非洲人被带到殖民法庭判处"叛国罪"，施以鞭刑，然后在德班码头或纳塔尔北部矿区劳役两年。其中包括迪努祖鲁，他没有参加战斗但也被判犯有叛国罪，并因窝藏班巴塔起义者的家人而被判处四年徒刑。

二、科学盛会与教育兴邦

1905年8月到9月，英国科学促进会在南非举行了会议，这是自1831年该协会成立以来的第3次年会，也是第一次在英国本土之外举办的科学盛会。作为享誉世界的科学机构，英国科学促进会的一个目标是促进大英帝国不同地区的科学家进行交流。很显然这不仅仅是知识分子互相交流思想的追求，也反映了19世纪英国科学家和帝国主义者的心意相通和互惠互利。

开普敦的英国天文学家戴维·吉尔博士是此次南非会议背后的推动者。1900年，吉尔参加了英国科学促进会伦敦协会的会议，在这次会议上，他提出了英布战争后在南非进行会议的愿望，希望借此宣传科学发展对帝国

---

① Jeff Guy, The Maphumulo Uprising: War, Law and Ritual in the Zulu Rebellion (Scottsville University of Kwa-Zulu/Natal Press, 2005), p. 106. See also P. S. Thompson, Bambatha at Mpanza: The Making of a Rebel (2004); Paul S. Thompson, "The Zulu Rebellion of 1906: The Collusion of Bambatha and Dinuzulu," International Journal of African Historical Studies, 36, 3 (2003), pp. 533–557; Sean Redding, "A Blood-Stained Tax: Poll Tax and the Bambatha Rebellion in South Africa," African Studies Review, 43, 2 (September 2000), pp. 29–54; John Henrik Clarke, "Bambatha: Last of the Zulu Rebel Chiefs," The Journal of Negro Education, 31, 1 (Winter 1962), pp. 88–91; Shula Marks, Reluctant Rebellion: The 1906–08 Disturbances in Natal (Oxford: Clarendon Press, 1970); James Stuart, A History of the Zulu Rebellion 1906 and of Dinizulu's Arrest, Trail and Expatriation (London: Macmillan, 1913).

和国家利益的重要性。1902年,在吉尔的倡导下,南非科学促进协会建立,在开普敦继续培养大批的科学工作者,并促进与英国协会达成相同的目标。1902年年底,殖民大臣约瑟夫张伯伦访问南非,吉尔表示英国科学家协会"将会受到我们南非亲戚的欢迎",开普总督则建议这样的交流可以促进南非和祖国臣民之间"兄弟情谊"。

不少科学家也注意到了英帝国在世纪之交英布战争中的损失,他们认为南非在未来的发展中应该建立一种统一的道德和文明力量,也就是让南非更加认同英国的理想和成就。在知识上享有盛誉的科学家,加上表面上与政治无关的科学组织,显然比英国动用军事力量更有利于恢复英国受损的国际地位,恢复帝国的荣光,因此英帝国当局对这次盛会予以了积极的支持。

事实证明,在这个时候特别考虑科学领域的会议,比任何时候都要好。从英国来的主要大学和科学机构都应邀出席了此次盛会。此外,本次会议邀请了矿业协会和约翰内斯堡的证券交易所,开普敦政府的许多组织和个人也对会议予以支持,尤其是殖民地政府同意将用于海上通道和铁路设施的项目资金拿出一部分来支持此次会议,这也促使本次会议呈现了多领域全系列的论文和成果在本次会议上的出现。非洲书籍和当代的材料被分发给与会科学家,这些资料中包括1905年德兰士瓦政府宪法的副本,为后续的约翰内斯堡会议提供了相关的政治蓝图。

南非当地的安排全部交给了吉尔。精力充沛的吉尔不仅仅自己开设讲座,还为英国科学促进会安排了交通住宿和观光等活动,满足了所有参会人员的兴趣。这样,即使专业不同的人士们,或者业余爱好者也享受了知识丰富的讲座和许多有趣的社交活动。比如,对著名的剑桥细菌学家希姆斯伍德黑德教授来说,访问罗本岛麻风病医院是一次难得的体验,他进一步认识到麻风病是一种传染性疾病,通过接触传播,所以需要隔离患者。开普敦大学授予了包括达尔文和古典学家查德杰布,著名化学家和物理学家威廉克鲁克斯爵士以及牛津英语词典编辑穆瑞等著名人士荣誉学位,奠定了南非学界与这些学者的亲缘关系。也就是在这次会议后，穆瑞准确预言了英语是最有可能成为通用语的文字，英语的全球化推广进入一个新的层级。人类和牲畜的病因研究和治疗方案得到科学家和医学家的注意，人类学中的原住民文化、家政、慈善和福利的研究、当代经济科学及实践得到关注。这次会议大大促进了南非羊毛、工业，殖民铁路和白人定居点的发展，如何修复布尔战争造成的物质和精神损失成为各界一致关注的重要议题。

英布战争后南非的政治分裂、经济萧条，如何重建南非破碎的社会？教育成了最清楚的线索和解决方案。当时的政策制定者认为，教育是改变社会最重要的因素，而政治改革是附属品。其中，基础教育在调和英联邦南非共和国中具有重要地位，通过教育不仅可以将分裂的黑人人口吸纳到新的国家体制中来，也许还可以促进英国大学与南非未来的协同发展：在人文科学的基础上，开展更为实用性的技能培训，满足现代化社会的要求。理查德·杰布爵士建议这种需求不仅应该在大学中得到满足，还应该向德国学习，增加对技术的培训。1904年政府资助的德兰士瓦技术学院成立，开设法律、工程和采矿等各种专业。不过，虽然自1860年以来，世界各国的女性地位得到发展，像在英国和美国女性也得以接受教育，但南非女性还没有办法接受高等教育，南非的第一位女大学生毕业于20年之后的开普敦大学。

在讨论学龄儿童如何就学的时候，韦恩坚持认为这不是孩子的问题，而是孩子成长环境的问题，他认为南非农场主的孩子们具有身体强壮的先天优势，但是他们缺乏真正的教育，比如不能真正掌握英语或荷兰语。他认为迁徙时代驯服荒野的布尔人是英勇的，但他们的后代却是低等的凡人，缺乏尊严、蔑视劳动，他们因为和说谎的原住民居民接近、交往，学会了大喊大叫、小偷小摸。他补充说种族主义给这个国家带来了特殊的诅咒，他没有刻意的讽刺，但是他对于其他种族的敌意，预示了未来在白人之间可能不会有矛盾，矛盾在黑人和白人之间。与此同时，韦恩赞赏大型的寄宿制学校，认为这种形式可以灌输纪律，进行严谨的知识传承，教导孩子忠诚和尊重长辈——这些都被认为是19世纪晚期典型的英国公立学校的作风。

除了师资和教育系统的劣势以外，还有资金的问题。罗德斯奖学金正是在这个时候设立的。罗德斯认为要选定研究生去体验最好的英国文化，并在南非生活中继承诸如"生命力"这样的传统，从而为南非确保繁荣和统一。罗德斯本人的结论是帝国事业最好由奖学金计划来完成，这可以激励有能力的南非年轻人或其他殖民地国家的人士在牛津接受教育，然后回国激励他们的同胞。[1] 但是里奇并不这样认为，他怀疑英语和荷兰语之间的相互接触并不一定可以促成种族分歧的解决。[2] 奥兰治自由邦通过了苏格兰校长修国恩指导下的集中营学校教育方案，并设立了学校董事会进行运营。[3] 1903年之前，荷兰归正会就建立了自己的基督教教育，专注于荷兰语的母语教学，挑战米尔纳的英语化政策。1905年3月，在布隆方丹举行的会议上，英布双方达成了共识：他们都同意将行政权力下放到学校委员会，并同意10—16岁的孩子接受免费的义务教育。在母语教学和敏感问题上，双方也做了妥协，同意将英语和荷兰语作为平等的语言进行教育。

一个组织严密、综合性强、侧重农业培训的教育体系，越来越具有特殊意义。[4] 1890年之前，南非的人口虽然集中，但是农业缺乏市场导向，也没有足够的研究和统计使其更具生产力，但战后采矿业的恢复和发展，以及约翰内斯堡的人口增长改变了这一形态。加上米尔纳的移民政策、德兰士瓦的移民等，更多的消费者们出现了，他们都是政府在农业培训上的

---

[1] R.I.Rotberg.The Founder Cell Rhodes and the Pursuit of Power(Noe YROD,1988)

[2] C.T.19 Aug.1905.

[3] The Star,1 Sep.1905.R.J.Mitchell and M.D.R.Leys, A History of the English People, 1951.p.534.

[4] F.B.Smith. Transvaal Director of Agriculture" The Teaching of Agriculture",in Hele-Shaw. British Association, South Africa.

保障者。南非高等教育，农业和畜牧业的联动及实践培训类的学校蓬勃发展，为殖民教育的发展提供了后续的驱动力。不过，1910年南非以国家形态诞生后，只有教会和少数机构能为数量有限的黑人接受西式的自由教育提供机会。直到20世纪80年代隔离制松动后，黑人白人的教育平等化才有所好转。

三、南非联邦的成立

在英布战争"詹姆森袭击"之后，英布双方之间的谈判陷入了僵局。保罗克鲁格不再被英国人信任，因此，选择一位值得英帝国信赖的总督显得非常重要。经过六个月的搜寻，并在首相索尔兹伯里的批准下，殖民大臣约瑟夫·张伯伦选择了阿尔弗雷德·米尔纳爵士担任南非高级专员和开普殖民地总督。实际上，张伯伦和米尔纳是1889年在埃及旅行时相遇的。米尔纳的一位朋友是殖民地办公室的第二号人物塞尔伯恩勋爵，他将米尔纳引荐给张伯伦。米尔纳有德国和英国血统。作为一名才华横溢的学生，他在牛津获得了无数奖学金，随后成为研究员。1881年，他开始从事法律工作，之后转行从事新闻工作；作为自由党的议会候选人落选后，成为英国财政大臣乔治·戈申的私人秘书，并赴埃及工作，后在任税务局主席中表现出色，并于1895年被封为爵士。在张伯伦和米尔纳相遇后，米尔纳写了《英格兰和埃及》一书，张伯伦阅后赞赏有加，他认为米尔纳对殖民地的态度与政府中杰出政客的态度相类似，他是代表布尔人方面最合适的人选。1897年2月15日，米尔纳上任，三天后就与英王见面，并于4月17日启程前往南非。在他离开之前，张伯伦告诉他："捍卫我们的权利，等待时机"。[1] 在研究了南非局势一年后，米尔纳回信给他的朋友说："南

---

[1] Nimocks Walter, Milner's young men: the kindergarten in Edwardian imperial affairs, Durham, N.C., Duke University Press, 1968. p.18.

非有两个完全对立的系统：一个中世纪的种族寡头政治系统（布尔共和国）和一个现代工业国家系统（英属殖民地），但各种白人群体的地位没有差异，他们不可能在一个国家中平起平坐。种族寡头必须走，但我看不出它会消失的迹象。"①

米尔纳的改革理念是让居住满五年的"外国人"获得完全的公民权利，克鲁格准备讨价还价，他加强了枪支和弹药的进口，其中大部分是从德国进口的。但米尔纳发出了最后通牒。在米尔纳到达南非十七个月后，英布战争爆发了。米尔纳随后在1901年接任了两个布尔国的总督；在保留英属南非高级专员身份的同时，1902年5月31日，他与布尔将军基奇纳通过谈判签署和平协议，结束了战争，统一了两个布尔共和国。

随后，米尔纳开始着手英布战争战后的定居和重建。米尔纳政府从圣赫勒拿岛、百慕大、锡兰和其他地方带回了3.1万名布尔人战俘，并将他们送回农场。但对黑人农民来说，按照戈德弗雷·兰登爵士领导的一个委员会的说法，他们将被安置在有"战略意义的地方"，以便他们的劳动力可以去需要的矿场和工业上。这是官方种族隔离政策的开端，而这一政策在以后的几年里还将延续。

为了鼓励经济增长，特别是促进金矿行业的发展，南非的英国总督政府随后开始努力将采矿业恢复到战前的生产水平，米尔纳政府提供了更多的基础设施，以减少矿场的逃工现象，维持足够的廉价黑人劳动力供应。他们的努力在很大程度上是成功的，当然，是从矿主的角度来看。其中一个明显的"改进"是，随着更严格的控制，支付给黑人矿工的工资可以减少。与此同时，米尔纳希望吸引英国移民，并使其保持永久多数。他推出了充满活力的全英文教学教育计划。一方面，他通过英国一些大学（主要是牛津大学）刚毕业的学生协助，建立了一些幼儿园，招收小朋友们入园加以

---

① Nimocks Walter, Milner's young men: the kindergarten in Edwardian imperial affairs, Durham, N.C., Duke University Press, 1968. p.18.

熏陶。另一方面，米尔纳开始了一项刻意的"英语化"政策，并毫不掩饰地认为阿非利加语和文化是低劣的，需要被压制。作为1895年成立的威特沃特斯兰教育委员会的创始成员之一，米尔纳希望提供真正的小学教育，也同时抵制荷兰语在学校中的影响。但米尔纳的计划失败了，在长期的战后萧条期间，许多英国居民离开了这片土地，很少有移民再次到来。尽管布尔人成功重新定居，但他们强烈反对在学校使用英语。

米尔纳的所有举措都在为经济发展服务，但改善黑人的生活境遇并不在他的计划范围内。为了解决掣肘金矿行业发展的劳工危机，米尔纳得想其他办法。1901年，米尔纳已经开始向当时的葡萄牙东非招募非洲人，但劳动力短缺一直存在。全世界金矿主试图降低工资以最大限度地提高利润率，而一些非洲人在战争年代储存积蓄，以度时艰，矿工不再是非洲人欢迎的职业。一些矿场尝试使用白人作为非熟练劳动力，但这些实验大多不成功，因为白人往往要求更高的工资，而且效率并不比非洲人高。1903年12月，矿业商会、商会和提名的南非立法委员会建议以短期合同从中国输入劳工，但没有被批准。

最终当选31届美国总统的赫伯特·胡佛在金矿引进华工方面起到了关键作用。1874年，胡佛出生于美国西布兰奇，毕业后当了两年矿工；1897年，被英国矿业巨头毕威克·墨林以地质学家身份录用；1899年2月被派驻在中国工程矿业公司任直隶、热河两省矿务技术顾问，成为墨林公司在天津的合伙人。1904年，胡佛得知南非招募华工的计划后，利用自己的关系网络，取得了在华招工的专利权，每个人头得10元人头税。在巨额利益的诱惑下，胡佛打着招募华工的幌子，把南非描绘成一个金子砌成的天堂，诱骗华人前往。甚至在诱骗不成的情况下，直接采取暴力手段，将前来应募的人抓起来投入"猪仔馆"签约画押，装上苦力船运往南非。1904年6月19日，第一批中国劳工抵达金山。短短的两年时间（1904—1906）里，就有6万多名华人契约劳工被送往南非。

尽管中国劳工的到来使得南非的矿业获得了迅速发展，矿井数目大大增加，资本家们赚得盆满钵满，但华人的劳工待遇和在南非的生存都很悲惨。有英国人曾在他写的书中把运载契约华工的"苦力船"称作"海上浮动地狱"，中国劳工在抵达港口后，要被剥光衣服进行体检，并在胸口盖上印章，编出号码，像奴隶一样被拍卖到矿区。白人劳工则因为华工的吃苦耐劳和低薪对他们的冲击，提出了强烈抵制。

米尔纳说服殖民大臣允许为劳动力短缺的金矿行业输入中国劳工，但很快，在 1905 年英国国会大选时，自由党抨击保守党在南非对华工实行的"奴隶劳动"，双方引发争执。同年，米尔纳辞去了他在南部非洲的职务返回英国。在离开南非之前，米尔纳说服了所有四个殖民地的领导人，让他们认识到联邦的好处，因为这将消除他们之间的经济竞争；为此，他建立了南非关税联盟和单一的中非铁路系统，以避免货物从一个殖民地转移到另一个殖民地时支付的关税和其他税款。他的继任者塞尔伯恩勋爵 (1905—1910 年任驻南非高级专员) 继续推行这一政策，并敦促不同白人群体的政治统一。1908 年南非召开了"国民大会"讨论这一问题，1909 年，英国议会通过《南非法案》，[①] 1910 年 5 月 31 日，南非联邦成立。英国人长期以来在南非建立联邦的雄心在 1910 年南非联邦的形成中得以实现。

昔日的敌人变成了朋友，但是各自还是有自己的如意算盘，在新联邦首都选址上他们存在明显分歧。解决这个问题的办法是，在三个原来的共

[①] 1909 年，《南非法案》规定了南非的联盟类似于其他英国政府自治领所建成的行政构建。《南非法案》设立了南非最高法院和联邦统一法院系统，由地方、省和上诉部门组成，各省原有的旧最高法院成为新南非最高法院的省分院。上诉庭是这片土地上的最高法院，设在布隆方丹。每个省都由中央政府任命的行政长官管理，并设有立法机构和五名成员组成的省内阁，作为执行机构。南非的总督由英国君主任命，行政权属于君主或总督，并根据执行委员会的建议行使。与其他英国自治领一样，总督任命议会下院最大政党的领导人为首相，总理须是国会两院的议员。但与英国政府的其他自治领不同的是，南非的众议院和总理在参议院的地位较高，且南非法案创建了一个中央集权的统一国家，南非分省中的每一个是从属实体，权力远小于加拿大省或澳大利亚的州。从宪法的角度来看，南非政府与英国政府非常相似。

和国(开普、德兰士瓦和奥兰治自由邦)各设一个首都,并给第四个地区——纳塔尔予以经济补偿。这一安排至今仍有影响。南非的三个首都:开普敦(议会所在地和立法首都)、比勒陀利亚(总统及其内阁所在地和行政首都)和布隆方丹(司法首都)就是这样形成的。

南非总督代表英王行使行政权力,但有效的权力则掌握在南非总理及其议会手中。路易斯·博塔被任命为联邦的首任总督,扬·史末资为其副手。博塔和史末资都曾是英布战争中的布尔人将军,但作为和解派,用史末资的话说,现在是时候"宽恕和忘记,包扎旧伤口,让未来比过去更幸福"了。

史末资充满了学者气质,但他却指挥部队参加了三次重大战争:英布战争(1899—1902)、第一次世界大战(1914—1918)和第二次世界大战(1939—1945)。英布战争中史末资是布尔人将军,抗击英国人,而在两次世界大战中又成为了英国战士,他认为每一次他都是在为自由而战。史末资在枪林弹雨中冲锋陷阵,被他的一个同事库恩·布里茨将军称为是他认识的最勇敢的人,温斯顿·丘吉尔还专门为他写来问候信:"照顾好自己,你的生命对南非和大英帝国来说是无价的。"

史末资还是个小男孩的时候,曾在父母的农场里放牛。在当时传统的布尔人大家庭中,只有长子才能上学。1882年,史末资12岁时,他的哥哥死于伤寒,于是他接替哥哥去上学。史末资的头脑很聪明,很快就赶上了学业。1891年,他获得奖学金到剑桥大学学习法律,在那里他结识了很多英国朋友,学习了包括古典文学(尤其是莎士比亚、雪莱和沃尔特·维特曼的作品)、植物学和哲学等英国重要的基础学科。史末资在剑桥大学以双科第一的成绩毕业,被一位法学教授形容为有史以来最杰出的学生,剑桥三一学院的大师托德勋爵说,在学院500年的历史上,在包括过去和现在所有学员中,有三个人是真正的人杰:约翰·米尔顿、查尔斯·达尔文和扬·史末资。

也正是在剑桥大学期间,史末资提出了他的"整体论"理论:"自然界中通过创造性的演化,形成大于各部分之和的整体的趋势。"史末资认为,小的单元需要形成大的整体，而进步就在联合成整体的道路——因此他相信需要建立南非联邦、国际联盟和联合国。基于自己的"整体论"理论基础，史末资进一步认为：南非需要布尔的老对手英国，以便开始形成的"整体"的一部分：一个由英国王室领导下的自由联合国家，并组成英联邦。他的想法在当时非比寻常，且非常适合英国的口味。

博塔和史末资彼此友好，互相支持，蔚为佳话。两位布尔将军都认为，如果他们要在一个黑人人数几乎是白人 5 倍的国家里生存下去，白人种族的融合是必不可少的。博塔在国内比较受人欢迎，而史末资的学霸光环让他在海外声名鹊起，进一步推进了南非登上世界政治版图的创举。

在一群精挑细选的年轻管理者带领下，经济复苏成为英布战争后的优先事项。米尔纳降低了铁路费率和进口关税，引进华工，恢复了矿山的盈利。华工的就业为金矿的法定肤色划分法开创了先例，尽管这个实验在德兰士瓦和英国都引起了政治抗议，但却成功地削弱了黑人工人的议价能力。尤其是在此期间，黄金产值从 1904 年的 1600 万英镑增加到 1907 年的 2700 万英镑。凡此种种，都对稳定时局起到了关键作用。

米尔纳用英国定居者充斥德兰士瓦农村的计划只产生了一点点效果，但意想不到的是，英语义务教育加剧了南非布尔人和其他白人群体的民族主义情绪。由前布尔将军路易斯·博塔、扬·史末资、巴里·赫佐格领导的新兴政治团体，提出了"反米尔纳主义"。1907 年，南非布尔人政党赢得了德兰士瓦的选举。

新政府花费约 1600 万英镑将布尔人送回他们的农场并发给配套物资，并努力将德兰士瓦改造成一个稳定的农业、工业和金融资本基地，不仅建立了土地银行，推广了科学的耕作方法，并开发了更有效的税收方法，增加了黑人为白人工作的压力。在威特沃特斯兰德，年轻的行政人员负责城市规划、公共交通、住房和卫生。在这些公共领域里，新的城市地理规划出台了。在城市空间分布上，白人城市和黑人城镇区分开来。新政府的如意算盘是，黑人城镇可以保证最大限度地剥削城镇黑人提供的廉价劳动力，又可控制和防止城镇黑人带来的"威胁"。

1906年1月,保守党在英国大选中被击败,新的自由党政府拒绝了米尔纳之前提出的计划,即赋予德兰士瓦代议制政府,而不是负责任的自治南非。米尔纳的政治设计未能成型,他也就"自然"地退出了南非的政治舞台,但他却在很大程度上实现了之前对南非设计的经济和社会工程蓝图。

四、民族政党的兴起

南非联邦诞生于1910年5月31日。矿产发现所产生的集中化和现代化力量,催生了这个新生国家。1902年至1910年的八年间,这个新生的国家重拾了矿产这个经济发展的利器得以立足。同时,由于建立了高效的行政结构,黄金的经济主导地位得以巩固,南非白人政治家和矿业资本家之间的关系得以稳定。白人的联合意味着当局必然要首先确保定居者这些少数族裔的权益,以战胜黑人多数族裔。这样,新的南非联邦不仅要通过新宪法将黑人排除在政治权力之外,也必须得想尽办法对黑人社会进行更有效的监管和征税。1905年提出的管理黑人的政策进一步发展,并在1910年后得到巩固。之后的二十年,剥夺选举权等一系列种族隔离政策逐渐成为南非政治、社会和经济生活的一个显著特征。但正如我们所看到的,这一切早在历史的演进中就逐渐形成了。

随着南非联邦的建立,英国伦敦当局对德兰士瓦白人政党人民党的担忧减轻了。尽管这个1904年成立的政党由布尔人博塔和史末资领导,但可见他们是了解如何运作矿业资本的,是忠诚于英国当局的。尤其是南非联邦当局把宣称代表所有种族的"阿菲利加联盟"① 和人民党、开普党、

---

① 成立于1881年,声称代表所有将非洲而非欧洲视为家园的人。这些如此定义的阿菲里加人主要是荷兰血统的白人农民,尽管最初的联系被明确定义为一个非种族组织,对所有种族的人开放,但它的既定目标是将"南非荷兰人"的利益从开普敦推进到林波波河。

奥兰治党①合并成立"南非党"②的时候,阿非利加语和说英语的白人之间似乎达到了真正的共识,和解政策也在双方的认可下得到了推广。

对非白人群体,情形就没有那么和谐了。在英布战争发生的时候,许多非白人群体都遭遇了巨大的苦难。尤其是于1890年左右开始,干旱和牛瘟等天灾接踵而来,进入矿山的劳动力间的竞争又不断加剧,本土黑人农牧民的生计非常困难。在英布战争期间,英帝国政客向黑人们保证,在布尔人失败后,所有种族都将享有"平等的法律,平等的自由",所以很多本地人都站在了英国这一边。但随着人头税等对黑人各种盘剥手段的加强,发生了像1906年班巴塔领导的那些"不情愿的叛乱",尽管反抗都以失败告终。对传统的非洲族群而言,已经没有再号召反抗的政治凝聚力了。

对受过教育的非白人群体而言,受背叛感刺激引发了政治抗议。在非洲新的中产阶级领导下各种组织纷纷兴起,以种族和地区名义号召团结黑人来对抗即将到来的白人统治。1893年到1914年期间,甘地是南非纳塔尔和德兰士瓦的印度商人的法定代理人。1906年至1909年间,为了抗议德兰士瓦要求印度人携带通行证的登记法,甘地开展了"非暴力不合作"运动,并成为后来领导印度获得独立的法宝。1902年,开普殖民地成立了所有有色人种的政治组织:非洲人民组织③。阿卜杜拉赫曼博士成为非洲人民组织的领导人,并在接下来的35年里一直担任这一职务。阿卜杜拉赫曼博士的祖父母曾是奴隶,他们在开普花钱买回了自由。作为南非的第

---

① 1906年5月在亚伯拉罕·费舍尔、马丁努斯和亨特佐格的领导下在奥兰治河殖民地(原奥兰治自由邦)成立的政党。1907年,当殖民地在获得自治时,该党组成了政府。1910年5月南非联盟成立后,它与开普殖民地和德兰士瓦的主要政党阿非利加联盟和人民党等合并,1911年创建了南非联盟党。

② 1911年至1934年存在,立志于打造一个反对罗得斯个人统治的政党,并建立一个更加温和的与英国合作的平台。1934年12月5日,南非党与其他党派合并成立"南非联合国民党",但其中几个强硬的民族主义派别拒绝接受合并,1939年退出该党。尽管如此,南非联合国民党的名称还是被保留了下来。

③ 出版报纸《The APO》,1923年消亡。

一位马来裔医生，阿卜杜拉赫曼也曾在开普议会任职，并就有关黑人和有色人种的问题提供咨询，号召非白人群体集体反对不公待遇。

但1908年在德班举行的制宪会议和1909年在英国议会通过的法案，还是让非白人群体想要维权的努力落空了。博塔、史末资等和开普总理约翰梅里曼等南非当局核心领导人决定，成立一个以阿非利加语和英语为官方语言并拥有议会主权的统一国家，行政权属于南非总督，在开普实行全肤色人群的选举，在德兰士瓦和奥兰治自由邦则要求只有白人男性可以成为选民。① 但其实，即使在开普的选民中，白人占85%，有色人种占10%，黑人占5%，仍只有白人可以进入议会作为代表。同时，关于语言和特许权，只能通过议会三分之二多数票才能修改。

显然，这与之前英国答应的承诺不同。1909年，非洲人民组织的九名成员与白人政治家施莱纳一起前往伦敦，向英联邦政府抗议排斥黑人的做法。但该代表团没有成功，英国不想破坏阿非利卡人和英国人之间脆弱的和平。作为对制宪会议的回应，黑人在布隆方丹举行了他们自己的南非原住民人大会，并为形成永久性的全国黑人政治组织迈出了重要的一步。此后，黑人反对新秩序的抗议活动范围从文雅游说和消极抵抗延伸到农村武装起义、罢工和群众动员。

1912年1月8日，由曾在海外接受教育的皮克斯里·赛米领导的四名律师创立了"南非原住民人国民大会"。赛米是在纳塔尔的一所传教士学校开始的早期教育，父母去世后，一位美国传教士把自己的名字给了他，并把他安排到国外接受教育。后来塞米在纽约哥伦比亚大学获得了学士学位，并在牛津大学获得了法学学位。深受美国黑人教育家、前奴隶主布克·华盛顿的影响。华盛顿并不主张对抗或积极抵制歧视，而是主张制订计划来

---

① 白人女性最终在1930年赢得了投票权。

教育黑人，使他们获得技能。[1] 也是因为这个原因，南非原住民人国民大会的早期成员和活动家都是在教育方面取得了成功的杰出人士，是由小商人、教师、文员和牧师组成的精英团体，代表人物有新组织的秘书长所罗门[2]、第一任主席约翰·杜比、《纳塔尔太阳报》创立者约翰杜博等。不过，南非原住民人国民大会与其说是一个政党，不如说是一个受压迫者团体，他们要求平等的机会，要求根据功绩逐步融入政府。但他们的要求被拒绝了。1923 年，南非原住民国民大会在布隆方丹的一次会议上更名为非洲国民人大会。到了 20 世纪 40 年代，"非国大"已经成为一个群众组织，而在"非国大"内部，大会青年联盟采取了更加激进的方式，同时还号召之前就参加了反抗运动的妇女们加入。

南非联邦成立不久，白人殖民者在南非掠夺、霸占土地的行为得到了永久合法化。《矿业与工程法》（1911）和《原住民土地法》（1913）相继出台，将南非不到十分之一的土地定义为黑人"保留地"，并禁止黑人在保留地之外购买或租赁任何土地，限制黑人在白人拥有的农场生活。[3] 保留地地处边远，土地贫瘠，非洲人难以谋生，大批黑人被迫外出再次来到城市，向白人廉价出售自己的劳动力。同时，为强化种族隔离制度，南非白人当局又抛出了以"黑人家园"（又称班图斯坦制度）政策为核心的"隔离发展"计划。黑人在原来聚居的保留地按族群组成自由人中央政府

---

[1] 华盛顿提出以"黑人自救"为核心的观念，以黑人暂时放弃追求政治权利为前提，认为繁荣黑人经济是根本，黑人工业教育是手段，以种族融合为目标。他要求黑人通过勤奋劳动、勤俭节约、踏实工作来塑造基督教要求的人格，最终获得美国宪法赋予每个美国公民的各种权利。他身体力行，在极其艰苦的环境下创办了"特斯克基黑人师范学院"，认为华而不实的博雅教育并不需要，而应该大力发展工业教育。

[2] 他会讲多种语言，在英布战争期间，他曾在马费金围城期间为英国人担任翻译。他还写过关于非洲人生活的文章和书籍。

[3] 1923 年的原住民（城市地区）法案将城市住宅空间隔离开来，并制定了"流入控制"条例，以减少黑人进入城市的机会。新法规定了工业、领土、行政和居住领域的种族隔离。这一连串的立法部分是从过去继承下来的反动态度的产物，部分是在黑人人口稳步增长的快速工业化时期为规范阶级和种族关系所做的努力。

直接控制的"班图自治区",分阶段逐步建立"地方当局""立法会议""自治政府",最后发展为独立国家。这种班图自治区将原来的保留地改名为"班图斯坦",即"黑人家园"。这种做法就是殖民者企图使占南非大多数的黑人成为南非国家的"外国人"。

对新成立的"南非原住民国民大会"来说,当务之急就是抗议《土地法》。1913年7月,即《土地法》颁布一个月后,所罗门和同事们到乡下骑自行车,目之所及都是不得不背井离乡的非洲人,他们在严酷的冬季抱着刚出生的孩子,赶着牲畜、带着微薄的家产,悲痛欲绝。所罗门因此写下《南非的原住民生活》,并于1916年出版。一个世纪之后,这本书才再次引起了人们的兴趣。

黑人民族政党的成立表明黑人群体从一种无序状态走向更有组织的、争取权利的方式。但因为这些维权的基本框架是白人确立的,黑人争取自身权利的过程注定艰难且漫长。不同阶层的黑人民族政党的诉求不同:贫民阶层、民族资产阶级、中产阶级等,其中不仅体现他们对自身价值的认知,也体现着他们对于改善目标的不同需求。

第四节 两次世界大战中的南非(1914—1945)

一、联邦国防军与一战

路易·博塔是以第二次布尔战争期间的英雄出现在历史中的,但他最终为南非成为英国自治领而战。其实,博塔早在1884年就出现在南非历史舞台了。那时,博塔加入了"迪努祖鲁的志愿者"组织,对抗塞茨瓦约的另一个儿子兹布胡,争夺祖鲁王位继承权。1897年,博塔成为威赫德区的代表及德兰士瓦议会议员。1899年,博塔参加了第二次布尔战争,最初加入克鲁格斯多普突击队,后来在科伦索和斯皮恩科普将军指挥下领导布尔部队建立功勋。朱贝特去世后，他被任命为德兰士瓦布尔人的总司令，在图格拉战役之后，博塔同意了布勒将军提出的二十四小时停战协议，让英军能够埋葬死者，赢得了在英国的口碑。①1899 年 11 月 15 日，博塔伏击英国装甲列车，与丘吉尔擦肩而过。1900 年 6 月比勒陀利亚沦陷后，博塔与库斯·德拉雷伊和克里斯蒂安·德韦特一起领导了针对英国的游击战。1902 年，博塔在与英国的合谈中表现突出，尤其是前往欧洲筹集资金让布尔人在战后休养生息一举，促成了和平与秩序重建。1904 年，博塔与史末资在德兰士瓦殖民地共同创立了布尔人民党，为布尔殖民地争取自治做好了准备。1907 年春天，博塔参加了在伦敦举行的殖民总理会议，宣布德兰士瓦布尔人将会全心全意地加入大英帝国，为国家的福利而努力奋斗。

从国内军政的角度来看，博塔对国内政局就比较忧心了。在 1907 年和 1908 年的南非军事会议上，英国官员明确表示，只能派遣 3500 名英国将士为南非提供防御，且英国本土若发生任何战争，它们都将可能被召回英国。一方面，这是因为英布战争结束时，英国废除了布尔人的指挥系统，将防御权分配给了英帝国驻军，但当时英国预判的主要冲突预期来自德国，他们觉得南非没有面临严重的地区威胁。与其他自治领一样，南非主要只是被视为士兵的潜在来源。不过，尽管英国议会很满意博塔和史末资的新班子，布尔人内部仍是一贯的意见不一。博塔不仅担忧非洲本土居民的叛乱，也担忧与其意见不一致的布尔派别的叛乱。因此，新南非联邦成立之际，重要的一环是建立国家防御体系。1910 年，史末资成为国防部长，立即着手建立防御体系，起草南非国防法案。史末资认为南非需要一支由 2.6 万人组成的常备军，但因为成本太高，需要借鉴瑞士的预备队训练的方法，动员一切可能动员的白人成年男性加入志愿军，以便在需要保家卫国时迅速动员起来。

---

① MacBride, John (2006). Jordan, Anthony J. (ed.). Boer War to Easter Rising: The Writings of John MacBride. Westport.

这时，博塔政府又进入了一个持续变革和暴力冲突的时期，因为宪法未解决的问题引发了紧张局势，经济增长快速但不平衡，本土居民不断抗议被征服和剥夺的土地等，各种问题层出不穷。在1911年5月至6月，乔治五世加冕之际，[1]欧洲的政治环境日益紧张。南非联盟决定自己负责国防，将兵役发展为一项国家政策。1912年，南非国防法创建了联邦国防军，由一个比勒陀利亚总部和三个司令部组成：常驻部队、现役公民部队和军校学员。对13至17岁的白人男孩实行强制性军训，所有17至25岁的白人男性都有义务服兵役，但由于成本问题，只能抽签选出其中大约一半入伍。在战争期间，所有年龄在17至60岁之间的白人男性都有义务服兵役。黑人在未经议会特别许可的情况下被排除在兵役之外，因为白人政客担心这可能会被用作授予他们政治权利的理由，并且多种族军队会打破平民社会中的种族隔离"传统"。

直至第一次世界大战爆发时，联邦国防军都是一个全白人机构，常设部队由一支约2500名的南非步枪队和炮兵组成，另一支约2.3万名的志愿者组成预备役部队，接受兼职的应征者训练，由地方步枪协会组成后备队并重建突击队。虽然南非警察署直到1913年才成立，但由于南非步枪队在农村地区一直履行警务职责，国防和警务职责有时是模糊的。

南非联邦的国防委员会融合了英国殖民和布尔共和国军事传统，但它还是更倾向于英国模式。一些布尔人仍非常憎恨英军的卡其色制服，它似乎总是会让他们想起布尔战争期间烧毁农场、将妇女和儿童关押在集中营的敌人。同时，英国的军事仪容标准还意味着突击队不能再留胡须，这可

---

[1] 该会议讨论了整个英帝国的宪法安排，新西兰总理约瑟夫·沃德爵士提议成立一个由自治领代表组成的帝国委员会，该委员会将就帝国事务向英国政府提供建议。沃德将这个想法发展成为帝国议会（见帝国联邦）的提案，认为这样的议会可在英王指导下执行帝国的外交政策，包括宣战。但时任英国首相阿斯奎斯拒绝了这些提议，认为这些提议侵犯了英国制定外交政策的自主权，但他同意有必要就某些问题与自治领的首相进行磋商。与此同时，阿斯奎斯提议成立一个外交事务常设委员会，但各自治领未能就最终决议达成一致。

是布尔人男子气概的象征。语言也成为一个有争议的问题,因为在农村,阿菲里加语是通用语,而城市中则使用英语。布尔人对在城市举办英语训练营感到不满,因为这似乎削弱了他们认为的健康的农村价值观。阿非利卡人担心,军事教官通常从说英语的学校中进行学员挑选和培训,会使他们的年轻人英国化,而且标准化的英国演习和训练似乎削弱了布尔突击队的边防作战能力。尤其是英国职业军事等级制度和军官队伍的建立,意味着布尔突击队的民选军官、战争委员会和有权势的农民父权制领导传统的消亡。布尔人们不喜欢这样的改变,但他们不得不对英国总督和国防委员会所施加的限制做出回应。

1914年6月28日,一名塞尔维亚民族主义者暗杀了奥地利大公弗朗茨·斐迪南,第一次世界大战的烈火燃起。基于在世界海洋和市场中的权力较量,8月4日英国向德国宣战。像其他自治领一样,南非也因为身处英联邦而卷入了第一次世界大战。

南非总理路易斯·博塔认为,战争可能会合并巴苏陀兰(莱索托)、贝专纳兰(博茨瓦纳)和斯威士兰,乃至德属西南非洲等邻近的殖民地,给南非拓展领土的机会。国防部长扬·史末资将军也持同样观点,不过他认为首先应确定什么政策符合帝国的利益,再制定战略。对于战争,他洞察力强,且目光长远,有着更长远的洞察力,最初与两个战略阵营都保持着非比寻常的关系。他甚至提出计划,如果德属东非被占领,该领土可用于与葡萄牙谈判,以换取莫桑比克的南半部土地。这样,协议将允许德兰士瓦的工业区可以更直接地利用邻近的贝拉和洛伦科马克斯(马普托)港口。①

尽管英国拒绝将殖民地割让给南非,也不愿讨论任何战后领土主张,但博塔首相和史末资将军很快成为英国帝国战争内阁中值得信赖、精力充

---

① Killingray, David (3 July 2014). "Samson, A. (2013). World War I in Africa: The Forgotten Conflict Among the European Powers". Diplomacy & Statecraft. 25 (3): 558–559.

沛的成员。英国很快就发现南非能够充分自卫,而英国驻军可以撤回欧洲作战。英联邦的进一步讨论认为南非非常适合入侵德属西南非洲,特别是夺取关键的海军设施和无线通信中心。[1]

同年,赫佐格倡导的南非国民党成立,寻求建立布尔人的白色民族主义政权,同情曾经在布尔战争中给予援手的德国,反对英帝国主义。与此同时,一批受过德国恩惠又反对英国的布尔人将第一次世界大战的开始视为机会,力图推翻博塔政权,他们计划在9月15日发动对博塔当局的军事政变,但走漏了风声,博塔本人接管了联邦国防军,并马上召集下属军官在西南非洲开展战役。

然而,10月初,当南非开始侵入西南非洲时,马尼·马里茨领导的阿平顿部队还是站在了南非国民党一边,没有按照指示行动,转而宣布自己所领导的南非独立,并与德国人签订了条约。不料,德国人之前的种族灭绝战争把自己推向了不归的深渊。1904—1907年,德国对赫雷罗人和纳马人进行了种族灭绝式的杀戮,引发当地人对德国人的极度不满。因此,当南非4.5万人的入侵部队到达西南非洲时,这支入侵的军队却得到了当地3万余非洲居民、有色人的支持,他们志愿加入南非战队中,充当运输司机、铁路和公路工人以及一般劳工,帮助英国对抗德国。尽管工会立法禁止武装黑人士兵,但一些熟悉西南非洲的有色人种还是获得了武器并组成了侦察分遣队,只为共同抗击德国。

南非联邦国防军的后勤保障也十分到位:马匹是在开阔地形和广阔的领土上运输的重要一环,南非联邦派驻的兽医不断增加;几名南非飞行员从西欧新成立的皇家飞行队被召回,为战队提供空中侦察。很快,史末资就对纳米比亚首都的基础设施进行袭击,这让德军猝不及防。5天后,德国守军从海岸撤退,重点保卫南部的奥兰治河边界。尽管后来英德双方在

---

[1] Killingray, David (3 July 2014). "Samson, A. (2013). World War I in Africa: The Forgotten Conflict Among the European Powers". Diplomacy & Statecraft. 25 (3): 558–559.

西南非洲的各个战役中还是互有胜败，但南非联邦军还是控制了西南非洲海岸和温得和克的无线电站，继而在 1915 年 7 月 9 日接受了德国的投降。西南非洲自此在博塔政府的军事控制之下（一战后被国际联盟接管），许多德国定居者被驱逐出境，布尔人们从南非迁徙而来，在此定居。①

一战期间，南非对西南非洲的宣战引起了国内广泛的讨论。大多数情况下，说英语的白人是最支持的群体，有数以万计的志愿者为此服务。黑人群体对宣战的反应则比较被动。一方面，他们和南非当局都认为这是一场纯粹的"白人战争"，南非国防军从未想过要给黑人使用枪支的机会，而且种族立法本身就禁止黑人携带武器。1914 年 10 月，南非原住民人国民大会提议组建一支 5000 人的黑人、有色人种的部队，结果国防部长直接答复："政府不希望在当前的敌对行动中利用非欧洲裔公民的战斗能力。"②

南非有色人种和非洲黑人社区的成员一样热情。阿卜杜拉·赫曼博士热情洋溢地说："有色人种将通过主动承担我们应承担的责任，证明自己和大英帝国的任何其他子民一样有价值！"他们的提议没有被拒绝。虽然禁止非洲人携带武器，但未禁止有色人种。1915 年 9 月，政府决定组建一个步兵营，称为"开普军"。他们将在东非、土耳其、埃及和巴勒斯坦参与行动。

有很多本土黑人加入了南非原住民劳工团，他们中的数千人被派往法国作为非战斗人员，只提供劳力。也有一些来自开普敦码头的工人，他们加入了 1916 年 6 月建立的开普军团劳工营，作为英国陆军服务团的一部分，将弹药和补给品从勒阿弗尔、敦刻尔克和布洛涅的港口运送到最近的铁路或仓库。这些黑人和有色人都愿意相信，他们对英国王室的忠诚会得到回

---

① Nasson, Springboks, pp. 63 - 87; Hew Strachan, The First World War in Africa, Oxford University Press, 2004, pp. 61 - 92.

② Albert Grundlingh., Fighting Their Own War: South African Blacks and the First World War, Johannesburg: Ravan Press, 1987.

报。他们认为一旦战争获胜，他们面对的政治局势就会好转。因为对他们而言，第一次世界大战提供了与布尔战争相同的机会：展示他们对国家和英国王室忠诚的机会。在听说冲突爆发后，"非国大"（当时仍称为南非原住民人国民大会）停止了针对1913年《土地法》的行动，并承诺支持国家为战争进行的不懈努力。

为了响应英国对西线体力工人的要求，非洲人成为跨国劳动力，建造盟军战争所依赖的铁路、战壕、营地和道路，但不允许携带武器，而且要被隔离，并且没有资格获得军事荣誉。

1917年2月的一个黎明前，一艘载有数百名南非黑人男子的门丁号船在英吉利海峡被意外撞毁，这不是战争行为，但共有646人死亡，267人在沉没中幸存下来：包括195名黑人，4名白人军官中的两名和17名白人士官中的10名。600多名死亡的非洲人是被派往法国挖战壕的志愿者，不知是何原因，船长哈利·斯坦普只是旁观而没有采取任何措施来挽救这些人的生命。[1]根据幸存者的口述历史记载，艾萨克·沃乔普牧师曾安慰沉没船上的人：

> 我的同胞们要保持冷静，因为现在正在发生的事情正是你们来这里要做的。我们都会死，这就是我们来的目的。兄弟们，我们正在进行死亡演习。我，一个祖鲁人，你们都是我的兄弟……科萨斯人、斯威士人、庞多斯人、巴索托人和其他所有人，让我们像战士一样死去。我们是非洲之子！高喊你的战争口号，我的兄弟们！"[2]

得知惨剧后，博塔总理率领议员起立，向他们的勇气和牺牲表示敬意，

---

[1] https://www.bbc.com/news/uk-england-hampshire-38971394

[2] Indigenous Peoples of the British Dominions and the First World War.

但这似乎已经是对南非原住民劳工团的最大纪念了。

博塔的纪念活动中,宣称劳工队在战争中"竭尽全力保持""对国旗和国王的忠诚"。但对于任何黑人军人,活着的或死去的,都没有奖章可言,因为这样的荣誉只属于白人军官。1918年1月,博塔突然宣布劳工团解散。同年5月,劳工团的所有成员都回到了家乡。许多人抱怨赔偿不足,但政府拒绝向他们颁发战争服务的奖章和赔偿。

1974年,一名英国潜水员发现了沉船地点,南非政府于1986年在德尔维尔伍德竖立了一座官方纪念碑。那时,南非占多数的黑人已经在种族隔离统治下生活了数十年,他们希望靠在第一次世界大战中的忠诚将带来更大的政治权利的希望早已破灭。2003年,新南非政府设立了"门迪"英勇奖章,一艘现代南非海军舰艇以门迪的名字命名。

2014年,黛西·齐洛恩作为南非副国防顾问发表讲话时,再次回忆了这个经历,她在"非国大营地"中了解到这个故事后发现"这么多非洲黑人的生命毫无意义",这让她"非常伤心"。作家弗雷德·库马洛说,这个故事并未写入在南非白人统治者开设的学校课程中,只是在黑人群体中代代相传。和那些不被记载在文字中的黑人悲惨遭遇一样,很多黑人群体的历史还是"我们历史上的一个巨大空白"。①

但参加战争确实为未来的黑人民族团结带来回报。正如《全非洲公约》的创始人戴维森于1920年总结的那样:"原住民劳工队伍……已经将一种新的种族团结和友好感引入了这个国家,这在我们班图族中是前所未有的。共同阵营中的共同苦难使他们建立了密切的关系。"来自本土的黑人们还感受到了法国平民对他们的优待,并将其与他们自己的一些军官的种族主义行为进行了比较。"结果发现,这片土地上存在着多元化的班图族群。""一种建立在反白人情绪的基础上,黑人之间的相互尊重和友爱的

---

① 根据沉没事件改编的小说《死亡操练之舞》的陈述。

倾向。"①

1914—1918年，2.5万余名来自不同种族的黑人为南非联邦这个600万人口的国家提供志愿服务，还有数千人直接入伍英国陆军，其中超过3000人加入了英国皇家飞行队。超过14.6万名白人、8.3万名黑人和2500名有色人种在德属西南非洲、东非、中东或欧洲的西线战场上作战。超过7000名南非人在战争期间丧生，近1.2万人受伤。八名南非人因英勇作战而获得维多利亚十字勋章，这是帝国最高、最负盛名的军事奖章。②值得注意的是，到1918年年底，超过12.7万名黑人和1.1万名白人死于一战期间流行的"西班牙大流感"。

对于南非白人领导人来说，第一次世界大战巩固了他们在皇室中的地位。他们做出了自己的贡献，展示了他们友谊的价值。他们从英国榨取的代价是，"本土事务"将是严格的国内问题，伦敦不得干预。与此同时，一战后的世界大萧条，见证了一种新现象的发展："贫穷的白人"，主要是那些无地的白人农民，他们也只能像黑人一样涌入城镇，寻找工矿业工作。他们在教育或培训方面并不比与他们的竞争对象——非白人更好，但他们拥有"白人"的皮肤优势——以及投票权。对于南非黑人来说，他们经历的惨痛的教训与布尔战争期间一样：支持英国几乎没有什么回报。是选择站在统治者一边，还是选择被统治者一边，英国伦敦殖民当局再次选择了白人。

总体而言，一战给非洲带来了相当大的经济破坏，非洲初级产品的价格随之下降，进口商品却以较高价格输入非洲，带走非洲的剩余价值。对南非而言，一战中，南非发挥了其黄金主产国对英帝国的重要作用，三分之二的黄金产量以资英帝国军备。战争开始时，伦敦的英格兰银行官员就

---

① Albert Grundlingh., Fighting Their Own War: South African Blacks and the First World War, Johannesburg: Ravan Press, 1987.

② Nasson, Springboks, pp. 63–87; Hew Strachan, The First World War in Africa, Oxford University Press, 2004, pp. 61–92.

与南非合作，阻止黄金运往德国，并迫使南非的矿主以财政部设定的价格将黄金出售给英国，并在美国和中立国家购买弹药和食品。[1]

1918年10月3日，德国政府开始根据美国总统伍德罗·威尔逊的"十四点原则"寻求和平。然而，当帝国领导人开始讨论停战条款时，史末资的立场是惊慌而不是兴高采烈。[2]他敏锐地注意到："德国可能很容易成为这个混乱欧洲的警察……而且危险在于，她可能会逐渐主宰这个异质群体，只要再过一两代人，她的脚会再次踏上中欧的脖子。"[3]史末资的另一个担忧是，随着美国成为世界外交的仲裁者，"美利坚合众国将在军事、外交和财政事务上向世界发号施令。"[4]

然而，史末资的远见卓识还是受限于当时已然改变的世界格局：反德联盟其他成员的军事行动和战争目标与英帝国未来的地位已经不是简单的因果关系，任何试图在1918年恢复欧洲均势的努力都会被德国争取胜利和瓦解沙皇帝国的决心所破坏。[5]世界民族主义的力量正在以前所未有的力量野蛮生长。

二、群体分化和罢工浪潮：20世纪20年代

巴里·赫佐格出生于1866年4月6日，是德裔的第八个孩子。在金

---

[1] Ally, Russell (1991). "War and Gold-The Bank of England, the London Gold Market and South Africa's Gold, 1914–19". Journal of Southern African Studies. 17 (2): 221–238.

[2] War Cabinet (491 B), 26 October 1918; Cab. 23/14. It must be noted that Smuts, following the Armistice, saw the United States, rather than France, as Britain's chief post-war ally, believing that their relationship could now be based on equality rather than British inferiority.

[3] Rothwell, V. H. British War Aims and Peace Diplomacy, 1914–1918. Oxford, 1971, pp 253–254.

[4] Cabinet Paper G.T. 6074 of 23 October 1918; Cab. 24/67.

[5] "The Imperial Strategist – South African Military History Society – Journal", www.samilitaryhistory.org

伯利读书期间，他就反感那些远道而来的掘金者，尤其是来自英国的那些人。1881年他在斯坦林布什上学时，开始对政治产生兴趣，并希望可以通过学习法律来改变英国管辖阿菲里加人命运的现状。1885年，他被任命为奥兰治自由邦法官，并结识了奥兰治自由邦第六任也是最后一任总统马丁努斯·施泰恩。1895年12月，施泰恩在竞选演说中提到，他将千方百计确保奥兰治自由邦的孩子们接受良好的教育，并希望通过政府规划将教育标准提高到与其他富裕国家相同的水平，因为他相信教育将带来自由邦不同群体之间的统一。尽管施泰恩最后走了亲英国立场，但他的教育观念在很大程度上影响了赫佐格，两人一起在1914年成立了南非国民党。

爱尔兰民族主义者曾用"英格兰的不幸是苦涩者的机会"来对抗英国，"苦涩终结者"就是他们用来代指自己民族主义的词汇。巴里·赫佐格借用了这个词汇，在1899年至1902年的布尔战争期间，他将选择继续战斗的布尔突击队描述为"苦涩终结者"，他本人则以足智多谋的领导者赢得了声誉。

1902年后，成千上万的失地白人家庭涌入城市显示了当时南非农村社会秩序崩溃的程度。同时，教师、神职人员、记者和律师们深深感受到英语使用者文化主导地位的威胁，他们发起了"第二语言运动"，希望荷兰语成为官方语言（他们的愿望最终在1925年实现）。1904年，赫佐格就开始活跃于政坛并开始被确定为领导人。1907年，奥兰治河殖民地获得自治，赫佐格加入内阁，担任总检察长和教育主任。他坚持在学校同时教授荷兰语和英语，虽然他对英国当局和博塔总理有明显敌意。但他还是在新成立的南非联盟中被任命为国家司法部长到1912年。

1913年，赫佐格领导从南非党中分离出反英的布尔人，并在1914年组建了国民党，来自贫穷的白人和好战的知识分子是其主要的支持者。赫佐格认为决定是否应该积极参与一战是每个自治领的权利。[①] 许多人同意

---

① South African Historical Journal, 1,1969, pp. 47 - 48.

他的观点，正如史末资私下说的那样，他描述了"人们对联邦军队到德属西南非洲作战的行为感到真正厌恶"。1914年南非大选后，他的南非国民党在众议院拥有44个席位，而当局的南非党只有41个。[①] 这意味着两个政党必须要进行合作，否则南非党就没有执政的合理性。但赫佐格反对联合（1933年两党联合成为南非党：SAP），直到一战的爆发打断了他想要振兴白人国民党的"合法途径"。

1914年，英国对德宣战，南非国防军入侵西南非洲，激化了国防军中前布尔将军们的不满，农村贫困的阿非利卡人加入了起义，史称"马里茨起义"。到1914年10月底，奥兰治自由邦和德兰士瓦共动员了大约1.15万布尔反对分子，并短暂地占领了城镇并伏击了火车。然而，这些叛军缺乏整体协调，不是博塔当局的对手。博塔拒绝了帝国提供的援助或招募黑人士兵的提议，只用他的3.2万名"忠诚者"就镇压了叛乱。11月16日，在奥兰治自由邦东部的布尔特方丹附近，博塔的支持者击溃了拜尔斯手下的叛军。12月初，叛军首领德韦特在库鲁曼附近被捕，所属的大多数叛军投降。1915年1月30日，坎普和大多数剩余的领导人向阿平顿附近的政府官员投降，叛乱以失败告终，有300多人在战斗中丧生。这次叛乱是南非白人民族主义作为一种政治力量兴起的一个非典型事件，反映了那些深受经济变化、战争和重建影响的阿非利卡人的诉求。讲英语的白人认为对布尔叛军的宽大刑罚是可耻的，但南非布尔白人民族主义者迅速将叛乱分子提升到英雄地位。1915年8月，7000名南非白人妇女在比勒陀利亚的工会大楼举行游行，要求全面大赦。与此同时，赫佐格对冲突采取了中立的立场，直到一战后才开始反对史末资政府，并在1915年10月的选举

---

① https://www.sahistory.org.za/people/james-barry-munnik-hertzog

中获得了 20 个新席位，占选票的 30%。[1] 新兴的黑人政治领导人很快注意到，与 1906 年对祖鲁叛乱分子的残酷对待相比，当局对白人叛军态度明显存在双重标准。

1920 年，赫佐格的政党在共和主义的平台上赢得了多数席位和选票，并为讲阿非利加语和英语的白人提供了独立的学校系统。1924 年 6 月南非再次举行选举，赫尔佐格成为国民党和政府联盟的总理。

在威特沃特斯兰德，矿主和矿业工会其实之前就有过十年半的冲突了，每当暴力冲突爆发，政府总会部署军队来结束罢工：1907 年、1913 年和 1914 年都是这样。第一次世界大战期间，白人工人暂停了罢工行动，第一个黑人工会产生。但在 1919 年，好战情绪又回来了。这次是通货膨胀的推动所致。与资本主义世界的其他地区一样，南非也处于战后经济危机之中。尤其是受国际黄金价格下降的影响，国内经济形势影响较大。1919 年，世界黄金价格从 130 先令/盎司（610 英镑/盎司）跌至 1921 年 12 月的 95 先令/盎司（415 英镑/盎司）。南非的多个矿产公司受到挤压，试图通过降低工资和削弱种族歧视，以促进廉价的黑人矿工担任技术和监督职位。

由十月革命推动的激进思想和行动正在南非的各个阶层中传播，南非白人和黑人民族主义者都对这些新的政治思想和理论武器加以利用，以对抗雇主并和政府作斗争。黑人工人也在第一次世界大战之前、之中和之后参与了零星罢工。其间，1920 年 2 月，超过 7 万名非洲金矿工人因希望涨薪而罢工一周。士兵和警察镇压了罢工，11 名矿工死亡，100 多人受伤。

---

[1] Nasson, Springboks, pp. 35–59. See also T. R. H. Davenport, "The South African Rebellion of 1914," English Historical Review, 78 (1963), pp. 73–94; K. Fedorowich, "Sleeping with the Lion? The Loyal Afrikaner and the South African Rebellion of 1914–15," South African Historical Journal, 49 (2003), pp. 71–95; S. Swart, "A Boer and His Gun and His Wife Are Three Things Always Together: Republican Masculinity and the 1914 Rebellion," Journal of Southern African Studies, 24, 2 (1998), pp. 737–751.

由于通货膨胀侵蚀了黑人工人的实际工资，这次罢工是几个城市抗议浪潮的一部分。南非原住民人国民大会等政治组织在战后重新活跃起来，1919年领导了反对通行证的运动。一些"非国大"领导人不同意罢工和抗议等激进行动，建议通过说服英国来实现黑白平等的目标，因此，在20世纪20年代中期，该组织并不活跃，只是在1923年更名为"非洲人国民大会"。与此同时，1919年成立的工商业工会广受欢迎，尤其是在为工人争取权益方面，他们通过激进行动成果显著。1921年，南非第一个没有种族政治背景的党派——南非共产党在国际社会主义联盟的支持下成立。

南非当局感受到了这些压力。一战结束后一年，即1919年8月，自1910年南非联盟成立以来一直担任总理的博塔将军去世。他曾在英帝国劳合·乔治的"帝国战争内阁"任职，并在凡尔赛宫代表南非参与国际联盟建立的史末资将军，三年半后返回南非，担任总理。种族政策变得更加严厉，依据肤色进行区别的法律频频颁发，以阻止黑人在某些行业中从事技术工种，只让他们在非技术工种中获得低薪。

从1921年的就业人数和薪资中，可见差异之大。[1]

	就业人数	年薪
白人	21,455	10,640,521
非洲人	179,987	5,964,528

1927年，乔赛亚·古梅德当选"非国大"的主席，但很快，1930年，他因为同情共产主义被开除出"非国大"。[2] 古梅德是纳塔尔两个重要的非洲组织"市民权益"和纳塔尔原住民大会的创始成员，1893年和1906年曾两度到英国。这两次去往的英国经历都让古梅德失望，第一次是作为

---

[1] 矿业商会．第32次年度报告，第219-221页。

[2] Fredrickson, George (2000). The Comparative Imagination: On the History of Racism, Nationalism, and Social Movements. Berkeley: University of California Press. p. 141.

第四章 权力与战争：现代秩序的确立（19世纪—20世纪）

祖鲁合唱团成员被歧视，第二次他希望英国能主持大局让他们拿回祖传的土地但失败了。在南非白人联盟成立之前，古梅德的政治觉悟就达到了新的高度，他对白人联盟领导下的非洲人的地位表示担忧。1927—1930年，由于朱斯时总统左倾的政治观点，"非国大"分裂，保守党驱逐了更激进的成员，古梅德被开除出国大党。1926年，第一个以群众为基础的黑人政治组织：工商业联盟因应对不断恶化的条件而蓬勃发展起来。工商业联盟位于开普敦，其成员包括黑人和一些有色人种，主要来自城市地区。联盟旨在应对当地农村白人或者黑人对农业生产的不满，并呼吁将土地和解放联系起来。然而，工商业联盟只是昙花一现，到1929年，它的影响力已经无足轻重。但其他的政治组织如雨后春笋，纷纷发展起来。1921年成立的南非共产党，起初几乎只活跃在白人工会内部，但从1925年开始，它更加积极地招募黑人成员，并在1928—1929年，呼吁建立黑人多数统治并与白人工会进行更密切的合作。工商业工会更加激进，领导了开普敦的码头工人罢工。为了反击雇主和政府降低他们生活水平，白人工人和黑人工人一起在胡克、兰德等地都发生罢工事件，以获取各自权益。

1921年5月，在胡克，联邦国防军直接向"敌人"开火，瞬间就有163人死亡，129人受伤。"非国大"和开普敦共产党随即抗议："谋杀！谋杀！谋杀！布尔胡克大屠杀！"在兰德，1921年12月，矿业商会宣布由于成本上升和金价下跌，计划用收入较低的黑人代替半熟练的白人工人。28日，白人举行矿工大罢工，罢工者组织为突击队，运动很快变成了对政府的公开对抗。[①]年轻的南非共产党和劳工组织都积极参与了以阶级斗争为由的起义。他们针对黑人进行了几次屠杀，种族主义的口号更加响亮："全世界的工人，团结起来，为一个白人南非而战。"政府的反应同样是无情的镇压。当局对警察的命令是"开枪不要犹豫"，很快，两万名联邦国防

[①] Joyce, Peter (1989). The South African family encyclopaedia. Internet Archive. Cape Town :Struik Publishers.

军带着大炮、坦克和轰炸机镇压了叛乱，超过 200 人死于内战。

执政党的行为引起了政治上的强烈反对，在 1924 年的选举中，执政的南非党输给了国家党和工党的联盟。后者陆续颁布 1924 年《工业调解法》、1925 年《工资法》和 1926 年《矿业和工程修正法》，为白人工人保留了采矿和铁路方面的某些工作。通过压制黑人来抬高白人生产方式的法律进一步加强，当局承认白人工会并加强了种族歧视。1926 年，当局提议增加保留区，并将开普省的黑人选民从普通选民名单中删除，这些目标最终通过《原住民代表法》（1936 年）达成，从此，黑人只能以单独投票的方式选出三名白人代表进入众议院。与之相应，在共产国际的指示下，南非共产党改变了对白人阶级的态度，转为采取"本土共和"的策略进行斗争。[1]

1928 年共产国际代表大会在其关于"殖民地革命运动"的论文中总结了共产国际的主流意见。论文的一部分讨论了在南非联盟中的地位，占人口大多数的非洲人被白人殖民者和国家从土地上被剥夺了政治权利和行动自由，遭受最残酷的种族和阶级压迫，同时遭受资本主义的剥削和压迫方法。大会决议责成南非共产党要更加积极地争取权利的完全平等，废除针对非洲人的特殊法规和法律，以及没收地主的土地；要求组织非洲工人并"用一切方法反对白人工人队伍中的种族偏见，并从其自身队伍中彻底消除这种偏见"；最终建立一个独立的本土共和国，同时保障少数白人的权利，并为实现这一目标而奋斗。

但很快，1929 年的资本主义经济危机席卷而来。赫佐格用比之前更加极端的种族沙文主义赢得了选举。随即，赫佐格的司法部长奥斯瓦尔德·皮罗（后来直言不讳地自称是希特勒的崇拜者）在对德班非洲人的大规模征税袭击中，大举展示武力，派出手持机关枪和催泪瓦斯的警察前往镇压抗税人士。他宣布了"共产主义阴谋"并引入了一项新法律——《暴乱集会法》

---

[1] Roux, E. R. (28 July 1928). "Thesis on South Africa, presented at the Sixth Comintern Congress"; Bunting, S. P. (23 July 1928). "Statement presented at the Sixth Comintern Congress". sahistory.org.za.

的修订版——赋予自行禁止集会。1930年，12月16日丁甘日（即祖鲁与布尔人在血河之战纪念日），南非共产党人在全国各地开展统一战线活动，要非洲人焚烧通行证，但最终却因无人响应而告吹。

三、黑白分立的前奏：20世纪30年代

赫佐格的国家党在与工党分裂后在1929年的选举中赢得了大选，但他不佳的经济表现让他决定寻求与他的前对手扬·史末资和后者的南非党建立伙伴关系，以期在1934年即将到来的新一次选举中获益。1933年赫佐格和史末资结盟，次年他们将两个政党合并，组成南非联合民族党，也称为联合党。

一些南非布尔人认为此举无疑是站在了布尔民族主义的对立面。在英布战争中阿非利卡人战败后的几年里，通过阿非利卡人的文化意识、经济进步和工会的渗透，阿非利卡人的民族主义逐渐建立起来。这些努力的核心是一个名为"阿非利卡兄弟会"的协会。这个协会于1918年开始在约翰内斯堡肯辛顿的一所房子里成立，最初是一个文化组织，1924年成为一个秘密组织。它的目的是促进阿非利卡人的发展，帮助他们在各行各业取得成功，使他们的影响力涉及到媒体、教育、历史教学方式和其他重要机构。1929年，阿非利加语文化组织联合会成立。1933年大选后，赫佐格的国家党和对手扬·史末资的南非党合并成立联合党。1934年，两党如愿赢得了大选，赫佐格继续担任总理，史末资成为他的副手。马兰[1]强烈反对这次合并，并于1934年与其他19名国会议员叛离该党，自立门户，组建了反对派："净化民族党"，通过强调南非白人的特殊苦难来树立政治号召力，

---

[1] 马兰（1874—1959），祖先是来自法国的胡戈诺派难民，其名字就是为了保留原始拼写的法语传统。1915年参与创立阿菲利加人报刊《汉堡》，后进入政坛。1948—1954年担任南非第四任总理。国家党在他担任总理期间，实施了执行种族隔离法的种族隔离制度。

在接下来的14年里，该党将会是一股不可忽视的力量，并将在1948年全面掌权。卡内基贫困白人委员会的报告提出，将近三分之一的南非白人过着乞丐的生活，而很少有讲英语的白人生活在贫困线以下。为了解决这个问题，马兰和他在布罗德邦德的盟友通过建立一个大众基金，说服富裕的开普商人向其捐款发展南非白人经济运动。

1933年，世界性的大萧条席卷全球，南非贫困白人的数量急剧增长，估计足有30万，占阿非利卡人口的四分之一。马兰要求阿非利加民族资本加以援手，大众银行和南非国民人寿保险公司应运而生。阿非利卡商人被鼓励雇佣阿非利卡人而不是说英语的白人。在这个浪潮中，荷兰归正会发挥了作用，它鼓励把阿非利卡人看作"上帝选中的人，就像以色列的孩子一样。他们的苦难到目前为止一直是上帝对他们的考验"。狂热的民族主义者对犹太人、天主教徒和任何可能稀释他们"优势"种族的人表示不满。据说这种观点持续了许多年——以至于1970年肯里奇医院(现在的唐纳德·戈登医院)在约翰内斯堡开业时，激进的阿非利卡人都不去那里就医，因为那里的工作人员都是天主教修女。20世纪30年代，其他的阿非利卡人工会相继成立，这使得阿非利卡人可以脱离英国人控制的工会，建立自己的矿工工会和

阿非利加历史博物馆

铁路工会。①

1938年，纪念血河战役一百周年之际，马兰在比勒陀利亚组织了一次大迁徙的纪念活动。12月16日，节日期间，全国各地的牛车游行达到了高潮，这一天正是100年前，祖鲁人在血河之战中被击败的那一天。一个巨大的迁徙者纪念馆正式开放，里面不仅有描绘布尔人英雄主义的浮雕和铜版画，还有关于非洲黑人背叛的楣板传说。

马兰随后发表了讲话，他说南非人有责任"让南非成为白人的土地"。

赫佐格和史末资的联合政府虽然拒绝马兰激进的民族主义，但在对待黑人的政策上与他几乎没有什么不同。在20世纪30年代中期，联合党政府提出立法，将非洲人从开普省的普通选民名单中删除，将他们限制为选举白人代表进入议会，并创建一个仅具有咨询权的原住民代表委员会。1936年，政府颁布《原住民法》（第12号），将为黑人预留的土地数量从7.5%增加到13%，确认了该国应始终按种族不平等的原则进行隔离，并对通行证法实施了更严格的规定。为了响应阿非利卡人中日益增长的反犹太情绪——通常是针对矿主，其中许多人是犹太人——政府出台了立法，以防止犹太人移民到南非。同一法律还禁止任何无法迅速融入白人人口的移民入境。

有组织的黑人对这些措施保持了沉默。自1930年以来，在皮克斯利·塞梅的保守领导下，非洲人国民大会专注于建议非洲人努力改善自己并尊重他们的酋长，而不是积极谴责赫佐格的政策。大会的成员减少到几千人。1935年12月，一些对这种做法感到不满的"非国大"成员与印度和有色人种政治组织的代表在布隆方丹会面并成立了"全非公约"，以抗议拟议的新法律以及普遍的种族隔离。但即使是这个主要由黑人职业阶层成员以及教会领袖和学生组成的组织，也避免用工商业工会的对抗性方法。"全非公约"的领导人强调他们对南非和英国的忠诚，并再次呼吁英国议会进

---

① 这个工会信奉基督教民族伦理，将虔诚的加尔文主义与民族主义相结合。

行干预以改善黑人的状况。

联合政府除了加强南非的自治统治，希望帮助当地资本，保护白人工人免于与黑人竞争之外，还在伦敦的帝国会议上发挥了主导作用。该会议发布了《贝尔福报告》（1926），确立了南非自治领的外交自主权。从英国回来后，赫佐格将注意力转向确定创造民族主义旗帜和国歌。经济民族主义包括对当地工业征收保护性关税、促进农产品出口的补贴以及国有化钢铁工业。白人工会变得更加官僚化而不具斗争性了，因为通过公共部门的庇护就可以就业，通过私营部门规定的最低工资，即使没有技能也可以获得生活资助，工会内外的白人工人们享受了不需要工作的安逸和舒爽。尽管白人贫困的总体水平仍然很高，但通过这些政策，制造业吸收白人劳动力的速度几乎是黑人的两倍。

黑人在此期间获得的收益很少，并继续失去早期的利益。对他们来说，隔离意味着流动性受限，工作和发展的机会更少了，遭受更严格的控制以及遭遇普遍的排斥。他们面对社会整体的经济状况也在继续恶化：白人拥有的农场的租赁条件变得更加繁重，离开土地的非洲人似乎只能去往城市贫民窟。

作为约翰内斯堡的副市长，皮姆1890年来到南非，受雇于罗德斯的公司，担任会计。他之前就提出了很多种族隔离想法，出发点是保护非洲人免受西方文化更严重的影响，后来又对黑人群体涉及健康、教育和社会服务等多个方面提出主张，这些思想最终付诸实践。

1929年大选反映了对白人至上主义的政治定局。自南非1912年成立联盟以来，"本土政策"问题首次主导了白人选举政治。南非白人民族主义者开始以"黑色危险"和"共产主义威胁"作为他们的集会口号，这当然不会是最后一次。

此外，1929年的全球大萧条导致了又一次政党重组。1929年10月华尔街崩盘后，南非出口直线下降。澳大利亚和英国让本国货币贬值以解救经济，但赫佐格一度拒绝仿效，直到1932年才这样做。那时，经济遭到破坏，许多农民破产。赫佐格还面临着来自一位新的特立独行的政治家——蒂尔曼·鲁斯的竞争。作为回应，赫佐格和史末资这两个老对手决定联手组成联盟，并在1933年赢得了选举，1934年，他们合并组成了联合党。这一事态发展很奇怪，在很大程度上是一种政治上的权宜之计。

史末资对黑人政策的情感很复杂。1926年，赫佐格在推行"文明劳工"政策的同时，提出了所谓的《原住民人法案》。这些法案旨在剥夺开普和纳塔尔最后几个拥有选票的黑人民族的投票权。作为交换，根据1913年《土地法》分配给黑人的土地将增加到12%。因为没有得到三分之二的多数票赞成，该法案始终没有通过。史末资就是投反对票的议员之一。他认为自1872年开始实行黑人通行证制度以来，黑人不断被剥夺权益，非常不公平。1936年，赫特佐格以稍有不同的形式重新提出《原住民人信托与土地法》和《原住民人代表法》，尽管内容限制性更强，但这次史末资投了赞成票。史末资解释了自己改变主意的原因，他说自己希望公平对待黑人，但黑人仍然需要白人的指导；解决这些问题需要时间，应该留给"未来的智者"去解决。他的座右铭是"一步一个脚印"。与此同时，史末资也有担忧的问题，他不想破坏与赫佐格新组成的联盟。直到三年后，当第二次世界大战爆发，双方又再次产生了分歧。

这些臭名昭著的本地法案在当时被委婉地称为"实质"的"影子"：议会制度中投票的影子，都是黑人不熟悉的，实际上只是白人用以换取更多土地的借口。黑人被完全从普通选民名单中剔除，取而代之的是在议会中的三名白人"代表"。一个原住民代表委员会成立了，但它的权力有限。一些杰出的人士在那里任职，著名的有白人参议员埃德加·布鲁克斯、玛格丽特·巴林杰和艾伦·佩顿。他们试图为黑人的事业辩护，但几乎没有得到支持，1949年原住民代表委员会被抛弃。当时有人说，这就像对着电话说话一样，而且你知道电话那头没有人在听。对黑人群体而言，最后就连扩大土地的承诺也从未完全实现，而人们将这一切都归咎于第二次世界大战的爆发。

1947年，在他生命的最后时刻，史末资支持亨利·法根法官领导的委员会提出的建议：黑人应该是城市的一部分，而不是被迫住在离南非城市几千米以外的地方。但不过就在第二年，还没来得及做任何进一步的工作，史末资政府就倒台了。如果这些建议获得通过，历史可能会有不同的改变，避免随后几年的许多痛苦。当然，这也只是历史的假设而已。

四、二战及南非的政治高光时代

1914年，南非人别无选择，只能站在英国一边参加一战。战后，根据《威斯敏斯特规约》，南非已经取得了很大程度上的自治权，南非可以做出自己的决定。20世纪的20年代和30年代，一战期间作为英国皇家飞行队和海军部队预备成员的南非联邦国防军逐渐成立了自己的陆军、空军和海军兵种。尽管在20世纪20年代初，联邦国防军在预算削减的情况下，规模也变小了，骑兵步枪团的五个团中有四个被移交给警察署掌控。1922年《国防法修正案》延长了现役公民部队的服役年限，但部队的身份仍是预备役，这样就无需政府支付这些人员的工资。1939年二战爆发的时候，联邦国防军只有5500名现役军人和1.35万名预备役人员，40架飞机，但二战推动了南非的军事扩张和国防军发展，并在二战后极大地影响了南非的政局。

随着二战的爆发，白人联合体中的分裂因素显现了：马兰的许多支持者都站在德国一边，史末资支持英国，赫佐格则希望中立。马兰的支持者们多是德国的拥护者，且他们认为英国失败可能将使南非再次成为一个共和国。

那时，德国国家社会主义者们强调日耳曼民族的种族优越性、反犹太主义以及利用国家社会主义来造福"主要种族"，这在20世纪30年代赢得了许多南非布尔人的崇拜者。1933年，南非成立了一个新纳粹灰衫组织并在30年代后期得到了越来越多的支持，尤其是在农村的南非布尔人中。

作为 1918 年右翼的阿非利卡人社团的延续，①1938 年，参加大迁徙纪念活动的阿非利卡人成立了一个准军事组织"牛车哨兵奥塞瓦布兰德瓦格"，旨在灌输"对祖国的热爱"，并在必要时通过武装力量在南非建立一个由阿非利卡人控制的共和国。到 30 年代末，"牛车哨兵"组织声称已在百万阿菲里加人中拥有 25 万名会员。第二次世界大战爆发后，"牛车哨兵"组织变成了一个准军事组织，效仿德国纳粹组建了自己的冲锋队。该组织反对南非站在英国一边参战，并对史末资政府进行破坏。他们希望德国人取得胜利，从而在南非建立一个民族主义社会主义类型的政府。他们的领袖是范伦堡。两位未来的南非总理约翰·沃斯特和 P.W. 博塔也是该组织的成员。由于这些组织过于激进，当南非派遣军队在北非和欧洲与英国并肩作战时，在国内，包括未来总理约翰·沃斯特在内的数千名"牛车哨兵"成员不断进行反战活动，并被当局拘留。

1939 年年底，赫佐格的国防部长奥斯瓦尔德·皮罗在国家党内部发起了一项名为"新秩序"的运动，这是一项按照纳粹路线重建南非社会的法西斯计划。不过，没想到史末资还是占了上风，赢得了内阁大多数的支持并成为总理。议会投票的表决再次显示了南非在二战中的走势：史末资获得 80 票赞成票，67 票反对票。史末资以微弱的选票优势将南非带入战争，站在英国一边。南非参加第二次世界大战标志着一场新的政治斗争的开始，成立仅 5 年的联合党解散了。赫佐格辞职，史末资再次成为总理。赫佐格转而与马兰合作，一起组建了"重新统一民族党"。

战争刚开始时，史末资曾承诺不派兵出国作战，宁愿让他们在非洲服役。但二战前，德国在非洲已经没有了殖民地，只有其盟国意大利还有。所以，只要对盟国宣战就是对德宣战。虽然意大利起初尚未参与战争，但它在北非和东非都有自己的殖民利益。史末资明确表示，由于联军的波斯

---

① 信念为"上帝赐予阿非利卡人南非"，是白人右翼联盟的重要代表。白人的右翼联盟在政策和战略问题上一直存在内部分歧，但一致认为他们具有三个共同的种族属性：阿菲利加语、加尔文主义宗教以及对自己领土或人民国家的要求。

湾油田和苏伊士运河受到威胁，联邦国防军必须提供帮助，特别是在中东地区。后来，随着战争的发展，南非人在北非、东非、中东、意大利、巴尔干等地都有行动。一旦决定行动，史末资迅速组建了两个现役师，一支空军、一支海军舰队也被派往战场。其中，南非舰队担负从埃及的亚历山大、梅萨·马特鲁一直到利比亚的托布鲁克的海岸线巡逻任务。

在1940—1941年的东非战役中，南非陆军和空军在击败意大利军队中发挥了重要作用。南非军队参加了在埃塞俄比亚的战役，并帮助盟军从意大利人手中夺取了亚的斯亚贝巴。南非人还参与了进攻意大利，帮助盟军在1942年占领了马达加斯加，并在1944年华沙叛乱期间参与了对波兰的轰炸。数千名南非人在英国部队中作战，其中一位是皇家空军的战斗机飞行员阿道夫·马兰，在英伦战役最激烈的时候，他率领的74号中队名扬一时。

作为非洲新兴的地区大国，南非军队在东非战役中发挥了主导作用。1940年6月，意大利一向盟军宣战，史末资就敦促英国向东非派遣更多军队，主动应战。1940年8月，意大利入侵并占领英属索马里兰后，南非军队在索马里兰南部攻势中发挥了重要作用。12月16日，南非第一旅、黄金海岸旅和国防军的非洲步枪连在南非大炮的支持下成功突袭了位于肯尼亚·索马里兰边界的意大利埃尔瓦克哨所，并在之后持续推进至次年2月。1941年3月，盟军穿越埃塞俄比亚南部。4月6日，南非部队解放了亚的斯亚贝巴，允许流亡的海尔·塞拉西皇帝于5月初返回。4月中旬，南非旅与埃塞俄比亚非正规部队一起向北前进，并与从苏丹和厄立特里亚下来的盟军部队会合。5月，南非的两个轰炸机中队、一个战斗机中队和一个空中侦察中队支持盟军在安巴阿拉吉山的地面行动，并成就了第二次世界大战中盟军的第一场主要陆上胜利，确保了盟军在埃及的军队可以通过红

第四章 权力与战争：现代秩序的确立（19世纪—20世纪）

海和苏伊士运河得到补给。①

1940年9月意大利入侵埃及，开启了南非在北非的战役。1941年和1942年，南非第一步兵师在北非参加了几次打击德军和意大利军队的行动，特别是在利比亚的托布鲁克和西迪·雷热以及埃及的阿拉曼都为军队赢得了声望。1941年4月，包括南非第一步兵师成员在内的约1万名盟军士兵在托布鲁克被"沙漠之狐"德军元帅埃尔温·隆美尔和他的非洲军团困住了。围困持续了大约241天，直到11月8日，英国第八军在西迪·雷热附近展开了被称为"十字军行动"的军事打击，才扭转了局面。这次行动的目的是消灭轴心国军队，解救托布鲁克，这是非洲西部沙漠的第一次坦克大战。在所谓的沙漠战争中，英国人找不到打败隆美尔非洲军团的办法，战争一直持续到12月30日。南非第五步兵旅协同英军第七装甲师等部队作战。南非军大败，5800名南非战士中，只有大约2000人返回……其余的人被打死、打伤或被俘，被史末资认为是南非在战争期间损失最惨的战斗之一。

1942年年初，南非空军在东非、北非、西西里、意大利和巴尔干地区的空战中做出了重要贡献。南非空军中队在北非协助盟军沙漠空军取得了对隆美尔空军的制空权，并对非洲军团进行了一系列的轰炸空袭（每天三次，连续数周），这被认为是最终阻止了隆美尔在1942年中期向阿拉曼挺进的重要因素。最终，联军阻止了隆美尔进军埃及的步伐，结束了轴心国对波斯湾油田和苏伊士运河的威胁，恢复了联军部队在托布鲁克和西迪雷泽格惨败后的士气。

事实上，南非人在这场战争中扮演了重要角色。史末资的战斗号召得到了惊人的响应，招募了33.4万名南非志愿者（约21.1万名白人，7.7万

---

① Jackson, British Empire, p. 243; I. S. C. McDonald, "The East African and Abyssinian Campaigns, 1941, Premier Mine to Massawa," South African Military History Journal, 8, 4 (1990); Neil Orpen, East Africa and Abyssinian Campaigns: South African Forces in World War II, Vol. I (Cape Town: Purnell, 1968).

名黑人，4.6万名有色人种和印度人）。据记载，大约有11023名南非人死于第二次世界大战，但真实数字可能会更多。

1940年，开普军团、印度和马来军团以及原住民劳工军团成立，最终有12万名志愿者在这些部队中服役。到1943年年底，开普军和原住民军团的总兵力为9.2万人，占联邦国防军的37%。尽管南非人坚持只武装白人士兵的政策，但在国内和北非部署了2000名开普军有色人种部队作为武装警卫。与一战中的原住民劳工组织一样，大量的原住民劳工新兵来自贫困的德兰士瓦北部，小部分来自贝专纳兰、斯威士兰和巴苏陀兰。招募军人的工作特别成功，以至于在招募期结束时，估计有8万多名黑人男子被招募到本土军团。他们接受了各种辅助职能的训练，然后被派往东非、北非、中东、马达加斯加和意大利的战区，在那里，他们经常在猛烈的炮火下工作，担任担架工、司机、勤务员，负责挖掘战壕。南非政府禁止他们携带武器，他们只能担任非战斗辅助角色。

记录显示，1942年10月23日和24日在阿拉曼，担架手卢卡·马约利在部队遭到猛烈的炮火袭击时，不顾自己被弹片击中，将伤员抬到安全地带。他最终因失血过多而昏倒，但他活了下来。1941年，南军第1师的联络官齐茨曼上尉证实："无数人的生命都要归功于担架手。"他们像老虎一样战斗，他说："当一个人倒下的时候，另一个人站出来接替他的位置。"那一刻，他们都是南非人，不分种族和信仰。南非黑人还参与了一个秘密的特别项目，在土耳其和埃及之间的山区修建隧道和铁路连接线，保障英国人在那里的基地运作。这些地道穿过巴勒斯坦和叙利亚，其中一些地道至今仍然存在。大约420名具有专门知识和地下开采经验的黑人矿工被选中，协助南非工程师完成这项工程。他们在冬季严寒的条件下修建隧道，并提前7个月完工。战后，政府向表现突出的黑人颁发了奖状和功勋证书。尽管对这些黑人而言，任何想要政府帮助他们找到体面的工作或给予他们与白人一样权利的希望，最终还是被证明是徒劳的。

在南非国内，许多妇女也发挥了她们的独立作用，在妇女辅助部队和妇女志愿空军中工作。这些机构中开设了急救、家庭护理和消防课程；为汽车和卡车提供服务、为部队编织和缝制衣服、包装降落伞、为北方和海外的士兵们准备和发送包裹、为战争服务筹款等。英国出生的亨利·纳特拉斯曾是两次世界大战中战斗机的飞行员。他的妻子罗娜是他的首批学生之一，也是该地区唯一获得飞行员执照的女性。1940年，妇女志愿空军成立时，她成为地区的第一任指挥官。在战争结束时，她获得了由史末资签名的南非战争功勋奖章。她的丈夫在再次北上驾驶飞机之前，又筹建了三所航空训练学校，并在1944年被授予大英帝国军事勋章。

在战争的各个阶段，史末资的影响都非常明显。他运筹帷幄，对军事和战略事务有深刻的理解，英国首相温斯顿·丘吉尔爵士曾多次征求他的意见。和第一次世界大战时一样，他再次被邀请加入英帝国的战时内阁，并被授予陆军元帅军衔，这是南非第一个担任这一职位的人。史末资在英国成了一个家喻户晓的名字。由于他的影响力，丘吉尔的秘书甚至试图向国王乔治六世建议，如果丘吉尔有什么不测，应该让史末资接任英国首相。还好丘吉尔比史末资多活了好几年，而史末资是否会接受这样的职位值得怀疑：尽管他很钦佩英国人，但他内心深处是个南非人。

在第二次世界大战期间，史末资曾九次访问中东，与盟军领导人商议，战争结束时，他帮助建立了联合国。比勒陀利亚大学法学院的克里斯托弗·亨瑞斯教授和威廉·格威特博士认为，史末资是第一个在世界性机构的正式文件中使用"人权"一词的人。1945年，"人权"的概念也被写进了《联合国宪章》的序言中。

史末资还参与建立了两个世界性组织：国际联盟和联合国。这使南非稳立于世界舞台，而下一位有如此巨大影响力的领袖，恐怕要等到20世纪90年代纳尔逊·曼德拉的再次出现。史末资的雕像至今仍矗立在伦敦的议会广场上，这是2007年前唯一一座来自英联邦国家领导人的雕像，后来，仍然是纳尔逊·曼德拉的雕像被添加到那里。两位卓越的南非领导人在不同时空的交际，还体现在他们与英国王室的交往中。应史末资的邀请，1947年，英国王室成员国王乔治六世、伊丽莎白女王及其女儿伊丽莎白和玛格丽特公主访问南非。以前英国王室在位的君主访问南非的情况并不曾发生过。直到1996年，当年年轻的公主，如今的英国女王伊丽莎白二世，应纳尔逊·曼德拉总统的邀请，再次来到南非访问。

史末资的妻子伊熙同样令人印象深刻。在《南非传记词典》中，她被描述为："具有天赋、智力超群、待人真诚、雅人深致、纯粹，就是性格有点古怪"。也许她始终不能忘怀因为英布战争因缺医少药而夭折的幼儿，伊熙一生都没有随丈夫出国，也没有离开过非洲大陆，但她在战争前后也都发挥了重要作用，被人们亲切地称为祖母。在战争期间，她积极参与设立了南非妇女组织、妇女联合党，还为士兵准备礼物，提供慰问基金。她不太在意名利场，有一次在开罗，她开设了一个现役妇女俱乐部，一位官员正在为她作介绍性发言。那人已经讲了十几分钟，还要继续讲下去，这位"祖母"扯了扯他的袖子说，你现在必须停下来，我想看看我要讲点啥。

1947年英国王室对南非的访问是一次特别漫长而成功的访问。事后看来，史末资政府之所以组织这次访问，可能不仅仅是因为史末资对英国人的友谊和钦佩，更多的是为了抵制阿非利卡民族主义的兴起。因为王室成员无论走到哪里，都受到了英国人和阿非利卡人的共同欢迎。不过，1947年英国王室访问南非时，伊熙·史末资没有去参加任何一个招待会。当王室明确表示要见她时，伊熙回答说，让他们来见我，王室照办了。她们最终在约堡50千米外的史末资家见面，并留下了珍贵的合影。

一年后，史末资和他的联合党倒台。两年后，史末资去世。历史学家舒拉·马克斯对罗得斯和史末资这样的权势人物持批评态度，但他写道，在20世纪的头几年里，没有任何一个人物比史末资对南非的影响更大：他是南非最杰出的白人政治家，参与了南非、欧洲和英联邦历史上的所有重大事件，以至于1950年史末资的去世，在很多方面都标志着一个时代的终结。

二战对南非的经济和社会都产生了深远的影响。由于意大利海军通过地中海和苏伊士运河威胁航运,在第二次世界大战的大部分时间里,开普敦是盟军东西向航运路线的重要节点,其余的南非港口也成为重要的海军补给和维修中心,现代南非城市的样式变得更加多元。

参与世界大战将南非转变为一个不同于英国和新兴全球大国。在二战中,南非占领了西南非洲,数万名军人在东非、马达加斯加、非洲之角、北非、中东以及西欧和南欧作战,增强了军队的战斗能力。1940年11月,南非政府成立了海上国防军,承担反潜、扫雷和护航行动,这代表着现代南非海军的出现。到1945年,南非已经可以通过自己的空军和海军支持对外作战。尽管南非的军事行动受国内白人民族主义者反对,国内还有军队服役和公民身份的问题以及白人对黑人抵抗恐惧问题,但世界大战的经历让南非联邦国防军更倾向于采用现代化的英国(而非布尔人的传统)的军事作战方式,并在之后成为困扰南非政局的一个问题。

虽然黄金仍然是最重要的产业,创造了南非三分之二的收入和四分之三的出口收入。为了满足战时需求,南非的制造业得以大幅增长。1939年至1945年间,南非制造业就业人数增加了60%,其中许多是非洲妇女。城市化迅速增加:非洲城镇居民的数量几乎翻了一番。到1946年,南非城镇中的非洲人比白人还多。这些黑人中有许多都住在开普敦和约翰内斯堡等主要城市近郊的棚户区,最大限度地满足了战争生产的人力所需。

| 第五章 |

种族隔离时期（1948—1994）

第一节 "南非冷战"时期（1948—1960）[①]

一、从"通行证"到"种族隔离"

尽管早在1797年，南非就规定"黑人奴隶需要通行证才能离开主人"。[②] 但1806年，在英国取得开普殖民地伊始，英荷殖民者就约定了新的英国殖民统治必须尊重之前的罗马荷兰法，这为后来南非的法律不同于英国普通法、具有相对独立的立法自主权，奠定了历史基础。

1809年，英国殖民政府再次颁布《霍屯督公告》确认"通行证"一说。[③] 其中，规定科伊科伊人将有一个"固定的住所"，不能自由旅行，如果在规定区域之外被发现，就需要出示护照。因此如果科伊科伊人要离开工作的农场，就需要他们的雇主给他们签署通行证。1828年当局再次颁布第49号法令，规定非白人移民获得通行证的唯一目的是"寻找工作"。1833年，英国颁布《废除奴隶制法案》，加上1835年南非的第一号法令，"契约劳工"成为新的法律术语，尽管其内涵与奴隶没有明显差异，但在整个19世纪余下的时间里，南非各个殖民地通过加强立法限制了这些契约劳工的自由，并增加了多重限制，以达到规范种族之间关系的目的。

1892年，特许权和投票法案相继出台，财产标准和教育元素成为限制非白人选民的新条件。1894年，由罗德斯担任总理的当局发布《格伦格雷法案》，限制非洲人可以拥有的土地数量。同年，纳塔尔发布《纳塔尔议

[①] 根据军事历史学家伊恩·范德瓦格的分期方法，他认为南非国内的"冷战"时期从1948年持续到1960年左右，之后开始了更为激烈的"热战"，持续到1990年左右。

[②] A. Du Toit, H.B. Giliomee (1983). Afrikaner political thought: analysis and documents. University of California Press. ISBN 978-0-520-04319-0.

[③] 1807年英国议会通过《奴隶贸易法》，因正值英国境内废奴运动情绪高涨，英国在开普殖民地的该法案宣称该法令是防止科伊桑人被主人虐待，得到服务收费所设。

会法案》剥夺了印度人的投票权。[1] 1896 年，当局发布《通行证法》，要求非洲人携带徽章行动，只有雇工才能留在兰德，进入"劳动区"的人还需要特殊通行证。[2] 1905 年，当局再次颁布《通行证通用条例》，规定黑人必须在固定区域生活，黑人不再拥有投票权。

1910 年南非联邦作为自治领成立后，进一步延续了关于白人优先、黑人受限制的各种法案。其中，《南非法案》（1910 年）赋予白人对所有其他种族群体的完全政治控制权，同时取消了黑人参加议会的权利；《原住民土地法》（1913 年）禁止黑人（开普敦的黑人除外）购买"保留地"以外的土地。[3]《城市地区原住民人法案》（1918 年）规定了城市内黑人可进入的"地点"，《城市地区法》（1923 年）引入了"住宅隔离"，黑人被界定为白人主导的工业下的廉价劳动力。[4]《肤色法》（1926 年）禁止黑人矿工从事技术行业，《原住民管理法》（1927 年）确定英国王室，而不是非洲的最高酋长，为所有非洲人的最高领袖。[5]《原住民土地和信托法案》（1936 年）作为 1913 年同名法案的补充，从开普敦"选民"中剔除了以前的黑人选民，取而代之的是允许他们选举三名白人代表作为他们的代表进入议会。[6]《亚洲土地保有权法案》（1946 年），禁止白人向印度人和印度裔南非人出售土地。

---

[1] Hoiberg, Dale; Ramchandani, Indu (2000). Students' Britannica India, Volumes 1–5. Popular Prakashan. p. 142.

[2] Kiloh, Margaret; Sibeko, Archie (2000). A Fighting Union. Randburg: Ravan Press. p. 1. ISBN 0869755277.

[3] Leach, Graham (1986). South Africa: no easy path to peace. Routledge. p. 68.

[4] Tankard, Keith (9 May 2004). Chapter 9 The Natives (Urban Areas) Act Archived 20 November 2008 at the Wayback Machine . Rhodes University. knowledge4africa.com.

[5] Baroness Young – Minister of State, Foreign and Commonwealth Office (4 July 1986). South Africa House of Lords Debate vol 477 cc1159-250. Hansard.

[6] The Representation of Natives Act. sahistory.org Archived 13 October 2006 at the Wayback Machine

第五章 种族隔离时期（1948—1994）

二战期间，大量的黑人移民工人被吸引到南非新兴的工业中心，并在那里弥补了战时白人劳动力的短缺，促进了南非经济的高速发展。由于受到二战期间民族主义浪潮的影响，城市中的黑人群体也纷纷寻求《大西洋宪章》等声明中"民族自决"和"自由平等"等原则。因为战时经济的需求，史末资政府对黑人的控制比较松散，但其反对派国家党迅速成立了绍尔委员会，关注非洲人涌入城市带来的"问题"。强调黑人涌入城市后的风险，因为非洲工人会以低于白人工人的工资从事半熟练工作，建议建立种族隔离的贸易区，以防止黑人进入，从而保护白人的企业免受黑人的不良竞争，避免白人的"人格丧失"。[1]

布尔白人群体很快就受到了激进的白人民族主义的感召，也怨恨黑人劳动力，认为他们和讲英语的白人凭借优越的经济实力和繁荣剥夺了他们的权力。[2] 他们一直反感史末资政府，当史末资因进攻西南非洲受到联合国的批评时，这些极端的白人民族主义者也借机批判史末资政府，并呼吁要系统地通过一系列法案来正式定义种族间的关系和权利。为此，他们要使用一套配合的理论，这个理论就是"种族隔离"，阿非利加语原意为"独立发展"。在接下来的 25 年里，种族隔离将成为阿非利加语政治的基本意识形态和实践基础。

20 世纪 30 年代，一些由斯坦林布什大学和比勒陀利亚大学学者撰写的科学书籍和文章一再表达了白人比非白人群体智力更高的"论证"。加之自 1857 年以来，荷兰归正教会一直宣扬说，在巴别塔之后，上帝已经命定不同的文化各不相同、独立发展。教会的思想与种族的伪科学相结合，产生了基督教民族主义的世俗神学。如果团体要按照上帝的意愿发展，他们就需要分开生活。他们认为，黑人和白人有着根本的不同，群体之间的

---

[1] Ambrosio, Thomas (2002). Ethnic identity groups and U.S. foreign policy. Greenwood Publishing Group. pp. 56–57.

[2] P. Brits, Modern South Africa: Afrikaner power, the politics of race, and resistance, 1902 to the 1970s (Pretoria, University of South Africa Press, 2007), p37.

接触助长了冲突。只有让其自行发展，每个群体才可以各自繁荣；他们认为，实行种族隔离是为了保护和促进黑人文化。正如1947年国家党的竞选小册子解释的那样：

> 应该在白人和非白人种族群体之间、非白人各种族间积极推行种族隔离，这是唯一合理的基础。只有这样，各种族的身份和生存才可以得到保证，并刺激每个种族按照自己的性格、潜力和使命发展。因此，白人和其他群体之间的通婚将被禁止……我们国家的政策应该把完全的种族隔离作为分开发展的自然过程的最终目标。

回望种族隔离制度的设计者，他们大多是学者和高智商的人，这似乎很不寻常。马兰拥有哲学硕士学位和神学博士学位，是荷兰归正会的牧师。亨德里克·韦尔沃德拥有哲学硕士和心理学博士，均以优异成绩毕业。其政府的很多其他成员也有博士学位。1950年，"种族隔离的建筑师"韦尔沃德成为原住民事务部长，1958年成为国民党政府的总理。早在20世纪30年代，韦尔沃德还是年轻的社会学教授时就主张种族隔离。在他的任期内，更是推动通过了最严厉的种族隔离法。

亨德里克的说辞始终以"人权"为基础，他把隔离制度称为"睦邻友好"政策，指出不同的种族和文化只有在彼此分开生活和发展的情况下才能充分发挥其潜力，避免潜在的文化冲突："我们不仅要确保白人的生存，……我们寻求的解决方案将确保其他各种族群体的生存和充分发展，包括政治和经济方面。"亨德里克还试图从伦理和哲学的角度为种族隔离辩护，认为必须通过奉行"单独发展政策"即种族隔离并将权力牢牢掌握在白人手中，以此保护少数白人免受南非多数非白人的侵害。

在友好说辞的对立面，亨德里克的行为却非常激进。在担任总理期间，亨德里克大力压制反对种族隔离的行为，他下令拘留和监禁数万人，流放数千人，同时大大增强了白人种族隔离国家的安全部队（警察和军队）。他取缔了非洲人国民大会和泛非主义者大会等黑人组织，对黑人的处决和鞭笞频发，未来的总统纳尔逊·曼德拉也因破坏活动而被终身监禁。

正是在这样一种奇怪的悖论中，马兰及其国民党政府建立了实施种族隔离政策的理论：白人和黑人在文化上的差异性太大，以至于他们永远无法生活在同一个社区，如果他们要尝试，在人数上更多的黑人就会淹没白人。因此，解决办法是将国家划分为白人拥有权利和公民权的地区，而在其他地区则让黑人拥有权利和公民权。但他们后来更进一步，根据种族差异把黑人加以区分：将祖鲁人的土地与科萨人、索托人、茨瓦纳人的土地分开。政府认为，非洲人在种族和文化上绝对是有差异的，这种差异必须在单独的区域中才能保留下来。

这和南非之前已经形成的融合的历史截然不同。多年前，莫舒舒领导的索托王国就容纳了不同血统的人士或难民，1912年，来自不同种族的祖鲁人约翰·杜布皮克斯利·塞米、科萨人沃尔特·鲁布萨纳和茨瓦纳人索尔·匹克共同创建了"南非原住民人国民大会"。

但无论如何，一系列隔离法案纷至沓来，最终改变了南非的历史。1950年，种族隔离政府通过了两项法案，即《异族通婚法案》和《不道德行为法》，规定跨肤色结婚或发生性关系是非法的，一旦被逮捕，就会被控违反该法。1950年的《人口登记法》规定，所有人员在一定年纪后都必须被归类为黑人、白人、印度人或有色人种，人们必须携带注明种族归属的身份证件。一些有色人种看起来足够白，但他们是不是可以被划为白人并享受到相应的特权，都得取决于他们的分类。与该法案相关的一个特别臭名昭著的程序是"铅笔测试"。这是用一支铅笔穿过有色人种的头发进行的测试。如果铅笔没有掉下……如果这个人的头发是卷曲的，足以将其固定住，那么这个人就被认为是有色人种。

除非获得通行证，否则黑人不允许在被指定为"南非白人"的地区经营企业或工作。黑人被要求搬到黑人"家园"并在那里工作，火车、医院和救护车都被限制在特定区域，黑人的"家园"并没有这些基础设施。[1]由于白人病患人数较少，且医疗条件和工资都很高，白人医院的条件明显好于病人人满为患、医生人手不足、资金严重欠缺的黑人医院。黑人只有在受雇为仆人的情况下，才被允许住在白人地区，即使那样，也只能在仆人的宿舍里居住。除了那些在二战前就迁移到城市居住的黑人，此时的通行证只发给有工作的黑人，他们的配偶和孩子只能留在黑人家园，否则会因非法移民而受到逮捕和审判。警车经常在白人地区巡逻，审查和围捕那些没有通行证的黑人。[2]

种族隔离政策的轮番出台，让人们又一次想起了奥菲勒斯·谢普斯通等人在近一个世纪前创建的保护区。如今，黑人将被限制在这些保护区里，但他们仍然需要到"白人"的地区工作。保留地就是这样的"家园"，在这些区域里，族群将被恢复并获得自治。但是当然，由于面积有限，设施很少，黑人们既不可能有足够的经济资本基础，也没有正当理由在政治上实现独立，所以"自治"从未实现。一直到20世纪70年代末，才有少数族群依此申请独立。

二、转变的时刻：南非大选和黑人的反抗

在1943年的选举中，史末资轻松获胜，并带领南非加入二战的盟军一方。战争以盟军的胜利告终，人们都为史末资站在胜利一方感到很高兴，史末资出色的战争表现和战后和谈，与世界各国的政要都成为了朋友，这似乎让南非一时间成为真正的"世界大国"受各方关注。但史末资仍然还是要面对国内的反对力量，包括未来总理约翰·沃斯特在内的数千名"牛

---

[1] Pirie, G.H. Travelling under apartheid. In D M Smith (ed.), The Apartheid City and Beyond: Urbanisation and Social Change in South Africa. Routledge, London (1992), pp. 172-181.

[2] Saaty, Thomas. The Conflict in South Africa. Springer Publishing. p. 119.

车哨兵"成员,他们因反战活动而被拘留,新兴的黑人组织蓬勃发展。

黑人组织要求官方承认他们的存在并更好地对待其成员。例如,在约翰内斯堡,詹姆斯·姆潘扎宣布自己是奥兰多棚户区的国王,建立了自己的地方政府和税收制度,并成立了"我们都将一起死去"党。为获得更高的工资和更好的工作条件,城市黑人工人纷纷组建自己的工会,并在20世纪40年代初期进行了一系列罢工。到了1946年,成立于1941年的非欧洲工会理事会声称拥有119个工会组织的15.8万名成员。这些新工会中最重要的是非洲矿工工会,到1944年,该工会声称拥有2.5万名会员。1946年,黑人矿工为提高工资举行罢工,多达6万名工人停止工作。虽然罢工被警察的行动镇压,12人死亡,但充分展示了有组织的黑人工人挑战廉价劳动力体系的潜在力量。

1948年国家党上台时,对实行系统性种族隔离政策,党内不同派系存在意见分歧。"巴什卡普"派系是国民党和国家机构中的主导派系,他们赞成系统性隔离,但也赞成黑人参与经济活动,主张通过控制黑人劳工来促进南非布尔人的经济收益。第二派是"纯粹主义者",他们相信"垂直隔离",认为"长痛不如短痛",要将黑人和白人完全分开,让黑人生活在原住民保留区,拥有独立的政治和经济结构,才可以让黑人好好生活,让白人劳工也独当一面。第三派系由总理亨德里克·维沃尔德等主导,他们同情纯粹主义者,但允许使用黑工,认为可以同时实现垂直分离的纯粹白人优先的目标。维沃尔德还将这项政策称为"睦邻友好"政策,认为隔离政策合理且正当的。[①]

第一派系主要是史末资的支持者,他们集中在威特沃特斯兰、开普半岛、东开普省和纳塔尔省的主要城市,其余地区则支持史末资的对手赫尔佐格和马兰。支持马兰的人主要是原来的布尔农民。战后回国士兵的失业、

---

① T. Kuperus (7 April 1999). State, Civil Society and Apartheid in South Africa: An Examination of Dutch Reformed Church-State Relations. Palgrave Macmillan UK. pp. 83 - . ISBN 978-0-230-37373-0.

住房短缺、经济成本上升以及白人和黑人之间关系的不稳定等，是他们要面对的最不利情形，马兰领导的纯化民族党宣扬阿非利卡民族主义的极端表现，不断煽动黑白之间的对抗情绪，让这些布尔人以为可以一劳永逸地解决自己的经济困难。他们希望看到政府提升他们农产品的价格，希望对黑人流入城市进行管控，是白人民粹主义的代表，由于他们掌握着投票权，所以民粹主义几乎席卷每个农村。与史末资领导的联合党"温和""整合"的理念截然相反，马兰的派别强调南非白人所受到的黑人威胁，承诺在所有生活领域实施严格的种族隔离政策。民族主义者将这种新的社会组织体系称为"种族隔离"，这个名称由此而广为人知。纯化民族党还利用了白人因黑人对白人犯罪的恐惧，承诺选举之后可以保障白人的安全，免受黑人对白人犯罪和暴力的侵害。

1946年黑人矿工罢工，让马兰及其支持者们更加坚定了自己的极端民族主义思想。1947年，当法官委员会建议放宽移民管制，允许黑人在城市地区居住时，史末资认为时机已经成熟便批准了建议。虽然很多人并不同意，尤其是较贫穷的白人，但马兰随即提出了"黑人危险"的口号，并做出参选承诺：如果他的政党上台后，将实行种族隔离政策，保护白人。因此，尽管选举的两派联合党和纯化民族党都与较小的政党结成了联盟：联合党与左倾的工党结盟，而阿非利卡人则纯化民族党结盟来推进阿非利卡人的权利。但因为因南非参战而与史末资闹翻的赫尔佐格追随者，也纷纷加入了马兰的国家党，该党的人数膨胀到足以击败史末资的联合党和他的联合党工党。

与此同时，自20世纪30年代后期以来，非洲人已被完全禁止在选举中投票，根据有关特许权要求的立法，达到选举资格的有色人种和亚裔数量也有限，他们只能分别投票给七名代表他们"自己的"白人议员。

1948年5月26日，大选举行，这被认为是南非历史上的一个转折点。国家党在众议院赢得79个席位，而总共赢得了74个席位。通过简单的"多数票当选"制度，代表白人民族主义联盟的国家党胜利，随后组建了新政府，并迎来了正式的、具有法律约束力的种族隔离时代。黑人、有色人种和印度人也被当局统称为"黑人"，他们都被排除在政府的参政议政体系外，并在机会和教育方面处于不利地位。这一制度一直持续到 20 世纪 90 年代初。

对史末资而言，这是一场令人震惊的、出乎意料的失败，没有人预料到这一点，包括他自己。两年后，史末资去世，享年 80 岁。史末资的去世像是一个箴言：宽容的时代终结了。

1948 年选举后，原住民事务部长（后来的南非总理）亨德里克·弗伦施·维沃尔德在此基础上，推出了一系列"大种族隔离"措施，例如《群体地区法案》和《原住民重新安置法案》。1954 年，种种措施重塑了南非社会，使白人成为人口的多数。建立家园或班图斯坦是该战略的核心要素，因为它的长期目标是使班图斯坦独立。结果，黑人将失去他们的南非公民身份和投票权，让白人继续控制南非。

1951 年，纯化民族党和阿非利加语党合并，重新命名为国家党。阿非利加民族主义的信念被反复强调，军队的改变也在所难免。1910 年，南非联盟成立不久，就成立了联邦国防军。在当时的和解精神下（就白人而言，在经历了英布战争的痛苦记忆之后），既懂英语，又懂阿非利加语的联邦国防军的成员，参与了两次世界大战，1945 年作为盟军取得胜利，国防军被视为最崇高的职业。1948 年，在马兰的国民党政府领导下，一切都发生了变化：弗朗斯·伊拉斯谟被任命为国防部长并进行了重大改革，主要是重建突击队和旧布尔共和国的其他军事传统，取消受英国影响的联邦国防军的编制。一支全新的南非国防军重新组建，在阿非利卡人的民族主义和国民党的政治意识影响下，有才能、有能力的前军方领导人被清除出局，自己派别的阿非利卡人才能被任命在重要职位上。事实证明，当马兰的政府开始执行种族隔离政策时，这样的安排得到了军方的充分支持。

1951 年，由汤姆林森教授担任主席的委员会成立，研究即将成为"家园"的经济状况。该委员会建议政府改良这些保留地的土壤，在今后十年内出资2亿兰特，使"家园"经济多样化。政府没有接受这些建议，但为家园拨出了微不足道的一点资金。1955年，《参议院法》通过，政府凭此对参议院进行"整顿"，将有色人种选民从普通选民名册上除名，任命了更多的参议员，并在众议院中给普通选民四个白人席位，就像1936年为黑人所做的那样。但到1960年，参议院又恢复到了原来的规模。然而，汤姆林森委员会、《参议院法》和将有色人种从普通选民名册上除名还是引发了轩然大波。更广泛的反抗也开始席卷南非。

参议院法案和其他种族隔离政府的法案引起了黑人和白人的反对，但对公开抗议的惩罚越来越严厉。人们失去了工作，面临被软禁和监禁。政府对抗议活动的反应是强化政策，采取更严厉的限制性措施。警察被赋予了搜查权和无证逮捕权，不经审判就可以把人关进监狱。

隔离制度初始，自由党议员艾伦·帕顿就发表了宣言，认为阿非利卡人这样对待黑人"令人失望"，因为他还记得当年在英国统治下，阿非利卡人被歧视的滋味；但他说，因为布尔人毕竟是世界上的"宠儿"，他们有勇气对抗更强大的力量。从史实来看，一直到20世纪60年代中期，即使当局通过非凡的立法权力、严厉的法律、心理恐吓和白人国家安全部队的不懈镇压，南非内部的黑人群体并不甘于屈服的地位，一直持续抵抗着种族隔离。

1944年，"非洲人国民大会"的年轻成员成立了"非洲人国民大会青年团"，他们对老一辈卫道士的做法不满，希望采取更激进的措施来挑战白人统治。他们发表宣言，阐述了动员人民的计划。这些年轻成员中的四人后来都在历史上发挥了很大作用，他们是沃特·思苏鲁、奥利·弗塔博、曼德拉和阿市比·马达，他们都是来自东开普省的科伊桑人，都曾在教会学校接受过教育。塔博和曼德拉进入哈雷堡大学学习，但因政治活动被开除。后来，他们在南非大学获得了律师资格，又一起在约翰内斯堡开办了一家律师事务所。另一位早期的"非国大"律师协会成员是安东·伦贝德，他被青年团推选为首任主席，推崇以非洲为中心的哲学方式，他称之为"非洲主义"，但他在1947年不幸去世，年仅33岁，联盟失去了未来的领袖。

与此同时，印度裔移民的行动推进了整个南非非白人群体的联合。1946年，由莫提博士和尤瑟夫博士领导的德兰瓦尔和纳塔尔印度人大会组织了一场以甘地教义为基础的消极抵抗运动。他们的目的是抗议专门用来剥夺印度人财产和居住权的新法律。大约1.5万人游行到德班市中心的市政广场，17人特定小组在那里建立了一个营地。这场运动一直持续到1948年。在此期间，大约有2000名抵抗者来到营地，许多抵抗者遭到虐待、攻击和逮捕，但运动一直在继续进行，印度人社区之间由此变得团结，这最终成为不同种族在斗争中走到一起的催化剂。

1947年，由达杜博士、纳伊克尔博士和非洲人国民大会的修马博士共同签署《三博士条约》，为印裔和非洲人在斗争中合作奠定了基础。1952年6月26日，"非国大"正式与南非印度人大会进行合作，决定采用被动抵抗的方式，反对歧视性法律。在范·里贝克和荷兰人抵达开普300周年后，黑人们被鼓励登上白人专用的公共汽车，坐在白人专用的长椅上，站在白人专用的队列中，等等，以实际行动来反抗当局的隔离法令。这场运动取得了预期的效果：约有8000人因故意违法而被捕。监狱里人满为患，当局也很尴尬。

20世纪50年代早期，黑人妇女也加入到了反对不公正法律的非暴力反抗运动中来，通过"非国大"的妇女联盟和"黑腰带"等组织，长期致力于废除通行证的各种运动。

在这样的情况下，1955年，在约翰内斯堡附近的克里普城，不同的黑人、有色人种和印度人组织以及以白人为主的小规模民主党人大会的成员，聚集召开了一次更大规模的大会并通过了《自由宪章》。《自由宪章》认为："南非属于所有生活在南非的人，不论是黑人还是白人；除非根据人民的意愿，否则任何政府都不能公正地宣称自己拥有权力。"该宪章成为后来南非人民大会党（"非国大"党）政策的基础，其中一些条款后来被载入新南非宪法。《自由宪章》列出了一系列黑人和白人都共同拥有的基本权利：

法律面前人人平等、平等的选举权和教育权、同工同酬、最低工资保障等。其中，"自由"和"平等"的观念主要受英国、欧洲和美国的自由主义思想的启发，再加上当时以加纳为首的一些非洲国家已经获得独立，这些都极大鼓励了南非的革命人士。

不过，由于《自由宪章》中包括的社会主义思想，比如矿山国有化、土地应再分配等，引起了当局的警觉。政府的响应是实施更严厉的种族隔离立法：涉嫌参与密谋反政府的人被逮捕并以叛国罪审判。1956年到1961年期间，全国各地各种族团体的156人因"叛国罪"被逮捕，其中包括纳尔逊·曼德拉、阿尔伯特·卢托利和瓦尔特·西苏鲁，以及包括医生、律师、教师、记者、神职人员和商界的各界人士。叛国罪审判持续了四年，虽然被告最终都被判定无罪，但许多人都因此蒙受非难，失去了工作。

20世纪90年代，约翰内斯堡市中心的非洲博物馆举办了一个著名的"叛国罪审判"展览展出了被告的照片，每张照片下都有一个小红本，公众可以在本子上添加评论和任何有关此人的其他信息。在布拉姆弗泰恩宪法山保留的牢房里也采用了同样的方法，人们有机会在这里补充自己在那个时代的经历。

三、"家园"与"乡镇"生活

20世纪上半叶，绝大多数黑人工人住在雇主所提供的招待所或仆人住处，他们大多是单身男性。第二次世界大战期间和之后的一段时期，南非经历了快速的城市化。因为战时经济及《肤色法》等条例对肤色管控的放松，新增的黑人移民与白人混居在城市中。大量新增的人口给有限的城市空间带来了压力，由于高昂的租金，黑人所住地区通常为棚户区，缺乏必要的交通和生活设施（到1979年这些地区都只有大约7%的家庭有自来水），但便利之处在于成本低且没有警察监管，所以一时间，犯罪和暴力肆意滋长。直到20世纪90年代，历届白人政府将大部分纳税人的钱投入到白人使用的教育、道路、医院、公共交通设施上。当涉及非白人(以下简称"黑人")时，他们偏向于有色人种和印度人，而不是黑人，但这些人都是被忽视的群体。

1947年年底，为了与国家党先前所提的"家园"概念有所区别，并与"巴基斯坦"和"印度斯坦"的建立相提并论，民族主义者提出了"班图斯坦"计划。[①] 希望将南非的非白人群体，也即"班图斯坦人"限定在特定的区域，以发展自己的政治与经济。1948年国家党上台后，《人口登记法》《群体区域法》《原住民重新安置法案》相继出台，三个非白人种族群体(黑人、有色人种和印度人)均被指定在特定区域生活。1951年，《防止非法占屋法》和《班图自治法》通过，当局一方面规定了白人雇主要为在城市中的黑人工人支付住房建设等费用，另一方面根据种族设立了10个自治区，试图将黑人从城市中转移到自治区内。由于左翼派别认为"班图斯坦"充满了种族歧视，国家党更常用"家园"来代指这些自治区。祖鲁族、科萨族、文达族、茨瓦纳族、恩德贝莱族、索托族等不同族群居住在这些"家园"上，总面积约占南非全域面积的13%，其余部分则划归给白人。家园由愿意合作的族群首领管理，不愿合作的酋长会被强行废黜，大约350万黑人被强行迁往这些"家园"。

到20世纪中叶，除了为南非白人工作外，南非黑人几乎没有其他谋生方式。白人需要这种劳动力，他们想方设法控制它，因此制定了严格的规定：每个南非黑人男子都必须携带通行证，显示他可以在哪里工作和居住。但因为审查极其细致，很少有南非黑人能够及时更新自己的记录，从而为当局提供了随意拘留的借口。居住在白人城郊、黑人乡镇的任何人，

---

① 曼德拉认为，在英国人不情愿地将自治权交给当地后，他们将印度分为两个独立的国家：印度斯坦和巴基斯坦。但在非洲使用"班图斯坦"，与民族主义者的提议没有真正的相似之处，因为一方面印度和巴基斯坦已然构成了两个完全独立且政治独立的国家，其中的穆斯林和印度教徒都享有平等权利，另一方面国家的形态已经得到了民众的认可，而不是像班图斯坦一样，只是当局的一厢情愿。

如果没有适当的证件，就会被想当然地视为非法入侵而被捕入狱。

1958年，当局通过了《促进黑人自治法》，在黑白边界上开设工厂，并通过"班图投资公司"促进对黑人独立经济的控制。1959年，《班图自治法》通过，该法制定了一项名为"单独发展"的计划，认为此举将使得黑人能够长期建立自己的自治领土，并最终成为名义上完全"独立"的行政体，尽管这只是一个想当然的看法。1966年维沃尔德遇刺身亡，他的崇拜者约翰·沃斯特成为总理继任者。沃斯特贯彻着偶像的隔离思想，强调种族隔离是"开明"的政治，并于1968年废除了非白人代表可推选4位白人作为他们在议会发言人的做法。这里有个插曲：为了在墨西哥夏季奥运会取得好名次，沃斯特临时废除了禁止多种族运动队的立法，并号召外国人到"世界最幸福的警察国家"来游玩，一度形成了南非所谓的"务实外交"。

无论如何，尽管"班图斯坦"或者"家园"政策的真正意图是让黑人成为保留地的居民，拥有所谓的在保留地的政治权利，而不是南非的国民——从而消除他们进一步作为公民仍然拥有的少数权利。正如后来"多元关系与发展部"部长康妮·穆德告诉众议院的：如果我们的政策对黑人而言是合乎逻辑的，那么就不会有一个存在南非公民身份的黑人……南非的每个黑人最终都会在这个光荣的地方被安置在某个独立的新国家，并且本届议会将不再有义务在政治上容纳这些人。[1]

1970年《班图家园宪法法案》颁布，正式确定所有南非黑人都是"班图家园"的公民，即使他们生活在"白人南非"的领地上。1971年班图家园成为宪法法案，为特兰斯凯以外的所有家园建立行政当局，并为其达到所谓的完全独立提供宪法的总体蓝图。利用班图斯坦不同的"法律"体系，不少白人在班图斯坦开设了有利于自己的产业。比如在博普塔斯瓦纳建造大型赌场"太阳城"供南非中产阶级消费。到1984年，南非的十个家园

---

[1] Söderbaum, F. (29 October 2004). The Political Economy of Regionalism: The Case of Southern Africa. Springer. ISBN 9780230513716.

全部实现了自治,其中四个在 1976 年至 1981 年间宣布完全独立。(见附录)

不过,尽管班图斯坦和种族隔离进行了很多年,但将所有黑人都固定在"家园"的想法并没有实现。1950 年,超过 10 万人居住在威特沃特斯兰德周边,5 万人居住在德班的卡托马诺尔,估计有 15 万名黑人和有色人种居住在开普敦周边。"班图斯坦"或"家园"因为没有产业,只能依靠南非的财政补贴维持生计。

即使在 20 世纪 80 年代末期,仍只有不到 40% 的黑人居住在白人划定的区域内,其余的黑人则因为工作等原因,居住在南非城市郊区,这些地方也慢慢演化出自己独有的称谓:黑人乡镇(township)。在阿菲利加语中,这些地方也被称为黑人居住区。这里的"乡镇"包括的内容十分多元,除了公共产权房屋以外,还有棚户区和贫民窟等多种形态,但基本上都是专供非白人居住的,且位于城镇边缘。

从理论上来看,自治的班图斯坦可以有自己的政治经济体系,但实际上来看,这些地区不仅没有自己的经济基础设施,也没有自己的政治运行体系,它们有的不过是南非当局的政治傀儡或者影子经济,然而,在这些地区,却发展出了独具特色的社会生活。

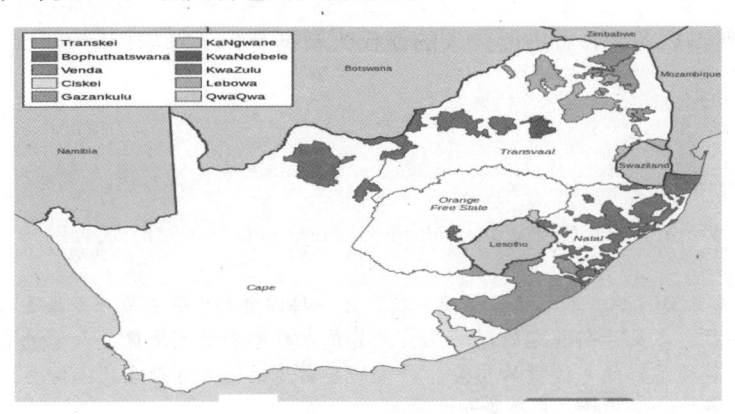

种族隔离后期的班图斯坦区域

由于过度拥挤、住房不足和卫生条件差,流行病在乡镇中不断爆发。这些地区往往没有医院,只有一些教会设立的宣教诊所,且数量极少,居民大多只能依靠传统的巫医方法治疗。也有一些白人庸医，每周到访"家园"就会开出同样的安慰剂：无论是给孕妇还是高血压患者，都会给一升彩色水混合的药水。患者喝完这些奇怪的药水，反而容易患上肠胃炎等新的疾病。[1] 不良的生活和卫生习惯加上粮食储备短缺，营养不良症[2]、坏血病、肺结核等频发，对儿童和老年人而言，这些往往是致命的疾病。长此以往，营养不良导致身体和智力发育迟缓，其他并发症也随之而来，非洲人的生活每况愈下。

　　根据种族隔离的理论设计，各种族之间应该独立发展，享受不同的社会权利、福利乃至公共设施。例如，白人的月平均收入为243兰特，亚洲人的月平均收入为108兰特，有色人种的月平均收入为83兰特，而本土黑人的月平均收入仅为47兰特。[3] 虽然种族隔离主要是以种族划分而不是性别，但这个制度对非白人女性产生的影响尤甚。因为无论是成文法还是习惯法都规定：南非黑人已婚妇女不享有与男子同等的法律地位。除非获得解放，班图女性在法律上永远被视为未成年人，本人没有任何独立的权利。[4] 因此，妇女不得自行签订合同（包括不能决定离婚）；不能起诉或被起诉；不能在没有监护人的同意下出行；不能拥有财产；其所有收益也归属于其监护人，并可由监护人的债权人所据有，非洲的传统家庭结构基础被削弱了。

---

[1] Human Rights Committee Bulletin (Senderwood, South Africa), vol.3, 9 August 1975, p. 14.

[2] 夸希奥科病，别名恶性营养不良，是一种因食物中蛋白质严重缺乏引起的一种综合征，多见于断乳期的婴幼儿，尤其是在非洲和亚洲地区，人们进食淀粉类物质而获得足够的或过量的热量，严重的蛋白质缺乏可导致生理和智力发育迟缓、肌肉萎缩、脂肪肝、月亮脸和水肿。

[3] W. R. Duggan, Socioeconomic Profile of South Africa, New York: Praeger, 1973, pp.111-115; Lewis Snowden, The Land of Afternoon, London: Elek Books, 1968; Herbert Adam, Modernizing Racial Domination, South Africa's Political Dynamics, Berkeley: University of California Press, 1971.

[4] S. M. Seymour, Bantu Law in South Africa, Cape Town: Juta, 1970.

《劳工法》和《许可证法》加剧了非洲传统家庭的变迁。南非政府认为黑人妇女、儿童和老年人完全没有劳动力，是城市"多余的附庸"，即使他们符合居住条件也应尽快从城市地区移走。因此，非洲男人通常就是家里唯一的经济支柱，但他们如果要外出务工就只能住在厂区，这样就造成了夫妻长期两地分居。留在"家园"的妇女需要独自承担耕种丈夫的土地、抚养子女和照顾年长亲属的责任，未经其父亲或丈夫的同意下也不能获得工作许可证。[1] 然而婚姻关系一旦破裂，男人便不再给家里的妻子和家人寄钱，妇女在家园维持生计更加捉襟见肘，只能进入城镇谋生。她们往往成为白人的佣人，这样她们就失去耕种自己丈夫土地的权利，自己的孩子和老人们也无暇顾及。[2] 1968年以后，妇女甚至失去了在"乡镇"登记为住户的资格。[3] 在城市中的妇女境况也没有多好，1945年《班图第25号合并法案》规定，非洲黑人，除少数符合一定资格的非洲黑人外，不可以停留在一个城市超过72小时，除非他（或她）拥有一个有效的许可证，许可证上写明访问的目的和可逗留的时间。[4] 因此，种族隔离当局认为城市的非白人不应该拥有"更大、更好、更有吸引力和更豪华的设施"，[5] 大多数黑人妇女只被允许以"房客"的身份居住在城市地区，且这些住所通常非常简陋，缺乏水、电，甚至没有隐私。在少数情况下，在城乡结合部"白色区域"的"边境产业"会雇佣一些非白人妇女。然而，即使是受雇用的妇女，

---

[1] United Nations Centre Against Apartheid, "The Effects of Apartheid on the Status of Women in South Africa," The Black Scholar, Vol. 10, No. 1, pp. 11-20.

[2] Hilda Bernstein, For Their Triumphs andFor Their Tears: Conditions and Resistance of Women in Apartheid South Africa, London: International Defense and Aid Fund, 1975, p. 57.

[3] United Nations Centre Against Apartheid, "The Effects of Apartheid on the Status of Women in South Africa," The Black Scholar, Vol. 10, No. 1, pp. 11-20.

[4] Statutes of the Republic of South Africa,Classified and Annotated from 1910, vol. 3, p.655.

[5] Hilda Bernstein, For Their Triumphs andFor Their Tears: Conditions and Resistance of Women in Apartheid South Africa, London: International Defense and Aid Fund, 1975, p. 57.

她们通常也只能从事最低等的工作。但即使如此，仍只有 13.6% 非洲农村妇女可以从事有报酬的劳动。①

四、异化的教育与南非妇女联合会

大约从 20 世纪 30 年代开始，南非绝大多数为黑人学生服务的学校都是由传教士开办的，并且经常在国家援助下运营。然而，大多数本土的孩子都没资格上这些学校。1948 年，具有"良知"的白人们宣称："……南非白人对原住民人的任务，是将其基督教化并在文化上帮助他们……对（原住民）教育和教学的目的必须促进建立一个以基督教民族为基础的独立、自立和自我维持的原住民社区。"②

1949 年，由人类学家马克斯·艾瑟伦领衔，政府成立了一个原住民教育委员会。1951 年，《艾瑟伦委员会报告》出台，敦促政府负责南非黑人的教育，以使其成为该国总体社会经济计划的一部分。此外，报告指出，学校教育应根据学校所在社区的文化需求和价值观进行调整。

1953 年，《班图教育法》1958 年改名为《黑人教育法》通过，原住民事务部负责南非黑人的教育，并开始推行各种教育政策。学生的就读年纪不同（7—16 岁的白人、7—15 岁的亚洲人和有色人种，7—13 岁的黑人），学校的资质也大相径庭。大多数教会学校倒闭，黑人的教育变得更加低劣。该法案要求黑人儿童上公立学校，教学将以学生的母语进行，尽管教学大纲包括英语和阿非利加语课程，但对黑人而言，他们并没有机会学习数学或科学，只有针线活（针对女孩）、手工艺、种植和土壤保持、家政等"适

---

① International LabourOrganisation, Eleventh Special Report of the Director-Generalon the Application of the Declaration concerningthe Policy of Apartheid of the Republic of SouthAfrica (Geneva, 1975), p.30.

② Giliomee H, 2009. A Note on Bantu Education 1953-1970 South African Journal of Economics, March 2009.

用"科目，以及强制性必修科目基督教和社会研究。教育的目标旨在培训孩子们从事政府认为适合其种族的体力劳动和卑微工作，成为白人经济和社会的"伐木者和汲水者"，并且明确要灌输黑人接受服从于南非白人的观念。当时的原住民事务部长亨瑞克·维沃尔德说："班图人不可能和欧洲社群中的人们一样，拥有相同的劳动和地位，给他们的孩子培训那些超越劳动的数学，无法实际使用。那么，教班图族的孩子学数学又有什么用呢？"[1] 按照之前的法令，学校的资金来自他们所服务的社区缴纳的税款，但黑人学校能收到的数额只是白人学校可用资金的一小部分。结果，黑人教师的工资极低，合格教师严重短缺（只有15%的教师有资格证），黑人学校中的师生比从40∶1到60∶1不等（而白人学校和有色人种学校的比例为18∶1和24∶1）。[2] 有激进分子试图建立替代学校，将其称为"文化俱乐部"，以给黑人儿童提供更好的教育，但很快，1958年9月维沃尔德上任，种族隔离计划得到全面实施。一套复杂的法律体系将白人、有色人种（欧洲和非洲或亚洲血统的混血人）、亚洲人和非洲人（黑人）分开。1959年，《大学教育扩展法案》颁布，禁止非白人学生就读开放大学。因此在20世纪50年代末期，希望平等的教育尝试很快就失败了。

种族隔离的班图教育服务于白人至上的利益。它剥夺了黑人获得与南非白人一样的教育机会和资源。为了诋毁黑人的历史、文化和身份，班图教育在课程和教科书中宣扬白人至上的神话，并力图对种族形成刻板印象。"班图社会"和"班图经济"等概念的创造和在公立学校的教学，更是固化了所谓的"班图文化"，将非洲人民和社群描绘成传统的、乡野的和不变的；把黑人当成永远的"孩子"，智力不完善，需要白人"家长"的监督，

---

[1] Clark, Nancy L.; Worger, William H. (2004). South Africa – The Rise and Fall of Apartheid. Seminar Studies in History. Pearson Education Limited. pp. 48 – 52. ISBN 0-582-41437-7.

[2] Hartshorne, K. B. Crisis and Challenge: Black Education 1910–1990. Cape Town: New York: Oxford University Press, 1992.

这极大地限制了学生的创造力和主观能动性。

破旧的校舍、过度拥挤的教室、低效的教学、糟糕的教师培训和教科书缺乏一直困扰着非洲本土教育，学生在这种情况下难以学有所获。作家埃德尔·丹尼尔斯[①]被归类为有色人种，他出生在开普敦的第六区，曾在一艘捕鲸船上和纳米比亚的矿山工作。在接受采访时，他讲述了他在当时目睹的差异，即使是白人学校的运动场也远远优于黑人学校的运动场："在两所白人学校里，首先让我印象深刻的是这些大片的绿色场地。见鬼！黑人的学校什么都没有，但白人们却有巨大的运动场、网球场……这深深刺痛了我。"[②]

当局本来计划在班图斯坦"家园"中开设高中，但因为区域地理条件的问题未能如愿。到20世纪70年代，政府在黑人教育上的人均支出是白人教育支出的十分之一。[③] 但出于对训练有素的黑人工人的需求，约翰内斯堡郊外的索韦托开设了高中。但对学校的不同政策和资金差异，导致了不同人种接受高等教育的机会形成鲜明对比。四所讲阿非利加语的大学和一所讲英语的大学只招收白人，而另外五所则采取了对非白人的有条件录取条例。此外，非白人群体没有资格获取助学贷款，这就意味着他们即使可以在种种不利条件下得以升学，仍然要面对完成学业的经济障碍。1979年，《班图教育法》被《教育和培训法》所取代。1996年《南非学校法》通过后，教育中的强制隔离才宣告结束，但数十年的不合标准教育和进入白人学校的障碍，使大多数南非黑人的教育到21世纪初还远远落后于该国的白人。

---

① 埃德尔·丹尼尔斯，南非反政府组织自由党和非洲抵抗运动成员，因此被判犯有破坏罪在罗本岛被监禁15年。出狱后，他加入了非洲人国民大会，并著有《There and Back: Robben Island 1964–1979》一书，回溯了他的被囚禁的生活。

② Eddie Daniels interviewed by Ruendree Govinder, May 27, 2005 Cape Town, South Africa. 参见：https://overcomingapartheid.msu.edu/video.php?kid=163-572-203

③ Byrnes, Rita M. (1996). South Africa: A Country Study. Washington: GPO for the Library of Congress.

至少从1913年起,南非的妇女们就开始积极参加斗争。20世纪20年代,在洗衣、服装、床垫、家具和烘焙行业的妇女们也成立了自己的妇女组织。随后,她们也走上了领导的岗位,主张工会不应被分裂,所有种族都应该享受免费义务教育、享有平等的工作和培训机会。

随着20世纪三四十年代南非经济的发展和对劳动力的需求增加,妇女们也纷纷进入城市,形成新生的产业工人力量。1943年,非洲国民大会成立了一个妇女支部,到了20世纪50年代,当政府将通行证法扩大到南非妇女群体时,她们的斗争更加激进了。1952年,数以千计的黑人、有色人种和印度妇女都参加了"反抗运动",故意违反歧视性法律。

1954年4月,南非妇女联合会成立。这个多种族、多肤色联合会由白人海伦·约瑟夫、瑞·赛门、莉莉莉安·恩戈伊和弗洛伦斯·姆基泽(黑人)发起,目的是将不同的妇女组织联合起来,使妇女更充分地参与到解放斗争,不分种族、肤色或信仰,所有妇女的机会完全平等;消除社会、法律和经济障碍;为保护妇女儿童而努力。该组织拟定了《妇女宪章》,承诺结束歧视性法律。这是首次跨越肤色的妇女们的联合,来自南非各地的146名妇女代表,出席了成立大会,并承诺支持"非国大"的运动。这些非洲妇女领袖主要来自服装、纺织、食品和罐头行业,还有些是教师和护士,多数都是工会成员,她们基于共同的母性身份取得了空前的团结。正如创始成员之一的露丝·蒙帕蒂所说的那样:(她们)作为母亲"没有区别……(她们)都想抚养孩子,让他们快乐成长,保护他们免受残酷生活的影响"。

1955年妇女联合会提出的议程要求,充分展现了她们作为母亲的团结,这些要求包括解决诸如产假、产房、儿童保育、普及教育、适当的住房和健康的食物、防止童工和医疗保健等方面的问题。她们认为,这些都是切实改变南非的方式。

弗朗西斯·巴尔德后来在她的自传《我的精神不被禁止》①中说：

> 很长一段时间以来，女性都不是非洲国民大会的正式成员，直到 1943 年，女性才被允许正常加入……晚上，我们在大家下班回家的时候去和女人们聊天，妇女们总是担心她们的儿子和丈夫因通行证被捕，她们担心失去房子，还有一些比较普遍的、在生活中非常重要的东西，比如工作和通行证……
> 　那时候我们女人担心的很多问题是男人不用担心的。如果一个女人的丈夫死了，人们常常把这个女人赶出家门，或者叫她再找一个丈夫，因为只有已婚的女人才有房子。有一天，我遇到了一位来找我的女人，她的丈夫刚刚去世，她来找我，告诉我他们是怎么把她赶出去的。我试图去帮忙，对赶出她的人们说：怎么能让一个女人离开她的房子，而且她还有孩子呢！她能去哪里呢？那些人理所当然地回答我：她必须回到族群里，那里会有另一个丈夫等着她。

尽管 20 世纪 50 年代只有不到 1% 的非洲劳动妇女从事生产工作，工会成员与护士和教师一样，只占所有成年非洲妇女的一小部分，但其所代表的工会成员的参与被证明是至关重要的。工会为女性政治领袖提供了培训场所，妇女领袖们在这里学习了新的组织方法，并接触了非种族工人团结的原则。

妇女联合会得到了"非国大"党男性成员的支持。1948 年，在约翰内斯堡的贸易厅举行的正式启动仪式上，非洲国民大会委派沃尔特·西苏鲁作为两个组织之间的联络人。那天的启动仪式上，餐饮服务由男性来做，

---

① J.B. Marks addressing the African National Congress of South Africa (ANC) in the Transvaal, 30 September 1951. 参见：https://www.sahistory.org.za/archive/my-spirit-not-banned-frances-baard-and-barbie-schreiner

以使女代表们有更多的时间来辩论政治问题。西苏鲁发表演说，表示相信妇女们可以在解放斗争中发挥重要作用。妇女联合会会长伊达·姆姆瓦纳致开幕词，她说："妇女在家照顾孩子的日子已经过去了。今天，她们正与男子并肩走在通往自由的道路上。"

1954年，妇女联合会通过《妇女宪章》，确定了以国内斗争为主的方针，号召全南非的妇女联合在一起。1954年12月，妇女联合会发起了抵制政府控制学校的运动。妇女挨家挨户进行组织，但当政府宣布将在某个日期把所有儿童开除时，抵制行动就失败了。1957年1月，在公共事业运输公司宣布增加票价后，在谢尔本夫人的参与领导下，非洲人开始抵制公共汽车，单程步行9英里上班。当局对此进行大规模打击，其中6606名非洲人被捕，另有7860人被传唤。5000人的集会遭到两次警察突击，17名非洲人受伤住院。随后，政府宣布立法，永久终止前往非洲城镇的巴士服务。但非洲人继续抵制，五个月后，政府不得不颁布《原住民交通修正案》（1957年第52号），取消了票价上涨。

妇女运动中最集中的议题就是抗击通行证法。多拉·塔马纳的话语很大程度上戳中了妇女们的心，她说：这些通行证让我们的道路变得更加狭窄。我们看到了失业、缺乏住房，以及因为没有通行证而导致家庭破裂。当我们因为一个小小的技术性失误没有通行证而入狱时，谁来照顾我们的孩子？"

1956年3月，妇女们在奥兰治自由邦焚烧通行证；1956年8月9日妇女游行达到高潮。

当天，妇女联合会组织了约2万名各族妇女走上维默伦（现在的马迪巴街），前往比勒陀利亚的政府所在地——联合大厦，提出请愿书，反对重新实行黑人妇女通行证的建议。许多参加游行的妇女背着婴儿，其他妇女步行手牵着她们所照顾的白人儿童的手。她们从南非各地乘公共汽车和火车赶来，其中有的来自约翰内斯堡和比勒陀利亚以外的地方，前一天晚上就在城外塞尔本夫人的班图厅过夜。莉莉安·恩戈伊被推选去敲开总理斯特里多姆的办公室门，递交请愿书，但由于当时办公室没有人，她只好把请愿书放在外面。随后，妇女们在外面绝对沉默地站了三十分钟。她们唱起《天佑南非》（现在南非国歌）和一首新的纪念歌曲。新曲歌词如下：你，斯特里多姆，你触碰了女人利益，你是在敲击岩石，你会死的！当斯特里多姆确实在不久后去世时，许多妇女相信这是她们的预言成真了。"你触碰了女人利益，你是在敲击岩石"这句话代表了南非妇女的勇气和力量，妇女游行被视为南非妇女争取正义的标杆，也是对后来的妇女的激励。

1956年8月，那一天的妇女游行是妇女斗争走向世界的棱镜。随后，10万名妇女签署了请愿书对通行证进行抗议。自1994年实现民主以来，每年的8月9日都被定为妇女节。2006年8月9日，在历史性的游行50周年之际，妇女游行前聚集的斯特里多姆广场被改名为莉莲·恩戈伊广场，迄今这次游行的唯一幸存领导人索菲亚·威廉姆斯·德布伦回忆说，1956年8月9日，她才18岁，是领导人中最年轻的一个。她说，虽然有色人种和印度妇女当时并不需要通行证，但她和其他人都支持这次游行，因为正如她所说，"我们之间有一种强烈的团结和同情心，因为今天触动她们利益的事，明天就会触动我们。"

1956年11月，妇女们在德兰士瓦西部的利希滕堡反对政府官员登记通行证，期间发生对抗，造成死亡两人。1957年，妇女们继续参与到反对通行证的抗争中，不同地方的妇女取得的成效不同。在约翰内斯堡，5月16日得到当局同意，暂停警察行动并为女性颁发豁免证书。但在德兰士瓦东部的内尔斯普雷特，妇女们因为警察开枪和大规模逮捕，被迫接受了通行证。其他领域内的反抗也在继续。1957年6月到10月，大概有7000人次参与到燃烧通行证等反抗活动中。1959年，德班附近的卡托庄园成为反对"班图当局"的大规模抗议活动地，啤酒酿造一直是非洲妇女的重要收入来源，但当局忽然通过法令，认为非洲男子必须在市政啤酒馆喝酒，因此将取缔所有非法酒厂，这引发了2万名妇女的集体游行和摧毁啤酒馆运动，继而引发了纳塔尔各地的大规模起义，又有1000多人在法庭上被定罪。

然而，根据后来的一些口述史料发现，当时很多在政坛上活跃的男性领导人仍然持有"女性不应该参与政治"的成见，并试图阻止她们对政府的示威。这些男性领导认为妇女们只是在为女权主义而奋斗，而不是基于真正的民族主义和整体斗争的需要。对此，1959年，"非国大"和妇女委员会的执行委员莉莉安在"非国大"会议上公开提出了这些担忧，并间接承认了"非国大"对妇女联合会的领导地位，她说："重要的是要了解，反通行证的斗争是由非洲人国民大会直接领导的，妇女的斗争只是非洲人民总体斗争的一部分。"[①]

尽管抵制通行证的意愿没有改变，抵抗和示威仍在继续，且妇女运动被称为"十年来最激进和最有纪律的政治运动"，但政府胁迫的现实，让妇女运动并没有比男性的反种族隔离运动便利多少。许多妇女运动领袖被监禁或流放。纳尔逊·曼德拉在他的自传《走向自由的漫漫长路》中写道："看到这位勇敢的女人（海伦·苏兹曼）查看我们的牢房，在我们监舍的院子里走动，那是一种奇特而美妙的景象。她是第一位也是唯一一位来到我们牢房的女性。然而，越来越严峻的政局迫使越来越多的妇女接受通行证，到1960年3月，大约75%的成年妇女接受了通行证及制度，南非妇女联合会（FEDSAW）也很快衰落了。

第二节 "南非热战"初期（1960—1970）

一、沙佩维尔惨案：南非热战的开端

1960年是南非本土抵抗运动的另一个转折点，军事史学家伊恩·范德

[①] Bernard Magubane, South Africa: on the verge of revolution? https://escholarship.org/content/qt2d3649kd/qt2d3649kd_noSplash_8d7ad728ae7427fc6bced7489c31355e.pdf.

瓦格将其称为南非历史上"热战"的开端,这个时期一直会持续到1994年南非的独立。

1960年2月3日,刚刚在非洲待了一个月的英国首相哈罗德·麦克米伦在开普敦向南非议会宣布,英国政府正在让其在非洲的许多殖民地领土获得独立。加纳(原黄金海岸)于1957年获得独立,尼日利亚于1960年、乌干达于1962年、肯尼亚于1963年相继获得独立。"变革之风正在吹拂着这片大陆",麦克米伦说,"不管我们是否喜欢,这种国民意识的增长是一个政治事实,我们的国家政策必须考虑到这一点。"

在南非,黑人对南非种族隔离政府的抵抗明显变得更加强硬了。对种族主义的厌恶,很大程度上是由于非洲人迅速增加的自信,以及长期以来激进的白人的影响,[1] 这一定程度上增加了非洲领导人的影响力。

这时期最著名的非洲领导人是罗伯特·索步奎。

索步奎曾在他的出生地格拉夫·雷内特的一所传教士学校接受过教育,后来在东开普省的哈雷堡大学就读,在那里他变得非常活跃,成为学生代表委员会主席,后在金山大学非洲研究系任教,这也是在南非革命史中他被称为"教授"的原由。他在非洲文学上的造诣使他完成了关于科萨谜语的优秀博士论文。1957年离开"非国大"后在《非洲人报》担任编辑。索布奎是一个"非洲主义"者,认为需要为黑人青年创造进步的机会,南非的未来应该掌握在南非黑人手中。他不赞成非洲人大会近年来走的多种族抵抗路线,认为南非黑人需要在没有外人帮助的情况下"解放自己"。索步奎认为白人不能加入"非国大",在取得进一步进展之前,黑人和白人不能建立关系。对白人的依赖只会削弱非洲人的独立自主意识。他将非非洲人定义为居住在非洲或非洲境外。但不效忠非洲、不准备服从非洲多数人统治的任何人。他坚定的信念和积极的抵抗启发了许多其他参与反种

---

[1] Thomas Karis, "The African National Congress and the Pan Africanist Congress," African Studies Bulletin, VII (Dec 1964), p.17

隔离运动的个人和组织，1960年3月，罗伯特·索布奎正式脱离了"非国大"，成立了更激进的"泛非主义大会"，全力推进自己的政治主张。他的影响力空前未有，甚至被当局追加了《索步奎条令》，表面上是追加更多的权利，但具体条款却是延长对索步奎的监禁。

1959年4月在奥兰多举行的泛非主义大会上，索布奎被一致选举为该党的第一任主席，并宣告了他反对"多元种族主义"，支持"非种族主义"，以及与"非国大"分离的想法：

> 1955年基尔普敦宪章的通过很明显是对1949年"非国大"计划的背离，因为土地不再只是非洲人的，而是拍卖出售给所有居住在这个国家的人……这无疑显示出我们和"非国大"自此要分道扬镳了。

1959年12月16日，在德班举行的"非国大"年度会议上，时任"非国大"主席的卢图里宣布，1960年将成为"通行年""非国大"将自3月31日起开展一系列的反通行证群众运动。这天正是1919年反通行证运动开始的纪念日。仅一周后，泛非主义大会在约翰内斯堡召开了第一次会议，宣布也将开展反通行证法运动，目标是在1963年前解放南非。

1960年年初，"非国大"和泛非主义大会都开始狂热地推动其成员和黑人社区为拟议的全国性运动做好准备。他们的第一个计划是1960年3月在约翰内斯堡南部的沙佩维尔组织著名的反通行证示威游行。在南非钢铁中心弗里尼欣市的沙佩维尔镇是流动劳工和失学青年聚居区。长期以来，要求所有南非黑人必须携带允许他们进入城市地区的"通行证"，一直以来都是争论不休的根源，因为许多人一辈子都生活在这些地方，现在却忽然需要一个证件才能继续生活。在1960年的示威活动中，计划是让黑人到沙佩维尔警察局，公开烧掉他们的通行证。他们认为，如果有足够多的黑人这样做，而且有逮捕不完的人，那么这个制度就会行不通。

展示的废除通行证当天情形

泛非主义大会呼吁其支持者在指定日期将通行证留在家中，并聚集在全国各地的警察局，以便随时被捕，泛非主义大会的口号是："没有保释！没有防御！没有罚款！"泛非主义大会认为，如果数千人被捕，那么监狱将被填满，经济将陷入停顿。尽管抗议活动是预料之中的，但没有人能够预测到这将对南非和世界政治产生的后果和影响。

1960年3月16日，索步奎写信给警察专员拉德迈耶少将，告知其泛非主义大会将举行为期五天的非暴力活动，以抗议通行证法。索步奎在3月19日的新闻发布会上，宣布了21日的反通行证活动，并宣称："该运动应该以绝对非暴力的精神进行，泛非主义大会认为这是黑人争取到1963年完全独立和自由的第一步。"[①]

1960年3月21日上午，索步奎辞去了在金山大学的教职，安顿好家人，然后离开了他在莫佛罗的家，带领一小群人游行到奥兰多警察局，打算在那里自首，等待逮捕。在去警察局的8千米步行途中，邻近地区的志愿者们不断加入游行的行列。与此同时，泛非主义大会成员在沙佩维尔周边敦促人们参加示威活动，另一些成员则试图通过阻止公交车司机上班来号召

---

① Cape Times, 1960 March 19th.

更多人参与到游行中,甚至有成员威胁想要上班的人要烧掉他们的通行证。①

不过,很多人还是心甘情愿地加入了游行队伍,最后估计游行人数已达 5000 人。

索布克事先给警方写过举行示威活动的报告,并认为这会是和平的。但当人们成群结队的时候,任何事情都有可能发生:一些目击者说,大多数示威者是和平的,而另一些人则说气氛变得越来越尴尬。其他地方的示威活动也在同一时间进行,而在沙佩维尔,只有一小部分缺乏经验的警察在执勤。当游行队伍接近沙佩维尔警察局时,他们开始高呼自由歌曲并高喊口号"我们的家园""通行证""索步奎带领我们""走向独立,明天的非洲合众国"。而另一边,荷枪实弹的警察早已摆好了防御阵势。当这一小部分人走近警察局时,包括索步奎在内的大多数游行者被逮捕,并被指控犯有煽动叛乱罪。中午时分,警察局入口附近发生了一场小混战。这时出现了两个完全不同的口述史版本。

据警方称,抗议者在没有任何警告的情况下开始向他们投掷石块,这让一辆装甲车顶部的警察惊慌失措,开始向人群开火,这引发了连锁反应。警察们认为,鉴于之前在德班发生的一起九名警察被枪杀的事件,因为黑人们配备了"凶猛的武器",所以他们都觉得自己已经处于极其危险的处境中。尽管事后现场没有任何武器,不过,警察们仍然坚称自己白皮肤就是明显的被害标志,因此非常害怕。

据游行参与者们称,当他们穿过沙佩维尔时,人们都咧嘴笑着很开心,街上挤满了人,不过他们也观察到了几个警察准备了非常多的弹药。一会儿,警察局附近忽然传来了"我们的土地"的尖叫,似乎是谁不小心被推倒了,人群开始向前移动,看看发生了什么事。但机关枪声马上传来,男人、妇女和孩子们开始向外奔走,但很快,人们的尸体就散落在路边。开枪前,

---

① 1966 年 Ambrose Reeves 牧师口述材料,参见 https://www.sahistory.org.za/article/sharpeville-massacre-21-march-1960

没有任何关于让人群散去的警告，而枪击直到警察局前面空无一人才停下来。[①]

沙佩维尔的这次枪击持续了大约两分钟，但无差别的扫射很快就造成69人死亡，其中包括8名妇女和10名儿童，另有约180人重伤，很多人是在试图转身离开时被击中背部。这起事件成为了全世界的头条新闻，同时也加重了对南非已经实施的制裁。这事后来被称为"沙佩维尔惨案"和"沙佩维尔大屠杀"。

"沙佩维尔惨案"的场景以墙画的形式一直留存在警察局附近的墙面

如今的"沙佩维尔惨案"发生地小镇

[①] Tom Petrus,《My Life Struggle》, Ravan Press My Life Struggle: The Story of Petrus Tom (Ravan Worker Series) Paperback – November 1, 1985

沙佩维尔惨案迅速成为了全世界的头条新闻。4月8日，根据新通过的1960年第34号《非法组织法》，南非宣布进入紧急状态，取缔"非国大"和"泛非大会组织"，同时将南非共产党（SACP）和其他组织视为"颠覆者"。索步奎和曼德拉等领导人被捕入狱，大约1万人被拘留或施以鞭刑。许多政府异见分子流亡，包括未来的总统塔博·姆贝基，他当时只有18岁。奥利弗·坦博在非洲人国民大会被取缔前就开始流亡了，他成了年轻的姆贝基流亡期间的导师。南非解放运动史发生大转折。在政府的高压政策下，"非国大"和"泛非主义大会"被迫转入地下。自此黑人抗议政治中基本上是和平抵抗和反抗的阶段结束，领导人们的战略开始转向暴力形式的斗争。[1]

现场仅有的一名摄影记者伊恩·贝瑞用镜头记录下了整个过程，其中的一张相片，很快成为影响全球政治进程的一张相片。对幸存者之后的采访，也为后人理解"沙佩维尔惨案"提供了更多维度。1966年，第21届联合国大会将每年的3月21日定为"国际消除种族歧视日"，以志纪念。

伊恩·贝瑞所摄的"沙佩维尔惨案"场景

尽管沙佩维尔的枪击事件在一定程度上遏制了瓦尔城镇地区的示威活动，但这一消息却激化了在开普敦周边的行动。[2] 同年，3月30日，一场

---

[1] J. A. Du Pisani, M. Broodryk and P. W. Coetzer, "Protest Marches in South Africa，" The Journal of Modern African Studies ,XXVIII（Dec., 1990）, p.582.

[2] 罗伯特·罗斯. 南非史[M]. 沐越, 译. 上海：东方出版中心, 2020. 第134页.

从兰加和尼扬加向国家重要枢纽之一的开普敦市中心进军的示威活动将这场运动推向了高潮，当时议会正在那里召开。这一活动由菲利普·贡萨那领导。

当时23岁的贡萨那来自西德兰士瓦，他曾经获得过来自开普敦大学的奖学金，但因为贫穷以及住在兰加一家移民工人旅馆所造成的学习困难，他被迫退学，转而成为泛非主义者大会的一名专职组织者。

示威迫使政府临时中止《通行证法》的执行，但仅仅十天后便又重新强行执行。当大量人群抵达开普敦市中心的卡列登广场警察局时，警方的特尔布兰切准将找到了贡萨娜，特尔布兰切注意到此时部署在开普敦镇的警力不足，为了避免演变引发成全国震荡，只能暂时顺应时势隐忍。而从贡萨那的角度来看，则是为了避免示威游行最终以大屠杀告终，这种观念是受前总督之子帕特里克·邓肯的影响，邓肯曾加入自由党，且崇拜甘地。因此贡萨那接受了特尔布兰切的建议，暂时解散了群众，并在晚间重新集结与司法部长直接对话。当天晚上，当贡萨那返回时，他就被政府逮捕，而司法部长也没有出现。①

沙佩维尔纪念馆旁的图书馆

---

① 罗伯特·罗斯.南非史[M].沐越，译.上海：东方出版中心，2020.

2002年3月21日，沙佩维尔纪念馆落成。在纪念馆旁是一座崭新的、现代的当地黑人图书馆。

二、南非共和国

1953年，伊丽莎白二世被加冕为英国女王时，她也被加冕为南非自治联邦的女王。南非的国花帝王花被缝在她的加冕礼服上，著名的库里南钻石切片也出现在她所携带的权杖和王冠上。同年，国家党在选举中获胜，

沙佩维尔纪念馆

马兰宣布退出政坛。主张隔离政策，但允许使用黑人劳工的维沃尔德得到了更多具有改革思想的南非白人知识分子支持。1958年，维沃尔德得到了选区的支持，并在第二轮选举中获得了最多选票，接任斯特里多姆担任总理。

建立南非共和国是国家党自1948年上台以来就树立的长期目标之一。1960年1月，维沃尔德宣布，南非将举行全民公决来确定共和问题，目标是在英联邦内建立共和体制。为了更好地当选，维沃尔德将参与共和国公投的白人投票年龄从21岁降低到18岁，而且选举权扩大到西南非洲的白人。

1960年10月5日南非举行了一次公投。当白人选民被问到"你是否支持联邦共和国"时，52%的人都投了赞成票。尽管前总理斯特里多姆曾要求政府在进行宪法修改之前要获得2/3选民的批准，但这条规则被忽略了，因为维沃尔德有意地利用了沙佩维尔惨案后包括英国在内的全球批评，

在南非营造一种"被围攻"的心态，甚至将英国王室视同为潜在的敌对统治者。维沃尔德向其支持者保证："南非的黑人群众是支持国家政府及其管理的……他们也是爱好和平和有秩序的人。"许多南非人被维沃尔德说服，认为南非将不得不通过成为共和国来单独发展。

在英联邦的层面，虽然在印度取得共和国地位后，英联邦领导人认为共和国与成员资格不相容，但维沃尔德在伦敦出席英联邦总理会议时，坚定地向他们表明了南非的忠诚：南非成为共和国后还会申请成为英联邦成员，被批评的种族隔离制度只是劳工政策的改善问题。维沃尔德坚决地推崇隔离制度，他认为群体之间的接触会阻碍他们向独立国家的演变，一旦他认为黑人已经准备好，他就愿意引导黑人自决。同时，他承诺，居住在共和国的不同"族群民族"将在他们自己的"家园"获得平等的政治权利。在维沃尔德担任总理期间，《促进黑人自治法》（1958）、《班图公司投资法》（1959）、《大学教育扩展法》（1959）和《资源规划和利用法》（1967）相继出台，他认为这是在马兰和JG Strijdom赤裸裸的白人种族主义和"白人至上"制度下的积极转变。

1948年国民党政府刚上台时，投资者曾一度失去信心，但1951年在自由邦开辟了更多的金矿，1952年在兰德西部建立了铀厂，发展了更多的资本密集型农业和林业项目。20世纪50年代以后，制造业和第二产业(特别是消费品和生产性商品)的扩张，使南非经济在战后逐渐站稳了脚跟。陆上、海上和空中运输也发生了翻天覆地的变化，零售业也随着超市和大型连锁店的发展而发生了变化。海外投资增加了，尤其是来自美国和欧洲的投资。1948年至1977年，几乎每次选举，国民党在议会中的多数席位数都会增加，显然，投票给它的不只是白人民族主义者，还有众多的利益相关者。

1961年5月31日，南非以52.9%的微弱多数支持率成为共和国，南非白人民族主义获得胜利。1806年以来英国和南非之间的宪政联系被打破，直到1994年"新南非"诞生，并再次申请成为英联邦成员时才会恢复。

1961年，十进制硬币被引入：南非兰特(取自产金地威特沃特斯兰德)取代了英镑。1961年2月14日，南非进行货币改革，发行新货币——南非兰特，以2:1的比率取代了之前的货币单位南非镑。

南非共和国成立后，B.J.沃斯特担任了司法部长。沃斯特认为，国家安全是一个优先事项，镇压对抗政府政策的法律陆续出台。这些法律包括封禁、不经审判的无限期拘留和软禁等。

由于在沙佩维尔事件中的领导作用，索步奎成为了系列镇压法案打击的最佳人选。被判在比勒陀利亚中央监狱服刑三年，在1963年刑期结束时，议会又颁布了《普通法修正案》，授权司法部长可以不经审判将囚犯拘留。该法的一项条款被称为"索步奎条款"，就是针对索步奎而设，当局决定对他进行终身监禁，除非他放弃对抗政府的立场。后来，索步奎被转移到罗本岛，又被关了6年。

在罗本岛期间，索步奎被单独监禁，以防止他对其他囚犯的影响。索步奎被允许穿便服和看书学习，他因此获得了伦敦大学的经济学学位。但索步奎却没有被探视的权利，卫兵也不能和他说话。几年下来，索步奎几乎丧失了说话的能力。每隔几个月，南非政府都会派人来询问他是否愿意放弃对抗政府，但回答一直是否定的。罗本岛的前狱友描述了他们去劳动时经过他家时的情景：他会站在门口向他们招手，但他们不能停下来说话。他用秘密的手势来和他们交流，他会捡起沙子，然后慢慢地让沙子在指间流淌，象征着事业就住在他的心里，象征着自由就会实现。

出狱后，索步奎继续被软禁在金伯利，哪怕在他患上肺癌的时候，也必须得到特别的许可才能去治疗。1978年，索步奎去世，年仅54岁。2008年，他的儿子迪尼索步奎在美国呆了30年后，回到南非。在新南非政府的帮助下，他以父亲的名义在家乡格拉夫·雷内建立了一个信托基金，以资助教育和民主的议题，让其父亲的遗志得以延续。

《普通法修正案》中的索布克韦条款从未被用于拘留任何人。1965年6月30日该条款到期时，政府对其进行了更新。该条款每年都会延长，直到 1982 年被《国内安全法》废除，但该法赋予政府类似的拘留权。这项法律和其他歧视性的法律在 1990—1996 年才逐步被废除。

政府在 1960 年采取严厉措施的另一个受害者是阿尔伯特·卢图利（1898—1967），他曾是祖鲁人中受人尊敬的杰出首领，在纳塔尔的格鲁特维尔传教站长大，他的父亲曾是一个小族群酋长的幼子，在马塔贝莱担任过英语翻译，母亲幼时在塞茨瓦约的家中长大，对卢图利的教育十分看重。1936 年，卢图利成为当地的第一位民选酋长，参与创建了"纳塔尔原住民人大会"和"南非原住民人大会"（"非国大"的前身）。家人对卢图利的影响很深，他们卓越的能力、教育和政治见解，为卢图利提供了早期的引导，[①] 也是他致力于成为教师，用教育和运动改变非洲人想法的来源。在亚当斯学院任教时，卢图利与马特斯共同创立了"非洲教师协会"，并积极推广祖鲁历史与文化的传承，还创立了祖鲁文化和语言协会、亚当斯音乐学院、纳塔尔合唱团等机构。作为当地基督教青年会的领导人，卢图利积极参与指挥合唱团在主日布教，赢得了当地传教士们的好感。卢图利相信运动是保持身体健康和心理健康的一种方式，并在亚当斯学院的学生中大力推广足球运动。由于他的努力，这项运动在黑人群体中得到了广泛推广，学院也培养出了许多后来的足球明星。

尽管卢图利一生的大部分时间都是以和平主义者的身份行事，但他毫不掩饰对当局种族隔离的土地法的不满。作为酋长，他目睹了族群社区日益凋敝，他指出："白人每人至少拥有 375 英亩的土地，而非洲家庭总共只能得到 6 英亩。这让非洲缺乏足够的放牧场地……（当局）用带走牛的方法获得财富，就是对非洲人实施暴力的经济。"[②] 卢图利在纳塔尔和祖鲁兰地区成立了甘蔗种植协会，通过购买拖拉机等先进机械，让非洲本土

[①] Vinson, Robert Trent (9 August 2018). Albert Luthuli. Ohio University Press. ISBN 978-0-8214-4642-3. p. 16,18.

[②] Vinson, Robert Trent (9 August 2018). Albert Luthuli. Ohio University Press. ISBN 978-0-8214-4642-3. p. 27.

的生产者联合起来,提高经济收益。1946年,卢图利在政府咨询机构原住民代表委员会中担任委员会职务,重申了1943年"非国大"发表的《非洲权利宣言》,主张非洲人拥有自决权、权利法案、种族平等、普选权和非种族公民身份。这只是激怒了原住民委员会的白人主席,在非洲人拥有自己的土地事情上,完全没起作用。卢图里后来形容,原住民委员会像是一部"玩具电话",只会简单地说"大声一点",而不会做出任何其他回应,或是起到任何作用。[1] 1952年,原住民委员会解散。1948年,南非大选期间,卢图利访问了美国,时值哈里·杜鲁门总统提出温和且所未有的民权议程。杜鲁门的思想和美国南方种族隔离主义者的迪克克拉反抗运动给了卢图利很大的思想冲击,让他能"更敏锐地看待南非的问题……只要种族的偏见还在,黑人就无法在世界的任何地方安享自在"。卢图利认为美国是南非多种族民主的积极典范,南非也将迈向多种族的民主体制。[2] 1952年,卢图利成为多种族反抗运动中的著名人士,领导了反通行证法等非暴力不合作运动,并促成了非洲人和印度人之间前所未有的合作,甚至消除了两个社区之间的任何不信任。但由于卢图利主张的反抗运动与他在国家的"管理"职责冲突,当局剥夺了卢图利的酋长资格,取消了为孩子支付学费等福利。1953年,当局开始限制卢图利的行动,并刻意在卢图利家中寻找"颠覆性"文件,以叛国罪对他进行审判。

  1960年,沙佩维尔惨案后不久,卢图利因公开焚烧了他的通行证获捕。然而,同年,当他正在农场砍收甘蔗时,收到消息,他因反对不公正投身于非暴力抗争种族隔离制度而荣获诺贝尔和平奖。他是第一个获此殊荣的非洲人,因此被允许离开家乡,到瑞典去接受奖金,他面对各国观众,就种族隔离的罪恶和非暴力抵抗发表演说。回到南非后,在1962年出版自

---

[1] Vinson, Robert Trent (9 August 2018). Albert Luthuli. Ohio University Press. ISBN 978-0-8214-4642-3. p. 31.

[2] 同上,第357页。

传体著作《解放我的人民》。同一年，政府通过一项法令，禁止任何媒体刊登卢图利的任何讲话，在这一时期，"非国大"转向使用暴力，从而进入一个新的时代。

1962年，政府通过了《破坏法》，规定政府有权对任何涉嫌从事颠覆活动的人进行软禁，无需审判。此后的几年里，卢图里酋长被禁止活动，多次被捕。1966年，当时正在南非访问的美国参议员罗伯特·肯尼迪拜访了卢图利，双方进行了友好的讨论，并借此向世界展现了南非黑人的困境。1967年，卢图利神秘死亡，表面上看是在穿越铁路线时被火车撞到，但此事的真相一直成谜。

三、"民族之矛"与里沃尼亚审判

沙佩维尔事件和领导人被流放后，"非国大"和"泛非主义大会"转入地下活动，曼德拉开始登上政治舞台。在1961年6月的"非国大"工作委员会会议上，曼德拉提出了建立军事派别的提议，"非国大"经过漫长的讨论同意了这个决定，但希望这个派别能有别于非暴力政策。同年12月16日，在1838年"血河之战"的123年后，"民族之矛"作为"非国大"的武装派别成立。"民族之矛"宣言明确提出："任何国家都会只有两个选择的时刻：要么臣服，要么战斗。现在，南非已经到了这个时刻。我们不会屈服，我们别无选择，只能用我们力所能及的一切手段进行反击，捍卫我们的人民、我们的未来、我们的自由。"

1961年，"热战"正式拉开帷幕。在1961年12月至1963年7月期间，"民族之矛"（MK）用自制的炸弹，针对邮局和其他政府建筑，以及工业城市附近的铁路和电力设施进行了200多次破坏行动。同时，流亡在外的奥利弗·坦博开始寻找民族之矛士兵可以接受游击队训练的地方。1962年，作为"民族之矛"的领导人，曼德拉前往阿尔及利亚接受游击战和破坏活动训练。然而，南非到处都是密探和告密者。政府严厉地打击持不同政见者，并采取了更严厉的措施。8月5日,曼德拉回国后不久,就在纳塔尔的一个路障被捕,随后被判处五年徒刑。

1963年7月11日,警方搜查了南非解放运动的大本营:约翰内斯堡北部的农场里沃尼亚(Liliesleaf),大量的武器和设备被找到,有曼德拉笔迹的文件被找到,包括戈万·姆贝基(塔博·姆贝基的父亲)和西苏鲁在内的17名"民族之矛"领导人被逮捕。当时,曼德拉已经因煽动工人罢工和非法离境被关在约翰内斯堡的堡垒监狱里。

从1963年10月到1964年6月,南非当局对被捕的黑人运动领导人进行了长达8个月的审判——史称"里沃尼亚审判"。1963年10月,开始审判纳尔逊·曼德拉和10名被捕者。[1] 他们都被指控犯有破坏政府和宣传共产主义的罪行,审判以他们在里维奥尼亚郊区的名字命名,那里是他们聚会碰头的百合叶农场所在地。

尽管所有的被告都不认罪,但检察官珀西·尤塔尔(1911—2002)还以"破坏罪"和"阴谋罪"指控曼德拉等人,不过没有用严重的"叛国罪"也没有明确提出死刑,人们普遍认为这是国家想要的。[2] 开庭前,曼德拉

---

[1] 审判一直持续到1964年6月,曼德拉先生和他的战友沃尔特·西苏鲁、艾哈迈德·卡特拉达、戈万·姆贝基、丹尼斯·戈德堡、雷蒙德·姆拉巴、安德鲁·姆兰格尼、埃利亚斯·莫索阿莱迪、詹姆斯·坎特、鲁斯蒂·伯恩斯坦鲍勃·赫伯被判犯有破坏罪并被判处无期徒刑。种族隔离法规定,唯一被判刑的白人丹尼斯·戈德堡应被关押在比勒陀利亚中央监狱。其他几人被送往罗本岛。审判前,哈罗德·沃尔佩和阿瑟·戈尔德里希设法贿赂了一名狱警,从约翰内斯堡堡垒监狱逃出。他们在安全屋里躲了几个月,然后扮成牧师,从斯威士兰逃出南非。詹姆斯·坎特和伯恩斯坦被宣告无罪,鲍勃·赫普尔被撤销指控,他后来在没有出庭作证的情况下逃亡国外,但其余10人不得不面对长达8个月的审判,直到1964年6月才结束。被告们由南非裔律师和南非共产党的领导人艾布拉姆·菲舍尔辩护,并得到亚瑟·查斯卡尔森、乔治·比佐斯等人的协助。在审判过程中,布拉姆·费舍尔的照片在媒体上被涂黑,之后他还做了整容手术,以避免被人发现。阿瑟·查斯卡森后来在1995年成为宪法法院的首任院长,并在2001年至2005年期间担任首席法官。乔治·比佐斯曾担任众多重要职务,1996年他领导的小组鉴定了南非新宪法。

[2] Frankel, Glenn (2011). Rivonia's Children: Three Families and the Cost of Conscience in White South Africa. Jacana Media. p. 258.

和其他被告决定，与其作为证人作证并接受盘问，不如在被告席上发表讲话，指出南非社会及其法律的不公正，让国家系统接受审判。他们还试图展示"非国大"的政治和道德纲领，以激发国际社会对"非国大"事业的支持。

为此，曼德拉在审判前数周就开始撰写演讲稿，作家纳丁·戈迪默和记者安东尼·桑普森都给他的讲稿润笔。① 尽管当时曼德拉的律师敦促他省略最后陈述，以免激怒法官判处他死刑，但曼德拉拒绝了。他觉得不管他的陈述如何，他都可能被判处死刑，所以说出他真正的感受是最好的选择。

1964年6月12日，曼德拉被判处无期徒刑，勉强逃脱了死刑；10月，曼德拉在被告席上的讲话中承认了对他一些指控，并发表了被誉为是对自由和反抗暴政的经典辩护讲话，引起了国际关注和赞誉。他讲了大约三个小时，表示"政府使用武力支持其统治，教导被压迫者使用武力反对它"，被压迫者选择性使用暴力，是"不是因为我们想要这样的课程，仅仅是因为政府让我们别无选择。"② "我们的人是有武装和训练有素的自由战士，而不是"恐怖分子"。我们正在为民主，为多数人统治，为非洲人统治非洲的权利而战。我们正在为一个和平与和谐以及所有人享有平等权利的南非而战。我们不像白人压迫者那样是种族主义者。非洲人国民大会向生活在我国的所有人传达了自由的信息。"③

曼德拉还倾注了大量精力来反驳检方的指控，即他和"非国大"在南非共产党和外国利益的支配下行事。他将共产党与"非国大"的联盟比作

---

① 1951年，桑普森在南非约翰内斯堡担任《鼓》杂志的编辑，四年后，他回到英国加入《观察家报》。

作为曼德拉的私人朋友，他认为权力是集体的也是个人的。1999年出版了他所写作、曼德拉授权的传记。

② Davis, Dennis; Le Roux, Michelle (2009). Precedent & Possibility: The (ab)use of Law in South Africa. Juta and Company Ltd. pp. 48 – 50.

③ Goldberg, Denis (2016). A Life for Freedom. University Press of Kentucky. p. 66.

美国、英国和苏联对抗纳粹德国的联盟,详细讨论了"非国大"和共产党之间的关系,并解释说,虽然两者都承诺采取行动反对种族隔离制度,但南非还是应该实行宪政民主模式(他特别赞扬了英国的政治模式),支持市场经济,而不是共产主义经济模式。他指出,虽然共产党人和"非国大"之间存在政治分歧,但"那些反对压迫的人之间的理论分歧是我们现阶段无法承受的奢侈品"。他补充说,共产党是南非唯一表现出愿意将非洲人视为人类的政治团体。[1]

最后,曼德拉以经常被引用的"我准备赴死"一段话结束了讲话,并迅速成为全世界的头条新闻。曼德拉说:

> 在我的一生中,我一直致力于非洲人民的这场斗争。我反对白人统治,我也反对黑人统治。我一直珍视一个民主和自由社会的理想,在这个社会中,所有人和睦相处,机会均等。这是我希望为之而活和实现的理想。但如果需要,这是一个我愿意为之而死的理想。

前狱警克里斯托·布兰德回忆说,当他第一次去罗本岛工作时,有人告诉他,他即将见到南非历史上最大的罪犯。当他去到牢房时,看到的是一些上了年纪、谦逊低调、文质彬彬的人,他们对狱警很尊重:其中包括纳尔逊·曼德拉和沃尔特·西苏鲁。[2]

与此同时,布拉姆·费舍尔不顾纳尔逊·曼德拉的建议,继续支持地下解放运动。曼德拉认为自己宁愿支持法庭上的斗争,在那里,人们可以看到这个阿非利卡人在为无权者的权利而斗争。布拉姆·费舍尔隐姓埋名,

---

[1] Broun, K. S. (2012). Saving Nelson Mandela: The Rivonia Trial and the Fate of South Africa. Oxford University Press. pp. 74 – 75.

[2] 影片《再见巴法纳》就是以此为题材的电影。

但还是两次被捕。1966年，他受到审判，被认定为与纳尔逊·曼德拉以及两年前他的其他辩护人合谋犯有破坏罪；他还被认定违反了《镇压共产主义法》。布拉姆·费舍尔被判处终身监禁。几年后，他被诊断出患有癌症，在1975年去世前两周被释放，与家人团聚，享年67岁。

纳尔逊·曼德拉在狱中时，在伦敦北部流亡基地的奥利弗·坦博在动员国际社会支持家乡斗争方面做了很多工作。他与其他"非国大"领导人讨论了什么才是最有影响力，并决定将运动的中心放在一个人身上，让全世界都能认同。曼德拉被认为是南非所有政治犯的象征。呼吁释放他将有助于打开南非所有政治犯监狱的大门，"释放纳尔逊·曼德拉"的口号就这样诞生了。直到1990年3月14日曼德拉出狱，他一共被囚禁27年。从1964年到1990年，全世界有数百万人支持这场运动。

2001年，在里沃尼亚审判结束30年多之后，时任总统塔博·姆贝基宣布将成立一个信托基金来修复百合叶农场。修复项目由成功从约翰内斯堡堡垒监狱越狱的哈罗德·沃尔普的儿子尼克·沃尔普监督，并在2008年向公众开放了一个互动博物馆。

四、吹不到南非的"变革之风"

1957年，加纳（原黄金海岸）获得独立，随后，尼日利亚于1960年、乌干达于1962年、肯尼亚于1963年相继获得独立，为南非当局提供了一种独立的信号。1960年1月，维沃尔德宣布，南非将举行全民公决来确定共和问题，目标是在英联邦内建立共和体制。两周后，1960年2月3日，刚刚在非洲待了一个月的英国首相哈罗德·麦克米伦访问南非，他在开普敦南非议会的讲话中，发表了他著名的"变革之风"的演说。他透露了英国政府正在让其在非洲的许多殖民地领土获得独立，但维沃尔德显然不太喜欢这个"变革之风"，他让南非媒体详细报道了1960年刚果脱离比利时的社会崩溃，以此强调南非白人当局的正当性，强调会通过加强种族隔离的制度来维持整个社会的正常运转。

1961年，联合国秘书长达格·哈马舍尔德访问南非。他曾成功创建联合国维和部队，并亲自斡旋和解决了埃及和刚果问题，但却没能与维沃尔德总理达成协议。[1] 同年，维沃尔德拒绝接受国际对自己政府的谴责，并宣布南非退出英联邦。

1961年5月31日，南非共和国成立。这一天正是1902年第二次布尔战争结束，签署《维林宁条约》的周年纪念日，也是1910年的南非联盟的成立纪念日。随后，维沃尔德毫不掩饰地表示出坚决维护种族隔离体系的决心，拒绝接受来自英联邦成员国的黑人大使，也公开阻止非白人参与到体育项目之中。1960年后，南非再也没有参加过奥运会之外的国际体育赛事，1976年，南非被国际足联开除。

1962年11月6日，联合国大会通过第1761号决议，谴责南非的种族隔离政策，并要求其成员国断绝与南非的政治、财政和交通联系。[2] 1963年8月7日，联合国安理会通过了第181号决议，要求自愿对南非实施武器禁运，同年联合国成立了反对种族隔离特别委员会，以鼓励和监督针对当局的行动计划。[3] 从1964年起，美国和英国"自愿"停止了与南非的武器贸易。[4] 1966年，联合国举行了第一次反种族隔离的各方座谈会，并宣布此后的3月21日为"消除种族歧视国际日"，以纪念沙佩维尔惨案。

联合国对南非的经济制裁通常被认为是对种族隔离政府施加压力的有

---

[1] Feron, James (24 January 1961). UN Chief Faces Apartheid Snag; Hammarskjöld Says He Got No Accord on Race Policies During South Africa Trip. The New York Times.

[2] Jackson, Peter; Faupin, Mathieu (2007). The Long Road to Durban – The United Nations Role in Fighting Racism and Racial Discrimination. UN Chronicle.

[3] International Labour Office (1985). Special report of the Director-General on the application of the Declaration concerning the policy of "apartheid" of the Republic of South Africa, Volumes 17–22. International Labour Office.

[4] Johnson, Shaun (1989). South Africa: no turning back. Indiana University Press. p. 323.

效方式，但联合国内部仍然就此争论不休。许多人认为这是一种有效且非暴力的方式，但南非的主要贸易伙伴再次投票反对强制制裁。1962年，联合国大会要求其成员国将与南非的政治、财政和交通联系分开，1968年，再次建议推迟所有文化、教育和体育贸易。1971年，联合国发表声明谴责南非隔离制度，并于1974年通过了一项将南非逐出联合国的动议，但该动议被法国、英国和美国放弃，因为这些国家仍将南非视为重要的贸易伙伴。直到1987年11月20日，联合国大会才对南非实施了国际石油禁运。

"改革之风"更无法吹动南非的政坛。1966年，维沃尔德领导的国家党再次赢得大选。南非军工综合体进一步发展，本土军备制造业，包括飞机、小型武器、装甲车辆，甚至核武器和生物武器都飞速发展。

1963年至1967年是压迫的重要时期。1963年，南非妇女联合会解体，黑人妇女又必须携带通行证，这意味着黑人妇女在城市地区没有安全的权利……这种情况直到1994年才有所改变。"不经审判的拘留法"让很多个非洲的父亲和母亲平白消失。41岁的"民族之矛"战士恩古德尔于1963年8月19日被捕后失去音讯。他的家人被告知他是在监狱里上吊自杀的，但他们不相信。大约44年后，即2007年，记者再次报道此事，并帮助他的家人找到了他在集体墓穴中的尸体。实际上，自1965年开始，当局"不经审判拘留"的天数就增加到了180天。如果当局认为有必要，还可以延长拘留时间。1967年，《恐怖主义法》赋予国家更多的权力镇压反对派，新的酷刑方法层出不穷，包括长期隔离、长时间站立、剥夺睡眠、殴打和精神折磨。在1963年至1977年期间，有45人未经审判而死在狱中。

1960年的沙佩维尔事件、1963年和1964年的里佛尼亚审判以及其他骚乱之后，尽管国际社会都对南非进行了批评，但总理维沃尔德和他的国家党似乎依然不可动摇。

根据1965年的《宪法修正案》，南非白人选民的众议院席位从150个增加到160个。此外，来自西南非洲（现为纳米比亚）的白人选民有6个席位，有色人种代表保留了四个席位。不过，由于1965年进步党在开普省议会中赢得了代表有色人种选民的两个席位，国家党政府开始担心可能会再选出四名进步党派的议员，反对党联合党也担心如果现有的四名支持联合党的独立成员被击败，就会失去支持。因此，议会很快通过了《选民单独代表修正案》（1965），将现有的有色人种代表的任期延长至1966年10月，又在《选民进一步独立代表修止案》（1966，1968）将期限延长至议会解散，最终废除了议会中的有色人种代表。由此，共有356名候选人被提名；国民党154人，联合党141人，进步党26人，共和党22人，前线党10人，独立党派2人和基督教国家党1人；但最终只选出了没有异议的18名候选人，其中国民党17人，联合党1人。在1966年3月30日的选举中，国民党赢得了166个席位中的126个，得票率为58%。

然而，戏剧性的事件发生了。1966年9月6日，维尔沃德在权力的巅峰时期，在众议院被一个叫迪米特尔·查芬达斯的议员刺杀身亡。当时，人们认为查芬达斯是精神错乱，但根据查芬达斯在1966年9月11日第一次向警方供述时的材料，他发表了连贯的声明，说希望维沃尔德"消失"后，种族隔离政策可以有所改变。查芬达斯的母亲是希腊人，父亲是非洲人。他之所以能在议会工作，是因为他可以"冒充"白人，因为当时议会中的工作岗位只给白人。后来，警察们又搜集到了查芬达斯作为南非共产党成员的行踪证据，但在当时的审讯中，查芬达斯还是以精神错乱被判处无限期监禁而逃脱了死刑，直到1999年去世，享年81岁。2016年，在维沃尔德遇刺50周年之际，部分南非媒体认为应该将查芬达斯视为反种族隔离的英雄，而另一些媒体则反对这样的解释，理由仍是查芬达斯有精神病，并不是反对维沃尔德的政治。

无论如何，维沃尔德的死让本已充满暴力的十年发生了新的转向。沃斯特被选为维沃尔德的继任者。

沃斯特从素有"阿非利加民族主义摇篮"之称的斯坦林布什大学毕业，[①]

[①] 1910—1971年的七位南非总理中，有六位是毕业于这所大学。

他积极参与学生政治，并作为国家党的学生领袖走上政坛。第二次世界大战期间，他因参加"牛车哨兵"被捕，14个月后他获释并重执律师业。他参与了1948年国家党大选，1958年成为维沃尔德总理助理，当年10月成为南非的教育、艺术、科学与社会福利部部长。1960年3月的国内种族冲突后，他获任司法、警察与监狱部长，对抨击政府与种族隔离政策的人士进行激烈镇压及骚扰。1966年9月，时任总理维沃尔德遇刺后一星期，国民党核心小组推选他为下任总理。

作为司法部长，虽然沃斯特郑重申明要坚持种族隔离制度，并通过了一些严厉的法律，1968年取消了为有色人种保留的最后四席议会席位（1970年实行）。但在他的同事眼中，他不像维沃尔德那样冷漠，他很受欢迎，正如本书前文所述，是一个热衷于保持国际竞争的体育爱好者。支持他的人和反对他的人之间产生了分歧：一边是保守、激进的右翼，另一边是开明人士，这样的裂痕将在未来的几年里进一步扩大。

1967年，南非医生克里斯蒂安·巴纳德为路易斯·沃什金斯基进行了世界上首例心脏移植手术，引起了一些积极的关注。当代历史已经揭示，巴纳德的助手，格鲁特·舒尔医院的汉密尔顿·纳基进行了成功的犬只心脏移植手术，这是巴纳德获得成功的一个重要组成部分。与种族隔离的故事相一致，纳基对研究的贡献在近40年的时间里不为人知。马莱拉法官也指出，"尽管第一例心脏移植手术是在1967年取得的伟大成就，但它却发生在一个许多医院禁止黑人学习、服务和护理的国家……他还说，尽管南非在医学和科学上获得了极大的荣誉，但南非的心脏领域却很不人道，这就是为什么我们现在的南非如此复杂的原因。"

得益于南非经济的快速发展，1968年，沃斯特宣称："似乎就是在昨天，支持者和反对者们仍然在猜想着南非的未来……但现在，七年之后，南非已经有了回答他们问题的答案：困惑消除了，恐惧也消散了。"①

虽然直到最近，历史学家将里沃尼亚审判和1976年索韦托起义之间的这段时间记录为几乎完全不活跃的时期，但实际上，大量的支持者和成员仍在监狱外开展地下工作，并继续进行斗争，尽管规模要小得多。与此同时，自由组织和黑人意识运动中，新的、充满活力的自我主张，填补了"非国大"在公共领域留下的空白，国际社会和世界许多地方的"反种族隔离运动"也给予了南非民族独立运动积极支持。

第三节　政权的边界（1970—1982）

一、黑人意识运动

1950—1960年，"南非学生联盟"在意识形态上强调"多种族主义"，声称种族隔离与资本主义不相容南非变体"自由主义"。然而，即便如此，马克思主义者和南非共产党的成员中也不乏学生会成员。

1968年，"南非学生会"和1969年阿非利加民族学生会相继成立后，来自布隆方丹大学、波切夫斯特鲁姆大学比勒陀利亚大学和斯坦林布什大学的学生们纷纷退出了1924年成立的"南非学生联盟"，随后他们认为，"南非学生联盟"不过是1919年法国成立的国际学生联合会影响下的产物，是由白人学生主导的、家长教导式的组织。现在，黑人和白人都需要更好地为自己的群体服务。来自于纳塔尔大学的黑人学生们希望能够解除大学层面的种族主义结构和政策，以此呼应20世纪60年代后期全世界激进的学生政治浪潮。

---

① Raymond Suttner, "The African National Congress centenary: a long and difficult journey", International Affairs, 88, 4, (2012)

在史蒂夫·比科的领导下,"南非学生会"只对"黑人"[①]开放,但组织很谨慎地处理与白人的关系,一开始就得到了国家党的支持。很快,比科开始将其与拒绝白人自由主义的黑人学生们所讨论发起的"黑人意识运动",列为南非学生组织的官方意识形态,并开展了"黑人社区计划",专注于改善医疗保健和教育,开设扫盲班、裁缝班和健康教育班等,以促进黑人经济自力更生,为黑人的心理赋权。

比科所界定的"黑人"包括有色人种和印度人。比科反对种族隔离政府将南非人口划分为"白人"和"非白人"的做法,这种区分在全国各地的标志和建筑物上都有所标记。在法农作品的基础上,比科将"非白人"视为一个负面类别,将人定义为没有白人。作为对法农的回应,比科将"非白人"替换为"黑人"类别,他认为这既不是派生也不是负面的,而是"在法律或传统上在南非社会中作为一个群体在政治、经济和社会上受到歧视的人",将自己确定为"为实现自己的愿望而奋斗的一个整体"。在20世纪的70年代,"黑人"群体加起来几乎占南非人口的90%。[②]

比科认为黑人意识运动更加清楚地展现了黑人的处境,了解黑人在这个国家受到两种力量的影响:外部世界通过制度化的机器和限制黑人的法律,对黑人施加繁重工作、却给予低薪、艰苦生活和低劣教育;而内在的,也是最重要的一点,是黑人自身已经形成了某种异化状态,他们排斥自己,因为他们已经把"白人"这个词赋予承载了所有美好的事物,也就是说,他将美好等同于白色。这种赋能源于他的生活,源于他的童年发展。[③]

[①] Kamola,2015,p.66.

[②] Hill, Shannen L. (2015). Biko's Ghost: The Iconography of Black Consciousness. Minneapolis: University of Minnesota Press.,p.18.

[③] Woods, Donald (1978). Biko. New York and London: Paddington Press. 平24.

与美国的"黑人力量运动"[①]一样,比科倡导的南非"黑人意识运动"基于这样一种信念:非洲裔人民必须克服如奴役和殖民主义等一系列白人种族主义留下的心理和文化创伤,借助领袖人物对黑人自尊意识的演讲,支持促进黑人对自己历史文化的认知,并进行抗议等社会活动。他们积极推动建立黑人独立拥有的机构,并支持在学校课程中进行激进的改革,为年轻人培养积极的黑人身份。

不过,比科认为反对白人并不是一种积极的描述方法,应该将"黑人"界定为"非白人"中的大部分群体,他提出"黑人是美丽的"口号,认为黑人要摆脱不满足感才能变得更加自信。他认为,黑人需要靠自己的力量与种族隔离制度作斗争,因为只有黑人才能体会到被压迫的痛苦;善意的白人应该把精力投入到说服其他白人相信种族隔离制度是错误的,而让黑人用他们知道的、最好的方式来反对种族隔离。黑人应该意识到自己是值得拥有自由的,应该要反对种族隔离,与少数白人统治的政权中做斗争,这样才可以肯定自己的人性。这样的意识形态在黑人意识运动圈子里成为了一个流行的口号:

"黑人,你要靠自己。"

1971年1月,比科在开普敦大学发表了一篇《白人种族主义和黑人意识》的会议论文,并在各个公开的媒介宣介自己的思想。8月,比科参加了在伊登代尔举行的"非洲共同体的发展"会议,并对所提议的黑人大会

[①] "黑人力量运动"主张黑人拒绝自卑感,为自己是黑人而自豪。灵感来自马尔科姆、法农和美国黑人权力运动。马尔科姆曾对白人嗤之以鼻,认为白人"苍白可怜",犹太教和基督教的宗教传统是天然虚伪的种族主义;精神病学家弗兰茨·法农来自加勒比海的马提尼克岛,他用精神分析法来解释黑人在白人世界中所体验到的依赖感和不足。1952年,他出版的《黑皮肤,白面具》一书中,分析了殖民主义对非洲人心灵的影响,并敦促黑人摆脱自卑感,堂堂正正做一个黑人。他写道:"我是黑人,我和这个世界完全融合在一起——而白人,无论他多么聪明,都无法理解路易斯·阿姆斯特朗或刚果的歌曲。"他在1961年出版的《地球的不幸》中写道:"每一代人都必须在相对不透明中发现自己的使命,要么完成它,要么背叛它。"

表示支持，对缺乏与南非有色人种或印度人的协商保留意见。比科注重社区发展、注重心理赋权。还不仅对南非的解放运动产生了重大影响，也对非洲其他地区未来几年的解放运动也产生了重大影响。

1973年南非当局已将黑人意识运动视为威胁。3月，当局对比科下达禁令，不仅限制他的出行，还禁止他加入任何组织，禁止媒体引用他的话。但比科还是做了自己力所能及的工作：建立诊所、托儿所、教育基金和为妇女提供工作岗位的皮革家园产业。1975年，他还与同伴们共同创立了兹美乐信托基金，为政治犯的家属提供帮助。

1975年，黑人意识运动的其他成员组织了一场纪念莫桑比克独立的示威游行，遭到了政府的借机打击，200名组织成员被捕，黑人意识运动被认为会引起"种族对抗"的意识形态，威胁公共安全。比科被传唤为辩方证人，尽管他试图通过概述该运动的目标和发展来反驳国家的指控，但最终，该组织成员还是被定罪并监禁在罗本岛。

在禁令中，比科要求与《每日快讯》的编辑、白人自由主义活动家唐纳德·伍兹见面，因为伍兹是难得的批评种族隔离的白人，后来，尽管伍兹仍然担心"黑人意识中不可避免的种族主义方面"，但他表示出了"与心理开放的黑人交往也颇有启发"，两人遂成密友。同样，比科也受到了另一位著名的白人自由主义者英尼斯的赞誉，他认为比科"在帮助我理解黑人压迫方面非常重要，不仅在社会和政治上，而且在心理和智力上都是如此"。

1977年，比科因想要会见其他党派领袖违反禁令被捕，在警察拘留所里死于狱警暴力逼供造成的脑损伤，年仅31岁。他是12个月内在南非监狱中死亡的第21人，也是自1963年政府颁布"允许未经审判监禁"法令以来，第46名在审讯期间死亡的政治犯。

比科去世的消息迅速传遍了全世界，成为种族隔离制度滥用的象征。他的死引起全球关注比他的成就更多。许多人对狱警会杀害如此杰出的持不同政见者领袖感到震惊，抗议集会在多个城市举行。1977年9月25日，比科的圣公会葬礼在威廉国王镇的维多利亚体育场举行，历时五个小时，约有2万人参加。绝大多数是黑人，但也有数百名白人参加，包括比科的朋友，如罗素和伍兹，以及著名的进步人物，如海伦·苏兹曼，亚历克斯·勃列和查驰德比尔。来自十三个国家的外国使节出席了纪念会，由德斯蒙德·图图主教率领的圣公会代表团也参加了这次纪念。该事件后来被描述为"南非第一次大规模政治葬礼"。

比科的棺材上装饰着握紧的黑色拳头，并写有"非洲大陆"和"一个阿扎尼亚，一个国家"的文字。[①]艺术家根据这次活动制作了纪念活动T恤，但该设计于次年被禁止。马丁斯为葬礼制作了一张纪念海报，开启了整个80年代葬礼纪念海报的风潮。

比科棺材上紧握着的黑色拳头

南非总检察长最初表示，没有人会因比科的死而受到起诉，但葬礼两周后，政府就取缔了黑人意识运动组织，并没收了组织资产。尽管碍于国内外的压力，政府表示对比科的死进行公开调查，但三周后公布的报告被广泛指责为"极度敷衍"。[②] 1979年7月，比科的家人同意通过民事赔偿的方法与当局和解。1994年"真相与和解委员会"曾启动过调查比科死因，但终于在2003年10月因诉讼时效已过、证据不足作罢。

[①] 阿扎尼亚是许多活动家希望南非结束种族隔离后使用的名称。
[②] Silove, Derrick (1990). "Doctors and the State: Lessons from the Biko Case". Social Science and Medicine. 30 (4): 417–429.

比科被视为黑人意识运动之父和反种族隔离运动的第一个偶像，是"南非最有天赋的政治战略家和传播者之一"。[1] 曼德拉称他为"点燃整个南非草原大火的火花"，并认为国家党政府"不得不杀死他以延长种族隔离的寿命"。[2] 比科的死"创造了一个黑人抵抗种族隔离的生动象征"，多年后"继续激励新的黑人活动家"。[3]

伍兹认为，比科填补了20世纪60年代后期纳尔逊·曼德拉入狱和索布奎被关押后出现的南非非洲民族主义运动的真空。[4] 比科死后，黑人意识运动的影响力下降，"非国大"成为反种族隔离政治中的一股复兴力量，政治的重点从社区自强、社区组织转变为了更广泛的群众动员。[5] 种族隔离敌对双方的矛盾日益激烈。比科思想的追随者们重组的阿扎尼亚人民组织后来分裂为阿扎尼亚社会党和黑人大会，在如何与白人进行抗争上有着意见分歧。在90年代废除种族隔离制度的过程中，各政党都争相将比科视为自己派别的创始人。1997年，曼德拉说"比科属于我们所有人，不仅仅是阿扎尼亚人民组织"。[6] 2015年比科逝世周年纪念日上，"非国大"和经济自由斗士的代表团各自凭吊了比科的坟墓。[7] 2017年3月，南非总统雅各布·祖马在比科的坟墓前敬献了花圈，以纪念人权日。

---

[1] de Wet, Johann (2013). "Steve Biko as Existentialist Communicator". Communicatio. 39 (3): 293–304.

[2] Mandela, Nelson (2014). "A Tribute to Stephen Bantu Biko". In Xolela Mangcu (ed.). Biko: A Life. London and New York: I. B. Tauris. pp. 7–9.

[3] Marable, Manning; Joseph, Peniel (2008). "Series Editors' Preface: Steve Biko and the International Context of Black Consciousness". Biko Lives! Contesting the Legacies of Steve Biko. Andile Mngxitama, Amanda Alexander, and Nigel C. Gibson (eds.). New York and Basingstoke: Palgrave Macmillan. pp. vii–x.

[4] Woods, Donald (1978). Biko. New York and London: Paddington Press. p.30.

[5] Mangcu, Xolela (2014). Biko: A Life. London and New York: I. B. Tauris.

[6] Hill, Shannen L. (2015). Biko's Ghost: The Iconography of Black Consciousness. Minneapolis: University of Minnesota Press. p.244.

[7] Ngcobo, Ziyanda (21 March 2017). "Zuma Commemorates Biko on Human Rights Day". Eyewitness News. Archived from the original on 21 March 2017.

比科去世一年后，他的"坦率谈话"作品编辑成集出版。纪念他的歌曲、戏剧、诗歌、画作等层出不穷。1987年理查德·阿滕伯勒制作了电影《自由呐喊》，将比科的生活、思想和行动带给了更多的观众。但这些都很快被南非当局禁止，认为这会加剧紧张局势并危及公众安全。种族隔离制度瓦解后，伍兹筹集资金委托娜奥米·雅各布森为比科制作了一座铜像，竖立在东开普的东伦敦市政厅前门外，与第二次布尔战争中阵亡的英国士兵的雕像正面相对。1997年9月，超过1万人参加了雕像的揭幕仪式。同年，埋葬比科的墓地更名为比科纪念花园，比科家人成立了史蒂夫·比科基金会，并获得了福特基金会的捐款。2012年，金斯伯格建立了史蒂夫·比科中心。自2000年开始，每年都有纪念比科的讲座，每场讲座均由一位杰出的黑人知识分子主讲。[1] 比科的世界影响力之大，遍及世界各地，建筑物、研究所和公共场所都有以"比科"命名的。2012年，谷歌文化研究所发布了一个在线档案，其中包含史蒂夫·比科基金会拥有的文件和照片。2016年12月18日，谷歌涂鸦标记了比科70岁生日。

二、索韦托起义

1909年《南非联盟法案》规定，英语和荷兰语作为官方语言。1925年，当局重新规定，阿非利加语取代荷兰语成为官方语言，所有学校都必须使用阿非利加语和英语作为教学语言。20世纪70年代，在政府的"班图教育"政策下，黑人儿童的学校教育水平更加大幅落后，整个南非的教育似乎都转向了为白人孩子服务，其教育成本是黑人孩子的15倍。尽管教育是免费的，但很多黑人学生却支付不起制服费、走读费与书本费。调查显示，所有入学学生中，大约有26%的黑人学生上到3年级就辍学，20%的黑人学生在9—10年级期间辍学。

---

[1] Mangcu, Xolela (2014). Biko: A Life. London and New York: I. B. Tauris.

英语是商业和工业最常用的语言，而阿菲利加语又往往和种族隔离有关，因此南非黑人们大多偏向于使用英语，"班图斯坦"政权也选择了将英语和非洲方言作为其官方语言，但阿菲利加语主导的政府试图扭转阿菲利加语不断衰落的趋势，1974年，当局颁布了《阿菲利加语法令》，强制所有黑人学校都需要将阿菲利加语和英语按对等比例作为教学语言。为此，1975年1月1日起，阿菲利加语必须用于标准五年级（七年级）的数学、算术和社会课程的教学，而英语将是普通科学和实用学科（家庭手工、针线活、木工、金属制品、艺术、农业科学）的教学语言。黑人方言仅可用于宗教、音乐和体育教学中。

南非非洲教师协会等组织纷纷表示反对，图图主教更是公开表示阿菲利加语是"压迫者的语言"。毫无疑问，在使用白人的教学语言以彻底改变对于非洲传统和文化的理解方面，当局想尽了办法。

索韦托位于约翰内斯堡西南20千米附近，从一开始就是种族隔离计划的产物。"索韦托"一词最初就是"西南城镇"的缩略词。

早在1904年，这片区域中就有一个较为成熟的乡镇：克里斯普。该镇的创建主要是为了安置在远离市中心的矿山和其他行业工作的黑人劳工。20世纪50年代后，随着种族隔离政策的扎根，更多的黑人被从约翰内斯堡内城的"黑点"迁移到那里。1963年，"索韦托"被作为人居住区域的代名词被采用。很长一段时间的种族隔离让以索韦托为代表的城镇并没有任何基础设施规划，这使得由波纹铁皮制成的棚屋定居点一直是索韦托景观的一部分。

索韦托的黑人很少会说阿菲利加语，不少孩子因此拒绝上学，对当局教学语言政策不满的情绪随后迅速蔓延。1976年4月30日，南非黑人学生们开始抗议，认为他们也应该像白人一样有平等受教育的权利。莫里斯·艾萨克森高中学生特博霍提议年6月13日召开会议，讨论应该做什么。学生们组成了一个行动委员会，后来被称为"索韦托学生代表委员会"。他们在16日组织了一次群众集会，目的是为了让当局听到学生的呼吁。

由波纹铁皮制成的棚屋定居点

6月16日,索韦托的约2万名学生准备游行到奥兰多体育场参加集会,许多之前不知道要抗议的学生们也陆续加入。比科的"黑人意识运动"组织给予了支持,并强调遵守良好的纪律,开展和平行动。索韦托的教师群体也表示了支持。游行从莫里斯·艾萨克森中学开始,但人们很快发现警察沿着他们预定的路线封锁了道路。行动委员会的负责人要求人群不要招惹警察,改由另一条路线前进,学生们高呼口号并挥舞着标语牌,上面写着"打倒阿非利加语""阿扎尼亚万岁""如果我们必须学阿菲利加语,沃斯特就必须学祖鲁语"等标语。

警察们放出警犬扑到抗议者身上,但被抗议者把这些警犬杀死了。随后警察开始向示威学生发射催泪瓦斯和实弹。23人当场死亡,其中包括梅尔维尔·埃德尔斯坦博士,他毕生致力于索韦托的人道主义和社会福利项目,却被暴徒用石头砸死,死后脖子上还被挂了一个牌子,上面写着:"当心阿菲利加语是我们未来最危险的药物。"

15岁的黑斯廷斯·恩德洛武和12岁的赫克托·皮特森是第一批被枪杀的学生。摄影师山姆拍下了皮特森最后的相片:皮特森被愤怒而悲伤的游行者抱在怀中奔跑的照片,迅速传遍全世界。

12岁的皮特森死后被游行者抱在怀中

与1960年的沙佩维尔不同，到了1976年，南非已经有了电视，尽管同年早些时候才开始广播，但来自索韦托的报道和这张著名的相片，让几乎所有人都意识到了种族隔离制度的残酷性。

许多南非白人对政府在索韦托的行动也感到十分愤怒。惨案后的第二天，来自威特沃特斯兰德大学的大约400名白人学生在约翰内斯堡市政中心街区游行，抗议警察杀害儿童的行为。黑人工人宣布罢工并加入了白人大学生的游行队伍。

索韦托惨案迅速演变成为索韦托起义，学生们冲在了抗议的前沿，但只有庭巴萨学生开展了非暴力团结游行。当卡基索的学生们开始他们的非暴力游行抗议时，当地警察进行了干预，并在命令他们撤退时杀死了至少5人。

南非其他乡镇也相继爆发了骚乱。6月17日，当局宣布南非国防军进入待命状态，又部署了1500名全副武装的警察驻守莱索托。警察们带着自动步枪、电击枪和卡宾枪，他们开着直升机在空中盘查，装甲车在地面巡视，以充分显示当局的军事力量。

但持续的冲突和流血事件并没有中止，祖鲁兰大学的档案和行政大楼被学生纵火焚烧，8月伊丽莎白港起义有33人死亡。在开普敦，仅8月至9月期间，就有92人死亡。到1976年年底，因各种冲突死亡的人数超过600人。

"非国大"将语言问题与殖民遗产、革命计划等联系起来，签署了《自由宪章》，"非国大"在运动中标榜了自己的主导作用。对学生而言，当局强有力的制裁让他们只能将所有的精力和愤怒转向政治抵抗，通过散发"释放曼德拉，绞刑沃斯特"口号的传单或其他的政治行动，他们开始参与到"非国大"的一系列活动中。

索韦托的持续冲突导致经济不稳定。南非兰特迅速贬值，政府陷入危机。

1977年，司法部长吉米·克鲁格宣布，取缔所有与黑人意识相关的组织，黑人报纸《世界报》和由阿非利卡人贝耶斯·纳乌德领导的基督教协会等"危险"组织也被取缔。当局全面的、以安全为名的镇压开始，根据新颁布的《恐怖主义法》，不经审判就可以关押"嫌犯"。因为对政府而言，索韦托起义是种族隔离制度施行以来所面临的最重大挑战，更何况还有国内经济危机和国际抵制的加持。

20世纪70年代初期相对和平与稳定的局面一去不复返。

索韦托起义对南非的现代史发展有重要的里程碑意义。

1991年，联合国儿童基金会宣布自当年开始，6月16日定为"国际非洲儿童日"，以使人们了解生活在非洲大陆51个国家里的3亿儿童正在遭受饥馑、战争、贫穷、疾病等灾难。1995年，6月16日成为全国公共假日：南非青年节。

围绕索韦托的文艺创作层出不穷。1987年导演理查德·阿滕伯勒的电影《自由呐喊》、1992年音乐电影《萨拉菲娜！》以及尼格玛的同名音乐作品、安德烈·布林克的小说《干白的季节》和1989年的同名电影都有较大影响力。1996年6月，约翰内斯堡的教育广播项目编制了一部一小时的广播纪录片，试图还原当时生活在索韦托人们的视角，引发世界关注。次年，BBC多个频道播出了包含新采访的修订版纪录片《种族隔离死去之日》，获得欧洲共同体人道主义办公室、国际广播信托基金媒体奖和意大利广播奖等多个殊荣。1999年5月，该节目重播，由《鼓》杂志的前编辑和《纳尔逊·曼德拉传记》的执笔人，安东尼·桑普森为英语世界的听众提供了新的介绍。

2016年6月12日，在索韦托起义40周年即将到来之际，兰佩尔回忆起1976年她亲历的各种残酷场景。当时，兰佩尔29岁，是比科的妻子，他们共同拥有两个孩子。因为莱索托起义，黑人意识运动著名领导人莫哈彼被关押在基路警察局遭受酷刑而自杀身亡；比科被拘留，1977年被害；她本人很快就被流放到林波波省的塔内地区。兰佩尔一直认为：

> 索韦托起义动摇了种族隔离制度的根基。一个强大的军事政权被手无寸铁的学童挑战，这种讽刺我们不会忘记。……它动摇了成年人动员起来寻求变革的被动局面……但侵犯人权的行为，包括令人毛骨悚然的戴项链（用浇上汽油的轮胎烧死敌人）做法，却给我们的集体精神留下了创伤……暴力使受害者和施暴者都受到了伤害……今天，这种残暴的创伤还在化脓……可悲的是，40年过去了，我们还没有满足人们对优质教育的要求……暴力再次成为那些一直无法发声的群体的语言。

索韦托起义的纪念活动成为了南非公众历史的一部分，赫克托·彼得森也成为反抗的英雄代表。1981年12月16日，赫克托的墓碑建成，被作为对所有在起义中去世的人的纪念。1992年，非洲人国民大会青年联盟在赫克托被枪杀的诊所附近树立了自由纪念碑。1996年，索韦托起义二十周年纪念日之际，墓碑旁竖起了另一块石碑，上书："永不再来"。

2002年，在距离12岁的赫克托·皮特森被枪杀的地点不远的地方，索韦托纪念馆开幕。

三、"红色危险"与边境战争

1966年,沃斯特被任命为南非总理时,他虽不打算取消种族隔离制度,但他确实试图做一些改善南非国际形象的努力,特别是与那些黑人统治的周边国家进行交易。他称之为"外向型"政策:南非将实行外向战略,面向全球邻国,而不是采取围攻和疏远世界的心态。为了避免仲裁和减少压力,他的政策很快有了两个流行的关键词:"对话"和"缓和"。

但实际情况却是,从60年代中期到80年代后期,因为长期占据着安哥拉和西南非洲(后纳米比亚)的大片领土,三方一直有冲突,南非史中通常将这段时间冠以"南非边境战争""丛林战争"[1]等名称。当然,也有史学家认为南非国防军在安哥拉的行动是隐蔽的,是为避免"涉外冲突"的,所以这些冲突不过是南非定期参与邻国内战的表现,而不是经典意义上的"战争"。[2] 西南非洲人民组织作为领导纳米比亚独立的政党,将这些冲突命名为"纳米比亚(民族)解放战争"。但无论如何,70年代后期,"边境战争"进入了南非的公共话语,被执政的国家党采纳。[3]

其实,早在50年代,南非的国防政策就已经受到了"冷战"的影响。20世纪60年代,非洲国家的独立浪潮日益高涨。1960年11月,埃塞俄比亚和利比里亚正式向国际法院请愿,要求就南非是否仍然适合管理西南非洲作出具有约束力的判决,但请愿在1962年被驳回。1962年7月至1963年10月期间,西南非洲民族组织与其他反殖民运动协商建立军事联盟,

---

[1] Escandon, Joseph (2009). "Bush War: The Use of Surrogates in Southern Africa (1975‑1989)" (PDF). Fort Leavenworth, Kansas: United States Army Command and General Staff College. Archived from the original (PDF) on 10 November 2016. Retrieved 4 January 2015.

[2] Steenkamp, Willem (2006). "The Citizen Soldier in the Border War". Journal for Contemporary History. Bloemfontein: University of the Free State. 31 (3): 1.

[3] Baines, Gary (2014). South Africa's 'Border War': Contested Narratives and Conflicting Memories. London: Bloomsbury Academic. pp. 1‑4, 138‑140. ISBN 978‑1472509710.

共同应对南非的殖民统治。继西非的加纳和尼日利亚之外,南非邻国赞比亚、坦桑尼亚、博茨瓦纳也于1964年和1966年获得独立。

南非认为其在南大西洋和印度洋之间的开普敦商道无论是在战略上,还是贸易上都受到了苏联的威胁,而非洲各国也正在受到苏联的直接威胁,或者是苏联支持的共产主义[1]鼓动的威胁,因此,南非建议,自己和其他的西方国家签订一种类似于北约的互相支持条款,以应对苏联在非洲的影响。但鉴于核军备竞赛已经使全球常规战争的可能性变小,美国和西方对于保卫非洲免受苏联共产主义入侵的兴趣逐渐消散了,且国际上已经开始了反对种族隔离的浪潮,而南非一直拒绝英联邦的任何决定,"联盟"的想法失败了。[2]

1976年,安哥拉与苏联签订了第一份正式合作条约,此后,军事领域一直是前苏联与南部非洲合作的基础。[3]前苏联不仅帮助安哥拉、纳米比亚、莫桑比克培养军事领袖,还派遣技术和军事顾问到达当地进行实地指导。更关键的是,前苏联对非洲的这些基地输入了先进的武器和装备,空军和海军用安哥拉港口和纳米比亚在整个南大西洋进行演习,甚至计划建立永久性基地。一位前苏联高级军事官员瓦列里·别利亚耶夫将军曾说:"前苏联在南部非洲的存在……限制了南非对安哥拉的侵略"。[4]南非当局坚持认为,周边国家的独立和"叛乱"受前苏联的指挥,南非必须加强国防

---

[1] 南非共产党成立于1921年,1950年被当局宣布为非法组织。

[2] Berridge, G.R. (1992). South Africa, the Colonial Powers and African Defence: The Rise and Fall of the White Entente, 1948–60. Basingstoke: Palgrave Books. pp. 1–16, 163–164. ISBN 978-0333563519.

[3] MacFarlane, S. Neil (1992). "Soviet-Angolan Relations, 1975–1990" (PDF). Berkeley, California: Center for Slavic and East European Studies, University of California at Berkeley.

[4] Shubin, Vladimir Gennadyevich (2008). The Hot "Cold War": The USSR in Southern Africa. London: Pluto Press. pp. 72, 92–112.

军配置，且进行大规模的地空巡逻，才可以威慑"叛乱分子"。[1]

1974年开始，南非国防军开始招募纳米比亚的黑人以建立准军事组织，应对之前白人应征军不熟悉地形或环境的弊端。[2] 1967年，南非颁布《国防修正案》，对年轻白人男子实行义务兵役制。在此之前，服兵役是自愿的，或者说，男子是通过投票制度选拔出来接受军事训练的，但他们一般只是接受训练，无须到部队服现役。1967年之后，男子就必须被应征加入南非国防军了，最初为9个月。1977年，义务兵役期限被增加到两年，之后转入每年30天，且为期8年的预备役。这些义务兵是按军方认为合适的方式部署的。大多数年轻的白人男子在学校毕业后就直接参加义务兵役，许多计划中的职业不得不被搁置。据说，征兵制度让人想起了布尔共和国的突击队制度，但这时的体制已经更为正式，因为年轻人可以被派到国内外的任何地方去保卫南非的边界。

1973年，由于大量的新兵和日益复杂的重型武器补给，南非警署以"镇压叛乱"为由，对周边国家的解放军进行武力干预。[3] 1973年1月26日晚上，当地民族武装采用便携式火箭炮袭击了位于卡普里维的一个警属，警察毫无反击能力，民族武装认为这就是胜利的标志。也是从此开始，南非边境战争新阶段开始，民族武装更多地采取了伏击和选择目标攻击的形式，来对抗南非的武装警察。从1974年4月1日开始，南非也调整军备，大幅增加防卫预算，以国防军来应对纳米比亚纷争。8月，国防军清理出一条约5千米宽的缓冲带，与安哥拉边境平行，安排了密集的巡逻进行监视，

---

[1] Campbell, Kurt (1986). Soviet Policy Towards South Africa. Basingstoke: Palgrave-Macmillan. pp. 129–131. ISBN 978-1349081677.

[2] Stapleton, Timothy (2015). Warfare and Tracking in Africa, 1952–1990. Abingdon on-Thames: Routledge Books. pp. 111–129. ISBN 978-1848935587.

[3] Vines, Alex (1997). Still Killing: Landmines in Southern Africa. New York: Human Rights Watch. pp. 104–115.

以防御可能的风险,这就是著名的"切割线"。①

基于种族隔离的既有价值观,南非一直支持葡萄牙人在安哥拉和莫桑比克的白人少数派统治。1974年4月25日,里斯本发生军事政变,结束了"新政府"独裁统治,这直接导致葡萄牙从其非洲殖民地安哥拉、莫桑比克、几内亚比绍、圣多美和佛得角撤出。这次政变没有开过枪,因为当民众走上街头庆祝独裁统治和殖民地战争结束时,军人的步枪枪口和军服上都插上了康乃馨,得名"康乃馨革命"。在葡萄牙,为庆祝这一事件,4月25日是全国性的节日,称为"自由日",1974年11月,安哥拉内战开始,不同民族组织和国际上的利益联盟各自为政。1975年1月,在对葡萄牙人进行了14年的武装抵抗之后,安哥拉人民解放运动、民族解放阵线和安盟签署了《阿尔沃协议》,为安哥拉的独立铺平了道路。但葡萄牙人离开安哥拉后,既没有试图稳定国家局势,也没有监督选举的准备工作。很快,三个解放运动之间开始权力争斗,并随着选举的临近,三方各自开始争取国际支持。

20世纪70年代后,铀价飙升,而当时南非已成为世界上铀的主要来源国,② 所以南非外交部推断,仅凭这一点,南非就会卷入东西方之间的任何战争。加之南非认为人民解放运动的崛起是对其占领安哥拉以及与之接壤的纳米比亚③的威胁,会让自己进一步失去纳米比亚,④ 南非开始进入到安哥拉的战事中。当安哥拉人民解放运动寻求苏联和古巴的帮助之后,

---

① Holt, Clive (2008) [2005]. At Thy Call We Did Not Falter. Cape Town: Zebra Press. p. 139. ISBN 978-1770071179.

② 纳米比亚露天铀矿非常丰富,储量38.28万吨,占世界储量的6.5%,位居世界第六。20世纪20年代发现铀矿后,50年代开始较大规模的开采。1958年,联合国56个国家就南非托管西南非洲投反对票,但南非仍不为所动。

③ 1968年6月12日,联合国大会通过了一项决议,宣布根据其人民的意愿,将西南非洲重新命名为纳米比亚。

④ Gleijeses, Piero (1989). Conflicting Missions: Havana, Washington, and Africa, 1959-1976. Chapel Hill: University of North Carolina Press. p. 273-276.

南非支持了安盟。在这一阶段，美国站在民族解放阵线一边，但当民族解放阵线的效率越来越低下时，美国转而与南非政府一起支持安盟。之后，安盟的总部被搬到了西南非洲边境附近的詹巴，更靠近西南非洲边界，以此形成军事化的边界，以便随时打击西南非洲的解放游击队。1975年7月15日之后，南非突袭安哥拉变得司空见惯。[1]

9月，时任南非国防部长的博塔就安哥拉解放运动接收到的苏联武器一事，在国会发表讲话，认为"坦克、装甲运兵车、火箭、迫击炮和小型武器已经交付，局势仍然异常动荡和混乱，并为叛乱提供了掩护……前苏联的帮助和支持，无论是物质上的还是精神上的，都构成了直接威胁。"[2]10月14日，南非决定组建战斗营"狐蝠"加快对罗安达政权的控制。[3]10月25日，南非正式决定派出2500名国防军参战，史称"萨凡纳行动"。[4]但就在11月10日，安哥拉独立的前一天，南非军队被更早抵达的古巴武装击败。11月25日，南非在埃博再次遭遇伏击。此时，南非国防军参与安哥拉内战的消息已经泄露给国际媒体，在安盟战线后面的南非军士的照片出现在几家欧洲报纸上，引发了全球对南非的谴责，甚至推动了尼日利亚和坦桑尼亚等有影响力的非洲国家，认为南非有明显的侵略行为。从而承认苏联支持的安哥拉民族解放阵线才是安哥拉唯一的合法政府，与此同时，美国国会终止了与南非一起对安哥拉的干预计划。基于地区和国际的不利局面，当年年末，南非决定开始从安哥拉撤军，最终在1976年3月

---

[1] Modern African Wars (3) : South-West Africa (Men-At-Arms Series, 242) by Helmoed-Römer Heitman (Author), Paul Hannon (Illustrator) Osprey Publishing (28 November 1991) ISBN 1-85532-122-X and ISBN 978-1-85532-122-9

[2] Miller, Jamie (2016). An African Volk: The Apartheid Regime and Its Search for Survival. Oxford: Oxford University Press. pp. 166 - 187, 314. ISBN 978-0190274832.

[3] 后成为南非著名的32营的基础。

[4] Hamann, Hilton (2007) [2003]. Days of the Generals. Cape Town: Struik Publishers. pp. 15 - 32, 44. ISBN 978-1868723409.

撤出安哥拉。

"萨凡纳行动"被认为是南非战略性的失败，不仅让安哥拉解放阵线有了增加了古巴军队和苏联顾问的理由，被俘的南非军人在新闻发布会上的亮相，也着实让南非的对外形象一落千丈。总理沃尔斯特对公众隐瞒了这次行动，尤其在媒体报道了政府试图掩盖这场惨败的更多细节后，南非公众非常震惊。[1]与此同时，南非国防军的失败鼓舞了更多的反抗者，因为这些失败表明，南非国防军并非不可战胜。

20世纪70年代中期，随着民族斗争愈演愈烈，爆炸物、火箭和自动步枪越来越多。受到非洲民族独立运动的影响，非洲国家的领导人大多致力于将整个非洲从殖民统治下解放出来，也包括将南非从种族隔离制度中解放出来。他们通过"非洲统一组织"等机构支持解放斗争，其中大多数国家还接纳了逃离南非镇压的"非国大"领导人。在一些国家，南非的政治流亡人士被允许作为难民留下来，但不允许他们建立军事基地，而在其他一些国家，如莫桑比克、赞比亚、博茨瓦纳和乌干达，他们可以建立军事训练营。"民族之矛"的干部们可以从这些国家和南非国内发起解放斗争，协同战斗。尤其是1976年索韦托起义后，数以百计的年轻人逃离南非，在国外活动的"民族之矛"骨干分子的队伍不断壮大。

1976年6月索韦托起义后，南非当局重新调整并制定了他们所谓的"全面战略"。这是一个涉及政治、经济和心理战略的多维战略，其中，政治战略是争取持不同政见团体的支持，以应对遍布该地区的解放运动；经济战略是制造对南非交通、通讯、航空、铁路、港口、农业和矿业的依赖；心理战略是宣传非洲人不能统治自己，非洲人低人一等，马克思主义不是解决问题的办法；他们相信，如果这些基础战略都解决了，军事方面的问题就会迎刃而解。

---

[1] Baines, Gary (2012). "The Saga of South African POWs in Angola, 1975-82". Scientia Militaria: South African Journal of Military Studies. Stellenbosch: Stellenbosch University. 40 (2). doi:10.5787/40-2-999.

但很快，更大规模的边境战事就打破了南非的计划。1977年10月27日，"切割线"遭到叛乱分子的袭击，5名南非士兵死亡，6人受重伤。① 三个月后，此处的巡逻队又遭到伏击，6名南非士兵死亡。② 南非决定对纳米比亚和安哥拉进行报复性打击，一方面暗杀赫雷罗酋长克莱门斯·卡普奥，另一方面则是对安哥拉的卡辛加进行扫荡，因为那里被认为是解放军的行政中心。

1978年5月，南非继续发起"驯鹿行动"，在激烈的空中轰炸之后，约379名伞兵摧毁了卡辛加，至少612名平民丧生，其中大部分是妇女和儿童；那些没有立即被杀的人被围捕成群，用刺刀刺杀或枪杀。③ 西南非洲人民组织坚称此地不过是为难民提供的庇护所，而南非国防军则坚持认为这些死者大多是为保卫营地周围的一系列战壕而丧生的叛乱分子。当时，卡辛加南面16千米处有一个古巴机械化步兵营，在卡辛加遭到袭击时，对当地施以了援手，16个古巴战士死亡，80多人受伤。④ 古巴历史学家如豪尔赫·里斯奎特因此为卡辛加战役赋予了特殊意义，他说：这标志着"在与南非（军方）的战斗中，古巴人和纳米比亚人首次共同浴血奋战"。1978年5月6日，联合国安理会通过第428号决议谴责了南非"驯鹿行动"，并得到了全球范围内几乎一致的支持。⑤ 随着卡辛加战役的宣传，西南非洲人民组织获得了前所未有的支持，国际对其施以了人道主义援助

---

① Raditsa, Leo (1989). Prisoners of a Dream: The South African Mirage. Annapolis, Maryland: Prince George Street Press. pp. 289–291.

② Steenkamp, Willem (1983). Borderstrike! South Africa into Angola. Durban: Butterworths Publishers. pp. 6–11, 130–141.

③ Baines, Gary (2012). Dwyer, Philip; Ryan, Lyndall (eds.). Theatres Of Violence: Massacre, Mass Killing and Atrocity throughout History. New York: Berghahn Books. pp. 226–238. ISBN 978-0857452993.

④ Onslow, Sue (2009). Cold War in Southern Africa: White Power, Black Liberation. Abingdon-on-Thames: Routledge Books. pp. 201–217.

⑤ illiams, Christian (October 2015). National Liberation in Postcolonial Southern Africa: A Historical Ethnography of SWAPO's Exile Camps. Cambridge: Cambridge University Press. pp. 73–89.

和难民教育援助,这为其之后团结纳米比亚进行独立抗争奠定了较好的基础。

南非的"边境战争"和南部非洲的政局不稳给当地带来了重大影响。南非国防军的边境基地主要沿三条公路推进,向西通往鲁卡纳,向北通往奥希坎戈的快速路,及从格鲁特方丹穿过卡万戈兰到达伦杜的道路。但所有的基础设施和经济项目都是游击队攻击的重点,后来,他们还布下地雷阵,这导致了无谓的设施修复和重建。为防御破坏,国防军工作的重要一环就是不断地巡视,以检查出地雷,防止破坏。长此以往,周边地区的人们开始习惯于携带武器出行。

四、"信息门"和"纳米比亚化"

20世纪70年代初期,由于种族隔离和南非政府的暴行,国际公众对南非政府产生了更多的负面看法。尤其是在联合国主导下对南非的各种制裁倡议,已经开始危及南非传统的贸易和金融关系,尤其是英国反种族隔离运动的呼吁,要求经济制裁和抵制南非参加包括体育在内的国际活动,让南非在国际舞台上日益孤立。

为了重塑南非的国际形象,新闻发言人埃舍尔·鲁迪帮助政府创建了新闻杂志《直截了当》,专门刊发有关南非正面形象的文章。该刊物得到了总理沃斯特、国家安全局局长亨德瑞克将军、信息部长康尼·穆德和信息部负责人杰拉德的批准,并得到了其资金资助。

1972年9月,没有议员资格的埃舍尔忽然被升任南非信息部长。在他的领导下,信息部开始推行协调一致的传播和宣传计划,包括成立"体育公平委员会",反对对南非的体育禁令;成立"十人俱乐部"专门针对批评政府的偏见进行言论攻势;成立秘密图片通讯社,向欧洲媒体分发对种族隔离政府有利的文章和照片;收购法国小报《现代世界报》;策划针对英国自由派政客的诽谤运动;与两名工党议员签订游说和间谍合同;并在

第五章　种族隔离时期（1948—1994）

1974年1月访问美国，与高层政治家和《纽约时报》编辑会面等。

从1973年12月起，这些举措得到扩展和正式化。沃斯特认为这是"以一种微妙和非常规的方式协助打击对南非的全面进攻"，并"抵御对我国良好形象和稳定的颠覆"。[1] 国防部则认为，这样的新方法是"一场针对外国舆论的无拘无束的秘密心理战"。[2] 为此，国防部又秘密地给信息部一笔专门资金，但在外界则营造出预算出现了通货膨胀的印象。这个计划以埃舍尔女儿的名字"安妮玛丽"命名，涉及在5年实施的180项举措，耗资7300万美元至7600万美元之间。[3]

之后，南非政界开始对媒体进行商业贿赂，并打算收购《兰德每日邮报》，利用《华盛顿之星》等影响美国对南非的外交政策。1976年，当局又建立了一个名叫《公民》的刊物，旨在利用各种报媒并攻击对立的美国民主党。

1977年，信息部接受了前部长、现审计长杰拉德的审计，但在接下来的两年里，信息部的秘密宣传工作不断被曝光。这使得保守的国家党内部掀起了巨大波澜：公众纷纷批评当局以国家宣传的幌子，行贪腐和选举不公之实。1978年，议会公共账目委员会发起了财务违规调查，埃舍尔和安全部长亨德瑞克被迫辞职，沃斯特解散了信息部，重建"国家和国际通信局"。9月20日，沃斯特以健康状况不佳为由辞去总理职务，担任国家总统职务，他的国防部长博塔成为新的总理。

1978年11月，更为人所知的"伊拉斯谟委员会"成立，由鲁道夫·伊拉斯谟大法官担任调查委员会的主席。尽管表面上是出于国家安全原因对

---

[1] Murphy, Caryle (1979-03-25). "South Africa's Scandal – At Home……". Washington Post.

[2] Spector, J. Brooks (2013-01-29). "Apartheid's InfoGate, fresh and relevant after all these years". Daily Maverick.

[3] Haasbroek, Joshua (2016). "A historical perspective of the information scandal" – via University of the Free State.

程序保密，但这是对信息丑闻最全面的调查。一个月后，议会发布了第一份调查报告。报告显示，沃斯特参与了所有计划的策划，但沃斯特认为并非如此。1979年4月，信息部长穆德因拒绝接受伊拉斯谟的调查结果而被国家党开除，而伊拉斯谟最终采信了穆德关于沃斯特参与了计划的说法，认为沃斯特完全知情，但掩盖了该部门参与公民和其他项目的情况。

1979年6月在向议会提交第二份伊拉斯谟斯报告时，博塔宣布沃斯特因健康问题辞去总统职务。但这份报告还是显示出，信息和国家安全部长曾试图操纵1978年9月的国家党选举，以任命沃斯特的继任者。

南非自1915年第一次世界大战期间从德国人手中夺取西南非洲后，就一直"托管"该地。1944年联合国成立后不久就劝说南非把西南非洲授权给联合国托管，但史末资的"南非联邦"以拒绝接受联合国取代国联为由，拒绝让出西南非洲的托管权。1948年国家党上台后，巧妙地通过增加西南非洲白人在议会的多数席位，将西南非洲视为南非的第五个省。1954年，南非继续将西南非洲"原住民事务"置于比勒陀利亚的直接控制之下。1959年，温得和克爆发了骚乱，原因是种族隔离制度扩大到西南非洲，黑人们必须从城市被迫迁移和重新安置到"家园"。同年11月，联合国大会指出，南非以违反授权、《联合国宪章》、《世界人权宣言》、国际法院的咨询意见和早先联合国决议的方式管理该领土，必须撤销所有种族隔离法，并接受海牙法庭七国委员会对南非的调查。利比里亚和埃塞俄比亚认为要对南非进行有约束力的判决，但七国委员会时任的主席和秘书访问南非后，呈送了两份自相矛盾的报告。又经过六年后，南非在七国委员会投票中，以8∶7险胜。

在民族独立运动浪潮的鼓舞下，1960年，奥万博兰人民组织转变为西南非洲人民组织，并开始训练游击队。西南非洲人民组织获得了非洲黑人国家的同情，并通过他们获得了联合国的同情，后来又推动了联合国安理会通过禁止向南非出售武器的决议。1967年，联合国西南非洲理事会成立，随即更名为纳米比亚理事会。在非洲统一组织对南非施加的国际压力推动下，联合国在1967年再次尝试接管此处领土，但未能成功。1968年起，联合国同意西南非洲大多数人民的意愿更名为"纳米比亚"，并在1969年要求南非终止对西南非洲的管理。

但南非显然还是沉浸在自己的主权控制思维中。1968年，南非颁布《西南非洲原住民民族自治发展法案》，将纳米比亚设置为班图斯坦（后来被称为家园），其上包括各种黑人、科伊、桑和达马拉社区，超过50%具备矿产和农业潜力的土地保留为少数白人的家园。1969年，《西南非洲事务法》将许多权力从纳米比亚的领土议会移交给南非议会时，系统的种族隔离制度在纳米比亚进一步推进。1973年，南非议会通过了《西南非洲原住民民族发展自治修正法》，作为回应，联合国官方宣布西南非洲人民组织是纳米比亚人口的唯一合法代表。

1975年后，随着葡萄牙在莫桑比克统治的瓦解，南非在其东部边界的地位被削弱，因为莫桑比克被马克思主义导向的弗雷利莫政权接管，南非面对的压力更多了。此时，如果南非再不承认纳米比亚的领土和国家完整，安理会则会做出驱逐南非的决定。在寻求保护白人利益、安全、法律和秩序的同时，南非只能试图安抚国际批评，以阻止共产党支持的西南非洲人民组织政府在纳米比亚上台。

在沃斯特任职的最后几年，他感受到了日益增长的国际压力，这最终将迫使南非授予纳米比亚某种形式的自治或独立。因此，他象征性地承认联合国在决定领土未来方面的作用，并放弃了公开吞并的概念。尽管"自由门"事件让其对媒体的贿赂曝光了，但对沃斯特而言，自己至少是全身而退了。

作为沃斯特的继任者，博塔首先感受到了对纳米比亚自治的承诺给自己带来的困扰。博塔批评西方和美国，如果不愿对抗苏联的扩张主义，那么南非就不会再向"自由世界"寻求支持，但南非仍将阻止共产主义进一步侵入本地区。① 在博塔担任总理的头三个月内,白人应征入伍的兵役时间增加了一倍。不过,在国际舆论的不利情况下,博塔对纳米比亚的策略是培养一个能替代西南非洲人民组织的政治主体,最好是温和的、反共的、致力于与南非加强密切的军事和安全联系的。为了表明南非对纳米比亚独立的承诺,博塔甚至允许一个温和的多党联盟于1983年8月创建西南非洲临时政府,称为"多党会议",随后称为"民族团结过渡政府"。南非希望采取"纳米比亚化"②的国防政策,更多地依赖纳米比亚的白人建立亲南非的"国内"政权,以便利的军事基础设施为保障,降低南非人员的伤亡率,将纳米比亚的意识形态从"独立战争"转向从属国的民主纷争。

基于这样的前提,博塔要求将"古巴武装部队撤出安哥拉"作为纳米比亚独立的先决条件,并阻止关于"内部解决"的进一步讨论。③ 对此,西南非洲人民组织谴责博塔在利用另一件不相关的事情,武断地牺牲纳米比亚的利益;法国政府也认为"纳米比亚人民不应该成为美国外交政策的棋子";古巴进一步认为,南非不过也是美国外交政策的棋子。

但博塔仍呼吁其他非洲国家和西方国家支持他的要求:"对古巴人说'回家',对俄罗斯人说'回家',否则我们准备将所有的军队安置在南部非洲各地。"④ 博塔还向联合国保证,"只有使古巴军队真正撤出安哥

---

① Jaster, Robert Scott (1997). The Defence of White Power: South African Foreign Policy under Pressure. Basingstoke: Palgrave-Macmillan. pp. 66 - 68, 93 - 103. ISBN 978-0333454558.

② 充分借鉴美国的越南策略,培养一个亲南非的政府。

③ Barber, James; Barratt, John (1990). South Africa's Foreign Policy: The Search for Status and Security, 1945 - 1988. Cambridge: Cambridge University Press. pp. 276, 311 - 314.

④ Barber, James; Barratt, John (1990). South Africa's Foreign Policy: The Search for Status and Security, 1945 - 1988. Cambridge: Cambridge University Press. pp. 276, 311 - 314. ISBN 978-0521388764.

拉的可能性",南非才会采取措施为西南非洲的独立做好准备。①

这一倡议得到了美国的支持,美国想要一个符合西方利益的纳米比亚解决方案,即一个没有切斯特克罗克所说的"苏联·古巴军事冒险主义"的地区。因此,美国暂停了对南非的谴责,而这则给了南非一个强烈的心理暗示:边境战争是被默许的。

1979年至1980年间,南非对边境的突袭和渗透的步伐反而大大加快了,以至于防卫军被迫调动其后备力量,并在纳米比亚等地又部署了8000名士兵。②

在卡蒂玛穆利洛被纳米比亚解放阵营袭击后,1979年3月6日,博塔总理下令对安哥拉和赞比亚的选定目标进行报复性打击。3月16日,安哥拉就此事向联合国安理会提出正式申诉,联合国安理会通过第447号决议:"强烈谴责南非种族主义政权对安哥拉人民共和国进行有预谋、持续的武装入侵,这是对国家主权和领土完整的公然侵犯,是对安哥拉的严重侵犯。对国际和平与安全的威胁。"与此同时,联合国调查委员会公布了1979年南非415起国防军的越界行为,比上一年增加了419%,其中89起为空袭。③

1981年,南非国防军对罗安达进行了报复打击,约1.1万人的部队携带先进的大炮再次入侵安哥拉,占领了南部的库内内省和昆多库班戈省。安哥拉军队对这次大规模的入侵毫无准备。恩吉瓦省的省会被洗劫,十多万农村居民逃离家园。南非空军也参与了进来;由于大多数其他喷气式飞机的飞行速度太快,在丛林战争中无法发挥作用,"小飞象"喷气式飞机

---

① Barber, James; Barratt, John (1990). South Africa's Foreign Policy: The Search for Status and Security, 1945–1988. Cambridge: Cambridge University Press. pp. 276, 311–314.

② Jaster, Robert Scott (1997). The Defence of White Power: South African Foreign Policy under Pressure. Basingstoke: Palgrave-Macmillan. pp. 93–103.

③ Ndlovu, Sifiso Mxolisi (2006). The Road to Democracy in South Africa: 1970–1980. Pretoria: University of South Africa Press. pp. 659–661.

成为了抵抗苏联坦克的利器。尽管联合国的一项决议对南非进行了谴责，但南非国防军在接下来的 7 年里仍然继续占领安哥拉。

南非国防军通过突袭、伏击和渗透的尝试，充分展现在"超级行动"中。1982 年 3 月 9 日，十名南非特种部队旅士兵根据他们收集到的在安哥拉坎贝诺谷行动的情报，在被废弃的葡萄牙小镇爱奥那附近发起侦察，以阻止西南非洲国家组织游击队返回纳米比亚。南非 32 营的一个排和两架武装直升机组成待命部队，以便在需要时随时作出反应。特种部队布下地雷并很快发现了纳米比亚解放军的交通车辆。3 月 10 日，六辆解放军卡车进入山谷时，其中一辆引爆了地雷，并在追踪时发现了南非特战旅的行踪。在等待 32 营增援时，特战旅士兵冒充解放军，指责解放军巡逻队是安盟的成员。双方之间发生了激烈的争吵，直到特战旅指挥官向解放军指挥官开枪时争吵才结束。一场激烈的交火自此爆发，南非的 32 营和武装直升机已经赶来，但遭到了纳米比亚方面的誓死武装反抗。最终，纳米比亚解放军 197 名战士死亡，8 名战士被俘，南非方面只有 3 名战士死亡，且缴获了大量食物、武器和后勤设备。[①] 1983 年 12 月，南非又开展了阿斯卡里行动，对纳米比亚解放军在安哥拉的根据地和补给线进行全面攻击。尽管前苏联在之前已经组成了航空和海军舰队集结在南非水域，但古巴盟友却提出了撤军的建议，在两个相互冲突的建议面前，安哥拉总统多斯桑托斯的多个有生力量被歼灭，南非国防军最后只受到了纳米比亚解放军的奋勇抵抗。

对安哥拉的战事顺利，对纳米比亚的战事则进展不利，让南非陷入了更多的压力中。除了国际舆论对纳米比亚的政治支持，南非在纳米比亚的经济收益也受到了挑战。1981 年，受世界经济衰退的影响，纳米比亚也发生了严重的经济衰退：主要出口产品包括钻石、羊毛、铜和铀的价格都持

[①] Scholtz, Leopold (2013). The SADF in the Border War 1966–1989. Cape Town: Tafelberg.

续下跌。且由于 70 年代的过度捕捞、干旱和恐怖主义使渔业也处于低潮，越来越多的白人开始离开纳米比亚。作为"中央政府"，南非对纳米比亚的补贴和"防御"成本开始超过之前的经济利润，加上纳米比亚解放军们有效的游击战打法，"纳米比亚化"的难度越来越大。

第四节 "旧南非"的改革（1983—1993）

一、《卢萨卡协定》和地方军备竞赛

阿斯卡里行动和纳米比亚民族解放军的坚决抵抗，动摇了南非在安哥拉保持无限期军事优势能力的信心。随着更多高精尖武器的使用，南非国防军的伤亡率不断上升，之前取得的空中优势也在苏联援建的防空系统中被不断减弱。同时，博塔和他的内阁也不确定美国是不是还会继续提供政治和外交支持。

1984 年 1 月 6 日，美国和英国以 13 票赞成、2 票弃权通过了联合国安理会第 546 号决议。该决议谴责南非的越界打击行动，并要求南非立即无条件从安哥拉撤军。[1] 尽管没有完全实施对南非的强制性贸易制裁，但苏联宣布，它已与安哥拉达成另一项更全面的协议，以加强民族解放军们的防御能力，并向南非发出公开警告："侵略不能再逍遥法外"。[2]

美国外交官提出相应的调解和谈。2 月 13 日，南非和安哥拉官员在卢萨卡首次会面，三天后，南非宣布它将在 3 月底之前从库内内省撤出远征

---

[1] Gleijeses, Piero (2013). Visions of Freedom: Havana, Washington, Pretoria, and the Struggle for Southern Africa, 1976–1991. United States: The University of North Carolina Press. pp. 66–97, 149, 231–243.

[2] Jaster, Robert Scott (1997). The Defence of White Power: South African Foreign Policy under Pressure. Basingstoke: Palgrave-Macmillan. pp. 66–68, 93–103. ISBN 978-0333454558.

部队，前提是安哥拉人同意阻止解放军利用这种情况渗透到纳米比亚。[1] 安哥拉政府承诺限制解放军和在边境活动的"民族之矛"，并禁止古巴军队向南部的边界移动。[2] 这些各自的承诺被正式确定为《卢萨卡协定》，协议双方同意成立一个联合监管委员会来监督撤离，并在边境 600 千米处进行了联合巡逻。[3]

但古巴和安哥拉的其他两派都对这个协定表示了不满。古巴觉得苏联和自己都没有被尊重，安盟则不承认将自己排除在外的任何协定，安哥拉解放运动则继续在"脱离接触"区域活动。1984 年 7 月，南非正式宣布不会从安哥拉撤军，理由是安哥拉解放运动仍在边境地区的大肆活动。同时，安哥拉和南非在古巴撤军及纳米比亚独立的时间表上各持己见，双方的休战只维持了大约十五个月。

1985 年 5 月，南非特种部队通过海上路线渗入安哥拉最大的炼油厂卡宾达，试图神不知鬼不觉地炸毁油厂，并将破坏责任推诿到安盟或者安哥拉解放运动的头上。不料，他们被巡逻队发现并抓捕，在审讯中交待了南非的密谋。南非和美国的形象暴跌，被认为一直在欺世盗名。《卢萨卡协定》彻底破裂，双方也失去了进一步和平谈判的可能性。

南非在 20 世纪 80 年代初的各种武装行动都没有能阻止安哥拉人民解放运动的崛起，为此，南非政府中出现了"以夷制夷"的提法，认为可以利用安盟来对抗安哥拉人民解放运动，至少，可以通过扶持安盟达到地理上的防御。

---

[1] Gleijeses, Piero (2013). Visions of Freedom: Havana, Washington, Pretoria, and the Struggle for Southern Africa, 1976 - 1991. United States: The University of North Carolina Press. pp. 231 - 243.

[2] Crawford, Neta (2002). Argument and Change in World Politics: Ethics, Decolonization, and Humanitarian Intervention. Cambridge: Cambridge University Press. pp. 374 - 378. ISBN 978-0521002790.

[3] Alao, Abiodun (1994). Brothers At War: Dissidence and Rebellion in Southern Africa. London: British Academi Press. pp. 30 - 38. ISBN 978-1850438168.

第五章　种族隔离时期（1948—1994）

在《卢萨卡协定》签订的权力真空期，安盟领导人萨文比要求和安哥拉人民解放运动建立民族团结政府，否则将开始攻击安哥拉人民解放运动治下的主要城市。但较长一段时间内，安盟还是未能成为代表安哥拉政权的主要力量，因此，萨文比将组织的中心地带迁到京巴。1984年6月，安盟破坏了卡宾达的输油管道，而后，又袭击了钻石矿所在地卡丰福。但萨文比非常懂得公关技巧，在谴责对手安哥拉人民解放运动的同时，为美国和南非记者开设了定居点，以供他们"正面"报道和支持自己。为此，美国和南非都开始向安盟提供更大程度的武器和物资援助。

与此同时，前苏联向安哥拉解放运动的武器资助也从未停歇，古巴驻安哥拉的军队人数更是从2.5万人增加到1985年年底的3.1万人。[1]在《卢萨卡协定》期间，前苏联向安哥拉人民解放运动转移了价值10亿美元的武器，安哥拉人民解放运动的军火库呈指数级增长，以至于防卫军确信前苏联赞助的武器集结是为了部署到其他地方。[2]在三年的时间里，安哥拉已成为非洲大陆第二大武器进口国。为此，新上任的国防部长马兰将军发表讲话，他对苏联军事装备的"泛滥"及其复杂性表示震惊，声称这远远超出了应对防卫军有限的远征部队和安盟的需要。马兰甚至认为安哥拉就是前苏联正在建设的军事基地。[3]为此，南非逐渐陷入与安哥拉的常规军备竞赛，双方都认为要与对方增加的兵力相匹配。[4]

---

[1] Barber, James; Barratt, John (1990). South Africa's Foreign Policy: The Search for Status and Security, 1945–1988. Cambridge: Cambridge University Press. pp. 276, 311–314. ISBN 978-0521388764.

[2] Barber, James; Barratt, John (1990). South Africa's Foreign Policy: The Search for Status and Security, 1945–1988. Cambridge: Cambridge University Press. pp. 276, 311–314. ISBN 978-0521388764.

[3] Nortje, Piet (2003). 32 Battalion: The Inside Story of South Africa's Elite Fighting Unit. New York: Zebra Press. pp. 44–53, 111–114. ISBN 1-868729-141.

[4] Liebenberg, Ian; Risquet, Jorge; Shubin, Vladimir (1997). A Far-Away War: Angola, 1975–1989. Stellenbosch: Sun Media Press. pp. 44, 64–68. ISBN 978-1-920689-72-8.

1987年，安哥拉解放运动开始了有效的反攻。他们在库伊托·库阿纳瓦莱形成了一道防线，并得到了更多古巴部队的支援。安哥拉境内的所有战斗人员：一方是安哥拉人、古巴人、西南非洲人民组织和"非国大"；另一方是南非国防军、西南非洲领土部队（驻纳米比亚南非国防军的辅助部队）、安盟和美国赞助的雇佣军。

在1988年前，南非坦克和"小飞象"喷气式飞机都曾在丛林战争中取得辉煌战绩，但面临地雷遍布，作战距离较远的情况时，它们就显得力不从心了。经过三个月的三次重大地面战斗和西南非洲领土部队的兵变后，局势开始变得对南非及其盟友不利。

与此同时，南非国内的防御压力不断加重。边境战争在南非变得越来越不受欢迎，当时年轻的白人除了装在尸袋里的尸体外，没见到有活人回去。20世纪80年代开始，一些得到南部非洲解放运动培训的"民族之矛"干部们卷土重来，回到南非各地开展一系列的袭击：1980年6月1日萨索尔的储油罐、1981年7月德兰士瓦东部的发电站、1981年8月比勒陀利亚附近军事基地、1982年12月开普敦附近的科伯格核电站……有记录的袭击事件从1978年的13起增加到1983年的56起。1985年，学生再次爆发了抗议活动，并发生了抵制公共汽车的事件。很明显，南非已面临四面楚歌。

越来越多反对南非入侵的声音，最后也彻底转变了基辛格的态度，最终，南非国防军在失去所有盟友的情况下撤回南非。1988年6月，在撤退期间，南非国防军同古巴部队在奇帕发生了激烈战斗，南非国防军被彻底打败，"所遭遇的就像一战期间任人碾压的索姆河战壕，而不像是机动的平叛军队"。[1] 然而，直到在南非国防军同意撤出西南非洲之后，对安哥拉库伊托·库纳瓦莱的围困才最终结束。因为战争牵涉两个国家的问题，

---

[1] Liebenberg, Ian; Risquet, Jorge; Shubin, Vladimir (1997). A Far-Away War: Angola, 1975–1989. Stellenbosch: Sun Media Press. pp. 44, 64–68. ISBN 978-1-920689-72-8.

安哥拉和西南非洲的关系在南非的边境战争中已经变得密不可分。

20世纪80年代中后期，南部非洲冲突的各方都已经精疲力竭，没有一方有足够的信心和经济实力，能够确保最后的胜利。1988年5月3日至4日，苏联和美国共同发起了新的和平谈判，南非首次申请加入。各方决定，遵照联合国安理会的第435号决议，古巴军队完全撤出安哥拉，并根据撤退的情况确定纳米比亚的独立时间。1988年8月10日，安哥拉、古巴和南非代表团签署了《日内瓦议定书》，确立了南非国防军撤出纳米比亚，纳米比亚和平独立，安哥拉解放运动停火。同年的美国大选为这场谈判再次增加了筹码，乔治·布什总统的上台，进一步促进了12月13日南非、安哥拉和古巴三方签署《布拉柴维尔议定书》，确认了分阶段撤军、相互停火和纳米比亚独立事宜。

南非与争取西南非洲独立势力之间旷日持久的斗争，特别是在1960年西南非人民组织成立后的斗争，终于落下帷幕。1988年，联合国承认西南非人民联盟为纳米比亚的合法统治者。1990年3月21日纳米比亚共和国正式获得独立。

二、暴力升级和紧急状态

民族国家独立后，南部非洲在经济和地缘上与南非相关的国家，开始讨论如何摆脱南非控制。1974年，坦桑尼亚、赞比亚、博茨瓦纳和莫桑比克4国首脑举行会议，讨论南部非洲的局势和问题，协调对津巴布韦、纳米比亚独立斗争的行动。他们将自己命名为"前线国家"联盟，不定期地举行首脑会议和部长会议，以联合反对南非的种族主义和经济封锁。南非非洲人国民大会、西南非洲人民组织及南部非洲民族解放运动组织的代表经常出席前线国家首脑会议，安哥拉于1976年加入，津巴布韦于1980年独立后也参加进来。

20世纪70年代不断深入的民族解放斗争，特别是安哥拉和莫桑比克在1975年的独立，为南部非洲其他解放运动提供了便利：他们可以利用前线国家的阵地进行军事训练，抗击殖民当局。莱索托、斯威士兰以及更远的坦桑尼亚、乌干达等国也普遍表示接纳南非的民族解放武装，以支持南非解放斗争。1976年，"非国大"国民议会开始与安哥拉政府谈判，随后在安哥拉成立了"民族之矛"的中央行动指挥部。在随后的13年里（1976—1988），安哥拉成为南非多个民族解放运动的军事训练基地，津巴布韦非洲人民联盟和西南非人民组织也利用此地进行军事训练。在这里，纳米比亚人民解放军和"民族之矛"结成了同盟，共享设施，协调物资和战争运输。

南非民族解放运动的引领者"民族之矛"的目标非常明确：制造爆炸来攻击南非基础设施，以使当局蒙受经济损失。但事实上，他们在20世纪80年代频繁制造的爆炸事故，除了有警察的伤亡，更多的是贫民的伤亡。尤其1985—1987年，"民族之矛"开展的"地雷运动"主要活动是在北德兰士瓦地区的农村道路上埋设反坦克地雷，结果平民伤亡率远高于预想的坦克伤亡人数，尤其是对外出务工的黑人劳工，死伤更是无数。根据当局的统计，其间57起爆炸中有25人死亡，更别提炸伤的情况。也是因此，"民族之矛"被贴上了"严重侵犯人权"的标签，并最终放弃了这种损人不利己的行为。[①]

从"民族之矛"的内部来看，士兵们来到新的训练营都满怀期望，认为一旦他们接受了训练，就会被派遣回南非，与种族隔离政府作战，最终成为南非解放的英雄，但现实情况却不一样。正如一名士兵所指出的："训练营里最痛苦的事情就是等待。这成为我们所有沮丧和绝望情绪的根源。我们从一个哨所转到另一个哨所，从一个营地转到另一个营地，却从未被部署到前线。"这种挫折感甚至导致安哥拉内部发生了几起由这些士兵发

---

① The Liberation Movements from 1960 to 1990" (PDF). Truth and Reconciliation Commission of South Africa Report. Truth and Reconciliation Commission. 2: 333. https://web.archive.org/web/20091104033712/http://www.justice.gov.za/trc/report/finalreport/Volume%202.pdf

起的叛乱。

想要作战的愿望促使"民族之矛"卷入了安哥拉的内战。1986年在"半人马座阿尔法行动"中，有三个"民族之矛"的新兵营加入，保护安哥拉解放人民武装力量的后方区域。[1] 在1987年8月14日至1988年3月23日的"奎托夸纳瓦莱战役"中，"民族之矛"中近百名领导人在战役中丧生，这被认为是南非解放斗争史上最大的伤亡。[2] 但因参与常规战斗，"民族之矛"在南非的声望大大提高，他们也具备了直接对抗南非军队的勇气和信心。

到1980年，大量的南非游击队员通过邻国，特别是莫桑比克、莱索托和斯威士兰等国渗透回南非，参与到与南非当局的对抗中。与此同时，面对南部非洲民族独立运动的浪潮及国际社会的压力，南非种族隔离当局统统将此视为"共产主义的全面进攻"。为此，南非当局不断加强在国内外的"安全措施"。1972年南非成立了国家安全委员会，对国家经济和社会进行全面监控；1973年建立了由退伍警察组成的警察后备力量；1977年通过国防白皮书确定《全方位国防战略》，并开始加强对边界的控制，将防卫延伸到农村，希望建立一个钢铁之环来防止民族主义势力从邻国渗透进南非。为了在国际上建立对抗南部非洲民族主义浪潮的稳固防线，南非将南部非洲国家分成"伙伴"或者"敌人"加以区别对待；积极拉拢葡萄牙在安哥拉和莫桑比克的政权，将南罗得西亚作为与南部非洲其他国家的缓冲地带。对马拉维、赞比亚和罗德西亚，南非则采取了援助外交的

---

[1] Steenkamp, Willem; Helmoed-Römer, Heitman (September 2016). Mobility Conquers: The Story of 61 Mechanised Battalion Group 1978–2005. Solihull: Helion & Company. p. 706. ISBN 978-1-911096-52-8.

[2] Thomas, Scott (1995). The Diplomacy of Liberation: The Foreign Relations of the ANC Since 1960. London: Tauris Academic Studies. pp. 200–202. ISBN 978-1850439936.

办法，希望与其结成联盟共同防卫。① 1975 年，莫桑比克独立，在罗德西亚成立的执政党莫桑比克自由阵线成为执政党。但独立两年后，莫桑比克便陷入了内战，南非支持对自己一方有利的政党，卷入莫桑比克内战。1984 年，莫桑比克的马谢尔政府与南非签署了《恩科马蒂协定》（Nkomati Accord），双方约定互不侵犯、不给对方的游击队以庇护，也不支持任何国内的暴力行为。莫桑比克又成了南非的"伙伴"，这意味着在莫桑比克的"民族之矛"士兵要面对国内外的两重限制，他们的自由通行速度普遍放缓了。

从南非国内的政局来看，20 世纪 70 年代和 80 年代初，南非国防军的力量特别强大。索韦托等暴行的发生，都是因为南非政府的警察和军队非常强势，可以对抗议者进行严厉的打击。在那段时间，一个名为"阿非利卡人抵抗运动"的右翼组织也特别激进。他们独特的徽章和旗帜让人想起德国纳粹党所用的十字记号。1979 年，他们公然闯进南非大学，中断了关于血河之役历史的讨论，在荷兰归正教会的历史学家发表观点时，右翼成员忽然冲进了会议厅，给著名的历史学家范·贾尔斯·维尔德教授涂上柏油，插上羽毛，并点上火。只因为教授质疑激进的阿非利卡民族主义者对这场战斗的解释："上帝插手了，支持布尔人，让他们取得胜利。"维尔德教授在这一事件中被严重烧伤，但仍然坚持了自己的观点。

从 20 世纪 80 年代初期开始，南非国防军进一步改革，目标是维持一支可靠的常规部队，以抵抗各种形式的叛乱。陆军分为常规部队和平叛部队，平叛部队一开始设有九个地区司令部，每个司令部都对陆军参谋长负责（1987 年 7 月，领土司令部的数量扩大到了 10 个，而沃尔维斯湾军事区通常被认为是第 11 个）。该部队由常驻部队，突击队和一些选定的公民部队组成。公民部队通过第 7 师和第 8 师提供常规防御力量。

---

① 张瑾．非洲区域经济一体化探索：南部非洲发展共同体 30 年 [M]．杭州：浙江人民出版社，2014：36-40.

为了更好地从事国内外的安全防控，并缓解之前因为"信息门"带来的不良印象，南非政府还"发明"了一些独特的国家安全防控伎俩。1979年，南非警察署购买了比勒陀利亚附近一个叫"浅水农场"的地方，并在那里成立了安全机构。到20世纪90年代中期撤出农场时，这个安全机构已经从5名警察和15名阿非利卡人组成的秘密暗杀小组，发展为一个由9个小队编制的单位。[①] 其主要任务为准军事打击，抓捕种族隔离政府的反对者，"转化"或者处决他们。

"浅水农场"由安全警察指挥官德德克·库切领导，1982年又被33岁绰号"头号恶魔"的尤金·德科克取代。农场的一个主要功能是将民族解放战士转变为警察线人，让他们去对付以前的战友。这些线人被称为"倒戈士兵"。如果阿非利卡人被登记为警方线人，每月可领取200兰特的薪水。[②] 但"倒戈士兵"要以他们的"忠诚"来决定其"用途"，他们的任务通常是与公共场所的民众混在一起，在"非法酒馆"、公共汽车站、火车站和出租车站等地逗留，以便找到其他可疑的解放军战士。如果他们不守规矩，会被绑上炸弹，去攻击他们原先的战友。至今，都没有确切的数据显示有多少受害者在国内外遭到这个"农场"的残杀，一旦农场发现有可疑者，就会将他们处以酷刑，然后炸毁或烧毁遗体。

该农场一些最引人注目的受害者包括"非国大"律师格里菲斯·姆森格。格里菲斯在大学时代加入了"非国大"青年联盟，1967年，他因推进参与"非国大"活动，按照《镇压共产主义法》在罗本岛监禁两年。1974年，他被接纳为南非最高法院的律师，后成为南非民主律师协会的创始成

---

① 20世纪90年代初期，农场才被正式关闭。O'Brien, Kevin (2001-09-01). "Counter-Intelligence for counter-revolutionary warfare: The South African police security branch 1979–1990". Intelligence and National Security. 16 (3): 27–59.

② Capt. Craig Williamson in an article entitled: Why spy? in the October 1981 issue of the police magazine Servamus. Williamson, a former Security Branch policeman (Section A), https://web.archive.org/web/20091027104753/http://geocities.com/odjobman/coetzee.htm

员。他为被当局残忍杀害的解放斗士约瑟夫·姆杜里（Joseph Mduli）辩护，并在国际力量支持下获得史无前例的成功，四名警察后被指控犯有谋杀罪。格里菲斯积极主张释放曼德拉，为罗本岛多个"非国大"政治犯担任律师，因此被"农场"监控并谋杀。暗杀小组成员残忍地刺了他45刀，并将他的尸体扔在了一个足球场附近。四年后，他的妻子在家中当着孩子们的面被杀死。

暗杀小组在国外的活动同样猖獗。1981年1月，小组参与了莫桑比克马托拉和马普托的针对性爆炸，1985年炸毁了莱索托马塞卢的"非国大"军事设施。历史教师亚伯兰·翁克戈波特斯·蒂罗（博茨瓦纳，1975年）、姆维夫（赞比亚，1975年）、共产党领导人的妻子露丝（1982年）、南非人权宪章起草者奥比·萨克斯[①]（南非，1988年）等，都被炸弹炸伤或者炸亡。

惨无人道的破坏或暗杀给南非带来了前所未有的恐怖气氛。20世纪80年代，平民也开始用戒备的语气谈论"农场"可怕的暗杀。此外，南非还有多个机构配合官方的暴力行为：民间合作局，成员都是以前谋杀或重伤过政治反对派的警察；"第三部队"则用"海岸计划"在战争中试验化学和生物武器，并将其用于被视为"国家敌人"的平民。

民众的分化派别更加多元化了。除了一贯的"黑白对立"之外，黑人群众中的分化也非常明显。

1976年，曼戈苏图在继1970年被当局任命为夸祖鲁地方领导人后，又在准独立的夸祖鲁班图斯坦被当局任命为部长。这引发了黑人民族主义者的猜忌和不满，以致黑人意识运动拒绝曼戈苏图参加索布奎的葬礼，因为他代表了"国家党"的合作政府。1979年，在是否采用暴力抗争民族权

[①] 萨克斯因年轻时参与废除种族隔离运动而被白人政府特务安装在车底下的炸弹炸伤，失去一条手臂、一只眼镜。萨克思草拟了南非宪法的人权宪章，并出任大法官，南非宪法法院因此被认为是当代转型正义的典范。2014年获得首届唐奖法治奖。以其故事为主题的纪录片《温柔的复仇》获得2014年皮博迪奖。

益方面的意识分歧越来越大，因卡塔文化运动开始倾向于政治化，因卡塔自由党最终脱离"非国大"，双方关系急剧恶化。祖鲁民众当中一部分支持国大党，另一部分则选择了因卡塔党。不断地相互猜忌和冲突让黑人间的暴力冲突不断上升。为了反对"非国大"和"民族之矛"对因卡塔自由党的排挤和打压，从1980年开始，曼戈苏图开始与南非国防特种部队合作，作为"马里恩行动"的一部分，对抗"民族之矛"。黑人与黑人的内斗出现了，当年"黑人危险"的言论又一次甚嚣尘上。1984年9月至1993年12月的八年时间里，有近1.9万人被杀，8万多人受伤。大部分的暴力死亡都是源自双方的冲突。①

1985年，祖鲁民兵成为南非特种部队在卡普里维营地的一支。1987年1月20日在"夸马库塔"事件中，联合民主阵线活动家图里一家被灭门，13名亡者多数是妇女和儿童。夸马库塔大屠杀引发了又一波袭击与社会动荡。后来，在真相与和解委员会的听证会上，"非国大"成员曾表示，夸马库塔事件是种族隔离政府为诋毁"非国大"而采取的一系列行动之一，是导致并延续夸祖鲁纳塔尔省种族冲突的原因。

从小镇到教堂，从学校到"家园"，从公交巴士到私人车辆，从议会成员、警察到种族隔离合作者，无论男女老少，只要是被激进的黑人青年们怀疑，就有可能被辞职、遭殴打甚至被杀。这些激进的黑人青年以正义使者自称，对告密者实施一种叫"戴项链"的残忍刑罚：将灌满汽油的轮胎套住受刑人的颈部或身体，然后点火把他们烧死。这些激进的青年宣称，他们就是要杀光黑人城镇中所有与种族隔离政府合作的人，然后让黑人城镇陷入无政府状态。②如果考虑到受害者通常是被怀疑为告密者或向种族隔离政府出卖情报的人，他们遭受的酷刑和随后的死亡是由乡镇上所谓的"人民法庭"裁定。由此可以明显看出，黑人城镇的人已经形成了自己的司法体系，

---

① 廖顯謨. 南非史[M]. 台北：三民书店，第165页。
② 廖顯謨. 南非史[M]. 台北：三民书店，第165页。

不受当局控制。无论黑人还是白人，都有各种力量在发挥自己的作用，都在努力想要实现某种变革。

1985年，南非各阶层的暴力遍行，社会形势空前恶化。在7月20日博塔政府宣布36个行政区（全国共260个行政区）进入"紧急状态"以前，当年已经有575人在各种暴力活动中丧生。1985年3月21日，在东开普的伊滕哈格，因为怀疑葬礼与沙佩维尔纪念活动有关，南非警察向送殡者开火，20人当场死亡。尽管黑白双方对于事态的起因解释各不相同，但很容易看到在这场残杀中，双方都在寻找解释自己合理行为的某种社会权力。① "紧急状态"意味着国家有权禁止组织集会；警务处处长可以限制媒体对紧急情况的报道，被拘留者的姓名无须透露等。1986年3月5日，博塔宣布他将解除紧急状态，但很快，6月12日，在索韦托起义十周年前四天，政府再次宣布进入紧急状态。

1986年的紧急状态覆盖了几乎所有的国家领域，并且实施更加严厉的限制：限制政治葬礼，实行宵禁，禁止某些室内集会，禁止使用摄像机的新闻工作人员在有政治事件的地区拍摄等。政府完全屏蔽了国内外媒体有关警察对遏制社会动荡的一切报道。与此同时，1986年6月至1987年6月期间，估计有2.6万人被拘留问话，而在当年拘留的3050人中，约有1296人是妇女和女孩。后来，在1996年真相与和解委员会的听证会上，她们报告说自己被搜身并被迫接受了很多侮辱性的程序，有的孕妇甚至导致了流产。

宣布"紧急状态"并没有缓解局势，遍及整个社会的暴力和破坏仍在继续。1986年6月至1988年9月期间，商店、餐馆、电影院和其他公共场所发生了100多起爆炸事件，造成31人死亡，565人受伤。1987年，

---

① Thornton, R. J. (1990). "The Shooting at Uitenhage, South Africa, 1985: The Context and Interpretation of Violence". American Ethnologist. 17 (2): 217‑236.

祖鲁族布特莱兹酋长曼戈苏图·加沙[①]沮丧地表示：尽管武装斗争的进展不大，桥梁和工厂仍旧完好无损，但即使是对政府的小规模打击，也能提振参与人士的士气，不过看来依靠武装斗争取得胜利的环境……在南非并不存在。

然而，"新南非"确实已经在路上了。

三、《民主南非公约》

联合国成立伊始就将消除南非的合法化种族歧视制度列入行动议程，通过让世界关注这一不人道的制度，促进政府和非政府组织的反种族隔离行动；通过实行武器禁运，以及在许多领域支持石油禁运和抵制种族隔离，来推动反对种族隔离的全球斗争。1962 年，联合国通过 1761 号决议，成立了联合国反对种族隔离制度特别委员会，呼吁对南非实行经济等方面的制裁。此决议的议案出台之后，总部位于英国的反种族隔离运动组织牵头安排了 1964 年 4 月在伦敦召开的关于制裁的国际会议，多方吸引社会各界人士发出声音、参与大会，保证大会结论的公正。尽管第一次会议并未成功说服英国对南非进行经济制裁，但该协会还是通过支持南非学生组织和政治犯、提高南非获得北海石油的成本，要求艺术、文化和体育领域人士与南非断绝往来等，对南非各界产生了较大影响。

20 世纪 70 年代，美国的反种族隔离运动组织发现，美国对从经济上孤立南非的行动毫无兴趣；因此，非裔美国人里昂·沙利文要求其所在的南非通用汽车公司必须让所有的员工不分肤色地得到平等待遇，这也被称为"沙利文原则"。同时，无论是否在工作场所，资方都不得设立隔离环境。该原则直接违背了种族隔离时代南非政府所实行的种族歧视与隔离政策，

---

① 布特莱兹首长曼戈苏图·加沙出生于祖鲁王室，1953 年作为长子继承了首长头衔，而他的母亲是塞茨瓦约的孙女，迪努祖鲁的女儿，他也是战争《祖鲁》的影视顾问和塞茨瓦约的扮演者。

因此，企业如果遵循沙利文原则，就不能在南非继续运营。反隔离积极分子倡议机构投资者收回对总部位于南非的所有公司的直接投资，同时游说所有在南非拥有利益、但尚未采纳沙利文原则的美国公司从南非撤资，公共养老基金之类的机构投资者很快就受这些游说影响，延缓或取消了投资。由是，在南非有利益的美国国有企业就遇到了两方面的问题：一方面，如果关注撤资行动的持股人提交了股东决议，他们对公司名誉损害远比对股价跌幅要大；另一方面，如果一位以上的机构投资者决定撤资，那公司就会面临严重的经济威胁。不过，从一开始，这场"撤资运动"只是在美国不温不火地进行着，仅美国的高校很快采取了一些行动，比如密歇根大学建议美国与南非种族政府"脱钩"，哥伦比亚大学采取了抵制投资南非委员会的辩论和示威游行等。直到1983年南非宪法规定"实施全面隔离制度"遭到黑人抵制，国家宣布应对紧急状态之后，撤资运动才开始得到大多数美国企业家的支持。从1985到1987年，美国从南非的进口下降了25%，收到南非隔离政府民主改革的信号后，此趋势才在1988年扭转，当年增长了15%。在1985到1998年，美国对南非的出口增加了40%。[①]

值得注意的是，由于南非种族隔离政府的境外报道，引发了世界公众的关注，大量积极分子涌现，进一步推动了知识界和金融等领域与南非的脱钩，随着世界各地对种族隔离制度的反对声浪不断增长，1985年8月，大通曼哈顿银行要求南非的一家大银行立即偿还贷款，危机形势出现了。还好南非五大银行之间达成协议，在面对这样的危机时刻应互相支持，这才避免了灭顶之灾。第二年，即1986年11月，巴克莱银行撤出南非；在接下来的几年里，包括法通保险公司等在内的55家英国公司纷纷效仿撤出。

在实施债务冻结之前，南非国有企业，如军备、电力、石油和钢铁都在海外大量借款。许多南非公司在国际市场上举债。20世纪70年代至

---

① Chapter: Sanctions, Disinvestment, and U.S. Corporations in South Africa. Richard Knight. Sanctioning Apartheid (Africa World Press), 1990. http://richardknight.homestead.com/files/uscorporations.htm

1987年间，南非的黄金产量下降了40%。为了保持产量，南非的矿业公司将不得不在勘探和新矿山上投入大量资金。为了筹集资金给新矿山融资，他们通常会发行股票，其中大部分是在海外购买的。所以一旦南非公民被禁止在海外购买新股票，延长此类制裁，南非很快就会失去开发新矿山所需的必要开支。因为受到外部制裁，南非的所有经济体都不得不大幅修改其资本扩张计划，并转回依赖国内资本市场。但南非国内的资本却不断地在外逃，由此，南非兰特的国际兑换率急剧下跌，同时导致进口商品价格大幅上升，结果是通货膨胀高达每年12%—15%。[1] 因此，经济制裁对种族隔离政策的影响也许是最具有决定性的影响：南非的当权者越来越清楚地意识到，必须改变一些东西，以拯救快要被逼到谷底的经济。

在南非国内，其实很早便有关于种族和解的意愿了。1974年1月4日，联合党德兰士瓦领袖哈里·施瓦茨[2]和曼戈苏图会面，双方就南非种族和平的五点计划达成一致，并签署了《马拉巴蒂尼信仰宣言》。该宣言的目的是为南非政府实现种族和平提供蓝图，呼吁让所有人民参与谈判，起草宪法提案，强调所有人都有机会通过《权利法案》来保障这些权利。宣言建议南非的"联邦"概念是基于之前的概念框架内的，并且应该通过非暴力手段进行政治变革。

---

[1] Chapter: Sanctions, Disinvestment, and U.S. Corporations in South Africa, Richard Knight. Sanctioning Apartheid (Africa World Press), 1990

[2] 施瓦茨来自德国犹太难民营，是南非民主党的创始成员。1963到1974年，他担任反对党领袖。在1964年的里沃尼亚审判中，他是一名辩护律师。作为德兰士瓦联合党领袖和自由派别"青年土耳其人"的领袖，他主张对国家党的种族政策采取更积极的态度，从而与联合党建制派发生冲突。他率先呼吁白人政治通过谈判结束种族隔离，被誉为南非"最活跃的政治家"和政治上的"特立独行者"。在他长达43年的政治生涯中，他赢得了各个政界的尊重，从未输过一次选举，被斯坦林布什大学尊称为"新南非的概念和道德之父之一"，被曼德拉称为"穷人的拥护者"。后来，施瓦茨成为新南非驻美国的第一任大使，2010年2月逝世。

宣言包括，[①]"南非的变革必须以和平的方式实现"；"南非人的宪法必须维护各群体南非人的身份和文化，包括保护正义基本概念的权利法案"；"为所有南非人民提供平等机会、幸福、安全与和平的信念"，贯彻非歧视社会的概念（1973年施瓦茨起草的"奉献法案"），并"在我们看来，南非在世界舞台上的局势以及内部社区关系需要接受某些基本概念，以促进我国的经济、社会和宪法发展"。[②]

该宣言是南非公认的黑人和白人领导人签署的第一个种族和平与发展协议，在国民党和"非国大"都没有开始寻求和平解决方案或对话的时候，这个宣言已经做出了和平追求政治变革的愿景，被誉为南非种族关系的一个突破。该宣言一经出台就得到了黑人家园的几位首席部长的支持，包括塞德里克·帕图迪、卢卡斯·曼戈佩和哈德森·恩桑维西，也得到了艾伦·佩顿等自由派人士的赞扬，但被狂热的阿非利加报纸嘲笑为"概念上的英雄"。

1975年，出于对宣言的主张分歧，施瓦茨被开除出"青年土耳其人"政党，施瓦茨随即成立改革党继续主张废除种族隔离。1975年7月改革党与进步党合并，成立南非进步联邦党，成为当局的主要反对党。

与此同时，1975年3月21日，作为"非国大"青年联盟成员的曼戈苏图在"非国大"的支持下发起了"因卡塔民族文化解放运动"，后成立"因卡塔自由党"。"因卡塔"在祖鲁语中意为"王冠"，是20年代曼戈苏图的叔叔所罗门·迪努祖鲁[③]建立的祖鲁文化组织。由于当时非洲人国民大会和泛非主义大会被当局取缔，黑人政治存在真空状态，很快，"因

[①] Leander (15 January 2014). "Mahlabatini Declaration of Faith (4 January, 1974)", http://www.sahistory.org.za/archive/mahlabatini-declaration-faith-4-january-1974

[②] Eksteen, Terry. "The Decline of the United Party" (PDF). UCT. University of Cape Town. https://open.uct.ac.za/bitstream/handle/11427/18477/thesis_hum_1982_eksteen_terence_arnold.pdf?sequence=1&isAllowed=y

[③] 所罗门是塞茨瓦约·迪努祖鲁之子，20世纪20年代时创建了因卡塔运动，以反对史末资当时出台的《原住民事务法》。

卡塔民族文化解放运动"就从夸祖鲁·纳塔尔省发展到德兰士瓦、奥兰治自由邦和西开普等地,因卡塔自由党的影响力也逐渐扩大。

对当局来说,1978年"信息门"引发的政局变动后,博塔策略是"要么适应,要么死亡"。他走访了隔离家园和索韦托等黑人乡镇,似乎在传递着希望的信息,但随后的改革规模很小,并没有使阿非利卡人的权力受到重大损失。直到1983年,博塔提出了一部新宪法,由白人投票表决。尽管它没有实施1961年建立的联邦制度,但它实施了表面上与有色人种和印度人达成的权力共享协议。新宪法规定,在现有仅限白人参与的众议院旁边创建两个新的议会众议院——有色人种众议院和印度人代表院。新三院制议会的三个议院对与其各自社区有关的事项拥有唯一管辖权。涉及外交政策和种族关系等"一般事务"的立法必须在联合常设委员会审议后在所有三个议院通过。

但该计划不包括黑人多数派的议院或代表制度。每个黑人民族语言群体都被分配了一个"家园",最初将是一个半自治区域。也就是说,黑人在法律上仍被认为是班图斯坦人的公民,而不是南非的公民,只能在班图斯坦行使他们的政治权利。博塔希望班图斯坦将逐渐走向更大的独立状态,直至形成自己的主权国家地位。当时奇斯基(Ciskei)、博普塔茨瓦纳和文达都取得了名义上的国家地位。不过这些建立在南非境内的新"国家"从未获得国际承认,并且在经济上都严重依赖南非。仍有超过一半的班图斯坦人,尤其是由曼戈苏图领导的夸祖鲁人,因反对种族隔离而拒绝独立。

到1986年,一些种族隔离举措逐步解冻。种族间性行为和通婚的禁令被放宽,给白人保留某些工种的做法也被废除了,一些旅馆和餐馆向所有种族开放,约翰内斯堡和开普敦部分地区公寓越来越多的黑人入住,而这些公寓本来是为白人服务的。用于黑人教育的开支一直在稳步增长,尽管学校仍然是相互隔离的。政府还允许黑人工会注册,这迅速推进了1986年一个强大的全国性工会联合会——南非工会大会的成立。该联合会有数千名成员,而且相当激进。1987年发生的1148次罢工中,最严重的一次就来自他们组织的全国矿工工会的罢工。黑人的工资和工作条件也略有改善。

更多的跨越种族和阶级障碍的联盟纷纷出现。1983年，575个组织，包括工会、体育机构、社区团体、妇女和青年组织的约1000名各族代表成立了联合民主阵线，以协调内部反对种族隔离的力量。1985年9月，"非国大"成员与教会人士、白人商业领袖和其他有影响力的白人之间开始举行一系列秘密会议。因为那时当局仍禁止"非国大"的存在，这些会议必须在国外举行。第一次会议在赞比亚的卢萨卡举行，当时控制着约翰内斯堡证券交易所一半公司的英美公司董事长加文·雷利率团参会。当时的国大党主席坦博叫他加文，并要求对方称自己名字为奥利弗，这种不同种族之间的平等称呼，是一个重大的变化。

1987年8月，在塞内加尔的达喀尔，61名白人（大多为阿非利卡人）和以塔博·姆贝基为首的17名"非国大"成员举行了一次会议，当时姆贝基已经在英国流亡25年。白人代表团由进步党前领导人弗雷德里克·范·兹尔·斯拉伯特率领，还有其他有影响力的开放人士参与。会谈持续了三天，双方都希望找到和平解决南非冲突的办法。塔博·姆贝基后来在谈到斯拉布尔特时称他是"阿非利卡人的先锋"，为谈判解决冲突铺平了道路。

20世纪80年代末，南非的经济问题忽然凸显出来，120亿美元外债中的20亿美元在1990年到期，德克勒克不得不为了争取新的协议或改革，来缓解这个关键时期南非的经济危机。1989年10月他释放了包括沃尔特·西苏鲁在内的八名长期政治犯。德克勒克给予了这些政治犯"一个机会"和至少六个月的宽限期，这让国内谈判的紧张气氛大大缓解。与此同时，作为两年前卢萨卡会议的延续，1989年"非国大"与南非政府在瑞士举行了秘密会议。参加会议的有塔博·姆贝基和雅各布·祖马，他们都会是未来新南非的总统。

2010年，交通部副部长兼南非公民大会副秘书长杰里米·克洛宁回忆说，1989年，也曾有一些寻求和平的代表团到访卢萨卡"朴实无华、破旧不堪的"非国大"。妇女团体、文化工作者、宗教团体和其他团体都去了那里，以至于南非媒体称其为"前往卢萨卡的伟大迁徙"。这些会议为1990年以后的工作奠定了基础。

南非储备银行主席克里斯·斯塔尔斯后来评论说：我感到欣慰的是，我们不再面临1990年6月的危机，但这并不意味着国际收支压力减轻了。我们将履行我们的新承诺，因为以前的那些我们都做了。经济政策将不得不保持限制性，尤其是考虑到明年到期的净额之外的大量债务。

尽管进行了诸多改革和谈判，但南非社会的暴力局面仍在继续，只不过20世纪80年代末，当南非政府与"非国大"之间正式接触的时候，"民族之矛"的士兵们被边缘化了。尽管他们把总部从卢萨卡迁回南非，但游击队员们却仍四散于南部非洲的不同地方：在1.2万名受训的游击队员中，一些人仍在流亡，不知道如何回家，也没有明确的计划或安排；约有一半人最终回到了南非，其中约三分之一的人放弃了任务，加入了安全部队，或锒铛入狱。

在南非独立之前的岁月中，大部分的非政府组织领导人都被关押或流放，教会人士被迫发挥更大的作用。其中最突出的是开普敦大主教德斯蒙德·图图、荷兰改革派传教会的主持人艾伦·博萨克、神学家兼教会理事会秘书长贝耶斯·纳乌德及其继任者弗兰克·奇卡内等。他们敦促人们抵制1988年10月即将举行的地方隔离当局选举。这将是黑人和白人第一次在同一天投票，尽管是在不同的选举中投票。国家希望通过这样做，能得到一批新选黑人议员的支持，同时也能评估紧急状态对阻止抵抗的效果。然而，大多数黑人选民听从了反种族隔离势力的号召，基本上抵制了选举，估计只有10%—14%的"合格"黑人选民参加了选举。直到20世纪90年代，当"非国大"和南非政府开始通过谈判过渡到民主时，"民族之矛"才停止了武装斗争。1994年选举后，"民族之矛"部队被编入南非国防军。

图图被亲切地称为"大主教"，人们一眼就能认出他，他穿着紫色的牧师长袍，举止轻松，几乎总是带着微笑，还不时发出标志性的咯咯笑声。

他还创造了"彩虹之国"一词，用来描述后种族隔离时代南非的种族融合。从 1960 年担任牧师以来，图图先后担任过莱索托主教、约翰内斯堡助理主教和索韦托一个教区的教区长。1983 年 6 月任"全国论坛"十六人委员会委员。1985 年，他成为约翰内斯堡的主教，次年被任命为开普敦的首位黑人大主教。1990 年，国家总统弗雷德里克·威廉·德克勒克释放了在监狱的反种族隔离活动家纳尔逊·曼德拉后，双方就种族隔离的解散达成协议。图图在谈判中扮演着黑人派系之间调解人的角色。在 1994 年的大选产生由曼德拉领导的联合政府之后，图图被任命为"真相与和解委员会"主席，调查过去与反种族隔离团体有关的侵犯人权行为。自种族隔离制度瓦解以后，图图支持南非权益，在广泛的主题上发表意见，其中包括以巴冲突、对伊拉克战争的反对，以及对南非总统塔博·姆贝基和雅各布·祖马的批评。图图在 20 世纪 70 年代就享有多极化的评价，种族隔离的倡导者鄙视他，不少白人自由主义者认为他太激进了，共产主义者批评他的反共立场，但他在大多数黑人中广受欢迎，并因其反种族隔离运动而受到国际赞誉，包括获得诺贝尔和平奖。他还将他的几本演讲和评论编辑成书，并在书中记述到自己的动机是出于宗教而非政治。图图主教一贯支持黑人争取平等权利的斗争，抨击南非当局的种族主义政策和镇压黑人的野蛮行径，呼吁国际社会对南非施加压力和实行经济制裁。2010 年，他从公职退休，2021 年 12 月 26 日，图图大主教在开普敦去世。

作为南非的首位黑人主教，图图大主教的口才和理解力堪称一流。1984 年他获得诺贝尔和平奖，后在美国纽约的一次宗教仪式上演讲时，他说："白人传教士刚到非洲时，他们手里有《圣经》，我们（黑人）手里有土地。传教士说：'让我们祈祷吧！于是我们闭目祈祷。可是我们睁开眼时，发现情况颠倒过来了：我们手里有了《圣经》，他们手里有了土地。"……这一直是理解非洲与西方关系的经典言论。

四、"新南非"成立

1990年是南非历史的转折之年。

1989年,南非总理博塔患上了中风,德克勒克被任命为继任者。博塔在1966年至1978年期间担任国防部长,在国防军的现代化建设中发挥了很大作用,但作为总理,他因其僵化的政策被称为"大鳄鱼";德克勒克称他为最后一位真正的种族隔离总统。不过,也是在博塔的政府下,隔离时期的歧视性法律,包括通行证法、《不道德行为法》和《异族通婚法》于1985年被废除,博塔也是与流亡中的"非国大"领导人进行接触的第一位白人总统。

事实证明,德克勒克继任是一个正确的选择。早在1975年,沃斯特就预测了德克勒克终有一天会成为南非的领导人。[1] 他在政府中担任过社会福利和养老部部长、邮电部长、矿业部长、内政部长、教育部长。作为"保守人士"的代名词,德克勒克一度被认为会继续捍卫隔离制度,倡导完全的白人利益。在他一开始代理总统的时候,"非国大"和图图主教都公开反对他,认为他并不会带来什么新的传奇。但德克勒克却准许了前者一直以来想要完成而没有完成的游行,并表示:"新南非的大门已经打开,没有必要将其推倒。"[2]

大概有3万人参加了这次和平游行。德克勒克后来总结认为,当时已经有可以避免暴力及确保良好公关秩序的条件了,因此他不仅对游行持宽容的态度,也授权国家情报部门与境外流亡的姆贝基和祖马秘密会谈,自己则与图图主教等人亲自会面,释放了年长的反种族隔离活动家,比如已经关押了25年的"非国大"及南非共产党领袖沃尔特·西苏鲁。纳尔逊·曼

---

[1] De Klerk, Willem (1991). F. W. de Klerk: The Man in his Time. Johannesburg: Jonathan Ball Publishers.P151.

[2] Allen, John (2006). Rabble-Rouser for Peace: The Authorised Biography of Desmond Tutu. London: Rider. ISBN 978-1-84604-064-1.p.309-310.

德拉后来评论说,他在获释前7个月在花园之家(总统办公室)见到博塔后,再也没有想会回到过去了。

此时,已经是冷战结束的当口。苏联的解体让德克勒克认为非洲的志同道合者也会受到警告,从而"对他们的观点进行全面修改",不再采取武装"反动"的各种形式。[1] 1990年2月2日,德克勒克在议会发表了一次历史性的演讲。他说现在是全体人民的代表性领导人通过谈判达成谅解的时候了,因为只有这样才能确保持久和平。然后,他提出议程,要为制定民主宪法、法律面前人人平等、保护少数人和个人权利等问题展开谈判。"非国大"、和平行动委员会和南部非洲公民大会将被解禁,其领导人将从流亡中返回。他强调这并不是说认可社会主义经济政策,也不是对其实施的暴力行动的认可;因加入之前被取缔组织而在监狱服刑的政治犯,包括标志性的纳尔逊·曼德拉,也将被释放。德克勒克还在其演讲中提出让南非成为一个西式的自由民主国家的愿景:在这里,市场经济将重视私营企业,政府在经济中的作用要被限制。[2]

整个南非和外部世界都对德克勒克的举动感到惊讶。外国媒体的报道大多是正面的,其他政府的支持信息纷至沓来。图图主教激动地表述说:"这太不可思议了……我愿意给他点赞。"[3] 不过,一些黑人激进分子仍然认为德克勒克是在制造噱头,事态很快就会过去。白人主导的自由民主党发现自己陷入了困境,因为德克勒克接受了大部分政党,这让他们似乎失去

---

[1] De Klerk, Willem (1991). F. W. de Klerk: The Man in his Time. Johannesburg: Jonathan Ball Publishers.p. 35.

[2] De Klerk, Willem (1991). F. W. de Klerk: The Man in his Time. Johannesburg: Jonathan Ball Publishers.P。49-50.

[3] lad, Betty; Blanton, Robert (1997). "F. W. de Klerk and Nelson Mandela: A Study in Cooperative Transformational Leadership". Presidential Studies Quarterly. 27 (3): 565-590. JSTOR 27551769。P.567.

了明确的"敌人"。[①]只有一些极右翼白人（包括保守党）对德克勒克持否定态度，认为他背叛了白人。对此，德克勒克认为，就算保守党和其他白人右翼团体试图采取革命暴力来破坏谈判，也只是出于焦虑和不安的过渡阶段表现而已。

接着，德克勒克迈出了更大的一步：国民党资格向非白人开放；废除1913年《原住民土地法》、1936年《原住民信托和土地法》以及种族主义的基础《人口登记法》；停止南非之前私下进行的核武器计划；核裁军进程在1991年基本完成。

1990年德克勒克发表声明后，白人政府和"非国大"领导人举行了会谈，讨论了权力分享问题……国内出现了前所未有的自由。

当时，纳尔逊·曼德拉已经在监狱中服刑27年。其中大部分时间是在罗本岛度过的，但最后两年是在开普敦附近的帕尔郊外维克多·韦斯特监狱的一所房子里度过的，这所房子现在是一座博物馆，名叫马迪巴之家。纳尔逊·曼德拉即将获释的消息吸引了全世界的目光，那些仍在流亡的人整天坐在短波收音机前听着新闻。

1990年2月11日，曼德拉被释放。

人们冲上街头，唱歌、跳舞、欢呼雀跃。对许多南非人来说，这是一个历史性的日子、一个相当感人的日子。卡瓦托音乐人阿瑟·马福卡特当时还是个少年。他回忆道："我们一直以为长大后也要为解放而战，但突然间一切都不一样了。"特委尔·曼纽则回忆说，消息传来时，他和其他活动家坐在开普敦的一家咖啡馆里。在之前的五年里，他曾数次入狱。当他不在监狱里时，他一直被禁足：保安部队会不分昼夜地来敲他的门，以确保他在家里。他说："突然间，活动家们不顾禁令，上街游行，而且安然无恙……这是一个巨大的胜利。"当时反种族隔离报纸《自由周报》的

[①] De Klerk, Willem (1991). F. W. de Klerk: The Man in his Time. Johannesburg: Jonathan Ball Publishers.P82.

记者奥黛丽·布朗,回忆了她当时的状态:"没有什么能比这更令人欢欣鼓舞了,我欣喜若狂。大笑起来……一切都突然有了可能,就像我们还是唱儿歌的孩子,向种族隔离制度这个摇摇欲坠的庞然大物投掷石块时所想的那样,一切都有了可能……然而我却哭了,因为我的许多朋友和家人都曾为这一切的发生牺牲了。"对布朗来说,曼德拉的获释也预示着其他政治犯的获释和流亡者的回归。20世纪50年代流亡海外的爷爷、未曾谋面的姑姑、叔叔和堂兄弟姐妹等,都会回到祖国;她多么希望她的奶奶还活着,看到这一切。

当时已经在英国流亡25年的塔博·姆贝基后来回忆说,他当时作为代表团的一员来到斯德哥尔摩,感谢瑞典政府对"非国大"的支持。在他看来,曼德拉获释的消息相当于一种"信仰的证明":新的国民党已经履行了在瑞士达成的协议,并准备与"非国大"会谈。姆贝基在未来的执政中也不断重复这句话:"我们要从1990年的那些事件中吸取经验:如果我们想解决困难的问题,南非人必须再次学会相互沟通。"

1990年5月2日,"非国大"将总部迁回约翰内斯堡,并与白人政府举行第一次正式会谈,这标志着南非白人与黑人结束了30多年的对抗,开始和平对话解决种族隔离问题。8月6日,南非政府修改国内治安法规,停止紧急状态,释放所有因参加暴力反抗被监禁的人。1991年2—6月,白人政府宣布废除350多个种族主义法规。1991年12月20日,南非各种族的19个党派和组织在约翰内斯堡成立"民主南非大会"。1992年年初,民主南非大会在一人一票、多党民主、分阶段政治过渡等问题上基本达成共识,初步确定了制宪原则。

一切似乎正在往好的方向去,但其实,在新南非建立之前都充满了紧张的气氛,有时甚至已经到了内战的边缘。

新旧政权都对未来的发展抱有不确定性,地下军火交易和一些反"非国大"的势力也在活动,来历不明的谋杀案数量快速上升。德克勒克为此任命了一个由路易斯·哈姆斯法官领导的委员会进行调查,但很多原因导致调查并没有成功：许多反种族隔离活动分子是在国外被暗杀的，而调查仅限于在南非境内实施的行为；很多证人没有被要求出示相关证明文件，而不少证人戴着假发前来作伪证；安全部队的领导人也普遍不配合，没有提出任何对自己人的起诉。白人右翼政党阿非利卡人抵抗运动感到被德克勒克出卖，警告说，如果政府继续实施分享权力和扩大黑人选举权的计划，他们将会发起暴力起义。

从德克勒克在 1990 年发表历史性的讲话到 1991 年 12 月南非民主大会上开始正式的宪法谈判，将近两年的时间过去了。谈判开始后，两位主要领导人德克勒克和曼德拉之间发生了冲突。德克勒克批评"非国大"没有解散"民族之矛"；曼德拉则说要成立临时政府之后才考虑这件事，因为"非国大"必须是临时政府的一部分，而且武装部队也要由多党协同控制。曼德拉反过来批评德克勒克没有做更多的工作来控制肆虐南非的暴力行为，德克勒克则认为非洲国民大会是暴力分子的同谋。当然，曼戈苏图·布特莱齐也没有完全控制好自己的武装力量，不同的追随者仍然都深陷暴力之中。1992 年 7 月 17 日，因卡塔自由党进行的波伊帕通大屠杀，造成 45 人死亡。大屠杀导致国际社会怀疑当局再次实施了非人道的镇压，这让国家党一时间百口莫辩。

1993 年 3 月 6 日，南非 26 个党派和组织谈判，确定 1994 年 4 月 27 日举行多种族平等大选。但很快，1993 年 4 月 11 日，南非共产党领导人、"民族之矛"参谋长克里斯·哈尼在他位于约翰内斯堡东部博克斯堡的家中，被一个受到保守党怂恿的右翼人士杀害。南非保守党是因反对博塔的改革而从执政的国家党中脱离出来的。1989 年选举后，它曾是众议院中仅次于国民党的第二大党，他们作为白人最右翼的集团，强烈反对德克勒克废除种族隔离制度。作为南非解放战争中重要的领导，哈尼在 1990 年"非国大"被解禁后才结束流亡回到国内。1991 年 12 月 8 日，他接替乔·斯洛沃担任南非共产党领导人，并支持"非国大"暂停武装以支持谈判。但南非保守党当时的高级议员却将手枪交给了右翼枪手，后者在假装前去搭讪时，杀害了哈尼。①

暗杀事件后，南非出现了严重的紧张局势，人们普遍认为新一轮的暴力即将到来。但从历史上看，这场暗杀却被视为一个转折点。

曼德拉为此发表公开演讲，呼吁全国各界保持冷静。他说：

> 今晚，我要从我生命的最深处与每一个南非人相遇，无论你是黑人还是白人。一个充满偏见和仇恨的白人来到我们的国家，犯下了如此恶劣的行为，以至于我们整个国家现在都在灾难的边缘摇摇欲坠……这场冷血的谋杀案在全国和世界范围内引发了冲击波……现在是所有南非人站在一起反对那些从任何角度想要摧毁哈尼为之献出生命的事业的时候了——那是我们所有人的自由！

演讲取得了不错的效果。尽管还是发生了一些骚乱，但谈判进程的双方都采取了和解、对话等行动。1993年4月30日，德克勒克为种族隔离政府的各种行为发表了道歉声明，称"我们无意剥夺人们的权利并造成痛苦，但种族隔离最终导致了这种情况。我们为已经发生的事件深感遗憾……是的，我们很抱歉"。② 图图大主教敦促人们接受德克勒克的态度和道歉，他表示："说对不起不是一件容易的事……我们应该宽宏大量"。尽管图图私下认为德克勒克还可以更深刻地认识种族隔离的残酷历史，但无论如何，德克勒克的态度还是让人们感受到了真诚和勇气。

1993年7月26日，南非各方拿出了新宪法草案，规定在普选基础上

---

① 为了纪念哈尼，东开普省的一个区、西开普的一个站点和姆普马兰加的一个市以哈尼的名字命名。1997年，索韦托的大型政府医院巴拉格瓦纳特医院更名为克里斯哈尼巴拉格瓦纳特医院。2004年9月，哈尼在"南非最伟大的100人民意调查"中排名第20。

② Allen, John (2006). Rabble-Rouser for Peace: The Authorised Biography of Desmond Tutu. London: Rider.P.343.

成立民主政府，实现各种族平等。9月23日，"非国大"和南非政府经过艰苦谈判，通过成立过渡时期多党执行委员会的议案。该委员会负责监督政府在过渡时期的工作，确保顺利过渡。黑人原则上恢复了自己应有的政治权利。同年12月10日，德克勒克和曼德拉因结束种族隔离，一同获得了诺贝尔和平奖。

1994年4月27日，南非多种族、全民族的大选正式举行。数百万南非人涌向投票站，完成一些人一生中的第一次投票。投票结束后，曼德拉领导的非洲人国民大会在选举中获得了压倒性胜利，曼德拉成为第一位黑人总统。

| 余 论 |

"旧南非"的社会生活

一、体育

在种族隔离时期,《隔离设施法》意味着黑人运动员、演员和舞者都不能为白人观众表演。有色人种不能加入"白人"球队,无论他多么优秀。1968年,有色人种板球运动员巴斯里入选英格兰队,与他的祖国南非对阵,被当时的南非总理沃斯特认为是英国出于政治目的故意为之,并说英格兰队在南非不会再受欢迎。2000年,巴斯里被提名为南非20世纪十大板球运动员之一,尽管他没有为祖国效过力。类似的歧视也适用于印度裔高尔夫球手帕普瓦。当年他出国进修,并在荷兰的国际比赛中多次夺得冠军。但回到南非后,他只不过是第一个参加省级比赛的有色人种。在当时的高尔夫比赛中,有色人种球员在室外参加比赛被认为是可以接受的,但赛后不能在白人俱乐部里与其他选手平起平坐。1965年,网球选手帕瓦赢得了纳塔尔公开赛的冠军,但被迫在外面冒雨领奖,报纸报道称之为"光荣与耻辱"。这些事件和其他事件导致了国际社会对南非的体育抵制,一直持续到19世纪末。派出非官方"抗命"球队与南非进行比赛的国家受到了广泛的谴责。体育抵制也是更大的国际孤立运动的一部分,最终延伸到政治、经济、文化和学术领域的抵制。一些学者因其政治观点而无法获得工作,他们被本国的学术界拒绝而进入国际机构;英国演员权益协会抵制向南非出售电视节目,这意味着南非的电视由美国的节目主导……很多独特的南非社会现实和世界的互动,造就了南非独特的历史,直到新南非的成立。

二、原创社区及其音乐

1950年,南非通过的另一项臭名昭著的法案是《群体地区法》,该法对不同种族规定了严格的隔离规则:白人、有色人种、印度人和黑人都必须住在不同的地区。虽然当时大多数种族已经分开居住,但也有一些城内混血的社区,如约翰内斯堡的索菲亚特镇和亚历山德拉、比勒陀利亚的塞尔伯恩夫人区、开普敦的六区和德班的卡托庄园等,居民都有被驱逐、搬迁、艰难求生的经历。

索菲亚特镇的故事就是其中之一。索菲亚特镇是约翰内斯堡的一个郊区,距离市中心约 9 千米。1914 年到 1918 年,因为第一次世界大战创造了更多的就业机会,黑人涌入约翰内斯堡,各种不同种族的人来到索菲亚特镇居住,因为那里离他们工作的市中心很近。到 1955 年,在索菲亚特镇居住的黑人、有色人种、华人和印度人可能多达 7 万。

在全盛时期,索菲亚特镇是一个充满活力的社区,以音乐家和作家而闻名。这里虽然人满为患,房子小,但人们总在黄昏时分聚集在街上围着烧烤炉聊天、赌博、跳舞,尘土飞扬的街道似乎也成了音乐的代名词。爵士乐、夸拉、便士哨笛、马拉比和其他独特的非洲声音、著名的歌手和音乐家的职业生涯,也都与 20 世纪 50 年代的索菲亚特镇有关。

在这段时期,夸拉音乐迅速发展,成为种族隔离时期南非黑人音乐的代表。这一音乐融合了马拉比、美国摇摆乐等爵士乐风格,加入了帕塔帕塔舞等舞蹈形式,有些乐队甚至也用这种风格演奏布尔音乐或开普地区有色人种的手鼓歌曲。在配器方面,夸拉演奏者往往用长笛或便士哨笛以及用石蜡罐和茶叶盒制成的吉他演奏。其独具特色的哨声和笛音迥异于传统爵士乐的配器,是南非黑人们在布尔战争和后来战争中所了解的军乐融合,可谓南非爵士乐在多重文化融合下的新产物。民族音乐学家大卫·科普兰认为,以便士哨笛为主要演奏乐器的夸拉音乐是"南非的非洲爵士乐与世界黑人流行音乐史上的重要发展"。[1]

20 世纪 30 年代至 40 年代,便士哨笛乐团占据了约翰内斯堡的街头。每逢周末,许多黑人年轻乐手便在街头巷尾,用便士哨笛、萨克斯、自制吉他以及单弦贝斯(共鸣箱往往是用茶叶盒做的)演奏一首首爵士乐歌曲。

---

[1] David Coplan: In Township Tonight!: South African's Black City Music and Theatre, Chicago: Chicago University Press, 1985, p.189.

这些街头卖艺的小乐队演奏的音乐，由此形成夸拉音乐的雏形。50年代夸拉音乐风靡南非后，甚至还融合到了南非的政治运动中，音乐家们或直接参与政治斗争，或用音乐直接倾诉他们对于所处环境的愤懑、悲伤、痛苦和呐喊。在50年代，最著名的夸拉音乐家当属斯伯克斯·马什亚奈。他带领着他的"五人团"乐队，凭借卓越的哨笛演奏技巧，在约翰内斯堡的镇区掀起了一场"夸拉热"。斯伯克斯还积极响应50年代的黑人政治运动，为在1956年因叛国罪入狱的"非国大"成员演出募捐。同样，另一位夸拉音乐家亚历克斯·卡斯巴斯则写作祖鲁歌曲《我们不会坐车》，以此积极声援"巴士抗议活动"。

黑人知识分子极为认同夸拉音乐的力量，认为这种植根于马拉比的音乐是现代非洲人的音乐，而不是白人眼中的族群音乐或乡村音乐，这是真正属于非洲人的现代音乐。这些观点被许多海外的非裔接受，恰好应和了50年代的泛非主义思想。因此，夸拉也开始在非裔群体中广为流传。

在沙佩韦尔大屠杀之后，整个南非的黑人文化都陷入了低迷的状态，夸拉音乐家们无法再在公开场合进行表演。当局完全将黑人群体孤立，连印度人和有色人都不允许进入黑人的乐团，与黑人同台演出。索菲亚特镇、索韦托镇的"家园"搬迁计划也给夸拉音乐的发展带来重创，"如同二三十年代的黑人迁离计划扼杀了马拉比音乐那样，索菲亚特镇等的搬迁、白人观众的隔离，毁掉了夸拉及由此发展起来的大型爵士乐团。"[1]

20世纪60年代，许多黑人乐团转入地下，继续参与政治活动。他们有的像恩特米·普利索的亚历山德拉全明星乐团那样为"非国大"演奏；有的则录制唱片，在唱片中确立一个明确的主题，或是倾诉自己的痛苦，或是隐晦地表达斗争的决心。杰克·莱洛勒在他的唱片中悲哀地说："不要说我们是在斗争，我们只是把这些斗争当作我们日复一日的生活……我

---

[1] David Coplan: In Township Tonight!: South African's Black City Music and Theatre, Chicago: Chicago University Press, 1985, p.195.

目睹了很多发生在我周围的伤心事。我创作出适合这种环境的音乐，但我不能说出来——我只能在音乐中默默地斗争。"①

米里亚姆·马凯巴的许多歌曲都是关于她的人民的苦难，这些歌曲开始引起了世界对南非发生的事情的关注。1960年，她被禁止进入南非。在接下来的31年里，她在欧洲、几内亚和美国等地流亡，与哈里·贝拉方特和其他当时的流行艺人一起出演节目。她相信音乐有能力将全世界的人联系在一起，即使是在她最黑暗的日子里，她也说有三样东西是她永远拥有的：希望、决心和歌声。1990年，纳尔逊·曼德拉亲自邀请她返回南非。

索菲亚特镇也是诗人和作家唐·马特拉的故乡，他的祖父是意大利移民，母亲是肖萨族或科伊桑族妇女。他的自传《记忆就是武器》获得了多项文学奖。其他著名的居民还包括爵士乐钢琴家、记者托德·马西基扎，他后来为伦敦西区的舞台音乐剧《金刚拳王》创作了音乐和歌词；还有布洛克莫迪桑，他是演员，《鼓》杂志的记者，也是自传《历史归咎于我》的作者。由于对种族隔离政府的批评，这些人和其他作家和艺术家或被流放，或被迫到海外生活和工作，他们的作品经常被禁止。

当然，索菲亚特镇也有其不少犯罪活动。有着"秃鹰"、"美国人""俄罗斯人"等名字的帮派在街上游荡，开着光鲜的美国车到处乱窜。年轻的唐·马特拉在从事政治活动之前，曾是"秃鹰"帮的帮派头目之一。他多次死里逃生，随身携带的手杖里藏着一把剑；其他人则用削好的自行车辐条作为武器，在背后捅人。

1955年，白人官员宣布索菲亚特镇为贫民区，因为那里太过拥挤。人们被告知要搬到为他们的种族指定的区域。安格斯·史密斯回忆说，他家的房子是最后被推土机铲平的房子之一。他的祖父是一位钢琴演奏家，经常应邀为约翰内斯堡交响乐团演奏，直到有一天晚上，他的有色人种身份

---

① David Coplan: In Township Tonight!: South African's Black City Music and Theatre, Chicago: Chicago University Press, 1985, p.195.

被揭穿,这位天才演奏家的职业生涯就此终结。当安格斯的祖父被迫从索菲亚特镇搬走时,他的祖父不得不把他的钢琴送人,因为他的钢琴无法搬进他们在博斯蒙特的小房子的门。此后他没能活多久,家人相信他因伤心而死。

整个20世纪50年代,对许多南非人而言,是个苦涩的年代:都是要告别朋友以及从小一起长大的人,会失去稳定的生活和社会结构,不得不去适应缺乏便利设施和工作机会的环境。

直到20世纪90年代,"凯旋区"也就是改名后的所菲亚特镇,才又重新向所有种族开放,并恢复了旧名"索菲亚特镇",尽管对很多人来说,他们离开家已经太久太久了。

三、阿索尔·富加德的戏剧创作

就在索菲亚特镇遭到政府强制搬迁之际,就在米利亚姆吟唱着《索菲亚特镇消失了》的悲伤时刻,一对白人年轻夫妇于1958年来到索菲亚特镇,开始和镇上的黑人艺术家与平民百姓合作,试图创作出"真正意义上的南非戏剧",以期改变长期以来白人占据南非戏剧舞台的窘境,改变南非倾向于商业化与娱乐化的戏剧艺术——阿索尔·富加德与他的妻子希拉·富加德在索菲亚特镇开始了他们"镇区戏剧实验"的第一步。这一创举可以说影响了南非现代戏剧的历史发展。对于富加德本人来说,在索菲亚特镇的戏剧创作是他戏剧创作生涯的开端。有学者认为,作为一名作家,富加德可以说诞生于索菲亚特镇。[①]富加德与索菲亚特镇二者间是相辅相成的,索菲亚特镇为他提供了艺术创新的来源,而富加德的《糟糕的星期五》(1958)、《侬果果》(959)、《血结》(1960)等作品,再加上"联

---

① Alan Shelley: Athol Fugard: His Plays, People and Politics, London: Oberon Book, 2009, p.40.

合艺术家"联袂上演的音乐剧《金刚拳王》(1959),使得索菲亚特镇一度在 20 世纪 50 年代末至 60 年代初成为南非戏剧的重镇。自此,南非戏剧真正意义上开始立足于本土艺术,见证黑人群体的真实生活,为那些活在边缘和底层的弱势群体提供发声呐喊的机会。诚如南非小说家安德烈·布林克所说,这是"一群艺术家挑战社会政治现状的回应。"[1]

那时,富加德没有想到日后他会成为谈及南非戏剧绕不开的人物,更没有想到他的戏剧会在世界范围内引起巨大轰动。如今,在非洲以及欧美戏剧界,富加德的作品被作为经典剧目反复上演,许多戏剧学院和戏剧团体将他的作品列为排练、表演的首选,列为戏剧表演的必读书。从 20 世纪 50 年代开始创作至今,富加德创作了 40 余部戏剧、2 部电影剧本、2 部小说、2 部回忆录、1 部戏剧创作笔记以及多篇文章。他基本上囊括了欧美戏剧界的各大奖项。2011 年,富加德获得了欧美戏剧界的最高奖项托尼奖终身成就奖。由此,他跻身于经典剧作家的行列之中。

抵达索菲亚特镇时富加德刚刚 25 岁。他的妻子希拉也刚刚从开普敦大学戏剧学院毕业。二人曾在开普敦的长街和当地戏剧表演者组建了圆圈剧团,上演了一些剧作,积攒了部分戏剧创作经验。其中富加德的处女作《监狱》(1957)可以说已经具备了富加德之后戏剧主题的雏形,即关注边缘群体的生活境遇,突显戏剧的人道主义主题。该剧取材于新闻报道中的真实故事,讲述了一位黑人孕妇因没有携带通行证而被警察关进监狱。她在监狱中临盆,痛苦呐喊但无人回应,最后生下了一个死胎。第二天警察只是冷酷地把孩子的尸体打扫干净,却并没有放这位黑人妇女出狱。富加德为自己的这部处女作付出很多心血,他采用了先锋戏剧的手法,专门安排戴着面具的歌队上场,呼应黑人妇女的独白。许多舞蹈布景、道具、服装都由他本人亲历亲为,并且饰演了里面一位黑人知识分子。可以说他和希

---

[1] Andre Brink: "No Way Out": Sizwe Bansi is Dead and the Dilemma of Political Drama in South Africa Twentieth Century Literature, Vol. 38, No.4, p.452.

拉两人参与了戏剧创作的全过程，但这部戏剧的演出效果差强人意。很多白人观众并不理解为什么会把黑人的生活搬上舞台，再加上由于种族隔离制度，全部黑人演员只能由富加德等白人扮演，效果有所打折。而且舞台形式比较先锋，制作略为粗糙，因此这部戏剧并没有造成多大影响。

反响平平的处女作没有动摇富加德的决心，他决定要深入镇区之中，从黑人的真实生活处境出发，创作"镇区戏剧"，以发现南非社会现实的残酷一面。这一举动和富加德的自由主义与人道主义信念脱不开干系，在读大学时，他就与许多白人自由主义者交往密切，坚信戏剧的作用在于指出社会问题，教育和改造大众重新认识南非的社会政治环境，进而推动社会变革。这种布莱希特式的戏剧观推动着他和希拉二人深入索菲亚特镇，开始与许多业余的黑人演员合作。就这样，二人在曾经的同学、南非自由党的成员本杰·珀古伦德和南非著名作家艾伦·帕顿之子大卫·帕顿的带领下走进索菲亚特镇。希拉·富加德曾在文章《学徒岁月》（1993）中回忆了1958年索菲亚特镇的面貌：

> 我们沿着一条尘土飞扬的路走着，路边都是贴着铁皮的棚屋。街道很有生活气息，男男女女挤在路边。木头燃烧，烟火缭绕（索菲亚特镇没有通电），出租车和废旧的汽车挤在狭窄逼仄的街道上。许多人望向我们的车，因为在镇区里，白人并不多见。然而，没有什么骚乱。没有人朝我们扔石头，也没有人用言语威胁我们。镇区里基本上没有警察的身影。进出口也没有警卫。这是可以自由出入的地带，有着自己的生存法则。不过索菲亚特镇仍是一个黑人的贫民窟。白人是不能打扰这里的生活的，但是这里还是可以开后门。[1]

---

[1] Sheila Fugard: The Apprenticeship Years, Twentieth Century Literature, 1993, Vol. 38, No.4, p.399.

索菲亚特镇靠近底层白人的活动区，许多反对种族隔离制度的白人自由主义者在此活动频繁，这些开明的白人时常和索菲亚特镇的黑人群体接触，他们为富加德夫妇了解镇区生活和黑人处境提供了帮助。前面提到的本杰·珀古伦德和大卫·帕顿便是代表，此外还有马丁·亚赫特·科尔神父和赫德尔斯顿神父等人。值得注意的是，赫德尔斯顿神父的爵士乐团云集了镇区内许多黑人音乐家，其中的一位萨克斯手扎克斯·莫凯成为富加德日后共事的重要演员。另外，索菲亚特镇也是50年代黑人知识分子的密集地，大名鼎鼎的黑人文学杂志《鼓》便发源于此。著名的黑人作家、批评家、学者刘易斯·恩科西就在这里供职，他参与了富加德的戏剧制作，撰写了大量剧评以及文学批评，开启了他文学生涯的第一步。《鼓》的新闻记者乔·马特鲁曾参与过反对通行证法的黑人抗议活动，他带领着富加德夫妇结识了罗伯特·雷沙、布洛克·莫迪萨内、滕巴·穆贡塔等黑人知识分子。这些优秀的黑人知识分子多数都是黑人政治活动的参与者，多为"非国大"和南非共产党的成员。据希拉回忆，他们经常在棚屋的厨房里讨论戏剧与政治，因为索菲亚特镇的棚屋内没有客厅，很多黑人一般把厨房当作日常起居的重心，甚至直接在厨房席地而眠。不过这一次次厨房谈话，对富加德二人来说影响重大："……我们除了讨论戏剧创作，更多的还是在谈镇区非常处境中的'斗争'。我们作为白人，在乔·马特鲁的陪同下，走进了黑人水深火热的政治世界中……这次会面，标志着我和阿索尔走进了反种族隔离的斗争深处。"[1]

在了解黑人生活之后，富加德打算以索菲亚特镇为背景，以赫德尔斯顿神父为原型，以《星期日时报》的一篇专栏文章中的故事为素材，创作一部反映镇区黑人生活的戏剧，即《糟糕的星期五》。这部作品讲述了在街头黑帮的影响下镇区黑人的悲惨生活，故事颇类似于美国的黑色电影。

---

[1] Sheila Fugard: The Apprenticeship Years, Twentieth Century Literature, 1993, Vol. 38, No.4, p.400.

在朋友们的帮助下，他们敲定演出地点为班图人社交中心，并在此地选角。班图人社交中心位于索菲亚特镇的埃尔夫街，靠近摩托镇，四周都是汽车交易行和希腊人开的小商店。班图人社交中心是一个专供年轻黑人活动的俱乐部，有体育馆和演出舞台。自30年代起，此地就是当地黑人文艺活动的重要场所，诸如曼哈顿兄弟乐团等常在此地表演马拉比音乐或爵士乐，黑人英语戏剧的先锋赫伯特·德罗莫也曾在这里上演过他的戏剧。虽然不是像约翰内斯堡的市场剧院或开普敦的开放剧场那样的专业演出场地，但此地可以说是条件艰苦的镇区中最适合演出的场地。

不过，富加德夫妇的文艺活动并不是一帆风顺。前来试演角色的黑人来自各行各业，有医生、教师、工人、乐手、清洁工，甚至还有许多失业的黑人。许多人在舞台上肢体僵硬、漫无目的地表演，而且吐字很不清晰；许多人不会英语，即便是讲英语时也还带着科萨语独有的咔嚓音。富加德夫妇接受了正统的西方戏剧教育，以英国莎剧演员劳伦斯·奥利弗的表演为榜样，而且之前圆圈剧团的演员都是受过戏剧训练的，最起码也是戏剧爱好者。可是来到镇区中间，和毫无戏剧舞台经验的业余演员接触，对于富加德夫妇来说还是头一遭。希拉对此非常担心，但富加德为了自己的戏剧执念，坚持要继续下去。最终，富加德敲定了以下几位演员：斯蒂芬·莫洛伊、康尼·玛巴索、丹·珀赫、肯·甘普、普莱迪·穆菲勒、格拉迪·西比西、扎克斯·莫凯。剧中唯一一位白人角色，即希金斯神父，由富加德本人饰演。很多演员后来都成为南非戏剧影视表演的中流砥柱。其中，丹·珀赫是"联盟艺术家"的成员，有着一定的舞台表演基础；肯·甘普因其流利的口语和绝佳的声音进入南非影视圈；最为知名的是扎克斯·莫凯，他参与了富加德20世纪60年代创作的大部分戏剧，后来参演了南非多部戏剧和电影，并在80年代进军好莱坞。1989年，扎克斯参演根据南非小说家安德烈·布林克的小说《干白季节》改编的同名电影，与马龙·白兰度等大牌演员同台演出。该电影也获得了第62届奥斯卡金像奖的两项提名。不过有趣的是，在《糟糕的星期五》中，扎克斯只不过跑了个龙套，饰演了黑帮老大的一个小弟。这可是扎克斯的处女秀。但当时富加德就断言，扎克斯很有表演的潜力。不出两年，也就是1960年，两人主演的戏剧《血结》大获成功，着实印证了这一断言。可以说，富加德在镇区实地创作的戏剧，为南非乃至国际戏剧影视界发掘了一大批优秀的表演人才。

夫妇二人参与了戏剧制作的全过程，从剧本创作、演员训练、导演剧目，再到制作道具和舞台布景、联系场地、宣传剧目、剧院售票，基本上都是他们二人亲历亲为。到约翰内斯堡后，他们从开普敦带来的积蓄所剩无几。为了节省开支，他们在布拉姆方丹租了一个小工作室，白天在镇区准备戏剧演出，晚上则在工作室休息。工作室里没有一件像样的家具，他们只好把汽车后座沙发拆卸下来当作家具。夫妇二人每日只简单地吃一些青豆、鸡蛋和薯条，然后一门心思准备戏剧创作。

当然，训练演员其实是诸多工作中最需要付出心血的一环。有些演员特别难磨合，比如黑人女演员格拉迪·西比西，每次演出都很拖沓，经常迟到，为此富加德夫妇专程上门去等她，一等就是半个多小时。因为格拉迪所住的公寓不允许男性出入，富加德只能在车站路边等候，让希拉上去找她。每次找格拉迪，希拉都会从希腊人的小商店里买一个汉堡包给她带过去。有一次，希拉到格拉迪的公寓去催她排练，到了那里发现格拉迪正在化妆。希拉忍不住想催她快一点，但格拉迪只是嘴上答应，结果还是在镜子前耐心地梳妆打扮。格拉迪甚至觉得希拉是个控制欲很强的白种女人。这段无奈的小插曲让夫妇二人哭笑不得。在排练室，二人耐心训练演员们的口语，并且让演员在保证英语吐字清晰时，适当地掺杂一些原住民语。这一混杂的语言风格成为日后富加德戏剧语言的重要特点，在此之前的南非戏剧很少使用这样一种克里奥尔语对白。另外，富加德也会去听取黑人演员们的意见，让黑人演员分享自己的故事，进而修改剧本和演出走位。但此时的富加德还没有接受工作坊式的戏剧创作方法，因此在索菲亚特镇的戏剧创作仍是一个摸索阶段，他们仍是以预先创作好的文字剧本为纲进行戏剧创作。

功夫不负有心人。《糟糕的星期五》于1958年在班图人社交中心成功首演。观众多为镇区中的黑人,此外还有两位白人观众,分别是演员、剧评家比尔·布鲁尔和约堡的表演教师本尼迪克塔·博纳科西。他们后来也积极参与富加德的戏剧创作。随后,《糟糕的星期五》开始在约堡的索韦托镇和比勒陀利亚的玛麦洛迪镇巡演,反响热烈,每次演出掌声不断。在此之前,这些镇区里的居民只能看到一些当局认为可以为黑人播放的电影,突如其来的戏剧演出令他们很是吃惊。很快,约堡的白人剧院布利安·布鲁克剧院也开始上演《糟糕的星期五》,但剧场管理只安排了一场演出。由于法令规定白人和黑人不能同时上台演出,剧场管理认为这部戏剧的演员应该都是黑人,希金斯神父应该由黑人饰演。因此,剧中唯一的白人角色希金斯神父由刘易斯·恩科西临时顶上。这次演出吸引了许多白人自由主义者前来观看,他们认为,黑人演员在舞台上演出了自己的生活。可惜的是,自这次演出之后,没有什么剧院愿意排演这部戏,连业余的剧团和学生剧团也无权上演。直到1974年《糟糕的星期五》在英国上演,人们才开始重新发现这部作品的价值和意义。

此后,富加德在镇区的戏剧创作逐步走向巅峰。1959年,以矿区小酒馆为背景的戏剧《侬果果》上演。富加德依然是启用镇区中的黑人演员,展现了一位黑人妓女与推销员的恩怨纠葛。但这部作品仍有许多模仿美国现代戏剧的痕迹。直到1960年富加德和扎克斯·莫凯主演的《血结》在班图人社交中心首演,富加德的戏剧才真正走向成熟。许多评论家认为这部作品是富加德早期戏剧作品的里程碑,同时也是南非戏剧史上的杰作。《血结》通过一对黑人兄弟和白人笔友艾索尔之间的微妙故事,道出了南非种族隔离时期黑人群体的隐痛和创伤。哥哥莫里斯是个受过教育的浅皮肤黑人,思维很理性,长期居家照顾在外面为白人看大门的弟弟扎赫,每天晚上都要给扎赫读《圣经》。弟弟扎赫阿里亚则是一个易冲动、重视感官生活的黑人,但他的肤色更深,比起莫里斯更像是一个黑人。二人同母异父,所以才有着肤色上的差异。扎赫想找一个女人,莫里斯就在报纸上联系到了一个名叫艾索尔的笔友。后来，他们得知这位笔友是白人，有一个做警察的哥哥，还有一个亲戚就住在他们镇区附近。兄弟二人意识到了自己的肤色和身份是如此的卑贱。这时，艾索尔突然打算去找扎赫。莫里斯非常惊慌，他深知在种族隔离的环境下，一个黑人欺骗一个白人会是什么样的后果。但扎赫仍不死心，他想让浅皮肤的兄长替他见艾索尔，还花光了家里用来买新房子的积蓄（买房子离开那个肮脏的镇区是他们唯一的梦想，但其实他们只积攒了25兰特），为莫里斯买了一身白人的礼服。此时，艾索尔突然回信说自己已经订婚了，他们之间仅仅是朋友。扎赫和莫里斯暂时放松了片刻，而扎赫却突然觉得哥哥很像那些白人老板，两人一来二去开始扮演白人与黑人，结果越玩越过火。等到莫里斯喊出了一句白人用来污蔑黑人的话时，扎赫才如梦初醒。在这场游戏中，他真的把莫里斯当成了白人。内心深处的恐惧让他在兄长面前判若两人。莫里斯也意识到自己伤害了扎赫。这时，兄弟俩才回到现实中，质问自己为什么在这场游戏中他们好像都变了一个人。他们并不是真的憎恨对方，彼此之间那条共同的血结联系了他们的血脉与种族，只不过是种族主义观念和种族隔离制度异化了二人的亲情。《血结》可以说是种族隔离时期真正意义上开始直面种族问题的剧作，而且开始即巅峰，富加德在表现白人与黑人日常生活的同时，不仅指向由制度导致的身份困境，而且揭示了肤色问题背后的人性之恶。一方面是黑人与白人的冲突，另一方面是黑人内部的矛盾，两方面都指向了人性深处的欲望、权力、贪婪之罪。肤色、种族、身份等后殖民问题与人性的永恒之恶互为表里。因而在主题上，《血结》超越了当时意识形态浓重的政治性戏剧以及那些虚假做作的商业化、娱乐化剧作。

　　《血结》上演之后，富加德夫妇赴欧洲学习。此时的富加德不仅在白人自由主义者的圈子里有了名声和地位，而且许多镇区的黑人剧团也都听说了这位独特的剧作家。回国后，新布莱顿的黑人演员邀约他组建剧团。富加德由此组建了"巨蛇剧团"，因他们排练场地靠近一个蛇窝而得名。虽然离开了索菲亚特镇，但是富加德的镇区戏剧实验在新布莱顿的镇区仍在继续,并且持续了十余载。这段时间,他先后结识了伊芙尼·布利斯兰德、约翰·卡尼、温斯顿·恩特肖纳等黑人演员,排演了索福克勒斯、贝克特、索因卡等剧作家的经典剧目,并开始初步尝试即兴戏剧的创作。在这个阶段,富加德开始强调戏剧表现的"纯粹戏剧体验",放弃了导演和编剧在戏剧中的核心地位,在排练时只是给出一个主题或故事的开头,让演员们根据自己的生活经历即兴表演。其中的代表作是《外套:新布莱顿巨蛇剧团的表演练习》(1966)。剧作采用戏中戏的结构,直接展现演员排练的全过程。故事情节围绕罗本岛的主题展开。一位黑人政治犯在被押解至罗本岛之前,给了妻子一件外套。而妻子却不明白丈夫的意思,她开始在外套的留与不留中来回挣扎。剧作没有一个固定的结局,完全只展现演员讨论情节、修改情节的全过程。此外,富加德还拟定了"俄瑞斯忒斯计划",但并没有形成书面文本,只是在信件中提及了这一戏剧实验。但在富加德接受了波兰戏剧家格洛托夫斯基的"质朴戏剧"理论之后,他的镇区戏剧实验发生了根本性转变。他开始组织工作坊,运用格洛托夫斯基的戏剧技巧训练演员,强化演员的主体性地位。70年代诞生的"陈述三部曲"《希兹威·班西死了》(1972)、《孤岛》(The Island, 1972)《因不道德行为被捕的陈述》(1973),标志着富加德在镇区的戏剧实验大获成功。他由此名扬海外,屡屡斩获大奖。

从索菲亚特镇的草创阶段,再到20世纪60—70年代在新布莱顿镇区的成熟阶段,富加德的戏剧可谓见证了种族隔离最为黑暗的时期。正是镇区中的戏剧创作拉开了富加德戏剧生涯的帷幕,从此,他直面南非社会痼疾,为压迫群体发声,让黑人通过戏剧讲出自己的生活与时代。他的人文关怀与人道主义精神也由此打下基础。更为重要的是,富加德逐渐通过在镇区中的艺术探索,摸索出了一条适合南非戏剧艺术发展的戏剧表现形式,即深入大众,从南非人民的日常生活中发掘艺术灵感,放弃导演和编剧的权威,让黑人说出自己的故事,主动发声,再组织成完整连贯的戏剧情节。这使得政治主题和戏剧的美学范式紧密结合起来。富加德让我们得以站在戏剧艺术的视角，从剧作家的角度多方位地认识种族隔离时期的南非社会。70年代末以降，富加德不再进行工作坊式的镇区戏剧实验，二是更多地转向个人创作。与此同时，南非的时局也在70年代末开始发生巨变。

20世纪70年代是黑人诗歌创作爆发的时代。诗人们一改60年代时对于故土、身份、生活困境的哀怨风格，转而倾向于一种富有战斗性和激情的自由体诗。他们继承了黑人诗歌传统中对于本土文化元素的互文和借用，并且使用口头文学传统中的反复、对应、拟声等技巧，将街头巷尾的俗语和俚语入诗。诗人们特别重视诗歌的韵律和节奏，将非洲鼓乐、马拉比音乐、布鲁斯音乐写进诗歌，运用大量拟声词，并在结构上和黑人音乐的结构相对应。这使得诗歌在艺术形式上更加具备音乐性。在主题上，他们直接介入政治话题，反对种族隔离制度，呼吁黑人们起来战斗。代表诗人有奥斯瓦尔德·M.姆特夏里、蒙加尼·瓦利·塞汝特、唐·马特拉、詹姆斯·马修、西坡·塞姆帕拉、马菲卡·帕斯卡尔·格瓦拉等。[1]

姆特夏里是其中的佼佼者，他是种族隔离时期近"20年内在南非国内出版诗集的第一个南非黑人作家，也是第一位在南非国内写诗、在国外出版的诗人。"[2] 1940年，姆特夏里生于纳塔尔的维海德。年轻时曾去约翰内斯堡金山大学求学，但因隔离大学立法而未能如愿。他拒绝去"族群学院"，只好做了一名通信员，业余时间写诗。1971年，姆特夏里的诗集《牛皮鼓的声音》在南非大获成功，再版6次，销量达16000册。这部诗集后来在英美世界出版，也取得了很大的反响。1973年，他受邀参加国际诗歌节，与大诗人W·H.奥登和艾伦·金斯堡同台演讲。姆特夏里的诗歌曾一度引起南非文学批评界的争议，许多批评家认为他的诗歌缺乏力度，但无可置疑的是，姆特夏里的诗歌结合黑人族群的历史，真实地反映了黑人在种族隔离高压下的生存境遇，传达出黑人群体反种族隔离的抗议与抵抗。

---

[1] 李永彩. 南非文学史 [M]. 上海：上海外语教育出版社，2009年。
[2] 同上，第423页。

他采用镇区中黑人所用的原住民语与方言，混杂了英语、祖鲁语、阿非利卡语等语种的词汇，创造出一种多元文化相互融合的自由诗体。在他的第二部献给索韦托学生的诗集《火焰》（Fireflames，1980）中，他将索韦托起义与美国的哈莱姆文艺复兴作对比，突显索韦托运动的历史意义。作品有着强烈的反抗意识，同时又充满了对于黑人未来生活的希望。正如其中的一首《我是个正在燃烧的烟囱》的结尾："我们将取得我们的合法地位 / 我们将同唱一支歌 / 胜利，最后属于我们 / 整个家属于我们大家。"[①]《火焰》后来被当局查禁，但姆特夏里却因他的诗歌鼓舞了黑人们的斗争运动。

戏剧表演方面，在富加德戏剧实践的推动下，即兴戏剧立刻取得巨大反响，在南非的各大城市、镇区效法者甚众。如"纳塔尔戏剧联合会"（1969）、"人民实验剧社"（1973）、"音乐戏剧艺术文学协会"（1972）、"71工作坊"（1971）、金山大学的"联合大道剧团"（1976），以及20世纪70年代末约翰内斯堡的市场剧场、开普敦的开放剧场等由开明的白人自由主义者开办的剧场，均掀起了抵抗戏剧的浪潮，与同时代非洲各国的"抵抗戏剧"遥相呼应。在索韦托起义前后，黑人英语戏剧诞生出一系列重视黑人艺术文化、重视叙述性和剧场性结构的戏剧作品，比较有代表性的作品有南非音乐剧之父吉布森·肯特的音乐剧《多么久！》、马什·马蓬亚的《饥饿之土》（1980）、扎克斯·穆达的《我们为祖国歌唱》（1980）、姆邦格尼·恩戈玛等人创作的《站起来，阿尔伯特！》（1984）等。这些剧作都有着强烈的黑人主体意识与反种族隔离、反种族主义话语意识，并且大量运用音乐、舞蹈、诗歌、即兴表演等剧场元素。通过文学艺术的传播，原本无法发声的黑人和其他边缘群体终于找到了发声、抗议、斗争的媒介与平台。

文艺活动是黑人意识运动的重要推手。由于种族隔离政府的严厉管控，黑人文学创作在20世纪60年代一直处于地下状态，有评论家称之为"沉

[①] 李永彩.南非文学史[M].上海：上海外语教育出版社，2009年。

默的十年"。但在 70 年代，许多诗人、戏剧家、小说家、音乐家开始用文学艺术掀起了一场文化思想领域的抵抗运动。索韦托起义的爆发，更是将这股抵抗文学推向巅峰。其中，索韦托诗歌以及南非各地兴起的黑人抵抗戏剧成为黑人意识运动中的文艺旗手。

四、南非原住民形象的当代新媒介传播

南部非洲因其特殊地理位置一直作为欧洲国家眼中的"他者"形象出现在文学、绘画、历史著作之中。15 世纪 40 年代，凭借里斯本的造船技术，葡萄牙人到达非洲，但由于当时的信息并不流通，1459 年，意大利传教士夫拉毛罗仍认为非洲是巨雕的栖息地，巨鸟可以拖着大象在空中飞来飞去；途经南部非洲的欧洲船员经常看到遥远大陆火光连天的场景[①]，误以为南非是永久燃烧的罪恶土地。此外非洲幅员辽阔，矿产资源丰富，早在公元八九世纪期间，北非的阿拉伯人便开始更直接地从事黄金贸易。[②] 而丰富的黄金储量也吸引欧洲人加入黄金贸易中，尤其在美洲和澳洲金矿开采前，欧洲所需黄金大部分来自非洲。而随着新航线贸易的发展，荷兰殖民者也于 1652 年在南非好望角建立补给站，从此欧洲殖民者开始正式接触南部非洲原住民。通过早期接触，欧洲人普遍认为非洲大陆充满着奇异、梦幻、超自然，乃至恐惧的力量，原住民便是这些力量的化身。

但在原始资本积累、科学技术发展和宗教传播的作用下，欧洲人频繁地与南非原住民进行交往，很快改变了上述认识，产生出带有偏见和歧视的看法，体现出"西方中心论"色彩。1659—1660 年和 1673—1677 年，科伊科伊人在族群酋长的带领下，同荷兰殖民者进行过两次"科伊·荷兰战争"（史称"霍屯督战争"），战争之后科伊科伊人基本丧失独立权，

---

① 实为南非原住民焚烧森林开垦土地的农业行为。
② [美] 凯文·希林顿。非洲史[M]. 赵俊，译. 上海：东方出版中心，2012.

沦为布尔人农场中的奴隶。从此开始，随着殖民扩张，欧洲人与南非原住民之间的战争越来越频繁，结果多半是原住民的失败和土地的丧失。异国形象塑造的目的是"为了证明自身的优越性或者为了对弱国进行经济文化殖民而辩护"[1]，为了维护殖民事业的合法性，欧洲白人蓄意贬低原住民，称其为"人形牧羊犬""好战氏族""类人生物""危险的黑色怪物"等。此外他们还塑造出"服从命令""驯服""低眉顺眼"的南非黑人形象，以此为规范压制和贬低南非原住民。

而这些历史记忆和南非原住民殖民形象在新媒介电子游戏中发生了演变，并且逐渐被西方世界再度"标签化"。往昔历史事件再次在电子游戏中出现，展示出西方文化中南非原住民刻板印象与殖民印记，标志着历史进程与电子游戏在艺术表达上的交互性。电子游戏作为"第九艺术"极易受到不同国家青少年追捧，在此基础上，它具备传递文化信息的作用，推动游戏题材在全世界内快速传播，扩大文化影响力。

但值得注意的是，在以电子游戏为主导的网络娱乐活动中仍然存在着殖民活动遗留下来的种族印记，和对南非原住民的带有歧视性的刻板印象。这些种族歧视往往隐藏在世界性的网络娱乐活动中，玩家容易忽视这些种族印记并易受到游戏价值观的影响。

电子游戏"文明6"是一款模拟世界各国文明发展历程的游戏，在遵循历史发展规律的前提下，鼓励玩家在游戏中创建自己的文明传奇，而其中也存在南非文明的代表——"祖鲁王国"。"祖鲁王国"由恰卡领导，其文明以发展强大军事力量为主要游戏特色，"伊布托"[2]给予恰卡军队更强的对外宣战能力。此外该文明还具有三个主要特征，第一为"族群礼赞"，拥有驻军单位的城市忠诚度更高，此外在解锁相关市政之后，单一

---

[1] 吴鸿志，蔡艳明.异国形象的文化误读[M].西南农业大学学报(社会科学版),2008(1)92-95.

[2] 在"文明6"中，"伊布托"所带来的游戏加成是：可更早组建军团和军队，使军团和军队的基础战斗力额外增加五点。

兵团占领其他文明城市便可升级为战斗力更高的军团；第二为"伊坎达"，此为祖鲁文明的特色军事区域，为相关城市增加金钱收入和科技点数，并加快军团和军队的创建速度；第三是"班图战士"，游戏设定为祖鲁王国中世纪时代的特色陆战单位，代替传统文明中的"长矛兵"。此单位相较于"长矛兵"而言，创建费用和维护费较低且战斗力更强。在游戏前中期，这三个特征都给予祖鲁王国很强的对外征战能力，是典型的侵略性游戏文明。除此之外，"文明6"在游戏过程中也不断引导玩家重视军事力量，例如在游戏开场时，有一段描述祖鲁王国的文字：

> 恰卡，聪明的祖鲁国王，您能通过大军建立起一个帝国。您麾下的班图勇士将把战场上的对手悉数击溃。百折不饶的祖鲁大军充分体现了众人拾柴火焰高之理。您无需对每个邻国开战，让他们心怀恐惧即可。

从这段文字玩家可以直观地了解到祖鲁王国的军事实力和玩法特征，建立强大的军事实力并对外宣战才能完全利用游戏赋予祖鲁王国的机制，但与此同时，祖鲁文明在科技、文化、宗教三个方面几乎得不到游戏机制的助益。

这种形象特征不仅在玩家游玩该势力时能体会到，在人工智能扮演的祖鲁文明中也能使玩家感受到其"尚武"的文化氛围。在玩家扮演其他文明势力碰到祖鲁王国时，可以从外交界面直观了解其"尚武"和鄙视科学的特征，以"犄角合围"[1]和"地平说学会"[2]为主要表现形式。其次，人工智能控制下的祖鲁王国倾向于向玩家低价出售特有的文化成果，例如文

---

[1] "犄角合围"在游戏中被解释为：该文明试图建立大量军团和军队，尊重发展军事的文明。讨厌无法建立或不能善用军团的文明。

[2] "地平说学会"则表示该文明厌恶那些想要进行环球航行和进入太空的文明（一般代表科技水平发展程度高的文明）。

学著作、艺术雕塑和宗教遗物,这些物品在游戏中通常代表一个国家的文化程度,也从侧面反映出祖鲁王国在游戏中不重视本国的文化发展。

与此相反,在"文明6"中,殖民南非的荷兰和英国文明虽然也存在特色军事单位,但与祖鲁王国相比则更偏重国家生产力和经济贸易的发展,是相对注重和平扩张的文明。荷兰王国的游戏特色是"对外贸易",通向外国城市或源起于外国城市的贸易路线将提供额外文化数值;而英国王国在重视跨国贸易的基础上,"世界工厂"特性也为本国工业发展提供游戏加成,引导玩家偏重文明的经济与文化发展。这两个文明都与"嗜战"的祖鲁王国形成鲜明对比,突出祖鲁王国军事文明的特点,也间接弱化了英荷两国殖民扩张的武力因素。

关于游戏形象"历史性"方面,电子游戏"文明6"中的祖鲁王国在一定程度上遵照了南非祖鲁国的军事历史特征。19世纪20年代初,恰卡率领祖鲁士兵将祖鲁版图扩大至1.15万平方英里,100多个族群并入祖鲁王国。短时间内祖鲁王国的疆域超过南部非洲族群氏族的统治面积,为了适应这种土地扩展的需要,在军事政策上恰卡学习丁吉斯瓦约的军事变革,并在此基础上创造同龄兵团制度,它"打破族群界限,按年龄等级将各族群男青年混编在兵团中。"[①] 依仗着同龄兵团制度,恰卡建立了一支骁勇善战的军队,邻近族群甚至是布尔人都慑于其武力。"一年之内,恰卡统辖的地盘从100平方英里扩大到400平方英里,军队由500人增至2000人,并兼并了6个族群。"[②] 而电子游戏中出现的"伊布托"便是兵团的意思,"伊坎达"(埃开达)则指的是历史上祖鲁兵团驻屯的军区。所以在一定程度上电子游戏"文明6"还是遵照了祖鲁王国的军事历史,充分利用祖鲁王国的军事制度完善游戏机制。

然而这种尊重历史的做法并没有完全贯穿这两款电子游戏,对南非原

---

① 郑家馨.南非通史[M].上海:上海社会科学院出版社,2018.
② 同上,第85页。

住民带有偏见性的刻板印象还是占据主要位置。在"文明6"中，祖鲁王国几乎不重视本国科技与文化的发展，甚至随意交易文化物品，加之游戏中的"好战"属性，很容易引导玩家对其产生"战狂"或侵略性强的错误认知。此外在"全面战争—战锤2"中，"蜥蜴人"尚武原始，体型巨大好蛮力的形象被刻画得栩栩如生，且地处游戏世界"非洲"南部地区，极易让玩家把"蜥蜴人"与南部非洲原住民形象联系起来。

这种"嗜战好斗"的游戏形象也出现在电子游戏"全面战争—战锤2"中，以"蜥蜴人"的形象指代南部非洲原住民。"全面战争—战锤2"虽然营造了一个虚拟奇幻的战争世界，但其游戏地图酷似现实世界地图[①]，其中在游戏"非洲"的南部也存在多股种族势力，以"蜥蜴人"为主要代表。在游戏中，"蜥蜴人"的形象主要表现为冷血、忠诚、好战但势力逐渐衰微的古老种族，他们为了保护神圣土地不被外来物种侵犯，常年征战四方，嗜血成性。愚蠢而且相当粗暴的蜥蜴人是军中最基本的部队，他们身材魁梧，且外表丑陋，体能非常杰出，而且拥有可以挡下任何攻击的厚重鳞片。但他们也有着自己的弱点，迟钝的脑袋使他们无法驾驭较为复杂的武器，因此他们受限于使用简易的兵器。这些游戏形象设定与"文明6"祖鲁王国相似，都强调其军事实力的强大和文化（智力）的弱小。

与此相对照，存在于"全面战争—战锤2"中的"高等精灵"也存在于南部非洲，并以殖民者或先驱者的身份自居。他们在游戏中常常以"金发白皮肤""举止高雅""智慧超卓"等形象出场，游戏特色之一便是收入依靠对外贸易，存在着战锤世界中最富技巧的战士和强大的法师，自诩为世界的保护者和守护者。"高等精灵"和"蜥蜴人"在游戏中常常是敌对关系，并且在外表、智力和文明程度上都存在比较大的差异，使玩家不

---

① "全面战争—战锤2"世界版图与现实世界中的欧洲、北美、南美和非洲地图相似，分布其中的各种族也与现实世界文明存在一定的联系，例如主要位于奥苏安岛（大不列颠岛）的高等精灵就与英国相似，都重点凸显其主导世界贸易的文明特性。

自觉把"原始""野蛮"的标签贴到"蜥蜴人"身上。相反,历史上殖民侵犯南非的西方文明在游戏中则代表着"和平""先进""高智慧"等正面形象。电子游戏作为掺杂多种艺术形式的新媒介,其现象背后存在西方殖民历史的痕迹,并且这种殖民痕迹在电子游戏等新媒介中再次给南非原住民贴上负面刻板印象。并随着不同国家玩家人数增多,游戏内"西方中心主义"思想会在玩家游玩放松之际潜移默化地影响他们对南非原住民的印象,产生错误的认知。

如前所述,南非原住民电子游戏形象与实际南非相差甚远,依旧停留在殖民时期的认知水平上,而欧美游戏公司仍然以工业文明为标准,居高临下地对工业水平"不发达"的文明贴标签,以树立西方发达国家"文明灯塔"的形象。电子游戏虽然是虚拟幻想却也客观地反映了历史和世界主流意识形态,南非原住民游戏形象也存在历史性与偏见性特点。历史性主要指的是游戏形象某些特征基本依照南非历史进行建构,而偏见性则突出表现在这些游戏形象中的刻板行为与野蛮性等负面标签上。

总的来说,电子游戏中南非原住民往往会形成诸如"好战""具有侵略性""体型魁梧且愚昧""原始落后"等刻板印象。反观游戏里的西方国家则被塑造成文明、高雅、美丽等形象,而这与南非殖民史的发展历程大相径庭,究其原因还是以"西方中心论"为根本的殖民文化在蓄意扭曲两者的形象。白人殖民者"是文化特别是中心文化的代言人,他们拥有着权威和真正的话语权,他们通过对语言的控制力创造出西方文明的英雄形象、东方异邦的异域风情和野蛮人形象,……制造出西方的精神乌托邦。"[1]而这种"精神乌托邦"最终也会体现在电子游戏中,影响玩家的个人判断力和现实国家形象。正如爱德华·萨义德笔下的非洲那样,"并不仅仅是

---

[1] 张勇.话语、性别、身体:库切的后殖民创作研究[M].济南:山东大学博士论文,2013年,第26页。

某个特殊的地理区域，而且也是'臣属民族'之一员"①，自始至终西方国家在身份认同方面，都将自身有意归入"先进文明"之中，贬低其他文明甚至把他们反感的文明归为"世界公敌"，贴上各种负面标签。因此"文明6"与"全面战争—战锤2"中的南部非洲原住民形象与西方人相比更显野蛮、愚昧与尚武，这是西方国家有意为之的结果。

在这三重因素的作用下，偏向休闲娱乐的电子游戏借助自身强大的传播能力，再一次扭曲了南非原住民形象，并对现实南非国家产生了不容忽视的后殖民影响。一方面，欧美电子游戏为了吸引更多玩家加入，会刻意减少一些政治阻碍，美化白人并虚构历史以淡化游戏内白人殖民痕迹，在互联网世界制造"历史虚无主义"，抹杀南非原住民文明贡献。欧美电子游戏在"高度模拟现实"的同时，肆意突显西方发达国家的游戏形象，例如"全面战争—战锤2"代表英国的"高等精灵"标榜自己为"世界的守护者"，并在守护世界的过程中牺牲了大片国土与人民，以换取"低种族"人民的和平生活。这一游戏设定与20世纪殖民时期史怀哲《行走在非洲丛林》里的片段逻辑相似，"这里分化出了仍未接触文明的族群，法语称之为帕豪英人，他们有食人的习俗。如果没有欧洲人的及时到来，奥果韦地区的族群或许早被他们吞噬殆尽了。"② 他们都认为是欧洲人的到访拯救了非洲族群人民的命运，但这忽视了白人殖民者到访非洲的真正目的以及他们带给非洲原住民的疾病与折磨，并在此基础上有意抹去原住民在非洲历史中的主体地位。其实早在公元6世纪南非莱登堡地区的原住民就已掌握陶制空心人头像的技艺，这些陶制作品显示出相当精细的工艺，揭示了这里是一个固定的、组织完善的村落，人们有时间、也有意愿去发展技

---

① [美]爱德华·萨义德.东方学[M].王宇根,译.北京:生活·读书·新知三联书店,1999.
② [德]阿尔伯特·史怀哲.行走在非洲丛林[M].罗玲,译.北京:外语教学与研究出版社,2016.

艺，举办典礼。① 甚至史怀哲在与非洲原住民相处几年之后，都不由地感慨当地人与自然深邃和谐的哲学思考。南非原住民有着自己的文明与生活准则，他们是其氏族历史的主创人，现实生活中白人殖民带来的灾难远超过它所给予的文明帮助，而这一点在21世纪电子游戏中再一次被"虚无化"，白人再一次拯救了世界，南非原住民沦为南非历史中的"他者"，殖民伤害被逐渐淡忘。

另一方面，为了衬托欧美高度开化的游戏形象，电子游戏肆意抹黑甚至是妖魔化南非原住民形象，以"他者"身份贬损原住民，干扰南非原住民形象建立，抹黑其国际形象。虽然包括"文明6"和"全面战争—战锤2"在内的部分电子游戏展示了南非文明的异域特征，但其中游戏形象并不如西方文明那般炫目，甚至存在抹黑的现象。"文明6"中的祖鲁文明虽然依据历史事实构建了一个军事国家，但除了军事之外的其他文明特征均遭到忽视，游戏开发商刻意塑造一个嗜血野蛮的南非文明形象。"全面战争—战锤2"则在人物外形上夸张丑化原住民，"蜥蜴人"似人非人，体型庞大、丑陋不堪，智力低下，只能使用简陋武器反抗入侵者，"精灵"美丽与高雅通过类比"蜥蜴人"得以衬托。史怀哲曾在著作中提到一个名词"黑人化"，所谓"黑人化"，即丧失主见、失去精神上的活力，就像黑人一样为点小事计较和争论不休。② "蜥蜴人"形象很贴合殖民时期"黑人化"的标准。在西方国家的自我认同和对南非的想象之下，这些游戏通过设定与南非有关游戏角色，展现出了欧美各国对南非黑人统治的政治态度。如今网络充斥着南非黑人的负面报道，多以"一个被黑人毁掉的发达国家"等醒目标题突出原住民丑陋形象，尤其在南非首次发现新冠病毒变异种"奥密克戎"时，遭到了包括美国、英国等30多个国家的旅游和贸易限制措施，

---

① [美] 凯文·希林顿. 非洲史 [M]. 赵俊，译. 上海：东方出版中心，2012.
② [德] 阿尔伯特·史怀哲. 行走在非洲丛林 [M]. 罗玲，译. 北京：外语教学与研究出版社，2016.

其中一部分国家直接对其完全断航。尽管南非政府多次申明"拒绝和病毒相关的歧视"，但实际上还是受到了西方国家歧视性抵抗。而电子游戏中的原住民负面形象更是雪上加霜，不利于南非国际良好形象的树立，殖民时期种族歧视仍然打压着南非原住民在世界的发声。

附 录

一、南非历史大事记（按南非历史时间为序）

300万年前，人类出现。

20万年前，智人出现。

10000年前，石器时代后期。

2000—3000年前，科伊科伊牧民迁移到南非。

300—1000年前，农民和牧民迁移到南非。

800年，铁器时代，贸易出现。

800—920年间，恩古尼族在南部非洲迁徙。

1000年，铁器时代晚期。

1150，南非第一个城镇马篷古布韦出现，贸易更普及。

1488年，葡萄牙商人在前往印度途中来到开普。

1500年，南非各地开采金、铜、铁和锡等矿产。

1652年，范·里贝克船长登陆桌湾，建立荷兰东印度公司供应站。

1657年，荷兰人开始在开普永久定居，供应站演变为殖民地。

1658年，第一批黑人奴隶和马来奴隶运抵南非。

1664年，第一场登记的混血婚姻。

1666—1679建造桌湾城堡（现为西开普陆军总部）

1688年，约200名法国胡格诺教徒来到开普。

1713年，从泊港欧洲船舶上传来天花，科伊人死亡殆半。

1714年，东印度公司实行租地制度，取消世袭的农场制度。布尔人向内地高原迁徙。

1721年，东印度公司规定将黑人与科伊妇女的混血儿无偿送给农场主使用。

1723年，荷兰官员尝试在好望角勘探

1755年，牛瘟爆发。

1768—1778年，布尔人大肆杀戮土著桑人。

1770年，殖民地边界东移至加姆图斯河。

1775年，边界东移至布须曼河下游，扩展至大鱼河上游。

1778年，布尔人土地扩张方向从东转向北。

1779—1781年，第一次"卡弗尔战争"，又称"科萨战争"。1779～1878年南非开普殖民主义者与定居在开普东部从事农牧业的科萨人之间的战争，历经百年，共有9次大的战争。

1780年，开普殖民地边界移至大鱼河下游。

1785年，建立赫拉夫—里内特边区政府。

1787年，恰卡出生。

1795年，英国第一次占领开普。

1799年，荷兰东印度公司宣告破产。

1800年，大旱。

1799—1803年，第三次"卡弗尔战争"。

1800—1824年，布尔人农场遍布奥兰治河南岸。

1801年，第一批英国传教士抵达开普。

1803年，荷兰重新接管开普。

1806年，英国荷兰为抢夺桌湾激战，英国第二次占领开普。

1809年，英国殖民政府颁布《霍屯督人法令》，使用通行证，限制科伊人自由迁徙。

1812年，"学徒制"成为变相合法化的奴隶制。

1814年，荷兰正式把开普殖民地移交英国。

1818年，祖鲁部落联盟盟主丁吉斯瓦约阵亡，恰卡继任。1818年后，奥兰治河以北地区进入部族征战时期。恰卡将100多个部落并入祖鲁，奠定祖鲁国家基础。在此时期，索托人酋长莫舒舒建立了巴索托王国。斯威士兰人、马塔贝莱人、加扎人也分别在南部非洲建立王国。这些王国的建立推迟了殖民者的入侵。

1820年，索布扎建立了新的统帅部。英国向南非移民5000人，并试图建立定居点换届约当地人的冲突。

1828年，恰卡被丁冈刺杀身亡，丁冈接任祖鲁首领。

1829年，索尚甘建立加沙王国。

1834年，开普殖民地废除奴隶制。探险家报告中出现"空地理论"。

1835年—1846年，布尔人大迁徙。

1837年，雷蒂夫发表《迁徙的农场主宣言》。

1838年，索布扎去世。天花流行。血河战争。纳塔尔共和国建立。

1839年，祖鲁人对阿非利加人战败。

1840年，加沙国开始收取附属酋长国赠礼。布尔人成立纳塔利亚共和国。丁冈在斯威士兰境内去世。

1842年，英出兵占领纳塔尔，成立纳塔尔殖民地。

1846年　纳塔尔地区对非洲人实行隔离管理。

1849年，英国在纳塔尔对非洲人开征茅屋税。

1851年，莫舒舒击败英军。

1852年，特洛夸王国被索托王国吞并。布尔人建立德兰士瓦共和国，并获得英国承认。

1854年，布尔人建立奥兰治自由邦。签订《沙河公约》。

1856年，塞奇瓦约继任祖鲁王。

1857年，科萨"宰牲事件"。大饥荒。

1858年，第一次"巴索托战争"，莫舒舒战胜布尔人。

1860年，第一批6000名印度契约劳工到达纳塔尔，从事甘蔗种植。

1865年，第二次"巴索托战争"爆发。

1866年，签订《塔巴博修条约》，索托人丧失大片土地。

1867年，奥兰治河南岸/金伯利发现钻石。第三次"巴索托战争"。

1868年，巴索托成为英国的保护国。

1869年，巴索托与奥兰治签订边界条约。

1870年，奥兰治河北岸发现钻石矿。

1871年，西格里夸兰（钻石矿区）成为英国殖民地。后并入开普殖民地。

1873年，栖息地被宣布为金矿。

1875年，"真正阿非利加语协会"成立，出版了相关书籍。

1876年，英国在伦敦主持召开南非诸国和殖民地会议，讨论建立南非联邦问题。德兰士瓦发动兼并佩迪王国的战争。

1877年，德兰士瓦、祖鲁兰被并入英殖民地。英—佩迪战争开始。

1879年，英—祖鲁战争，英国入侵祖鲁国，祖鲁人战败。

1880年，罗得斯成立德比尔斯矿业公司。英国索托战争。1880—1914年间，七个欧洲国家征服非洲，也被称为非洲"新帝国主义"时期。

1880—1881年，第一次英布战争。新一轮钻石热。罗得斯进入政坛。

1881年，《比勒陀利亚协定》，斯威士兰独立

1882年，布尔农场主在贝专纳兰建立两个共和国。

1883年，塞茨瓦约从英国流放地回到祖鲁。

1884年，迪努祖鲁继位。保罗·克鲁格任德兰士瓦总统。

1884年，兰德发现大金矿。塞茨瓦约神秘死亡。

1885年，英国占领贝专纳兰。

1886年，兰德金矿开始大规模开采。德兰士瓦抽取矿税，财政收入大增。

1887年，英兼并了迪努祖鲁领地。罗得斯成立南非统一金矿公司。

1889年，罗得斯成立德比尔斯联合矿业公司。

1889年，金矿业同业公会成立。

1890年，克鲁格将外地人入国籍的条件延长到14年，以此限制外地人的选举权。

1893年，洛本古拉领导马塔贝莱人民抗英。

1894年，格伦格雷法案为非洲人（东开普省）建立了单独的土地和税收制度

1895年，斯威士兰成为德兰士瓦保护国。

1897年，英把祖鲁兰并入纳塔尔殖民地。

1898年，德兰士瓦的布尔人消灭了黑人酋长国文达。

1899—1902年，第二次英布战争。

1902年，德兰士瓦和奥兰治成为英殖民地。南非科学促进会成立。罗得斯去世。

1903–1905年，南非土著事务委员会推荐种族隔离蓝图。

1904年，第一批华工到达南非兰德金矿。

1906年，班巴塔起义，反对强行征收人头税。

1907年，德兰士瓦黑人召开土著大会，反对剥夺黑人选举权。

1908年，英国召开开普、纳塔尔、德兰士瓦、奥兰治四方代表参加的国民会议。

1909年，3月，四个殖民地的非洲人在布隆方丹召开土著会议，要求选举权。

9月，英议会公布南非法案，南非联邦的第一部种族主义宪法出台。

1910年，南非联邦成立。南非党大选获胜。博塔任第一届政府总理。

1911年，矿山和工程法对矿山实施了色标

1912年，南非土著人国民大会（SANNC，后来的ANC）的成立。

1913年，颁布《土著土地法》，将非洲土地所有权限制为"土著保留地"。夏洛特·马克斯科领导第一次妇女游行，抗议通行证。甘地领导的纳塔尔印度人大罢工。

1914年，国民党成立。

1915年，南非军队占领西南非洲。

1918年，秘密组织阿非利卡公济会（兄弟会）成立。非洲市政工人在约翰内斯堡举行罢工。

1919年，博塔去世，史末资成为总理。

1921年，南非共产党成立。

1922年，兰德起义。当局颁布《土著事务法》，实行白人和黑人"分别发展"。

1923年，当局颁布《市区法》，非洲人只许住在特定城市郊区，由政府官员管理黑人居住区。

1924年，联合党（Coalition of Labour and National Party）赢得选举，阿非利加语获得官方承认颁布《工业调停法》，黑人被剥夺罢工的权利。

1924年，成立国民党和工党的联合政府。国民党领袖赫尔佐格出任总理。南非党下台。颁布一整套种族主义立法：

1924年，颁布《文明劳工通令》，责成国家机关以欧洲人代替非洲人担任专门技术工作。

1925年，议会宣布阿非利加语取代荷兰语，成为南非的官方语言。

1926年，颁布《矿业和工场法》，更具体地限制非洲人担任技术和半技术工种。

1927年，颁布《班图管理法》，政府可随意撤换保留地内黑人酋长，未经政府许可不得集会。颁布《防止聚众闹事法》。颁布《防止非道德法》，禁止白人与黑人通婚。

1925年，阿非利卡语代替荷兰语，成为"第二国语"。

1928年，成立南非钢铁公司。

1929年，南非政府开始向外派驻外交机构。

1930年，南非黑人庆祝"丁刚日"，德班群众烧毁通行证，遭政府镇压。白人妇女获得投票权。

1931年，英议会通过《威斯敏斯特条例》，南非正式具有自治领地位。

1932年，颁布《土著劳动合同法》。南非放弃金本位制。

1933年，成立国民党和南非党联合政府。

1934年，南非党和国民党合并，成立"统一南非国民党"（统一党）。原国民党右翼成立"纯粹国民党"。

1935年，非国大倡议的"全非洲人大会"在布隆方丹召开。

1936年，颁布《土著代表法》，规定开普土著居民另册登记。

颁布《土著委托租地管理法》，剥夺开普黑人在保留地外购买土地的权利。

1937年，颁布《营销法》为白人农民提供国家补贴。土著法律修正案加强了城市通行证法。

1939年，对德宣战。统一党与工党组成新的联合政府。

1940年，成立国家资本主义的工业发展公司，推动战时急需的钢铁工业发展。统一国民党建立。1940年—1945年，兰德爆发租金和运输抵制、擅自占地抵抗等运动。

1941年，赫佐格退出统一国民党，组建阿非利卡人党（南非白人党）。

1943年，史末资的统一党在大选中获胜。

1944年，非洲人国民大会召开群众大会，通过《非洲人民权利法案》，成立非洲人国民大会青年联盟。

1945—1948年，通过《市区土著定居法》和《班图人迁移法》。通过加强通行证制度的法令。

1946年，开普发生反通行证运动。兰德金矿10万非洲矿工罢工。

1947年，斯坦凌布什大学成立南非种族问题研究会，炮制种族隔离"理论"。

1948年，国民党击败统一党和工党联盟，马兰任总理兼外长。开始推行种族隔离政策。

1949年，"非国大"青年联盟制定行动纲领。德班的非洲人和印度人冲突。通过《禁止混合婚姻法》，禁止欧洲人与非白人通婚。

1950年，成立汤姆林森委员会，研究解决种族问题的可行方案。

颁布《人口登记法》《镇压共产主义条例》《特定住居法》等，扩展了种族隔离的法律框架。

非国大领导数十万南非人民在各地举行"全国抗议日"。

1951年，颁布《班图自治法》，建立10个黑人家园。

1952年，非国大组织非洲人进行非暴力"蔑视不公正法运动"，要求废除六大种族隔离法。

1953年，颁布《暴乱集会法》修正案、《公共治安法》、《刑法修正案》、《班图教育法》。

1954—1958年，通过《工业调解法》。

1955年，非国大等召开南非人代表大会，通过"自由宪章"。

1956年—1957年 德兰士瓦和自由邦的农村起义。

1956—1961年，"叛国罪"审判。

1958—1966年，维沃尔德任总理。

1959年，泛非大会(PAC)成立。南非当局开始实施《班图斯坦计划》。

1959—1976年，《班图斯坦计划》进入第二阶段。

1959年，通过《班图自治法》。索布奎领导的泛非大会成立。

1960年，沙佩韦尔惨案。国家宣布进入紧急状态，取缔"非国大"和共产党等组织。

1961年，南非成立共和国，脱离英联邦。通过第二部宪法。曼德拉率领"民族之矛"发动第一次武装斗争。

1962年，曼德拉被捕。联合国要求会员国与南非断绝外交关系，禁止与南非贸易、提供军火等。

1963年 一般法律修正案允许未经审判进行拘留。

1963—1964年，里沃尼亚审判，判处"非国大"领导人终身监禁。《黑人劳工法》加强。

1964年，特兰斯凯"班图斯坦"成为第一个自治政府。

1966年，博茨瓦纳、莱索托独立。

1966—1978年，沃斯特接任总理

1968年，斯威士兰独立。联合国同意西南非洲更名为"纳米比亚"。

1969年，非国大在坦桑尼亚召开大会，选举坦博为主席。比科领导下的南非学生组织(SASO)成立。联合国中止南非对纳米比亚的托管。《西南非洲事务法》将种族隔离制度在纳米比亚推广。

1970年，颁布《班图家园公民资格法》。

1971年，黑人大会。

1972年，建立博普塔茨瓦纳"班图斯坦"自治政府。

西斯凯"班图斯坦"建立自治政府。

1973年，实行归并方案。100多万黑人的土地被归并。住在白人区的黑人均变为流动劳工。

1973—1975年，纳塔尔和东开普省的非洲大范围罢工。

1974年，成立巴索托·夸夸"班图斯坦"自治政府。

1975年，葡萄牙退出莫桑比克统治。因卡塔组织（Inkatha）成立。

1976年，索韦托和其他乡镇的起义。

1977年，南非当局取缔黑人大会等18个组织。博普塔茨瓦纳"独立"。比科被拘留和谋杀。

1978年，成立斯威兹"班图斯坦"政府。彼得·博塔出任总理。

1979年，文达"独立"。

1980年，南罗得西亚独立。博塔政府推出"星座计划"。

1981年，西斯凯"独立"。

1982年，特雷尔尼希特（Treurnicht）领导下的保守党的形成

1983年，联合民主阵线（UDF）成立，成为当时最大的黑人组织。通过第三部《宪法》。

1984年，大主教图图获诺贝尔和平奖。印度和有色人种选民广泛抵制新三院制宪法下的选举。

1985年，博塔再次当选为总统和总理。南非工会大会基金会成立(COSATU)。国际对南非的制裁加剧。尤滕哈格枪击案（Uitenhage）。

1986年，博塔宣布全国进入紧急状态。

1989年，博塔下台，德克勒克上台。群众民主运动(MDM)发起公民不服从运动。

1990年，德克勒克宣布取消党禁，释放政治犯。曼德拉出狱。非国大"合法化"。纳米比亚独立。

1991年，种族隔离制正式宣告结束。曼德拉当选非国大主席。

1992年　白人公投支持民主南非大会（CODESA）谈判，但谈判破裂，因卡塔组织和非国大的冲突加剧。

1993年，南非议会通过《南非共和国宪法草案》。曼德拉和德克勒克获诺贝尔和平奖。

1994年，南非举行首次不分种族的大选，非国大获胜，曼德拉当选总统。

1995年，任命真相与和解委员会调查种族隔离时代的犯罪行为，图图主教为主席。

1996年，南非新宪法颁布。

1997年，德克勒克辞去国民党领袖职务。

1998年，国民党更名为新国民党。

1999年，塔博·姆贝基任总统。

2000年，民主党与新国民党合并，改名"民主联盟"。

2002年，南非政府表示要加速土地改革的步伐。

2003年，非国大在地方、省、全国议会中实施《议员转党法》。真相与和解委员会做出最终报告

2004年，姆贝基蝉联总统。

2005年，制定《南非加速和共享增长计划》。姆贝基指控祖马腐败解除其副总统职务。

2007年，姆贝基被免去非国大主席。祖马获平反，当选非国大全国主席。

2008年，姆贝基辞去总统职务。

2009年，祖马当选南非总统。

2010年，举办国际足协世界杯。加入金砖国家合作机制。

2012年，马里卡纳白金矿发生暴力事件。

2013年，第5次金砖国家峰会在德班举行。

2014年，祖马连任南非总统。

2017年，拉马福萨任非国大主席。

2018年，拉马福萨接替辞职的祖马就任南非第五任总统。

第11次金砖国家峰会在约翰内斯堡举行。

2019年，拉马福萨继任南非总统。

2020年，南非发现新冠肺炎确诊病例，开始抗击疫情。

2021年，因祖马被拘捕，夸祖鲁—纳塔尔省和豪登省发生一系列骚乱和抗议活动。

2022年，拉马福萨连任非国大主席。

二、种族隔离立法

类型	法律名	颁布/废止年份	内容
人口登记和隔离	人口登记法	1950—1991年。1991年《废除人口登记法》颁布。1992年，取消人口登记册上的种族分类。	每个南非人归为若干种族"人口群体"之一。这一法案为整个种族隔离大厦的建造奠定了基础
	单独设施保留法	1953—1990年。1990年《废除公共设施的歧视性立法》	允许公共场所、车辆和服务按种族隔离，即使并非所有种族都可以使用相同的设施
工作保留和经济种族隔离	矿业和工程法	1911年	
	原住民建筑工人法	1951年	
	原住民劳工（争端解决）法	1953年	
	工业调解法	1956年	
教育隔离	班图教育法	1953年	
	大学教育法（补充）	1959年	
	有色人种教育法	1963年	
	印度人教育法	1965年	
种族隔离法	不道德法案	1927年	禁止白人和黑人之间婚外关系
	禁止通婚法	1949年	禁止白人与其他种族的人通婚
	不道德修正法	1950年	禁止白人与其他种族的人之间的婚外行为
	以上法律被1985年的《不道德和禁止混合婚姻修正案》废除		
土地使用权和地理隔离	原住民土地法	1913年	将黑人的土地所有权限制在南非土地面积的8%以内
	原住民信托和土地法	1936年	将上述限制扩大到包括南非约13%的土地面积
	亚洲土地使用权和印度人代表权法案	1946年	限制了亚洲人在城镇的土地所有权
土地使用权和地理隔离	群体区域法	1950年（1957年、1966年重新制定）	将城市地区划分为"群体区域"，其中所有权和居住权仅限于某些人口群体

续表

类型	法律名	颁布/废止年份	内容
土地使用权和地理隔离	集团地区发展法	1955年	实施《集团地区法》的机制的一部分
	有色人种公共保护区法案	1961年	为农村地区的有色人种建立了"保护区"
	农村有色人种区法案	1963年	
	保护有色人种区域法	1961年第31号法案	进一步在法律中确立了"有色区域",并创建了一个法律机制来为白人监护人夺取土地
	外国人控制法	1973年	放松了对亚洲人在南非部分地区居住的限制
	废除基于种族的土地措施法	1991年	废除了以上和其他与土地保有权有关的歧视性行为
流入控制	原住民(城市地区)法	1923年	
	原住民(城市地区)合并法	1945年	
	防止非法占用法	1951年	
	原住民法律修正案	1952年	
	原住民(废除通行证和文件协调)法	1952年	
	原住民安置法	1954年	
	原住民(禁止禁令)法	1956年	1986年被识别法废除
	班图城市议会法	1961年	
	黑人地方当局法	1982年	

三、十个南非班图斯坦的制度和法律发展的时间框架

家园	族群/国家	建立统一的领土当局	设立立法议会	自治政府	名义独立性	备注
特兰斯凯	科萨语	根据1956年8月31日第5736号南澳政府公报第R.180号公告，自1956年9月1日起，特兰斯克地区管理局成立，以取代联合特兰克兰地区总委员会	1963年第48号Transkei宪法法案授予Transkei自治政府。该法案成立了Transkei立法议会和政府部门，自1963年5月30日起生效		从1976年10月26日起，Transkei被1976年第100号Transkei地位法案授予"独立"	自1931年以来，领土当局和立法议会的前身已经以"联合特兰斯基领土总委员会"的名义存在。根据1930年11月28日南澳政府公报第1911号第279号公告，特兰斯基地区总委员会和庞多兰总委员会合并成为联合特兰克地区总委员会，自1931年1月1日起生效
博普塔茨瓦纳	茨瓦纳	1961年4月21日第6666号南澳政府公报第585号政府公告根据1951年第68号班图当局法成立，自1961年5月1日起生效	根据1971年第21号班图家园宪法法案（1971年第21号法案），茨瓦纳立法议会于1971年5月1日生效，由南非政府第3083号第30号第R.87号公告1971年4月	根据5月26日第R.131号公告，根据1971年第21号班图家园宪法法的规定，茨瓦纳领土当局被宣布为共和国内的自治领土，新名称为博普塔茨瓦纳1972年，自1972年6月1日起生效。称为1972年博普塔茨瓦纳宪法公告。博普塔茨瓦纳立法议会是根据同一公告成立的	1977年第89号博普塔茨瓦纳地位法案授予博普塔茨瓦纳"独立"，自1977年12月6日起生效	1961年成立的领土管理局于1968年改组。根据1968年6月12日第2091号南澳政府公报第R.141号公告设立的政府部门

续表

家园	族群/国家	建立统一的领土当局	设立立法议会	自治政府	名义独立性	备注
文达	文达	Thoho·ya·Ndou地区管理局根据1971年第21号班图家园宪法法案，由1962年11月9日第370号南澳政府公报第R.1864号政府公告成立，自1962年12月1日起生效	文达立法议会由1971年5月21日第3110号南澳政府公报第R.119号公告成立，自1971年6月1日起生效。	根据1971年第21号班图家园宪法法案的规定，文达被宣布为南非共和国境内的自治领土，自1973年2月1日起生效，南非政府公报第1号第R.12号公告1973年1月26日第3769号	1979年1979年第107号文达地位法案授予文达"独立"，自1979年9月13日起生效。	1962年成立的领土管理局于1969年改组。1969年5月23日南澳政府公报第2406号中的第R.837号政府公告将领土当局的名称改为文达地区当局。文达地区当局的政府部门是根据第R号公告成立的。1969年6月20日第2440号南澳政府公报中的第168条
奇斯基	科萨语	Ciskeian地区当局是根据1951年第68号班图当局法成立的，由1961年3月24日第6656号南澳政府公报第R.496号政府公告，自1961年4月1日起生效	Ciskeian立法议会于1971年6月1日根据1971年5月21日第3110号南澳政府公报第R.118号公告成立，生效	根据1972年7月28日第2622号南澳政府公报中的第R.187号公告，根据1971年第21号班图家园宪法法案的规定，Ciskei自1972年8月1日起成为共和国内的自治领土．称为Ciskei宪法公告，1972年	1981年第110号Ciskei地位法案授予Ciskei"独立"，自1981年12月4日起生效	领土当局和立法议会的前身曾在1934至1955期间以"Ciskeian总委员会"的名义存在。1961年成立的领土管理局于1968年改组。Ciskeian总委员会成立于1934年4月1日，根据1920年第23号原住民事务法和1927年第38号原住民管理法，由1934年3月9日第2177号南澳政府公报第34号公告成立。1956年1月1日该委员会根据1955年12月23日第5600号南澳政府公报第279号公告解散。Ciskeian Territory Authority的政府部门是根据1968年6月12日第2092号南澳政府公报第R.143号公告成立的

续表

家园	族群/国家	建立统一的领土当局	设立立法议会	自治政府	名义独立性	备注
勒博瓦	北索托(Pedi)	Lebowa 地区管理局根据 1962 年 8 月 10 日第 310 号南澳政府公报第 R.1274 号政府公告成立，自 1962 年 9 月 1 日起生效	Lebowa 立法议会于 1971 年 7 月 1 日根据 1971 年 6 月 30 日第 3177 号南澳政府公报第 R.156 号公告成立	根据 1971 年《班图家园宪法法案》（1971 年第 21 号法案）的规定，Lebowa 被宣布为共和国内的自治领土，自 1972 年 10 月 2 日起生效，并在南澳政府公报上发布第 R.225 号公告 1972 年 9 月 29 日第 3666 号		1962 年成立的领土管理局于 1969 年改组。Lebowa 政府部门是根据 1969 年 5 月 2 日第 2377 号南澳政府公报第 R.115 号公告成立的
加赞库卢	特聪加(上安)	Matshangana 地区当局是根据 1951 年第 68 号班图当局法案成立的，由 1962 年 11 月 9 日第 370 号南澳政府公报第 R.1863 号政府公告，自 1962 年 12 月 1 日起生效	根据 1971 年 6 月 25 日第 3163 号南澳政府公报第 R.148 号公告，Machangana 立法议会于 1971 年 7 月 1 日成立。1971 年 5 月 14 日第 3098 号南澳政府公报第 R.113 号公告将"Machangana"这个名称替换为"Matshangana"	根据 1971 年第 21 号班图国土宪法法的规定，自 1973 年 2 月 1 日起，马昌加地区当局以新名称 Gazankulu 被宣布为南非共和国内的自治领土，由 1973 年 1 月 26 日第 3772 号南澳政府公报中的第 R.15 号公告。称为 1973 年加赞库卢宪法公告		1962 年成立的领土管理局于 1969 年改组。Matshangana 地区管理局的政府部门是根据 1969 年 4 月 25 日第 2362 号南非政府公报中的第 R.95 号公告成立的

续表

家园	族群/国家	建立统一的领土当局	设立立法议会	自治政府	名义独立性	备注
夸夸	南索托	1969年年初，公布了将现有的南索托族群当局统一为一个名为KwaKwa家园的计划。此后不久，这个即将成为领土当局的名称更改为Basothoba Borwa。Borwa Territorial Authority的Basotho于1969年4月1日根据南澳政府公报的R.59和R.60号公告成立	Basotho·Qwa Qwa立法议会由1971年10月1日第R.225号公告成立，立即生效。同日，巴索托·夸夸政府部门成立	根据1974年第R.203号公告，根据1971年第21号班图家园宪法法案的规定，自1974年11月1日起，QwaQwa被建立为共和国内的自治领土。改组后的QwaQwa立法议会由同一公告成立		
夸祖鲁语	祖鲁语	祖鲁地区管理局于1970年6月1日根据南澳政府公报第2713号的1970年5月22日第R.762号政府公告成立	夸祖鲁立法议会于1972年4月1日根据1972年3月30日第3436号南澳政府公报中的第R.70号公告自1972年4月1日起生效。称为1972年夸祖鲁宪法公告。夸祖鲁政府部门由公告成立1972年3月30日第3436号南澳政府公报中的第R.73号	根据1971年《班图家园宪法法》（1971年第21号法案）的规定，1977年第R.11号公告宣布该领土为共和国内的自治领土，名为夸祖鲁，在1977年1月28日第5387号南澳政府公报中，自1977年2月1日起生效		

377

续表

家园	族群/国家	建立统一的领土当局	设立立法议会	自治政府	名义独立性	备注
夸恩德贝莱	恩德贝莱	Ndebele 地区管理局根据 1977 年 10 月 7 日第 5766 号南澳政府公报第 R.2021 号政府公告成立，立即生效	夸恩德贝莱立法议会于 1979 年 10 月 1 日根据 1979 年第 R.205 号公告在 1979 年 9 月 14 日第 6661 号南澳政府公报中成立。称为 1979 年夸恩德贝莱宪法公告。夸恩德贝莱政府部门由公告成立，1979 年 9 月 14 日第 6661 号南澳政府公报中的第 R.206 号	根据 1971 年《国家宪法法案》（1971 年第 21 号法案）的规定，根据南澳政府第 R.60 号公告，夸恩德贝莱在共和国内建立为自治领土，自 1981 年 4 月 1 日起生效 1981 年 3 月 20 日第 7499 号公报		
康格瓦内	斯威士兰语	根据 1975 年 11 月 28 日第 4913 号南非政府公报第 R.2249 号政府公告，根据 1951 年第 68 号班图当局法案，斯威士兰领土管理局于 1976 年 1 月 1 日成立。1976 年 4 月 23 日	KaNgwane 立法议会于 1977 年 10 月 1 日根据 1977 年 9 月 16 日第 5742 号南澳政府公报中的第 R.214 号公告成立。称为 KaNgwane 宪法公告，1977。1977 年 9 月 16 日第 5742 号南澳政府公报中的 R.215	1984 KaNgwane 根据 1971 年第 21 号国家宪法法案的规定，在 1984 年 8 月 31 日南澳政府公报第 9408 号第 R.148 号公告中成立，并立即生效		在 1982 年 6 月至 12 月期间，"家园"暂时中止

四、南非边境战争南非方面的行动

萨凡纳行动（1975年）

布鲁洛夫行动（1978年）

Seiljag 行动（1978年）

驯鹿行动（1978年）

雷克斯托克行动（1979年）

赛峰行动（1979年）

怀疑论者行动（Smokeshell）（1980年）

Vastrap 行动（1980年7月）

克利普克洛普行动（1980年）

冬季行动（1980年）

叉骨行动 SAAF 行动（1980年12月）

瓦斯比行动（1981年）

科因行动（1981年）

康乃馨行动（1981年）

普罗蒂亚行动（1981年）

雏菊行动（1981年）

克斯利格行动（1981年）

雷克斯托克三号行动 SAAF 行动（1982年3月）

超级行动（1982年）

米博斯行动（1982年）

布拉沃行动（安哥拉）SAAF 行动（1982年10月）

Maanskyn SAAF 行动（1983年）

戏剧行动（1983年）

凤凰行动（南非）（1983年）

斯克尔维行动 SAAF 行动（1983年）

多芬行动（1983年）

卡顿行动（1983 年）

克林克行动（1983 年）

阿斯卡里行动（1983 年）

贵族行动（1984 年）

戈德尔行动（1984 年）

喀布尔行动（1985 年）

火蜥蜴行动（1985 年）

博斯维尔格行动（1985 年）

白鹭行动（1985 年）

氩气行动（1985 年）

万磁王行动（1985 年）

行动壁纸（1985 年）

冥王星行动（1985 年）

磨损行动（1985 年）

南十字星行动（1986 年）

半人马座阿尔法行动（1986 年）

操作模块（1987 年）

柴火行动（1987 年）

胡珀行动（1988 年）

包装工行动（1988 年）

喜利得行动（1988 年）

行动倾向（1988 年）

乌尔威斯行动（1988 年）

置换行动（1988 年）

梅林行动（1989 年）

逗留行动（1989 年）

同意行动（1989 年）

五、南非的政治党派

1. 参与当代议会的党派

南非政党名称	Political parties in South Africa	Abbrev. 缩写	Founded Time 成立时间（年）	About the Party 关于该党
非洲人国民大会	African National Congress	ANC	1912	该党现为南非执政党，简称"非国大"，是南非最大的黑人民族主义政党，也是南非跨种族的政党。
南非民主联盟	Democratic Alliance Afrikaans	DA	2000	该党是南非第二大党及西开普省的执政党。
经济自由斗士党	Economic Freedom Fighters	EFF	2013	该党是一个南非左翼政党。该党是由非洲人国民大会青年联盟前主席朱利叶斯·马莱马被开除出非国大后，与他的盟友于2013年创建。马莱马任该党"总司令"，指挥名为"中央司令部团队"的党中央机构。
因卡塔自由党	Inkatha Freedom Party Zulu: IQembu leNkatha yeNkululeko	IFP	1975	该党以争取黑人解放为宗旨，主张通过和平谈判解决南非问题。
自由阵线加	Freedom Front Plus Afrikaans: Vryheidsfront Plus	VF+	1994	该党是南非一个全国性政党。该党由彼得·格罗内瓦尔德领导。目前，其政策立场包括修改肯定性行动和土地改革，以保护阿非利卡人的利益。
非洲基督教民主党	African Christian Democratic Party	ACDP	1993	该党渴望为国家带来"稳定、繁荣与希望"，重视"多元化的团结，提供信任以及诚信的领导，并致力于满足南非全体人民的需求"。
联合民主运动	United Democratic Movement	UDM	1997	联合民主运动由原新运动进程和全国协商论坛合并而成的跨种族政党。
非洲转型运动	African Transformation Movement	ATM	2018	该党由领导人兼党主席维优尔威特·祖恩古拉领导，该党是在南非基督弥赛亚教会的支持下成立的，其得到数百万会众的支持。

续表

南非政党名称	Political parties in South Africa	Abbrev. 缩写	Founded Time 成立时间（年）	About the Party 关于该党
古德党	Good Party	GOOD	2018	该党由开普敦前任市长帕特里夏·德·里尔以及其他不满民主联盟的党员于2018年12月2日成立，2019年2月5日，该党发表选举宣言。该党的选举宣言主要集中在关键问题上，例如缩小国家内阁的规模、对贪污的个人进行起诉以及废除豪登省有争议的电子收费。
国民自由党	National Freedom Party	NFP	2011	2011年1月25日，因卡塔自由党前全国主席扎内勒·姆西比（Zanele Magwaza-Msibi）宣布脱离因卡塔自由党（Inkatha Freedom Party）而另建新党"民族自由党（National Freedom Party）。"
非洲独立大会	African Independent Congress	AIC	2005	该党是南非的一个小政党。AIC于2005年12月12日在Matatiele成立，是为了抗议该地区位于东开普省边界内而不是夸祖鲁-纳塔尔省，这是南非宪法第12修正案提出的结果。有争议的边界变更被告上法庭，最终由南非宪法第13条修正案予以确认。
人民大会	Congress of the People	COPE	2008	该党主张建立真正不分种族、没有阶级和性别歧视的人民政党，改革现行选举制度和政府官员任命制度；大力发展农业和以出口为导向的劳动密集型产业；强力打击犯罪，培育社会安防意识。
阿扎尼亚泛非主义者大会	Pan Africanist Congress of Azania	PAC	1959	该党为南非黑人民族主义政党，主张开展武装斗争，推翻白人统治，实现非洲人的自决权，建立泛非社会主义民主国家。
圣会党	Al Jama-ah Arabic: الجماعة	ALJAMA	2007	该党旨在支持穆斯林利益和维护伊斯兰教法。

2. 其他代表性政党

政党名称	Political parties in South Africa	Abbrev. 缩写	Founded Time 成立时间（年）	About the Party 关于该党
南非行动党	Action SA	ACTIONSA	2020	该党的成立是为了"让南非摆脱破碎的政治制度的束缚，并为其全体人民建设一个繁荣、非种族和安全的未来"。并且它遵循"团结一致，为所有南非人建设一个繁荣、无种族歧视和安全的未来"。
爱国联盟	Patriotic Alliance	PA	2013	该党认为过多的结构性不平等现象仍然主导着南非的社会经济格局。在经济领域，该党持中立立场，希望在关键部门建立公私合作伙伴关系，减少国家对顾问的使用，尤其针对这些公务员岗位。
服务交付论坛	Forum for Service Delivery	F4SD	2015	该党旨在解决水、卫生、住房、移民法、教育和儿童赤脚上学等基层问题。
阿班图巴托大会	Abantu Batho Congress	ABC	2021	该党致力于非洲中心主义、泛非主义和女性主义的革命运动。
非洲人民大会	African People's Convention	APC	2007	该党由阿扎尼亚泛非大会(PAC)前副主 Themba Godi 于 2007 年 9 月 4 日通过跨界立法成立。与泛非大会一样，该党提倡"非洲主义、泛非主义和社会主义"。
南非独立公民组织	Independent Civic Organisation of South Africa	ICOSA	2006	该党是南非的一个小政党，它由前卡鲁区市政府管理者杜鲁门·普林斯（Truman Prince）创立，他于 2006 年被非洲人国民大会(ANC)开除。
开普敦有色人种大会	Cape Coloured Congress	CCC	2020	该党支持重新引入死刑、支持开普独立，并支持南非所有少数群体形成社会凝聚力，禁止学校全面开展性教育。
基督教联合民主党	United Christian Democratic Party	UCDP	1997	该党致力于强调基督教价值观、非种族民主，此外，政府鼓励个人自力更生。

续表

政党名称	Political parties in South Africa	Abbrev. 缩写	Founded Time 成立时间（年）	About the Party 关于该党
南非苏格党	Team Sugar South Africa	TSSA	2019	该党主要分布在夸祖鲁－纳塔尔省北部。它脱离了经济自由斗士，最初因关注工厂工人权利的劳工和社会运动而活跃。
关心本地人民党	Plaaslike Besorgde Inwoners English: Concerned Local Residents	PBI	2016	该党关注腐败，并参加了2016年的市政选举，在乔治地区获得了3.3%的比例代表选票，并在乔治地方政府中获得了2个席位。2021年，该党将这一比例提高到10%和5个席位，还在克尼斯纳地方政府（Knysna Local Municipality）赢得了一个席位。
南非布尔什维克党	Bolsheviks Party of South Africa	BPSA	2016	该党是位于林波波省的南非政党。它正致力于建设一个更加平等的社会，并争取将Moutse地区从林波波省转移到姆普马兰加省。
联合独立运动党	United Independent Movement	UIM	2020	该党致力于通过拉近政府与人民的距离来加强选民问责文化。
非洲民主变革	African Democratic Change	ADeC	2017	该党致力于反腐败工作。
更好居民联合会	Better Residents Association	BRA	2011	该党是南非的一个小政党，由心怀不满的非洲人国民大会成员于2011年成立。该党最初成立时名为Bushbuckridge Residents Association，后来为了在所有省份竞选而更名。
阿扎尼亚人民组织	Azanian People's Organisation	AZAPO	1978	该党是一个南非解放运动和政党。该组织的两个学生组织一个是面向高中生的Azanian学生运动(AZASM)，另一个是面向大学生的Azanian学生大会(AZASCO)，其女性组织是Imbeleko妇女组织，简称为IMBELEKO。其创立灵感来自黑人觉醒运动启发的黑人觉醒哲学，由史蒂夫·比科、哈里·能维库卢、艾布拉姆·昂戈波特斯·蒂罗、维耶尔瓦·马沙拉巴等人发展起来，以及马克思主义科学社会主义。

续表

政党名称	Political parties in South Africa	Abbrev. 缩写	Founded Time 成立时间（年）	About the Party 关于该党
民主自由国会	Democratic Liberal Congress	DLC	2016	该党反对平权行动和无偿征地，赞成政府紧缩措施和简化业务。
国际启示大会	International Revelation Congress	IRC	2013	该党在社会上是保守派，反对同性婚姻，并支持对儿童实施体罚的权利。它反对无偿征用土地，并希望用基于贫困而非种族的经济赋权取代黑人经济赋权。
非洲人团结的力量	Power of Africans Unity	PAU	2016	该党在克龙斯塔德（Kroonstad）成立，并加入了要求罢免时任总统雅各布祖马的示威活动。
南非维护遗产受益人协会	South African Maintenance and Estate Beneficiaries Association	SAMEBA	2014	该党由两个主要部门组成，一是负责子女抚养费；二是负责遗产受益人相关事宜。
非洲社会民主党联盟	Afrikan Alliance of Social Democrats	AASD	2019	该党是一个现代泛非社会民主党，支持"基于有效公民参与民主的公平公正政治秩序的理念"，旨在重新将社区与宪法联系起来，并提高国家服务质量。
非洲复兴联盟	Africa Restoration Alliance	ARA	2020	该党由前非洲基督教民主党(ACDP)全国执行委员会主席杰罗姆·斯沃茨(Jerome Swartz)于2020年12月创立。
少数民族阵线	Minority Front	MF	1993	该党代表南非所有少数民族，但其支持主要来自南非印裔社区。它的选民基地在夸祖鲁-纳塔尔省（KwaZulu-Natal）。
人民革命运动	People's Revolutionary Movement	PRM	2016	该党由前非洲人国民大会议员Nhlanhla Buthelezi 在夸祖鲁-纳塔尔省于2016年11月成立，以其社会保守观点（尤其是LGBT权利）而闻名。
开普独立党	Cape Independence Party	CAPEXIT	2007	该党旨在利用所有宪法和法律手段实现开普独立，包括整个西开普省、北开普省（不包括两个地区）、东开普省的6个自治市和自由州的1个自治市。

Defunct parties 已解散的政党

Political parties in South Africa	南非政党名称	Abbrev. 缩写	Founded Time 成立时间（年）	Dissolved Time 解散时间	执政理念
Defunct Parliamentary Parties (1994 – Present)					
English: Afrikaner Unity Movement Afrikaner Eenheidsbeweging	南非统一运动	AEB	1998	2003	该党是在比勒陀利亚成立的一个小型政党。由 Cassie Aucamp 领导，并基于 Afrikaner 民族主义。该党参加了 1999 年的南非大选，并获得一名议员当选为国民议会议员。
Democratic Party Afrikaans: Demokratiese Party	南非民主党	DP	1989	2000	该党是南非政党的名称，现在称为南非民主联盟。
Federal Alliance Afrikaans: Federale Alliansie	联邦联盟	FA	1998	2007	该党是一个小型政党，于 1999 年参加南非大选。该党由商业大亨路易斯·卢伊特领导。
Independent Democrats	独立民主党	ID	2003	2014	该党由前泛非国会议员帕特里夏·德·里尔 (Patricia de Lille) 于 2003 年通过跨界立法成立。党的纲领以反腐败为前提，融入自由主义原则和促进公平的战略，其据点是北开普省和西开普省。
National Party Afrikaans: Nasionale Party	国家党	NP	1914	1997	该党是一个促进南非白人利益的南非白人民族主义政党。
New National Party Afrikaans: Nuwe Nasionale Party	新国家党	NNP	1997	2005	该党是国家党 (NP) 的继任者，国民党在 1948 年至 1994 年间统治该国。其更名在一定程度上是为了与其种族隔离的过去保持距离，并将自己重塑为一个温和的、主流的保守派和非种族联邦政党。

续表

Defunct Parliamentary Parties (1958－1994)					
Political parties in South Africa	南非政党名称	Abbrev. 缩写	Founded Time 成立时间（年）	Dissolved Time 解散时间	执政理念
Conservative Party Afrikaans: Konserwatiewe Party	保守党	KP	1982	2004	该党是一个极右翼的政党，企图在统治的最后十年中保留种族隔离制度的许多内容，在少数派统治的最后七年里，在只有白人的众议院形成了官方反对派。它在种族隔离结束后迅速衰落，然后于2004年与自由阵线合并。
Labour Party Afrikaans: Suid-Afrikaanse Arbeidersparty	工党	AP	1969	1994	该党是工会、德兰士瓦独立工党和纳塔尔工党之间讨论后新成立的政党。是一个代表白人工人阶级利益的自称是民主的社会主义政党。
National Union Afrikaans: Nasionale Unie	国家联盟	NU	1960	1966	该党是一个短命的南非政党，由贾皮·巴松(Japie Basson)于1960年在被执政的国家党开除后成立。旨在为对J. G. Strydom和Hendrik Verwoerd日益强硬的种族隔离政策感到失望的民族主义者提供一个政治家园。
New Republic Party Afrikaans: Nuwe Republiekparty	新共和党	NRP	1977	1988	该党是1977年解散的联合党(UP)的继承者，并与规模较小的民主党合并而成。主要从当时的纳塔尔省获得支持，并试图在执政的国家党（NP）的种族隔离政策和进步联邦党（PFP）的自由主义政策之间寻求一条温和的路线。

续表

Political parties in South Africa	南非政党名称	Abbrev. 缩写	Founded Time 成立时间（年）	Dissolved Time 解散时间	执政理念
Progressive Federal Party Afrikaans: Progressiewe Federale Party	进步联邦党	PFP	1977	1989	该党是1977年由进步党和改革党合并而成的南非政党，最终更名为进步联邦党。在此期间，议会主要反对种族隔离，提倡通过联邦宪法在南非分享权力。从1977年选举到1987年，它一直是该国的官方反对派。
Progressive Party Afrikaans: Progressiewe Party	进步党	PP	1959	1975	该党是南非的一个自由党，在种族隔离时代被认为是全白人议会的左翼，在南非白人少数群体中代表了对种族隔离的合法反对。它反对执政的国家党的种族政策，拥护法治。
South African Party Afrikaans: Suid-Afrikaanse Party	南非党	SAP	1977	1980	该党是1977年至1980年间南非的一个小政党。该党致力于以联邦或邦联的方式解决该国的政治未来和在白人领导下维护独立的群体身份，拒绝各级权力共享。
United Party Afrikaans: Verenigde Party	联合党	UP	1934	1977	该党是由总理巴里·赫佐格领导的国民党与竞争对手扬·斯穆茨领导的南非党以及统一党的残余部分合并而成的。该党得到了南非社会不同阶层的支持，包括说英语的人、南非白人和有色人种。
Defunct Parliamentary Parties (1910-1958)					
Afrikaner Party Afrikaans: Afrikanerparty	南非白人党	AP	1941	2004	该党的起源可以追溯到1939年9月，当时南非在第二次世界大战开始后不久就对德国宣战。当时的首相J.B.M.赫尔佐格及其追随者不同意此举，脱离联合党成立了Volksparty（人民党）。

续表

Political parties in South Africa	南非政党名称	Abbrev. 缩写	Founded Time 成立时间（年）	Dissolved Time 解散时间	执政理念
Dominion Party Afrikaans: Dominiumparty	南非统治党	DP	1934	1951	该党由有不满情绪的南非党员成立，当时该党与国家党合并组成南非统一国家党，通常被称为"统治党"。
Herenigde Nasionale Party English: Reunited National Party	统一民族党	HNP	1940	1948	该党是丹尼尔·弗朗索瓦·马兰(Daniel François Malan)的纯洁民族党(Purified National Party)与联合党的南非民族主义派系结合的产物，赫尔佐格(Hertzog)于1940年脱离该党。
Labour Party Afrikaans: Suid-Afrikaanse Arbeidersparty	工党	LP	1910	1948	该党是一个代表白人工人阶级利益的自称是民主的社会主义政党。
Roos Party	鲁斯党	RP	1929	1940	该党由Tielman Johannes de Villiers Roos建立，维护工人阶级利益，1922年，当白人矿工因削减工资和增加工人比例而重新举行罢工时，鲁斯将自己的口号"全世界工人团结起来，为白人南非而战"作为他的个人口号，并定期发表演讲。
South African Party Afrikaans: Suid-Afrikaanse Party Dutch: Zuidafrikaanse Partij	南非党	SAP	1910	1948	该党旨在打造一个比Afrikaner Bond更为温和的国家。该党还主张与邻国建立更和平的关系，尤其是德兰士瓦。

续表

Political parties in South Africa	南非政党名称	Abbrev. 缩写	Founded Time 成立时间（年）	Dissolved Time 解散时间	执政理念
Unionist Party Afrikaans: Unionisteparty	南非联盟党	UP	1910	1934	该党致力于保护南非工业，尤其是矿业利益，使其免受外国竞争的影响，外国竞争会迫使更多不受欢迎的非白人移民（主要来自印度）涌入南非。该党的利益与英国、南非中产阶级以及南非钻石和金矿业公司的利益密切相关。它还热情地支持与大英帝国继续保持联系，它的许多创始成员都是在第二次布尔战争中支持英国的人。

后记

与南非结缘,是因为笔者之前写过南非的议题,近年多次到南非做田野研究。笔者在2004年研究生阶段开始涉猎南非历史,以姆贝基的"非洲复兴"思想作为硕士学位论文,之后的研究领域也未远离南非,但对于南非的国别研究中断了较长时间。直到2015年至2016年在南非访学时,亦师亦友的约翰·滕贝霍夫教授(Johann Tempelhoff)问我,之前为什么中断了对南非的研究?我说:"因为写完硕士论文,我便发现自己一无所知,而且对这个国家了解得越多就越感到无知——这让我觉得很恐惧。"他笑了,说:"对啊,谁不是呢!"

当时,"学费必须倒下"运动正进行得如火如荼。前一晚,我听见不同语系的男女学生在宿舍外办"party",似乎是在热烈地讨论着什么。第二天一早,就看到他们载歌载舞地行进在校园主干道上。一开始,除了不许旁边学生"插队"外,没什么特别之处。快上完课时,图书馆管理员忽然走进教室,斩钉截铁地告诉大家:"图书馆已经被起义学生包围,大家从后门迅速离开。"我慢悠悠地路过约翰办公室,当趣事跟他说我们正在疏散。他却立刻放下手头事务,起身,不容置疑地对我说:"我马上护送你去宿舍拿东西,以后住在我家!"很快,我就看见图书馆前燃烧的火焰,各种肤色的学生不停地奔走:被游行队伍抛掷石块砸中头破血流的学生,拼命奔跑逃回宿舍的学生,以及被干预的化学喷剂熏得东倒西歪的学生……我和约翰坐在他密闭着车窗的越野车里，等待学校保安检查和放行。我开始有点惶恐了。约翰却非常轻松地跟我说：哈，没关系，我们已经安全了，这也不过是"小打小闹"而已。

那一天，是改变我对南非历史看法的一天。

究竟谁是南非一直的"主人"？谁可以主宰美丽的南非？那一天，我再次萌发了重新研究南非历史的动力。

从那之后，我去了南非很多个地方，见到了白色、黑色、棕色、黄色各种肤色的南非人。我触摸了沙佩维尔惨案留下的石头，在简陋的铁皮房里跟当地人聊天，跟他们在街头即兴打着非洲鼓演唱；在瓦尔河边，我造访了几代人居住在此的白人家庭，与他们共享旖旎风光，却发现他们也有各种喜怒哀乐。本书中大多数图片都是在这几次行程中拍摄。

在很多个梦里，那些书中的人会来找我演绎他们的故事，告诉我他们的选择总是基于不同的缘故。每每醒来，我都觉得"痴人说梦"真是一个有意思的词汇。竟还想起了自己小学时代：那时，我顶着学霸光环有幸入选了昆明《小蜜蜂报》的第一批小记者。采访培训快结束时，我拿着奖励来的笔记本去找主编题字。主编给前一个孩子写的是"欲穷千里目，更上一层楼"，到我这忽然变成："用尽笨功夫，人就变巧了。"我以为他说我太笨，气得要哭。他却笑，收笔，不肯再题，并认为这句是他所题语句中最好的一句。我长大了，把学问做回历史。静静看书，慢慢写作，仔细考究，偶尔做梦。懂得了要下笨功夫，却总是没有变巧。

本书的初稿于 2018 年年底就完成了，但一方面不自信，一方面因为新冠疫情等各种原因，我又反复几次校对了史实和史事。南非史的各种著作和网络资源中，关于南非的故事一个又一个，而且近年来更是因为南非官方重视民族史的书写，史论层出不穷。前人的历史叙述中通常有这样一些基本的价值观：科伊桑人是落后的，白人是先进的；祖鲁王为了母亲杀戮了所有牛群是愚昧的，种族隔离是自私而残忍的；史末资是一个软弱的亲英派……我的叙述和基本价值观却与这些都不同。在不断的阅读和教学当中，我和学生经常讨论问题包括：经济和幸福的关系是什么？生态和发展的联系有多少？不同人群之间相互理解的程度是会因为接触变得更多还是更少？文化有没有高下之分？

以为会很快交出的书稿还经历了这几年家人和自己的几次住院。但感谢书稿，在很多个不眠之夜里，它给了我穿梭时空的力量、同理心和安慰。我不仅成了史末资的"铁粉"，为拓展新路的各个布尔团体操心驻地；还觉得正值牛瘟时，祖鲁王恰卡杀牛并不只是被悲伤冲昏了头，感受着莫舒舒国王在自己时代中的自信、无奈和失落。乃至于觉得1994年的"新南非"已经是时空穿梭的"现代"门禁。我流转在前面的历史中戎马倥偬，一时掏不出新的门卡。

2006年我在读硕士期间去北京拜访杨立华老师，她拿出各种珍藏的南非史料与我如数家珍，自那时，她就鼓励我要坚定地把研究做下去。2007年随刘鸿武教授创立浙江师范大学非洲研究院，之初，他就不断鼓励大家做好非洲的"区域国别"；但愚钝的我开悟甚晚，在金华恍恍惚惚地度过了15个春秋才又重归南非。2007年得见对我影响巨大的《现代非洲史》译者舒展大使时，他就说到研究必须先有翻译家的严谨，要反复推敲，才可以得见一点真章；多年来，他一直不断强调"认真"二字，要我在本书的新旧译法和史观上再反复琢磨。我害怕交出的书稿出现各种史实上的错漏，但舒运国教授用"有益的尝试"，化解了我的各种担忧

感谢何曙荣先生、舒展大使、李安山教授、沐涛教授、包茂红教授、刘贵今大使、温宪先生、张忠祥教授等多位非洲史专家，他们对非洲研究的拳拳之心和对晚辈的殷殷之情，一直鼓励着我继续本书写作，感谢非洲学术圈同仁们不同程度的关心和帮助。

感谢滕贝霍夫教授一家人，他们不仅在南非给了我温馨的家，还让我看到了不同层面的南非。感谢郑晓云教授、徐永新教授、武长虹博士、李舒弟教授夫妇、姒海先生，与我同名的中非发展基金研究部张瑾博士等，他们为我在南非时提供了不同程度的调研帮助，让我与南非的缘分变得更

加生动。

  感谢中国书籍出版社王志刚编辑的耐心，不断给我延期交稿的时间。感谢上海商学院的沈兰心老师帮我审读稿件并做了党派汇总的附录。本书借鉴了李均报《葡萄牙历史》中"帝国兴起"中的观点和描述，采用了浙江师范大学蒋俊研究员关于族群的观点对相关概念进行了统改，本书初稿形成后，我又借着上"研究生平台课"的机会，请上海师范大学选课的硕士博士生们研读了几次，针对其中不少的细节、史实，我们有了一些意见的碰撞。本书最后"余论"的部分，关于富加德的戏剧和"游戏《文明6》与南非历史的相关性"，就来自于2019级硕士研究生徐立勋和刘翔的敏锐才思。

  在前所未有的信息化浪潮中，历史的浪涛不断推陈出新，在南非史的研究中，呈现的仿佛也是"乱花渐欲迷人眼，浅草才能没马蹄"的一派春意盎然。笔至此处，我仿佛又可以体验到穿梭古今的自由感。对我而言，南非史的这次写作确实存在各种不足，按丛书要求删除了多数英文对照和注释部分，但史话的流畅度却没有增进多少。加上自己的学术尚浅、才智不足，难免错漏百出。但是，它却像是我给梦里的、时代中那些人的一个交代，是我慢慢接近那些过往与未知的西西弗斯式的努力。所述之人，所讲之史事与未提之史实，可能还要经过更长的时间和更多的史料挖掘，才可以逐见真伪。但无论如何，哪怕是展现自己的无知，笔者也愿以此书直面自己对知识的恐惧，迎接新锐的批评，期待各位方家的不吝赐教。

张瑾

2021年秋于昆明语洺斋